i

为了人与书的相遇

Lives of the Artists

当代艺术的
十九副
面孔

Lives of the Architects

大师
与我们的
时代

Hans Ulrich Obrist

［瑞士］汉斯·乌尔里希·奥布里斯特　著

王乃竹　译

广西师范大学出版社
·桂林·

Lives of the Artists, Lives of the Architects

By Hans Ulrich Obrist

Copyright © Hans Ulrich Obrist, 2015

First published in Great Britain in the English language by Penguin Books Ltd. in 2015

著作权合同登记图字：20-2020-150

图书在版编目(CIP)数据

当代艺术的十九副面孔：大师与我们的时代 /
(瑞士) 汉斯·乌尔里希·奥布里斯特著；王乃竹译. ——
桂林：广西师范大学出版社, 2020.7（2022.9重印）
书名原文: Lives of the Artists，Lives of the Architects
ISBN 978-7-5598-2794-4

Ⅰ.①当… Ⅱ.①汉…②王… Ⅲ.①艺术家－访问
记－世界－现代②建筑师－访问记－世界－现代 Ⅳ.
①K815.7②K816.16

中国版本图书馆CIP数据核字(2020)第068450号

广西师范大学出版社出版发行

　广西桂林市五里店路9号　邮政编码：541004
　网址：www.bbtpress.com

出 版 人：黄轩庄
全国新华书店经销
发行热线：010-64284815
山东韵杰文化科技有限公司　印刷

开本：1168mm×850mm　1/32
印张：22.125　字数：475千字
2020年7月第1版　2022年9月第6次印刷
定价：88.00元

如发现印装质量问题，影响阅读，请与出版社发行部门联系调换。

目录

引言

　　一切都始于彼得·费施利（Peter Fischli）和大卫·韦斯（David Weiss）[1]。我 1968 年 5 月出生在苏黎世，十七岁的时候，青少年时期的我遇到了彼得和大卫。这是我与艺术家们无尽对话的起点。我的另一个重要的灵感来源是乔尔乔·瓦萨里（Giorgio Vasari）的著作《名人传》（*The Lives of the Artists*），特别是在这本书里，瓦萨里并没有区分艺术家和建筑师，并且将他的这些同代人视作历史人物进行记录。

　　《培根访谈录》（*The Brutality of Fact:Interviews with Francis*

1　两位均为瑞士多媒体艺术家，于 1979 年成立费施利／韦斯艺术小组，在影像、摄影、幻灯片放映、雕塑及艺术书籍方面进行合作。（除特别说明外，本书注释均为译者注）

Bacon）收录了几十年间大卫·西尔维斯特（David Sylvester）对弗朗西斯·培根[2]的采访，正是这本书让我觉得，我必须把自己与艺术家们的这些谈话记录下来。尽管我与他们所谈甚多，却直到 1991—1993 年间才真正开始记录，这还多亏了费利克斯·冈萨雷斯-托雷斯（Felix Gonzalez-Torres）的建议。托雷斯觉得，照我们之前那样坐在电视演播室里采访，实在是过于正式了。他说我们得找到一种更随意舒适的方式进行对话，就像坐在咖啡馆里聊天，然后记录下来。从那之后，我就采用了这种方式，而这些谈话在任何地方都可以发生。

再之后，罗斯玛丽·特洛柯尔[3]跟我说，她觉得应该跟各式各样的人聊天，这极为重要。采访对象不应该局限在我这一代或者我这个时代的艺术家，还应该有八十多岁、九十多岁和一百多岁的先驱们，这样才能确保留下他们的记忆，作为对遗忘的抵抗。

我一直试图践行的，与其说是"采访"（interview），不如用"谈话"（conversation）这个词更恰当一些。谈话一旦开始，就没有终点，亦不会停歇。当然偶尔也被逼着尝试一些新的形式，

2　弗朗西斯·培根（Francis Bacon，1909—1992）：英国画家，其作品以粗犷、犀利、具强烈暴力与噩梦般的图像著称，他扭曲、变形和模糊的人物画使他成为第二次世界大战后最有争议的画家之一。

3　罗斯玛丽·特洛柯尔（Rosemarie Trockel，1952—）：德国艺术家。

比如和汉斯–彼得·费尔德曼[4]的合作，他参与过我首次的"厨房展"，我们一起工作、一起策展超过了二十五年。自始至终，他一直抗拒进行一次访谈并记录下来。直到五年前，我们决定，我以邮件的方式向他提问，而他以一幅图像作答。这种方式一直持续至今。采访路易丝·布尔乔亚[5]也类似，我发给她一个问题，而她回复我一幅画。

在这些对话的初期，阿里杰罗·波堤[6]就鼓励我不仅要问艺术家在既定框架内能做什么，还要问他们想做什么。他告诉我，艺术家们被邀请参加美术馆、双年展和画廊的个展、群展，一遍遍地重复着同样的事情，事实上，还有太多的其他可能性，有太多他们可能想要实现的其他项目。这就是为什么我经常问到他们那些尚未实现的项目。

因而，在我看来，关键还是在于聆听。某种程度上，对话完全是关于"试图"或者"学习"聆听的。听闻这些尚未完成的新项目，对我来说可能是最重要的，因为有时我能帮助他们实现这些想法。

4　汉斯–彼得·费尔德曼 (Hans-Peter Feldmann, 1941—)：德国当代视觉艺术家，通过收集、排序和重现进行观念艺术创作，以利用日常图像创作独具匠心的装置作品见长。

5　路易丝·布尔乔亚 (Louise Bourgeois, 1911—2010)：雕塑家、画家、批评家与作家。

6　阿里杰罗·波堤 (Alighiero Boetti, 1940—1994)：意大利贫穷艺术的代表人物。

很多时候，我也会把这些谈话视为花园。托马斯·拜勒[7]之前曾对我说，一个人需要各色的"知识花园"。1991年我完成第一个"厨房展"之后，发现需要这样一个可供研究学习的花园，以给自己提供新的想法。从那时起，我开始与科学家、建筑师、诗人和小说家们对话，我总是会找到类似的事情去做，就像是参与了多重现实。目前我已经积累了长达两千五百个小时的访谈记录，完全可以使用各种各样的方式进行编辑分类。

这个集子收录了与世界各地的艺术家和建筑师的十九篇对话，只是浩瀚访谈档案的一个微小断片，但我祈盼它可以成为一个创意的工具箱。把艺术家和建筑师收录到一起（像瓦萨里的著作《名人传》一样），是因为我们更迫切地希望消除学科之间的藩篱。很多领域貌似迥异，但其间的联系通常是最能激发灵感的，而这本书里采访的许多人都在广泛的学科领域进行着实践。跨越对知识共享的畏惧，即是本书的主旨所在。

汉斯·乌尔里希·奥布里斯特

7　托马斯·拜勒（Thomas Bayrle，1937—）：德国艺术家，被认为是20世纪60年代以来"波普艺术和传媒艺术界的先驱"。

1

大卫 · 霍克尼
David Hockney

大卫·霍克尼有三个工作室，分别在英国东约克郡（East Yorkshire）的布里德灵顿（Bridlington）、南肯辛顿（South Kensington），以及美国洛杉矶。2006年我第一次拜访他就是在南肯辛顿，之后他又邀请我去了布里德灵顿做客。以下的实录就摘录自这两次工作室之旅的访谈内容。我们见面的时候，霍克尼刚搬回约克郡，之前他在洛杉矶生活了很长一段时间。也正是在洛杉矶，他建立了第三个工作室。采访内容提到了在这三个工作室，以及面对不同的地理环境，而非只局限于某一个地方，霍克尼如何进行他的创作。

　　霍克尼总是以画家的身份示人。但我们会面时，他对科技及数字技术如何成为一个艺术家的创作工具感兴趣。他持续关注绘画之外的媒介，无论是电影还是图书。此外，他还用 iPhone 和 iPad 创作数字绘画，当然他总是会回到绘画。绘画永不停歇。

大众媒介/社交媒介

大卫·霍克尼（以下简称霍克尼）：图像是极具力量且让人难以忘怀的。

汉斯·乌尔里希·奥布里斯特（以下简称奥布里斯特）：弗里茨·朗[1]的电影《大都会》（*Metropolis*, 1926）很早就表现了这一点。

霍克尼：一直到电影的最后，大众都生活在地下。让我极为触动的是：如果你用一台摄影机拍摄一群人，那么所有人是一个整体；然而如果你用十八台摄影机拍摄，就截然不同了，他们是一个个单独的个体。这即是世界上其他地方正在发生的。

---

[1] 弗里茨·朗（Fritz Lang, 1890—1976）：德国知名编剧、导演，被认为是电影史上影响最大的导演之一。

群体世界被科技消解。并且，一个新的世界正在出现，在这个世界里，个体拥有了越来越多的能量。我很好奇，是否图像……这部1926年的电影里的图像，是否以某种方式影响了后来的一些事件？譬如电影所采用的群体性视角？有可能吗？因为那时候群体开始被杀戮。

奥布里斯特：或者，这只是作为一种情绪在其中起作用？也有可能是其他方式……

霍克尼：对对对，但群体世界那时才刚刚开始……电影或者说好莱坞现在开始尝试所谓的3D，但我要指出的是，那不是真正的3D。真正的3D应该是你想看哪儿就看哪儿。然而每一个电影导演始终要告诉你，你应该看哪儿。当你使用一台摄影机讲故事，就是这样的情况，即它是被编辑、被剪辑出来的。但如果你有十八台摄影机，就不需要像那样讲故事了，因为在某种意义上，观看者开始决定他们想要看哪里。

奥布里斯特：就像你创作的作品。

霍克尼：这意味着观看者有更多的选择。对我而言，也意味着它同时在反映当下发生的事情。你觉得希特勒或斯大林看过这部电影吗？

奥布里斯特：弗里茨·朗的这部？这个问题有点意思。

霍克尼：你知道，我想说的是，如果是在iPad上看《大都会》，年轻人没准儿会觉得这是一部在穷困的魏玛德国时期拍摄的画质粗糙的黑白片。不过，事实并不是这样，这是一部耗资百万美金拍摄的电影，而且是在一个财力雄厚的国家拍摄完成的。和当时的其他地方相比，真的是非常非常富裕，我们不得不相信这一点。电影对人们来说是有吸引力的。你知道迈克尔·柯蒂斯[2]的故事吧？就是执导《卡萨布兰卡》（*Casablanca*，1942）的那个匈牙利人。他是好莱坞的早期奠基者之一。他第一次见识到电影是在布达佩斯的一个咖啡馆里，大概1900年那会儿吧，是一个波希米亚咖啡馆。当时有个人正在架设投影机，然后上发条。他关注到的不是电影的故事情节，而是咖啡馆里的每一个人都在看电影。他说，不是每个人都会去看歌剧，不是每个人都会去剧院，但所有人都会去看电影。他说的没错，不是吗？电影首次出现的时候，简直激动人心；画面能动起来，太让人兴奋了。

好，我们回到这个问题，1926年，尽管电影还没有在人们生活中占据那么大的分量，但我相信很多人看了《大都会》这部电影。毕竟，这可是一部在1926年耗资百万拍摄的电影，花费了太多人力物力，拍摄了洪水、大火、骚乱等场景。

奥布里斯特：还有一件事我也觉得挺有意思的，2007年你为皇家艺术学院的夏季展创作了一幅特别特别大的画作。显然，那些巨大的空间带来了更大的画幅和更浸入式的体验。

霍克尼：举个例子，你知道，马蒂斯对色彩最伟大的评论是：两千克的蓝比一千克的蓝要蓝得多。这话太有道理了，而且真的很精辟。这意味着颜色会随着规模增大产生一种效应。这也解释了为什么人们会被颜色感动，是因为它的规模。我被

---

2 迈克尔·柯蒂斯（Michael Curtiz，1888—1962）：匈牙利裔美籍电影导演，1944年凭借电影《卡萨布兰卡》获奥斯卡最佳导演奖。

人群的场景所吸引也是如此，在弗里茨·朗的电影里，那是非常非常有力量的画面。

奥布里斯特：所以你渐渐回归到这一点。

霍克尼：这部电影里的群众处于完全被动的地位。当然，在欧洲，因为实现了工业化，大规模人群的场面并不罕见。然而，《大都会》中表现群众的图像仍然强有力到让人难以置信的地步，让人印象深刻。我曾推荐过一本书，是蒂莫西·斯奈德[3]的《血染之地》（*Bloodlands*）。这是个可怕的故事，令人震惊，在乌克兰，有三百五十万农民被饿死。这本书还提到了纳粹大屠杀，一千四百五十万人被害。他们不是死于战争，而是被两个政府蓄意残杀，一个在莫斯科，一个在柏林。

奥布里斯特：这是种族屠杀。

霍克尼：对，大规模的种族屠杀。但我想说的是，只有在大众传媒时代才能进行集体屠杀。大众传媒是可以掌控的，这意味着统治者可以控制所有的信息。这种控制在今天失效了，仅仅因为科技。科技做到了这一点，而今它也让很多事情改弦易辙。最奇妙的在于，技术正改变着今天的世界，大众传媒的一切已然摇摇欲坠。这也是为什么广告商们一直在研究如何让信息抵达大众。近五十年来这都非常容易做到，只要看电视就可以了。但是现在肯定行不通。现在电视的观众规模只有一千万，但在20世纪50年代可是有三千五百万。电视受众萎缩了很多，而且

3　蒂莫西·斯奈德（Timothy Snyder, 1969—）：美国作家、历史学家，主要研究领域是中欧和东欧历史及大灾难。

还会越来越少。你知道《我爱露茜》(I Love Lucy)里的露西尔·鲍尔[4]吧，当时看她的观众有三千万，毕竟除此之外，他们也没其他什么可看的。但好时光一去不复返，这种情况不会再发生了。

奥布里斯特：所以摆在你面前的问题是，应该去拍一部反映这种新状况的电影？

霍克尼：没错。因为个体现在具有更多的力量。这也是我为什么看电视时会留意默多克先生，我深知他的权力因为技术的发展已经逐渐被削弱，他自己也很明白这一点。他又不蠢，他知道的。他尝试去收购 MySpace，看是否能够掌控它。然而，你再也不能用那种方式去控制一切了。脸书（Facebook）可能有五亿注册用户，但他们看到的并不都是相同的内容。这就是关键。试想下，大众传媒的时代也是明星的时代。大众媒体需要明星。现在的新媒体却并不需要，你的朋友们就是明星。你注意到了吗，现在的明星跟从前的明星不一样了。我们生活在一个廉价名人的世界。大众传媒努力让人们的注意力停留在他们所能控制的东西上，这是他们最后的狂欢。

奥布里斯特：他们会慢慢消失。你用脸书吗？

霍克尼：不用，但我用推特（Twitter）。我不发推文，但我一直在观察。比如，我的展览在这里开幕后的第二天，因为太累了，我去了巴登-巴登（Baden-Baden）。在巴登-巴登，我关注了推特上的评论家们。我随之意识到，推特完全是一个新的空

4　露西尔·鲍尔（Lucille Ball, 1911—1989）：美国著名喜剧女演员，一直活跃在电影、电视、舞台、电台等各种媒体上，成为一个时代美国文化的象征。

间，报纸不会真的告诉你推特是什么，他们只会说，推特就是你可以发一条有字数限制的信息。但不只是这样，因为人们可以对其进行评论转发。因此当我读到别人对展览的评论时，我也可以看到对这篇评论的评论。老学究式的评论家已经过时了，因为人们现在能回复说："我完全不同意。"然后我意识到这个全新的空间已经打开，我能感觉到现在新闻界极其恐慌。比如《卫报》（*Guardian*）一直经历着巨额亏损，每周损失三百万英镑，它还能坚持多久？他们有一个网站，做得不差，设计得挺好的，但它目前还是免费的，他们没有用它挣钱。而且他们担心一旦收费，受众就会流失。你知道，1810 年的时候，伦敦的《泰晤士报》（*The Times*）售价一先令，这在当时是很大一笔钱。为什么？因为在一百多年的时间里，它主要的新闻是"航运快讯"，就是告诉你什么船进港离港，以及船上的货物是什么。它面向的是需要此类信息的商人和外贸人员。这是专业信息，针对读得懂的人。它不是给所有人看的，如果你不是商人，是不会感兴趣的。报纸在某种程度上变成了……现在是另外一种情况，如果他们觉得能够使用 iPad 获得那些信息，他们就会用。但我也注意到一些别的事情。某种程度上，通过使用 iPad 或电脑，个体变成了编辑，你开始进行选择。有一个真实故事与此极为相似。1920 年，某个美国未来学者预测，到 1960 年可能会需要大量的电话接线员，以至于几乎再没有其他的工作了。他的计算结果被证明是正确的。1960 年，每个人都是电话接线员，他们自己来拨号，从而成了接线员，于是我们有了几百万的接线员。他说的没错，但他没有预见到拨号方式的细微变化让打电话变得更轻而易举了。我想我们现在看到的情况也有些类似。传统报纸认为你会一直那样，然而会是这样吗？我早上想要花多长时间去了解世界上发生的事情？我是一个报纸的读者，而且已经看了六十年的报纸，我一直读《卫报》，但今天我真的还想要读大量的信息吗？那些我从来不会打开的体育专栏？如果它们消失了，我根本不会注意到。好吧，体育是即时的，这意味着你想要的是对刚刚发生事情的评述。我曾经说过，未来的电视只会有两类内容：体育和灾难。因为它们都是"即时"的，并且必须是"即时"的。没人知道了比赛结果后还想看上周的足球赛。必须是现在。报道体育比报道灾难要简单，体育比赛是事前组织安排的，所以更容易呈现。事实上，我还记得堪萨斯城（Kansas City）联邦大楼被炸毁的时候，大概十年还是十五年前 5，我当时打开电视，看到了这场灾难。现在我依然记得一个场景——电视台工作人员站在外面，人们不断地闯入画面，工作人员试着去问一个人现场的状况，那个人说："一点不像电视里拍的那样，实际情况太可怕了。"电视美化了它，摄像机美化了它，他说里面一点都不刺激，尸体被不断地从里面运出来，但是电视台可不会给你看这些。这对于体育报道是有利的，却不利于灾难报道。但我知道每个人都想要了解爆炸案，因为这是个大事件，你会想："那好，关于这件事我能获知什么呢？"我告诉你我还在思考什么：我们所说的艺术界——我置身其中、靠此

5　霍克尼指的应该是 1995 年 4 月 19 日俄克拉荷马的联邦办公大楼爆炸案，"堪萨斯城"应为误记。

谋生的世界——已经放弃了某些东西，其中一个就是描绘。你如何去描绘可见的世界？人们觉得一台摄像机能让你看到真实，但其实它不能。一旦你以某种方式舍弃了描绘，或者舍弃了图像，你也在舍弃最具力量的东西。图像就是最具力量的东西。达明安·赫斯特[6]创作了一些很有力量的图像，尽管因为内容重复而数量不多。这是我正在探索的。

奥布里斯特：所以你觉得，针对这种新的状况，可以通过上述关于群体的观念制作出一幅图像？

霍克尼：我要做的事情是找到四十个人。现在已经有了这么多人，但是如果他们同时进行不同的事情，彼此就会发生冲突……所以我就要想办法。作为观者来说，你不可能同时观看一幅画上的所有内容，看完一幅画，需要十八个不同的时间点。而对于一幅画来说，只有一个时间点，画中每一个角落里的事情都是同时发生的。

奥布里斯特：所以，它表现的是平行现实？

霍克尼：嗯，首先这个更接近我们观看的方式，而且在某种程度上，现在也更类似我们正在成为的状态。就像我所说的，阿拉伯之春[7]完全就是关于这个，关于新技术赋予人们更多的力量，仅此而已。并且它同样会在这里发生，会在各个地方发生。政府的管理会变得更加费劲，因为对于个体来说，你已经获得

6　达明安·赫斯特（Damien Hirst，1956—）：英国当代艺术家。

7　阿拉伯之春（Arab Spring）：阿拉伯之春是阿拉伯世界的一次革命浪潮。2010年发生在突尼斯的自焚事件是整个运动的导火索。

了新形式的权力。没人知道会发生什么。我想很多人被这个吓坏了。

奥布里斯特：所有的权威都在被挑战。通过网络，每个人都能成为美术馆策展人……

霍克尼：在我看来这将变得很危险。我是说我们需要某种形式的权威，但无论我们愿意与否，一切正在发生。整个事情就是这样，对于个体而言，一旦你开始使用这种科技，就可以轻易地获得更大的力量。但我觉得，我们有很多途径可以获取新闻，却没有太多途径去了解正在发生的事情，推特提供了一种途径，哦耶！

奥布里斯特：所以你真的关注推特？

霍克尼：嗯，我并没有花费太多的时间在上面，但我对它很了解。我对它的着迷超出了我原本以为的程度。我感觉报业会害怕推特，因为这是它们的地盘，但它们却没有……推特真是个迷人的东西。

奥布里斯特：所以你觉得媒体正在慢慢灭亡，之后这种趋势还可能会突然加速？

霍克尼：我是这么觉得的。我刚从《侦探》（*Private Eye*）杂志里看到——要获得这种消息，只能看《侦探》——《卫报》组织了一种周末活动，让作者与读者见面交流。他们之前邀请我参加，但我说我听力太差了，参加这种活动真的有点困难。总之他们组织了这个活动，邀请了所有这些发言者等等。《侦探》说，《卫报》合计所有的经费，一共损失了二十万英镑。还能走多久呢？他们在打的是一场注定失败的战斗。然而我要说的是，我不认为这种抗争会比用这个（用手拍了拍 iPad）管用。在 iPad 上，你变成了一个编辑。你想要找什么样的故事，我就知道去哪儿可以找到。

我是一个推特的观察者，它是一个难以置信的奇妙空间。

奥布里斯特：谷歌快讯很棒。

霍克尼：上面有各类信息。这些是新的空间，这就是为什么报业知道自己死期将至。《标准晚报》(*Evening Standard*) 现在已经是免费发放，但他们之后必须支付很大一笔清理费用给伦敦运输局。好吧，每次我看到一个垂垂老矣的媒体，总会用这个比喻，因为你最终会在 iPad 上阅读，而你不需要清理掉 iPad。屏幕的下一个形态很有可能会是，嗯，他们在研究可折叠的屏幕，所以如果你的屏幕很大，你可以把它折起来，却依然很薄。那就是未来，而你之所以能预见那样的未来，是因为他们传播信息的方式。我从来没买到过《先驱论坛报》(*Herald Tribune*)，他们过去常常说"我们会在全欧洲发行"，但实际并不是这样。我本来会是布里德灵顿的唯一订阅者，而布里德灵顿与世隔绝，他们必须费劲从约克转递过来。他们不会这么做。但是我现在注册了《纽约时报》(*The New York Times*) 的会员，所有的内容都有了。这是我唯一一在 iPad 上注册的账号。这些该死的报纸上的内容太多了，有各式各样的内容，但我从来不看体育版面，很多版面我都不看。我现在看得越来越多的是金融版面，因为我意识到它可能比其他版面更真实。我跟人说过原因，我说你看头版内容，上面可能写的是"警察局长说，曼彻斯特色情业猖獗"，但金融版面可能写着"曼彻斯特对色情业的需求变大"。

同样的事情，看待的角度不同，你就会有不一样的反应。所以我意识到这就是它的走向，不会再有报纸这个产业了。

你知道我收到过几百封寄到"大卫·霍克尼，布里德灵顿"的信件，它们都能送到。大量的信，都寄来了。非常美好，这么多信。

奥布里斯特：你的这些想法太有趣了，关于弗里茨·朗、德国，还有《大都会》这部电影的首映。

霍克尼：嗯，我认为这部电影里表现群众的画面是非常有力量的，比如当他们在地下向着电梯进军的时候。我还得强调，这部电影上映七年之后，针对平民的大规模屠杀开始了。希特勒和斯大林看过那部电影吗？很有可能。有人说爱森斯坦电影里的人比实际参加那场革命的人要多。我关心的是有多少人被谋杀，太可怕了。这也是当医生跟我说20世纪有一亿人被烟草杀害时，我反驳他的原因。我说，你不能这么说，20世纪有一亿人由于政治原因被杀害，他们的死亡太可怕了，你说的死亡是躺在床上死去，你不能说他们是"被杀害"的。你不能这么使用这个词，这个词太重了，特别是在20世纪。

奥布里斯特：再次见到你真的是太棒了。要是你来伦敦的话，我们也许能再约着见面。

霍克尼：我更喜欢在布里德灵顿。我身体唯一的毛病就是听力问题。我不喜欢嘈杂，更喜欢独处。对我来说，听东西实在有些艰难。我更喜欢过安静的生活。

洛杉矶的肖像

奥布里斯特：你什么时候到洛杉矶的？

霍克尼：我去年 6 月 15 日回来的，然后就一直在这里。我在这里待了一阵儿了。我画了一些肖像画，一直到 7 月底。我想，现在已经完成二十六幅了吧。

奥布里斯特：你是怎么画他们的？

霍克尼：模特们来我的工作室，会在这儿坐三天。每一幅肖像画，我都要花十五至十八个小时去完成。从每一个参与者的身上，我都能感受到一种强烈的个性，这是我画他们的一个主要原因。他们每个人都是完全不一样的，个性鲜明，就像我们一样。我们都是与众不同的，不是吗？把烟递给我，谢谢。

奥布里斯特：你会事先做一些研究吗？还是说你直接对着模特画？

霍克尼：我先用炭笔画草图，大概要花四十分钟的时间。完成后，我再用颜料画头部，这通常需要三个小时。

奥布里斯特：太了不起了，一个全新的肖像画廊。

霍克尼：我们去年在旧金山的迪扬美术馆（de Young Museum）展出了其中的九幅，就这几幅，拉里·高古轩（Larry Gagosian，艺术经纪人）的肖像也在其中。之后我又画了二十二幅，所以加起来完成了三十几幅。这是很棒的项目。我感到非常兴奋。

奥布里斯特：它们是具有惊人力量的肖像画。这些坐着被画的人都是土生土长的洛杉矶人吗？

霍克尼：基本上都是。马丁·盖福德（Martin Gayford，艺术评论家）是少有的几个例外之一。还有我的兄弟，他为了旧金山的那个展览，从澳大利亚专程飞过来。他在这儿的时候，我画了他。噢，我不喜欢旧金山，这个城市太无聊了。太无聊！禁止抽烟！我打小就是个快乐的烟鬼。那个穿 T 恤的小男孩，那会儿生活在以色列。当时我对他说，如果他来洛杉矶我就画他，然后他就来了。"画吧"，他说。

奥布里斯特：你是如何选择出现在这些肖像画里的椅子的？

霍克尼：嗯，我就那么选了。一开始就是随便试试，所以有两幅不同的格利高里·埃文斯（Gregory Evans，霍克尼的策展人，商务和展览经纪人）画像，他分别坐在两把不同椅子上。很快我就意识到，最佳的选择大概是：所有对象都处在同一空间里，坐在同一把椅子上。

奥布里斯特：今年在旧金山迪扬美术馆的展览与你 2012 年在伦敦皇家艺术学院的个展有什么区别？

霍克尼：在迪扬美术馆展出的作品里，只有百分之十之前在伦敦皇家艺术学院展出过。旧金山展览所涉及的作品范围要更广阔一些。

奥布里斯特：因此它的标题是"更大的展览"（A Bigger Exhibition）。

霍克尼：他们跟我说，不能叫"更大的图像"（A Bigger Picture）（2012 年伦敦皇家艺术学院霍克尼个展的标题），然后我说："好吧，那我们为什么不直接叫它'更大的展览'？"最后就确实用了这个名字。

奥布里斯特：你有要求迪扬美术馆为了展览更改他们的配色

方案吗？

　　霍克尼：有。我受不了白墙和白方块。格利高里选了墙面的颜色。他成功了！（播放迪扬展览的影片）我是说，你看红色上的那种绿色！十二个星期里，二十四万观众看了这个展览。我们用三台高清摄像机拍了下来，所以现在你能看到更好的颜色效果。的确，这是一个很棒的展览。即使是《纽约时报》也必须承认，他们忽视我的作品太长时间了。

　　奥布里斯特：你工作室里的那些有树的风景画，是在这里画的吗？

　　霍克尼：是的，在我第一次回洛杉矶的时候画的。我之前在花园里画过一些素描，在此基础上我尝试丙烯画。这是我画肖像画之前的一个实验，仅此而已。这样做是因为 J-P（让-皮埃尔·冈萨尔维斯·德利马 [Jean-Pierre Goncalves de Lima]，霍克尼的工作室助手）和我都想试试。这个想法来自凡·高的《悲伤的老人（永恒之门）》（*Old Man in Sorrow* [*On the Threshold of Eternity*]）。你看过这本书（乔·萨科 [Joe Sacco] 的全景式图绘书《伟大的战争——1916 年 7 月 1 日：索姆河战役的第一天》[*The Great War: July 1, 1916: The First Day of the Battle of the Somme*]）吗？太了不起了。就像是没有透视灭点的中国卷轴画。太让人惊叹了。如此前行，绵延不绝……公厕……有人在尿尿……所有都表现在上面，比电影和摄影要棒多了。

　　奥布里斯特：所以文森特·凡·高的作品是你新肖像画系列的出发点？

　　霍克尼：对。我知道这幅画，然后我就让 J-P 从网上下载，再打印出来。

奥布里斯特：你是不是同时用 iPhone 和 iPad 进行数字作品的创作？

霍克尼：我最近没做那么多数字方面的事情，因为专注在肖像和架上绘画。我在画人物，但我没有使用相机，只是用我的两只眼睛观察他们，这是我感知他们体量的方式。如果把梅尔（梅尔·格里克［Merle Glick］，霍克尼的牙医）的画像放在约翰·巴尔代萨里（John Baldessari）的画像旁边，你会发现约翰的画像要稍微高一点，是不是？事实上，如果他站起来，体形也比梅尔更大一点。这很神奇：你要做的只是让他们坐下来，他们的坐姿自然会呈现细微的区别。他们都有区别，每个人都不一样。

奥布里斯特：你画他们的时候，会和他们聊天吗？

霍克尼：我画画的时候没法聊天。一旦开始，我就会保持沉默。不过，在他们准备的时候，我很乐意聊天。然后为了抓住他们的某些表情，我会以最快的速度画下来，比如无精打采的样子，或者那个男孩说"画吧"的时刻。我非常非常快速地画出他们的草图，然后上色。上色是个更加缓慢的过程。我要抓住人物的特点，我也的确抓住了他们的特点。

奥布里斯特：你如何选择背景颜色？

霍克尼：从画这一幅肖像到画下一幅，我只稍微改变一点点。

奥布里斯特：你还想画多少幅？

霍克尼：我可能会画一千幅，真的还不确定。我说我要画五十幅，但我会再接再厉直到对此感到厌倦。不过，我觉得自己永远不会厌倦。你绝不会对观察人感到厌烦，是吧？你可以盯着他们看好长时间，你会反复琢磨。对，我觉得这个工作室变得比之前好多了。

奥布里斯特：为什么你从来没出版过自己的文集？

霍克尼：嗯，我的确写过一些东西……我不知道。塔森（Taschen）出版社在策划一本大书，一本非常大的书，特别巨大的书。他们想要我签两万本，这可能是个难题。

奥布里斯特：太疯狂了。

霍克尼：（指着其中一幅肖像画）衬衫上的颜色很棒。我今早一直在画这幅，这个人穿着绿衬衫。这是我昨天开始画的，从早上九点半一直到下午一点半。再画四个小时，应该就能完成了。

奥布里斯特：最近有没有被洛杉矶哪处的风景所吸引？

霍克尼：去年我们曾上山探险，为"与瓦格纳同行"（Wagner Drive）拍摄视频，也就是在开车的时候播放瓦格纳和舒曼，只是为了证明这样做是可能的。我们在车后面放了一个小摄像头，在前面放了两个小摄像头，然后连接它们，这样就能得到更宽幅的画面和更有趣的视野。我看看能不能找出来给你……哎呀，我没带到这儿来。你看过《杂技表演者》[8]吗？

奥布里斯特：看过，我在伦敦看的。

霍克尼：（播放着一段兰德尔·赖特［Randall Wright］拍摄的 BBC 纪录片《大卫·霍克尼：隐秘的知识》［*David Hockney:*

8　《杂技表演者》（*The Jugglers*）：霍克尼的视频装置作品，使用十八个机位同时拍摄一群杂技表演者，拼接成一个画面，前景和背景有着同样丰富的细节。

Secret Knowledge，2003〕）这是在佛罗伦萨拍的。我 2000 年去了那儿，为了拍摄一部电影，关于布鲁内莱斯基（Brunelleschi）的工作方法，以及他是如何绘制他最有名的洗礼堂透视图的。在这个场景中，我们把一个直径五英寸的凹镜放在布鲁内莱斯基画图时所处的准确位置——从佛罗伦萨大教堂（Florence Cathedral）的门内三臂（braccia）或大约两米的距离眺望洗礼堂。我们想要证明，布鲁内莱斯基通过一台照相设备产生的投影图像，创造了线性透视。

奥布里斯特：你在迪扬美术馆展出的风景画是在约克郡还是在洛杉矶画的？

霍克尼：那是去年 1 月到 5 月在英国画的。每一幅都是从冬天开始画，每一幅都是一样的风景，但又有所不同。同样的风景，这一幅比上一幅离树更近一步，下一幅再近一步，再下一幅……到最后一幅太阳出来了，也有了阴影。

奥布里斯特：常常有建筑师告诉我，你的作品激发了他们的灵感。你觉得是什么原因让他们以你的作品为标杆？

霍克尼：墨西哥建筑师路易斯·巴拉甘 [9] 过去常说他从我的画作里找到了他要的颜色。我估计是空间的作用，或者说是我画作里空间幻觉的作用。

奥布里斯特：这房子你买多久了？

霍克尼：三十二年了。池塘很温暖，你要是愿意的话，可

9　路易斯·巴拉甘（Luis Barragán，1902—1988）：墨西哥建筑师、工程师，1980 年获得普利兹克建筑奖。

以去那儿游泳。好几年前，我和约翰（约翰·菲茨赫伯特［John Fitzherbert］，霍克尼的前任伴侣）布置了这个花园。我们一起种了巨型仙人掌。在这里，没有人会关注我们。格利高里住在隔壁，不过没有人会看到这里。

奥布里斯特：是你选的颜色？

霍克尼：对，对。1983年我给房子刷了这个颜色。当我说我想用蓝色的时候，他们都说"哦，不，太难看了！"但最后完成的时候，他们却很喜欢。然后我说："对，嗯，自然的绿色跟红蓝很配。"

"后摄影"时代

奥布里斯特：我们聊聊你工作室里放着的这些新作吧。

霍克尼：可以，其中一些是为德国的一个展览（伍尔特艺术馆［Kunsthalle Würth］的展览"仅是自然"［Just Nature］）画的，不过也有很多是过去三年的画作，我生命中的这段时间大部分都待在东约克郡。我开始画风景画是因为想描绘三维世界，而东约克郡是绝佳之处，因为我熟悉这片区域。我年少读书的时候就曾在这里的农场干活，这里的大多数人都不干涉我，因此我可以切实地观察事物，以此来度过每一天。连绵起伏的地形、白垩山脉，一切都很宁静。作为一个农业区，这里地表颜色丰富多彩，完全不像是田园之地。并且，因为我们身处东海岸，还能看到绝妙的阴影。许多描绘这里的素描都是在太阳初升晨

　　　　　　　　　　　　　当代艺术的十九副面孔

光熹微，或几近傍晚落日低垂之时完成的。

奥布里斯特：所以今天早晨你也在画画？

霍克尼：没有，今早没有，因为今天有点阴，但我们常常在早上六点出门画画，这样能获得很好的光线。这是非常美妙的事情。你知道，我们是三维生物，活在三维世界中，而网络空间却并非三维的。我总觉得相机并不能很好地表现景观，因为相机无法看到空间，它只能看到平面。而人类看到的是空间。对我来说，每每看到类似大峡谷这样的景观，总能感受到一种来自空间上的震颤。

奥布里斯特：如果我说，你画约克郡的想法来自20世纪90年代后期完成的关于大峡谷的画作，你同意吗？两者都有大量的留白，我很好奇这之间是否存在着联系？

霍克尼：有联系，但我觉得这仅仅是我作品中更大联系的一小部分。整个想法来自1989年左右，那年我受邀前往硅谷参加Adobe Photoshop的发布会。展示过程中，我看到它在绘画，真正的绘画，我亲眼见证的这一刻标志着化学照相术的终结——尽管约翰·赫歇尔爵士[10]在1839年发明的定影液直到最近才被柯达公司宣布停产。

奥布里斯特：同样的，宝丽来（Polaroid）也停止生产了。

10　约翰·赫歇尔爵士（Sir John Herschel, 1792—1871）：英国天文学家、数学家、化学家及摄影师，在摄影术（Cyanotype）的发展方面做出过重大贡献。他发现硫代硫酸钠能作为溴化银的定影剂。photography（摄影）、negative（负片）及 positive（正片）等名词都是由他创造的。

有一天，我和一个朋友在一起，然后我们去哪儿都找不到他相机适用的胶卷。有意思的是，你从一开始就以一种近乎宣言的方式参与到这场转变中，你说，我们正处于一个"后摄影"的时代。

霍克尼：我觉得对于摄影，已然有太多断言了。人们声称它记录我们看到的世界，它告诉你真相，诸如此类。我总是在捍卫绘画，我曾对那些试图抛弃素描的人说，如果他们如愿以偿，那留给我们的就只有摄影了……可是摄影并不那么完美，或者说不够真实。我还说过，没有人对摄影提出过任何真切的批评。近来，人们想避免这样的讨论，只是因为摄影图像有着巨大的商业利益。比如，CNN会非常乐意告诉你他们给你展示的是真实的世界，他们肯定不希望大卫·霍克尼告诉你摄影只是门糟糕的艺术，它根本没有表现任何真相。当前，这是一个大问题。你知道我和英国国家卫生署（British National Health Service）的争论吗？他们发布了一系列禁烟广告，其中一则拍了一个男孩的特写，他被插进嘴里的鱼钩刺穿了脸颊，广告上写着："不要上钩"。我提出，1985年的《淫秽出版法案》（Obscene Publications Act）规定，禁止向他人描绘残酷的虐待行为——（笑）耶稣被钉上十字架好像也属于此类——而这张图片就是向他人传播残酷的虐待行为，所以他们必须撤回这张照片……

奥布里斯特：所以你成功了……

霍克尼：没有，我没有取得任何成功。人们讨厌这张照片，是因为它吓坏了小孩子。

奥布里斯特：是公众舆论叫停了这则广告……

霍克尼：是的，他们撤回了。但之后我问了一个问题："为什么没人因这张照片起诉国家卫生署？"原因在于没有人相信这确实发生过——因为，非常简单，这是一幅Photoshop制作的图像。如果这真的发生了，拍摄者大概会因严重的故意伤害且描绘犯罪过程罪被起诉，但他没有。所以这件事让我们知道照片上的事情并没有发生，让我们知道照片里并没有什么真相。

奥布里斯特：也让我们知道了Photoshop。

霍克尼：是的。我说过，Photoshop是一种斯大林主义拼贴。它是一种不需要使用胶水的拼贴。对，我把斯大林主义拼贴定义为一种不需要使用胶水的拼贴。就像著名的托洛茨基[11]遭清洗之类的事件，都建立在公众假定所有照片都反映现实的基础上。当然，在30年代，你仍然需要实验室才能修改照片，但今天，任何人在家使用一台电脑就能做到。这导致了真实性的丧失，或许从一开始就不存在什么真实性？如果你看到一张我和乔治·布什（George Bush）握手的照片，并不一定说明我见过乔治·布什。

奥布里斯特：我们聊聊你这些不可思议的新的数码摄影系列作品吧。你以一种非常与众不同的方式使用了数码摄影，这是我之前从未见过的。

霍克尼：我和我的助手J-P一起出去画水彩的时候，他开始用数码相机拍摄我创作时的照片。他是我的助手，我不介意他

11　列夫·托洛茨基（Leon Trotsky, 1879—1940），苏联理论家、革命家和军事家，工农红军、第四国际的主要缔造者。托洛茨基1940年在大清洗运动中遇害。

拍照，因为最终我可以掌控这些照片。然后我渐渐意识到，因为是数码记录影像，你不需要每拍完三十六张照片就换胶卷，不需要处理所有的步骤，而且可以拍摄连续的照片。我画一幅画的工夫，J-P可以拍大概八百张照片。在过去你可没法做到这样，或者说，要做到的话十分困难。如今这是可能的。你发现这是一个新的领域，其有趣之处在于你能运用这种连续性讲述一个故事，还有什么比亲手绘制一幅图片更有趣？这就是我们所记录的。

奥布里斯特：你一直都在拍照，我想知道的是，在你的作品中，摄影留下了怎样漫长的轨迹。具体说来，你对媒介近年来的态度有什么改变？

霍克尼：我从一开始就对图像很感兴趣。如果你对图像感兴趣，你就会对摄影感兴趣。我成了一名摄影师，但我一直都说我和摄影保持着若即若离的关系。我是说，它既有迷人的一面，也有另一面，那就是它并不是一种非常真实的观看世界的方式。透视问题在这里变得很有意思，因为看起来西方传统的透视似乎经由摄影得到了证实。这是当前历史书的说法。但我要说，透视并不是被摄影确定的，它实际上是一种视觉法则，它一定是来自自然在你眼中的投影。这是我的书《隐秘的知识》（*Secret Knowledge*, 2001）初版里遗漏的论点之一。在我研读关于西方透视学诞生的书籍时，我发现了这一点。我读到了一则布鲁内莱斯基的故事，他从佛罗伦萨大教堂的视角画了一幅洗礼堂的木板画——据说这是第一幅"透视"图。我被这个故事吸引了。大约八年前，就在我的书刚刚交付印刷的时候，我忽然明白布鲁内莱斯基做了些什么。抱持着这种想法，我们计划了去佛罗伦萨的旅行，想让他们打开洗礼堂的大门，以验证我的想法。

奥布里斯特：你有什么计划？

霍克尼：通过查看佛罗伦萨的地图，我发现，在早上七点三十分，太阳会在洗礼堂的正后方，从而照亮洗礼堂。我的助手大卫·格拉维斯（David Graves）先去了那里，他起初有些担忧，跟我说："你知道洗礼堂与大教堂距离有多近吗？你认为这真的有效果吗？"我告诉他我觉得会有效果，因为我发现镜头有推远的作用，并且在这里同样适用。那是一个实验，我们不知道是否有效，然而真的成功了！我们让他们打开门，然后站在布鲁内莱斯基之前站的位置。我们支起一块跟布鲁内莱斯基用的大小一样的面板，然后开始拍摄。随后，通过一个直径五英寸的凹面镜，我们将洗礼堂投影到面板上。图像是上下翻转的，但因为那座建筑是六角形的，所以可以算出各个角度，然后将它们画下来。现在，我怀疑我们是不是第一个做这个实验的。我相信我们是第二个，因为布鲁内莱斯基一定早就知道了。佛罗伦萨是当时世界上最发达的城市，艺术史声称布鲁内莱斯基并不知道，这绝不可能！《隐秘的知识》第二版里，关于这个实验我最后新写了三十页。

奥布里斯特：你基本上是在修正艺术史，这显然会引起各种反应。

霍克尼：好吧，我觉得艺术史忽视了艺术如今具有深远意义的一面。我发现，将自然以光学的方式投影出来比那一次化学发明要早太久了，它本质上就是一张照片，1839 年的发明只不过是通过化学手段把图像固定下来而已，在这之前，对于这种图像的观看，已存在很长很长时间了。并且，如果你自己动手制作这种图像，你就会发现它们与绘画极为相似。人们之前一定见过这种图像，但你会发现没有人讨论过它。教会的力量曾经非常巨大，拥有强大的社会控制力，他们完全可以利用反射镜和透镜绘画。历史上，正是1839年后随着相机的发展，教会的力量逐渐衰落。随着教会力量的慢慢式微，反射镜和透镜紧接着就转移到我们现在所称的媒体手中，媒体从此拥有了社会控制力。但这种局面即将被一种全新的方式打破。老实说，我们也不知道会产生什么样的影响……现在，越来越多的相机被生产出来，每一台手机里都有摄像头，我不仅能拍照，还能把照片发送给很多人。过去，照片由一小部分人发布，通过媒体传播给大众。现在，这一小部分人扩展成了每一个人。

奥布里斯特：这导致电视节目的原子化，在最近的一次采访中，你也说过。

霍克尼：是的，我们正在走出那个时期，如今在迈进一个新的时代。新的时代是怎样的？我觉得，首先得感谢这个世界的光学投影，也就是摄影，任何人都可以在YouTube上发布图像。我注意到默多克先生对这些很感兴趣，显然他看到了大众传媒即将终结。至少这是某种迹象，就像我所观察到的那样。

奥布里斯特：我学生时代第一次读到你使用传真机创作的时候，感觉受到了全新的启发，然后开始思考传真机如何成为一种艺术创作的媒介……与此同时，你在Photoshop问世之初就开始使用。你利用这些不同媒介的方式很令人着迷……

霍克尼：把那本图录递给我。我在里面提到，"商业印刷也是艺术家的一种媒介"。展览结束后，图录的页面可以装裱后挂在墙上，它们就不再是复制品了。

奥布里斯特：那意味着每个买了展览图录的人都能把作品带回家……

霍克尼：……如果我们考虑到它们都是用四种颜料——青色、黄色、品红和黑色——绘制而成的，那它们就不是复制品。我说，"就这么印吧"。所以它们不是复制品，他们只以这种形式存在。我们也用报纸做了同样的事情。

奥布里斯特：对，我看到过你为《布拉德福德电讯报》（*Bradford Telegraph*）做了些事情……

霍克尼：……80年代的时候，我也给洛杉矶《先驱考察家报》（*Herald Examiner*）做过一些事情。我一直对印刷和复制很感兴趣，纯粹是因为我知道复制让我得以通过读书看到很多画作。事实上，我出版第一本书是在1975年，其中都还只是大量的黑白图片。我记得出版社问我："你想要印彩色的卖二十英镑，还是印单色的只卖十英镑？"我赞成更多人会购买的十英镑版本。我意识到印刷品是人们看到大量作品的途径。这是艺术得以传播的极佳示例。然而如今的复制品已经变了，有各式各样的新型相机，有各式各样的新型数码处理方式。

奥布里斯特：技术与品质并不必然相关。

霍克尼：举个例子，可以看到技术的影响：伊拉克战争开始的时候，他们最初认为能够像第一次世界大战时那样控制图像。好吧，才两个星期他们就意识到，技术的发展让这种控制无能为力，因为每个人的手机都有摄像头。之后《洛杉矶时报》（*Los Angeles Times*）开除了一名摄影师，因为他将两张照片合成，以加强图像效果。我这时意识到，他们打的是一场必败的战斗。我是说，他们认为我们仍然处在一个"我有相机，我站在那里，一切就是我眼前的样子"的时代。那个时代，即便是存在过，现在也已远去。问题是，你看，比如苏珊·桑塔格[12]最近的一本书《关于他人的痛苦》（*Regarding the Pain of Others*）……

奥布里斯特：……那是关于战争摄影的。

霍克尼：首先，她提到了 1839 年相机的发明，这是一种认知怠惰（intellectually lazy），因为相机不是在 1839 年发明的……她没有意识到。但她也指出当马修·布雷迪[13]拍摄美国内战（American Civil War）时，他会把尸体拉到这边，把东西移到那边，简直是构造了他的图片。他们经常拿着相机这么干。苏珊·桑塔格对后来关于摄影的一种观点产生了影响。你知道，咔嚓，咔嚓，咔嚓，拍张快照……但在 1861 年你没法这么拍。论述摄影的人从未提及前摄影时期的图片，事实上，纽约现代艺术博物馆（Museum of Modern Art，即 MoMA）在 1981 年做过一个展览，名为"摄影之前"（Before Photography）。我记得那个展览，

---

12 苏珊·桑塔格（Susan Sontag, 1933—2004）：美国作家、艺术评论家。除了创作小说，她还创作了大量的评论性作品，涉及对时代和文化的批评，包括摄影、艺术、文学等，被誉为"美国公众的良心"。

13 马修·布雷迪（Matthew Brady, 1823—1896）：美国摄影师，第一个全面报道战争进程的摄影记者，他以写实主义的方式拍摄美国内战。

有像康斯太勃尔[14]和丹麦"黄金时代"[15]画家等人的画,让你相信这些画家正在慢慢接近真实……然后摄影出现,向我们展现了何谓真实。不过,展览从未提及这些画家自己正在使用相机。

奥布里斯特:这个展览和巴黎的库尔贝回顾展(Courbet retrospective)极为相似。库尔贝显然对摄影有所了解。

霍克尼:当然。一些艺术家看到我写的东西时,会说:"哦,你说大师们在作弊!"我感到极为震惊。我只是觉得,"你们这些蠢蛋"。能使用光学原理,说明他们绝顶聪明。

奥布里斯特:你在《隐秘的知识》里说得极为精彩,这使得他们在画肖像的时候更快速,也更直接。

霍克尼:对。比如弗兰斯·哈尔斯[16],你要是仔细观察他画的人物,你真的能逐渐发现他使用的光学器材。使用光学器材绘画是非常聪明的,直到现在都是如此。马尔科姆·莫利[17]跟我说,他买了一台显像描绘器(camera lucida),但他不会用,他甚至不知道怎么通过它观看。我跟他说,你必须训练自己学会使用它,

---

14 约翰·康斯太勃尔(John Constable,1776—1837):英国风景画家,英国浪漫主义绘画代表人物之一。

15 大约从 19 世纪初开始,主要代表人物是克里斯托弗·威廉·埃克斯贝尔(Christoffer Wilhelm Eckersber,1783—1853),对后世的丹麦自然风景画家影响深远。

16 弗兰斯·哈尔斯(Frans Hals,约 1580—1666):荷兰现实主义画派的奠基人,也是 17 世纪荷兰杰出的肖像画家。

17 马尔科姆·莫利(Malcolm Morley,1931—):英国画家,以照相现实主义(photorealist)而知名。

这需要慢慢来……

奥布里斯特：所有的这些实验你都做了，是吗？

霍克尼：对，我都做过了。这实际上也是我去佛罗伦萨的原因。他们邀请我去参加一个关于卡拉瓦乔[18]的学术研讨会。我们要做一个小演示，德拉·波尔塔[19]一定也做过，就像放电影一样。我们只是尝试着表明，这种演示在六百年可能就已经做过了。

所以这些几乎就像是一个艺术家做的科学演示……八年前我们做了一大堆光学实验。我们拍下了一些，其中一个专门展示了卡拉瓦乔是怎么画《以马忤斯的晚餐》（*The Supper at Emmaus*）的。

奥布里斯特：怎么才能看到这些影片？公众可以看到吗？

霍克尼：公众看不到。这儿可能有一些。我都放在伦敦了。卡拉瓦乔使用了拼贴技术，你越是仔细看，就变得越明显，只要观察物体的比例就可以了。关键在于，我渐渐开始反对光学……这种发现让你不想通过相机观看。

奥布里斯特：再告诉我一些你做过的光学研究吧。

霍克尼：我做过很多对比展示。你知道我在洛杉矶有一个很大的艺术图书馆，然后我工作室里有一台彩色影印机，所以我不用撕这些书，就可以复制很多作品，然后按照年代顺序把它

---

18 米开朗基罗·梅里西·达·卡拉瓦乔（Michelangelo Merisi da Caravaggio，1571—1610）：意大利画家，对巴洛克艺术的形成有重要影响。

19 吉安巴蒂斯塔·德拉·波尔塔（Giambattista Della Porta，1533—1602）：意大利建筑师和雕塑家，建造了包括圣彼得大教堂（St. Peter's Basilica）在内的诸多重要的罗马建筑。

们钉在墙上。通过制作一个图片墙，我们可以看到发生了什么事情：1420 年前的图像几乎没有任何阴影，而之后突然有了大量的阴影。古代中国、日本、印度和波斯的绘画极其精妙，里面是没有阴影的。那么卡拉瓦乔这些人的画里突然出现的阴影是从哪里来的呢？卡拉瓦乔发明了好莱坞式照明，灯光来自舞台左侧、右侧或正上方。我要说的是，与之前的图像相比，卡拉瓦乔画中的光线来自另一种光源。

奥布里斯特：所以你想说，好莱坞从卡拉瓦乔开始？

霍克尼：某种意义上是的。我有一个邻居，叫格雷·高里(Grey Gowrie)。我询问他对卡拉瓦乔展览的感想，他对我说："你知道，某个方面太好莱坞了。"我说："你会对它们之间的联系感到吃惊的。"

奥布里斯特：太迷人了，你也说过拼贴是从卡拉瓦乔他们开始的。我是说，从达达[20] 往后，20 世纪显然已成为一个拼贴的世纪……

霍克尼：当然，是卡拉瓦乔所采取的技术让我相信这一点。（研究一幅卡拉瓦乔的画）就是这个，看，这个果篮，看上去没问题，但篮子那么宽，并且大小很奇怪，然后你会发现这个场景是从正面……卡拉瓦乔在暗室里画画，然后在天花板上开了一个洞，你能发现这个洞起到的作用——它照亮了人物和静物。

20　达达（Dada）：1916 年在瑞士苏黎世出现的文学和视觉艺术运动。艺术史上称之为达达主义，或称达达派。达达主义是一种无政府主义的艺术运动，它试图通过废除传统的文化和美学形式发现真正的现实。

所以我们演示的是，他不需要让人都坐在桌子边，实际上每个人都坐在同样的位子。没人看到过卡拉瓦乔、维米尔[21]和弗兰斯·哈尔斯画的素描。所以在没有素描的情况下，他是如何构图的呢？好吧，我们演示了他是怎么做到的，太天才了，难以置信的聪明，他所运用的奇妙技术，对于现在任何使用Photoshop的人来说都很有趣。

奥布里斯特：所以我们甚至可以说，Photoshop从卡拉瓦乔开始……

霍克尼：（笑）从视觉角度来看，它确实并没有那么新。

奥布里斯特：另一件我想要请教的事情是，他的画里存在着自觉或不自觉的变形……

霍克尼：（再次提及卡拉瓦乔的画）你看这些画，要么头部过大，要么手过大，要么头部和肩膀的距离太远，于是你发现它整个是拼贴起来的。你没法一下子就发现这些，但一旦发现了，就会忍不住一直看，然后你意识到这是拼贴技术。你可以看出来他是怎么做的。

奥布里斯特：卡拉瓦乔和维米尔没有素描，安格尔[22]也使用了光学仪器，但他却画过素描……

霍克尼：嗯，我确定安格尔使用了显像描绘器。记住，安

---

21 约翰内斯·维米尔（Johannes Vermeer，1632—1675）：荷兰最伟大的画家之一，作品大多是风俗题材的绘画，基本上取材于市民平常的生活。

22 让·奥古斯特·多米尼克·安格尔（Jean Auguste Dominique Ingres，1780—1867），法国画家，是法国新古典主义的旗手，与浪漫主义相抗衡。

格尔是一个卓越的绘图者，像我之前说过的，这不得不借助光学仪器，但并非是光学仪器完成了作品。安格尔作品在伦敦展出时，其中有一些素描，画的是一群访问罗马的英国贵族。安格尔与他们之前素不相识，他邀请他们共进午餐以便观察他们。令人惊讶的是，他只见过他们这一次，而第二天，素描就完成了，极其快速。不过最后我自己尝试了，然后明白了他是怎么做到的——使用透镜非常快速地标记关键点，这是一种转瞬完成的测量方法。

奥布里斯特：你画了很多人的肖像画，包括你身边的人，有朋友，还有你的大家庭。但你从没像安迪·沃霍尔（Andy Warhol）那样，他接受富人、权贵的委托项目。为什么会这样？这是你有意的选择吗？

霍克尼：对，这是一个选择。我真心不想画任何的委托肖像，因为不想花费时间在这个上面。我觉得，如果不是很了解一个人，你怎么知道你画得像不像呢？安迪画肖像画是为了维系他的杂志《访谈》（Interview）。杂志一点儿不赚钱，所以他基本上是靠画德国实业家的夫人们维持的。大约同一时期，他给我画了一幅肖像……

奥布里斯特：你跟沃霍尔是什么样的关系？朋友吗？

霍克尼：对，我们是朋友。我第一次见他是在 1963 年。他给我画肖像画的时候，我也给他画了素描。我的朋友亨利·戈尔德扎勒（Henry Geldzahler，大都会艺术博物馆［The Metropolitan Museum of Art］策展人）不喜欢安迪画的那幅肖像画，然后对他说："安迪，你漏了点东西。"安迪说："没有啊，什么？"亨利回答说："你丢了艺术！"安迪只是说："哦好吧，我再画一幅。"新的这幅亨利很喜欢。

奥布里斯特：你的作品里引用了很多华莱士·史蒂文斯（Wallace Stevens，美国诗人）的内容……因而我想知道，他的作品及其与自然的连接，与你的作品之间有怎样的联系？

霍克尼：大概三十年前，我根据他的一首名为《弹蓝色吉他的人》（The Man with the Blue Guitar）的诗画了一幅画，这首诗太棒了。华莱士·史蒂文斯非常有趣。你知道他过去在巴黎，常常看都不看一眼，就从代理商那儿买画吗？那些都不是非常优秀的艺术家的作品，但这种买画的方式很奇特，能够那么相信某人。

奥布里斯特：你一直跟诗歌有着紧密的联系。

霍克尼：过去有一段时间我很多画作的灵感来自诗歌，不过很久没这么做了，但我一直在读诗。有些事情我不是很熟悉，比如流行歌曲的歌词，所以我不太能读懂当代诗歌，我并不知道所有的隐喻。我对某个时期之后的流行音乐一无所知，不过我也不太在乎。

奥布里斯特：但是在过去，诗歌在你的作品中肯定起了很重要的作用，特别是你的那幅《我们两个小伙子斯缠在一起》（We Two Boys Together Clinging, 1961），是以沃尔特·惠特曼（Walt Whitman）的诗命名的……

霍克尼：是的，沃尔特·惠特曼。我一直钟爱那首诗《在路易斯安那，我看见一棵橡树在生长》（I Saw in Louisiana a Live-Oak Growing），它有点像华莱士·史蒂文斯的诗句"我曾把一只坛子放在田纳西……"（I placed a jar in Tennessee . . .）我总是相信，诗人知道的更多……

奥布里斯特：为什么这么说呢？

霍克尼：很早以前，我翻到过一首诗，叫《无章的情趣》（*Delight in Disorder*），然后我就想，这点子我喜欢。这首诗是罗伯特·赫里克（Robert Herrick）写的，最后一行是："一双鞋带，系得漫不经心 / 我看到一种野性的文明：/ 这更让我着迷，远胜于那些 / 每一部分都过于准确的艺术。"我大概十岁的时候读到这首诗，然后我想，"诗人知道的更多……"我觉得我拥有这种无章的情趣。我的意思是存在一种更高级的秩序感。我有点邋遢，不是那么整洁，我以前总说这是因为我有更高的秩序感，因为我可以看到别人看不到的秩序，而那就是我懒散的借口。

奥布里斯特：那你跟沃尔特·惠特曼的联系呢？我清楚地记得你 1961 年那幅非常了不起的版画《我和我的英雄们》（*Myself and My Heroes*），里面画了你自己、沃尔特·惠特曼和圣雄甘地……

霍克尼：我年轻的时候就很崇拜惠特曼，不过我也看到他有严重的弱点。他当然是个很有趣的人，但我一度觉得他并非完人，他不太能体会到别人的脆弱。我第一次去美国的时候，以为每个学生都能够引用沃尔特·惠特曼，但大部分人从没听说过他。我早该知道！惠特曼是典型的美国式写作，洒脱自由，对我来说就像一股清风。我读了《草叶集》（*Leaves of Grass*）里的每一篇，它辽阔广袤。然后你会发现，美国的同性恋总让美国人显得有点暧昧不明，就像沃尔特·惠特曼写的那样："为了宝贵的同志之爱"[23]。他是最早在英国被严肃对待的美国伟大文学家之一，英国人意识到了他诗篇的美妙，他的诗歌里充满了意象。

奥布里斯特：我总觉得你写的文章应该成书，几近于某种宣言。

霍克尼：好吧，我所做的，只是捍卫我自己而已。

奥布里斯特：你不是每天都写作吧？

霍克尼：不是每天，我生气的时候才写作！就像我受够了那个禁烟广告的时候。我觉得每盒烟上的那句"吸烟致命"是对欧洲的某种"丑化"。众所周知，生活就是杀手！那又怎样？没必要见缝插针地强调这点。我必定会抗议把抽烟"妖魔化"，我觉得现状已然很让人讨厌了。我有五十二年的烟龄，但说实话，我身体很健康。我也不打算戒烟。实际上，如果烟不在手，我估计会觉得工作起来异常困难，抽烟让人保持心神平静。我也说过，如果你觉得你可以让它消失，那么之后会发生什么……就是现在在加利福尼亚上演的事情，加利福尼亚电视上大约百分之四十的广告是处方药，以后那就是烟草的替代品。制药业对我们的伤害会让烟草业看起来像主日学校[24]的老师一样和蔼可亲。

我记得在电视上看到肯尼迪被刺杀时的场景，那些新闻播

---

23 原诗是"for the dear love of comrades"，comrades 指"战友、伙伴"，但后人分析惠特曼讲的是同性之爱。

24 主日学校（Sunday-school）：英美等国在星期日为贫民开办的初等教育机构，又称星期日学校。

音员们都在抽烟。那真是另一个世界！我爱死了那个什么都能抽、在哪儿都能抽的纽约。

奥布里斯特：你真的应该集结所有的文章，然后出本书。

霍克尼：我近来的写作方向会从我最热衷的三样东西——摄影、透视或者抽烟——中选一个！

奥布里斯特：说到书，我想问问你给《格林童话》（*Grimm's Fairy Tales*）等作品画的那些插图，它们很好看。

霍克尼：那会儿是1968年。我还记得我跟弗朗西斯·培根争论"插图"（illustration）这个词儿。他觉得把人称作"插画师"是一种侮辱，比如"你画插画的朋友奇塔伊先生[25]最近好吗？"我对培根稍微有点了解，不太多，但却和他认真地争辩起来。我告诉他，很多最优秀的艺术家也是插画师：伦勃朗[26]、贺加斯[27]……

奥布里斯特：那培根说了什么？

霍克尼：我们为此争了起来！有一次我告诉他，加利福尼亚有一幅画，画的是插在花瓶里的郁金香，和培根的画一样艰深玄奥，那是塞尚[28]画的，在诺顿·西蒙美术馆（Norton Simon Museum）。我只是想试着告诉他，一幅画是否深刻，不在于主题，

25　奇塔伊（R. B. Kitaj，1932—2007）：美国画家，波普艺术家。

26　伦勃朗·哈尔曼松·凡·莱因（Rembrandt Harmenszoon van Rijn，1606—1669）：欧洲17世纪最伟大的画家之一，也是荷兰历史上伟大的画家。

27　威廉·贺加斯（William Hogarth，1697—1764）：英国著名版画家。

28　保罗·塞尚（Paul Cézanne，1839—1906）：法国著名画家，后印象派的主将，从19世纪末便被推崇为"现代绘画之父"，是现代艺术的先驱。

而在于你对待它的方式。70 年代中期，有一段时间我和培根都住在巴黎，我们常常见面。格利高里以前常跟他出去喝酒。

奥布里斯特：有意思的是，身为一个来自绘画世界的人，你深深沉浸于其他世界，比如戏剧、歌剧、插画、艺术史……

霍克尼：我说过，我对图像感兴趣，我觉得这始终是主线……我对物理也很感兴趣。归根结底，时机决定一切。

奥布里斯特：这句话是什么意思？

霍克尼：时机决定一切。举个例子，我之前在画这片乡野，而山楂花凋谢的时候，我就不画了。山楂花只开四天，一阵雨就把它们打落了，因而时机决定了一切，尤其是你投入自然之中时。毕竟我住在约克郡，这里不是加利福尼亚，它一年四季都有变化。想想，二十五年来我没见过加利福尼亚的春天和夏天，它始终是一个天气。

奥布里斯特：所以住在这里，季节再次进入你的生活。

霍克尼：是的，那是一方面。我们出去兜兜风，我带你去看看我刚刚说的这些。

回归绘画

霍克尼：生活在这里，会渐渐关注自然的持续变化。冬天，你察觉到树木的千差万别，它们如何向天空伸展。在夏天，树枝又被压得低垂。我要带你看的这些树，我觉得可能是两百年前的人栽的，每棵树之间都留有足够的空间，所以这些树一定是人工种植的。如果你以每小时十英里的速度在这条路上行进，你就能看清每一棵树。很久以前的人种下了它们，构成了这个精心修整的景观，这里的变化有人为的影响。这里不是野生环境，不过另一方面它也属于自然，因而存在着持续不断的变化。这些树在这里，如果今早阳光好，我就会出门来这边，因为太阳在那边。傍晚时分，大约下午六点的时候，太阳西去，我就会从另一条路走。在这里生活的时间越久，越会意识到，在一天的哪个时候，在一年的什么时节，应该看哪个方向。当你置身其中，就会察觉到树木多么壮丽，多么让人惊叹，每一棵都姿态各异。

这就像是一个展览，树的展览。对，你看它们具有的美感，它们的数量规模。我常带人来这里，视觉敏感的人很快能发现这一点。有人在两百年前规划了这里，我喜欢这里。你看每棵树都是独立的，毫无重叠。冬天的时候它们依然很美。我一直在构思一幅描绘这里的大画。我现在要掉转车头，如果到下面去，你会看到另一片风景，看到了吗？早上六点，太阳没有完全升起来，会把这里照得金灿灿的。我早上五点把客人叫醒，让他们去看这个胜景，他们常因此感谢我。正是独自走在这条延伸的路上，让我获得了未来很长一段时间里的创作主题。

奥布里斯特：这大概是你目前为止最大的一幅画了。

霍克尼：对，但我们在移动，所以要如何准确描绘呢？当然，中国人知道怎么做，因为他们的风景画都是移步换景。

奥布里斯特：你是怎么开始了解中国画的？

霍克尼：也是摄影和透视让我对中国画感兴趣的。我读过乔治·罗利（George Rowley）写的一本关于中国绘画的书，而且我和大都会艺术博物馆中国画方面的策展人关系很好。他给我看过一个精彩的卷轴，我们拍了一个关于它的电影：《与中国皇帝的大运河一日游，或曰表面即错觉而深度亦然》(*A Day on the Grand Canal with the Emperor of China or: Surface is Illusion but so is Depth*)。这部影片是二十二年前拍的，但它的主题完全是我现在要讲述的东西，它就像是中国卷轴画世界里的邪典电影（cult film）。我和菲利普·哈斯（Philip Haas）一起制作了这部影片，他之前拍过很多艺术家的影片，例如理查德·朗[29] 和吉尔伯特与乔治双人组。这部影片的委托方原想拍个五分钟的短片，但我告诉他们，你不能只花五分钟去看一幅卷轴画。

奥布里斯特：你还拍过其他影片吗？

霍克尼：我们拍过《隐秘的知识》，长度大概是一个半小时。中国卷轴画的影片是 80 年代拍的。中国画的透视里从来不会有消失点。16 世纪时，中国曾是全世界最先进的国家，但到 19 世纪就不再是了。我很好奇发生了什么，然后我听说他们丧失了求知欲，而别国的军事技术更胜一筹，这让我陷入沉思。透视改进了军事技术，因为它建立了三角测量，然后你可以更准确地发射大炮。我觉得其中的联系真的很有趣。有意思的是，现在，欧洲的那种观看世界的方式已然大获全胜，我指的是相机的胜利……但那不是中国人观看世界的方式……就是这片区域，你现在可以看到很长的一条路。我喜欢这里。我患有很严重的幽闭恐惧症，这大概是我住在洛杉矶而不是纽约的原因，也是我

29　理查德·朗（Richard Long, 1945—）：英国大地艺术的代表人物。

没那么喜欢伦敦的原因。年纪越大，我越在意这一点。我喜欢宽敞的空间。

奥布里斯特：自90年代以来，你的很多画表现的是像大峡谷这样开阔的空间。

霍克尼：我一开始拍摄了大峡谷的照片，因为我总觉得它是无法被拍摄的。很多风景真的是没有办法拍摄的。电视上所有的风景看上去都是一样的，拍出来的大峡谷没有透视。我一直被它吸引，因为这是世界上最大的洞，你能通过它看到空间。我们不知道从这里伸出的空间和天空的边界在哪里。对我们来说，大峡谷大得有些让人难以领会。大峡谷实际上就是世界上最大的洞穴，你可以往里观看。画它之前，我在1982年使用拼贴技术拍摄了它的照片，那时候拍起来很困难，现在就简单多了。

奥布里斯特：谢谢你向我展示了这些神奇的景点，真的非常美好。

霍克尼：哦，这样的地方还有很多，几英里几英里都是这样的风景，真的。我在这里确定的主题，够我忙上好一阵子了。所以，自然而然的，到了我这个年纪，你肯定也会在这儿定居。

奥布里斯特：是什么让你回归到绘画？我是说，你一直在画画，不过其中有很长一段时间在搞摄影……

霍克尼：《隐秘的知识》之后，我很快就回到了绘画。完成《隐秘的知识》对我来说极为重要，我对于历史有了另一种观看视角。然后，我又开始使用双手，而不再透过镜头观看了。J-P使用镜头观看，但我不是。某种程度上，我理解了摄影是什么，它如何产生，以及我们如何置身于一个拥有它的新时代。我是说，摄影在转变。摄影仍是摄影，但它发生了变化。我们还无法得知这种变化会带来什么影响。这是耳目一新的，是即将到来的。摄影无处不在，我们看到的这个世界的图像，大部分来自摄影。

奥布里斯特：你通过这样的研究回归绘画，真的非常有意思，兜了一圈，还是回到了绘画。

霍克尼：非常正确，对的。绕一些圈子，然后满怀信心地回来。有人觉得不能再画风景画了，这是一个过时的题材，我认为这个观点并不正确，这是由我们的观看方式决定的。所以你得付诸行动，你得去画这些风景。这就是我在做的事情。我们最后会在伦敦皇家艺术学院做一个很大的展览，向人们展示：只要你头脑正常，你就可以观看自然，并且总是被它震撼……

奥布里斯特：所以，兜圈子对你来说是有用的？

霍克尼：是的，我非常乐意花很长一段时间来绕绕路。有一位加利福尼亚的女士，我认识她很多年了，她从事当代音乐，是施托克豪森[30]的朋友。说起来，我在我比弗利山的家里画过她，她跟我说："大卫，我才发现，为了把某件事搞明白，你不惜花上几年的时间，是吧？"然后我说："对。其实我更希望能多花些时间。"在我开始对欧洲绘画的光学感兴趣的时候，我想：这太有趣了，我要多了解一些。我看到了它与今天的联系：现在相机无处不在，我们为什么不探索一下它呢？看看它在做什么，以及它真正做了什么。既然苏珊·桑塔格提到了相机的发明……

---

30 卡尔海因茨·施托克豪森（Karlheinz Stockhausen，1928—2007）：当代最重要的德国作曲家、音乐理论家、音乐教育家之一。

那么，我想问，你能说出相机发明者的名字吗？你当然说不出来，因为根本不是一个人！摄影有发明者，因为那是化学药剂的发明，是一种工艺，但并非观看方式的革新，这种观看方式在五百多年前就已经形成了。这就是我在书里所说的：重要的不是人们如何使用摄影，关键在于这样一个简单的事实——他们是在通过一个平面而非三维空间观看世界。

奥布里斯特：埃尔斯沃斯·凯利[31]说，绘画介乎二维和三维之间，在其中摇摆游荡。

霍克尼：嗯，有一个朋友，很年轻。他玩电子游戏，给我们看过其中一个，游戏背景设置在约克（在英国北约克郡），是一个有很多环栅的围城，他在里面朝人开枪……当然！我看了一会儿，然后说："好吧，还行，但如果在现实中面对同样的情况，你眼睛所能看到的会变化很快，你得持续不断地看。"我对他说："你要做的应该是买个烟斗，在里面塞满烟草，点上火，然后去弗兰伯勒角（Flamborough Head，约克郡海岸上的半岛）散个步。你会发现，现实世界才是真正的三维。去吧，试试看！"他母亲听到我让他抽烟都快吓死了，所以我只好说："好吧，还是回来继续向约克的人们开枪吧！"总之，无论如何，人们总是提到这些电子游戏让人惊叹的三维效果，但实际上，这些都是平面的——相机无法像我们那样处理眼睛所能看到的东西。

奥布里斯特：你对三维空间的兴趣是否也来自对戏剧和歌剧

31　埃尔斯沃斯·凯利（Ellsworth Kelly，1923—2015）：美国画家、雕塑家，涉足硬边绘画、色域绘画和极简主义。

的涉猎？

霍克尼：也许吧。我意识到这一点是做第二部歌剧《魔笛》（*The Magic Flute*）的时候，设计舞台场景时我打算玩透视游戏。我当时想回到绘画，但之后开始写《隐秘的知识》了，然后我发现它让我以一种全新的、充满信心的方式回到了绘画。比如，我没办法根据照片画画，因为对我来说，它缺乏足够的空间信息，正是因为意识到了摄影到底是什么，我才画画。我的助手 J-P 拍摄鲜花的时候，我告诉他，因为花开得如此旺盛，又如此繁茂，所以相比它的实际大小，人眼看到的其实要大一点。相机几何式地观看一切，而我们在心理上感受万物，两者之间有着巨大的差别——我们如此喜爱它，当我们观看它的时候，会让它显得更大一些。

奥布里斯特：说到摄影，像许多科学家的发明一样，拼接（joiner）摄影的发明，你能够明确到一个具体的时间点吗？

霍克尼：是在 1982 年，那会儿，蓬皮杜中心（Pompidou Centre）的人来洛杉矶拜访我，他正在准备一个摄影展，虽然我不太感兴趣，但他还是来了。我相簿里有很多照片，为了确保不落下任何一张，他带了一台拍立得，然后翻拍了这些照片。他留下了很多拍立得相纸，我就捡起来，拍了一百三十二张，拼接成一张我房子的图片。那就是起点。我记得我当时想："哇，太神奇了。"那是 1982 年的 2 月初，在纽约花一年时间为大都会歌剧院（Metropolitan Opera）完成了两个芭蕾三合一（triple bill）后，我刚到加利福尼亚，独自回到了我的工作室。在剧场的时候，你永远都不是一个人工作，那意味着需要妥协。所以回到工作室，我很开心可以一个人待着。我发现自己热衷于玩宝丽来，拍了不少精心构思的照片，我意识到摄影的透视是可以改变的。我的摄影师朋友们说相机自带透视，所以我想看看如何不使用透视拍照。

奥布里斯特：所以你采取一种别人从未想象过的方式使用相机？

霍克尼：我们做的第一个宝丽来摄影展览叫"用相机画画"（Drawing with a Camera），我还留着那时的完整档案。实际上，在展览的最后，我放了一些用显像描绘器画的素描，这代表着我摄影实验的终点。到底发生了什么，相机如何占据我们大部分的生活，对此我感觉自己有了一种历史观念。我意识到如今我可以扔掉相机了。你知道，凡·高讨厌摄影，而且如果你思考一下，塞尚和莫奈也说过他们以另一种方式观看事物。而这些如今被忽视了。你看过毕加索和马蒂斯在伦敦（2002 年泰特现代美术馆［Tate Modern］）的展览没？我第一次是和卢西安·弗洛伊德 32、弗兰克·奥尔巴赫 33 一起看的。我们一大早就去了，那会儿展厅里一个人都没有，我们有两个小时的时间。太精彩了！当我们从展厅出来，走进美术馆里厅的时候，看见那儿有四幅特别大的摄影作品挂在墙上，大概是刚收藏的。卢西安·弗洛

32　卢西安·弗洛伊德（Lucien Freud, 1922—2011）：英国最伟大的当代画家之一，坚持表现主义绘画，偏好人物肖像与裸体画像。

33　弗兰克·奥尔巴赫（Frank Auerbach, 1931—）：德裔英国画家，被称为英国当今仍在世的最伟大的艺术家、当代艺术界最清醒的思想家之一。

伊德和弗兰克·奥尔巴赫直接走过去了，但我停下来看，然后我就在想："嗯，这些照片无疑让世界看起来枯燥乏味，而毕加索和马蒂斯曾让它看上去充满刺激。"我更喜欢这种刺激。这些照片是近期拍摄的，说明我们现在是在退步。我们再也不知道摄影到底为何物，或者在历史上它曾是何物。你明白我的意思吗？如果理解历史的方式稍有不同，你就会带着十足的信心回归绘画。你不再关心绘画已死之类的争论。实际上我更愿意说，是摄影正在死亡，或至少它在发生变化，它变得越来越像绘画：这正是 Photoshop 在做的事情。

奥布里斯特：每当想到老式传真纸，就会觉得有些东西转瞬即逝，已经消失。

霍克尼：大量的东西在消失。你知道贝德曼图片资料馆（Bettmann Archive）的故事吧？1995 年比尔·盖茨收购了这个拥有大约一千一百万张摄影作品的档案库，他觉得能将它们全部数字化。但随后发现这根本不可能完成，因为数字化的话，需要人审核每一幅照片，并且输入搜索关键词——"冬天""雪""街道""纽约"之类——这样可以识别出每一张照片。那就意味着需要雇词汇量又大、眼力又好的人……能同时达到这两点的人，谁会浪费生命在一个地库里看一千一百万张照片？结果，为了保存这些照片，不得不把它们埋在宾夕法尼亚的盐矿里。有人说这些照片已经消失；另一些人争辩说，五百年后，它们可能会被再次发现。所以它们消失了吗？我觉得那就是大多数东西走向终结的方式。我们终将化为一抔尘土。也许我们想试着留存的东西实在太多了，也许是因为这样，我们才没法留存太多。

《隐秘的知识》原本的书名是《消失的知识》，泰晤士 & 哈德森（Thames & Hudson）出版社修改了书名，他们觉得现在这样更利于销售。某种程度上，我开始意识到，知识在过去就已消失，将来会再次消失。如果不这么认为，那就太过天真了。

奥布里斯特：就像是记忆。非常神奇的是，关于万物的记忆是多么不堪一击。从某些方面来说，我的访谈是一种对遗忘的反抗。

霍克尼：嗯，我们会有意忘记一些东西：见识过第二次世界大战的极度恐怖的人，想要忘记。努力留存这些记忆的人，是从未经历过的人，参加过战争的大多数人想要忘记它。

奥布里斯特：某种刻意的失忆？

霍克尼：没错，我们绝大部分的记忆是愉快的事情。比如，我们不会记住伤痛。我之前就已经注意到，我们观看的时候，总是带着过去的记忆。举个例子，一天早上我们出门，那是一个大晴天，天空湛蓝，太阳很低，我们开车西行。那天真的很明亮。如果你经历过这种场景，再次开车的时候，就会想起记忆里的那种明亮，即使你下次去那儿的时候有薄雾笼罩。我们总是走同样的路，看同样的树，看它们随着季节变化。在城市的道路上你很难注意到那些。所以记忆到底是什么呢？有些人甚至提出记忆在我们自身之外，就像无线电波，记忆是你再次调到的某个频道。这种说法非常有趣。

回到大卫·霍克尼布里德灵顿的工作室

奥布里斯特：（看着油画布）我们现在看到的是你之前在车里提到的——开花的时候……

霍克尼：对，我提醒过 J-P 花要开了，他从没见过这儿的花开。所以我算好到周四的时候，花应该完全盛开了，我们做的第一件事就是画了这些。我马上就拿着油画布出去，因为你知道的，花期不会持续太久。

奥布里斯特：太不可思议了，这些树好像是先画上去的。

霍克尼：对，很神奇。我们先拍了这些树，再描出草图，然后上色。我把它带回去，花开的时候再拿出来画。

奥布里斯特：所以你有时也会在照片的基础上画画？

霍克尼：只有那一次，那是唯一的一次。我们一般会制作一个副本，然后我在副本上画，我一直都是这么做的。如果不是在副本上画，我就得画得很快，因为很快天就变冷了。

奥布里斯特：在绘画以及涉猎的其他领域，你都创作了让人惊叹的作品，但我想知道，你是否还有尚未完成的项目呢？或者至今还没有实现的梦想？

霍克尼：嗯，都在这里了。此时此地，我们正置身其中。我们熟悉此事，我们都能意识到在这里做的事多么令人激动。

奥布里斯特：我还没怎么明白，你画好草稿，马上将它扫描，然后在扫描后制作的副本上画，整个过程就像一环扣一环的链条？

霍克尼：对，我先画草稿，然后上色，再制作出副本，在副本上画。

奥布里斯特：所以是从数码到模拟、从手工到机械的一个过程……

霍克尼：对，关键在于我们在使用技术，但你又看不到我们使用的痕迹。（指着巨大的油画布）我是说，我需要电脑才能画这么大尺幅的画，否则我没法进行观察。但记住，这么大的画完全是我亲手完成的，没有其他人在上面画过。

奥布里斯特：所以可以说，电脑没有改变你画的东西，只是给了你更多的可能性。

霍克尼：是的。它让我不必再使用梯子了。电脑是个很神奇的工具，你可以以各种方式使用它。但我所做的不是电脑艺术，电脑只是工具。

奥布里斯特：我和很多美国波普一代的艺术家聊过，他们总说自己多么希望走出画廊，在更大尺寸的东西上创作，比如建筑、墙面和广告牌，你也想过这么做吗？

霍克尼：并没有。你知道拉什莫尔山（Mount Rushmore）上的雕像是谁做的吗？他的名字叫格桑·博格勒姆[34]，这名字的发音听上去像是在浴缸里放屁！我对这种规模的东西不感兴趣。首先，我真正感兴趣的是绘画而不是雕塑。我喜欢平面，以及在平面上进行创作。我感兴趣的是徒手创作，因而就有尺寸的限制。不过在皇家艺术学院那个大型展览（2007 年，主打作品

34　格桑·博格勒姆（Gutzon Borglum，1867—1941）：美国雕刻家，是丹麦移民的孩子。曾赴法国学习绘画，并拜在罗丹门下学习雕塑。

是《水边的大树》[*Bigger Trees Near Warter*]，尺寸为十五英尺乘四十英尺，使用了五十张油画布）上，我们的确展示了大尺寸的作品。我很清楚，那幅画有些方面比较粗糙，但第二次我画了一张不那么粗糙的，这次用了九张（油画布），而不是五十张。我在洛杉矶构思这个想法的时候，有一天，我们打电话问皇家艺术学院："能给我们一个很大的墙面来展示一张巨幅画作吗？"然后我们立马订了七十张三英尺乘四英尺的油画布，要求十天内寄到布里德灵顿，还不得不订了七个抽屉来存放没画的画布，以防它们变潮湿。然后我说得在 4 月 15 日才开始画，因为那个时候冬去春至，树上的叶子就会长出来了。

奥布里斯特：所以自然决定了最后期限。

霍克尼：这是自然的最后期限，不是皇家艺术学院的。皇家艺术学院的最后期限在这之后一个月。如果你在剧场工作，你就会知道关于最后期限的规则，即使你不遵守，演出无论如何仍会继续。

奥布里斯特：就某些方面来说，自然是杜尚[35]派的一种现成品，所以我想知道，你对现成品的看法是怎样的？

霍克尼：这当然是个有趣的想法，但我不确定这个想法是否值得进一步深入。在巴黎的时候，我和一个年轻的德国艺术家去参观毕加索美术馆（Musée Picasso）。我带他看了那个不可思议的狒狒雕塑，然后我们停下来吃了个午饭，再去卢浮宫。

35　马塞尔·杜尚（Marcel Duchamp，1887—1968）：法国艺术家，20 世纪实验艺术的先锋。

因为只有两个小时的时间，我们就只看了一个部类，这时我们看到了卢浮宫里的一个狒狒雕塑，它明显是毕加索创作的来源。你可以看到两者是多么相似，它们相隔四千年，但彼此不相上下。我的意思是，毕加索肯定知道有这个雕塑，但其中一个就比另一个厉害吗？不是的。

奥布里斯特：你最喜欢的美术馆有哪些？

霍克尼：我会迫不及待地前往所有的美术馆，所有的我都喜欢。去年我们开车去意大利，在佛罗伦萨待了一个星期，在罗马待了一个星期。但跟其他的相比，我特别喜欢洛杉矶的诺顿·西蒙美术馆，纯粹是因为它离我家不远，并且里面有杰出的画作，每次从里边出来我都觉得棒极了。

奥布里斯特：在之前的采访里，你提到了墨西哥的国家人类学博物馆（National Museum of Anthropology）。

霍克尼：啊是的，里面有一个墨西哥城被占之前的全白模型。所有对墨西哥城的描述都说它不是白的，而是有各种各样的色彩，所以我就问他们："你们为什么不给这个模型着色呢？""哦，不，我们不能那么做。"他们说。你还记得关于彩色电影的争论吗？伍迪·艾伦[36]去华盛顿抱怨给黑白电影着色。我觉得他的观点不是很好，是文物保管员的观点，而不是艺术家的观点。艺术家会接受任何作品，以他想到的任何方式给它着色，就像杜尚给《蒙娜丽莎》画了胡子。艺术家会利用、偷换、剽窃事物。至于着色，我说过，人们觉得古希腊雕塑是全白的

36　伍迪·艾伦（Woody Allen, 1935—）：美国导演、编剧、演员。

大理石，但它们也是上过色的，全部都有颜色。可能是由于摄影的原因，我们经历了一段黑白时期。

奥布里斯特：所以你觉得后摄影时代是强烈色彩的复兴。关于色彩你有什么理论吗？

霍克尼：没有，但我读过约翰·凯奇[37]探讨色彩的书。他批判了所有的色彩理论，认为它们都不管用。在布里德灵顿这里，冬天比夏天更多彩。回到现成品这个话题，很有意思的一点是，某种程度上，我可以对时代不予理会，只是因为我觉得自己坚持的方向是手工绘画，是图像，是可能有助于我们观看世界的强烈图像。记住，现成品是在很多人觉得摄影取代了绘画的时期产生的，实际上，绘画现在正在接管摄影。各种各样的反转正在上演。在我人生的大部分时间里，圣彼得堡（St Petersburg）都被叫作"列宁格勒"（Leningrad），没人能想到它会被叫回"圣彼得堡"。你知道美国存在着的一个很严重的问题是什么吗？那就是没有一个政治学派预测到了苏联共产主义的垮台。好吧，你应该问问为什么。因为为其工作的人当中，没有一个是异类，他们中没有一个人以另一种方式观看事物。一个异类可能会说，这一切最终都必然会崩溃，而事实上确实是这样。

奥布里斯特：你如何看待未来？

霍克尼：我有时会非常悲观。对历史了解得越多，你就越会看到我们有多崇尚暴力和毁灭。我从心底觉得，我们知道自己

---

37 约翰·凯奇（John Cage，1912—1992）：美国先锋派古典音乐作曲家，著名实验音乐作曲家、作家、视觉艺术家。

最终会被自己炸毁。这貌似就是我们想做的。不过，另一方面，我有次和西莉亚·伯特威尔（［Celia Birtwell］，亲密的朋友）还有她的小孙辈们一起度过一晚，孩子们围绕在身边的时候，你会觉得不那么悲观。但随着朋友的孩子们长大成人，就再也没有那么多孩子围着我了。真是大不一样啊。

2

多米尼克·冈萨雷斯-弗尔斯特
Dominique Gonzalez-Foerster

20 世纪 90 年代早期，应卡地亚基金会（Cartier Foundation）的邀请，我参加了一个驻留项目。他们邀请我前往法国的小村庄茹伊昂若萨（Jouy-en-Josas）工作三个月。我拜访了很多工作室，其中一个就是多米尼克·冈萨雷斯-弗尔斯特的。她的兴趣如此广泛，我们谈到艺术、建筑、文学和音乐，这让我倍感惊喜。

冈萨雷斯-弗尔斯特在我早年的一些展览中起到了举足轻重的作用。1992 年时，我还只是个学生，成立了一个很小的美术馆，献给瑞士现代主义作家罗伯特·瓦尔泽（Robert Walser）。在瑞士的小村庄盖斯（Gais），有一家克罗恩酒店（Hotel Krone），瓦尔泽会在那里停下他无尽的行走，喝上一杯，我的这个小小的美术馆就设在那里。我在酒店里放了一个玻璃柜，称其为罗伯特·瓦尔泽博物馆（Robert Walser Museum），然后让人们前来参观。冈萨雷斯-弗尔斯特是第二位在这个玻璃柜展出的艺术家，她在里面放了一个关于雪的故事，因为瓦尔泽是在一次散步途中死在雪地里的。六个人参加了展览开幕式。那时是春天，但天空开始下雪，之后罗伯特·瓦尔泽的孙子现身。我们觉得很奇怪，因为瓦尔泽并没有子嗣，最后发现那人的爷爷是另一个罗伯特·瓦尔泽，好像是发明了圆珠笔的那个。

一个实验室城市

汉斯·乌尔里希·奥布里斯特（以下简称奥布里斯特）：我有好多问题想问你，不知道从哪儿开始。

多米尼克·冈萨雷斯-弗尔斯特（以下简称冈萨雷斯-弗尔斯特）：（笑）我还是不太习惯这样，我们一向有话直说，而不是这样无从开始。

奥布里斯特：要不我们先讲那个关于巴黎即将变成热带的传闻？

冈萨雷斯-弗尔斯特：对，巴黎在渐渐地变成热带。先说些有力的论据，也许在说论据之前，应该先说我这个愿望——热带化的愿望。我奔赴世界各地研究热带区域、热带城市，已经是好些年前的事情了，热带植物和有机物有一种特有的能量。我认为，当面对本身就很富有活力或具有力量的有机环境之时，建筑的现代性才能完全体现其价值。在某些地方，某种类型的建筑配合某种类型的草木时，它瞬间呈现出完全不同的样子，这让我感到很吃惊，这也正是我想要的巴黎。不过，说真的，巴黎真正缺的就是植物，热带植物。巴黎太干燥，太无机了，完全是灰蒙蒙的。而且去年9月，我发现一群蜘蛛，很像《丁丁历险记》里的蜘蛛，有小的，有大的，数量惊人。我不知道它们是从哪儿来的，我们想到的解释是湿度增加，或者是食物链上某种昆虫的消失。无论如何，蜘蛛的数量增加了。第二个重要的论据同样来自我在阳台的简单观察，我发现苔藓从水泥的裂缝里冒出来，像是在京都禅僧的庭院里。我在那儿住了七年，从没在阳台上看到过苔藓。

奥布里斯特：（笑）这是热带化的明确信号！

冈萨雷斯-弗尔斯特：毋庸置疑。

奥布里斯特：你说的是热带化，而不是热带。就像爱德华·格里桑（Édouard Glissant）提出的"克里奥尔化"（creolization），而不是"混杂性"（creolity）。

冈萨雷斯-弗尔斯特：确实是，因为这是一个过程，一个慢慢显露的过程。所以我告诉你这两个很重要的论据：一个是大量的蜘蛛，一个是苔藓。并且随后的春天里下了雨，大家将其描述为"热带雨"。这可不是瞎编的，每天都下雨，那是真正的雨季。至于植物——如果你特别善于观察，并且像我一样有机会住在门口放了很多植物的房子里的话——在这个夏天，植物长大了两倍。我不知道有没有人量过，但太明显了。我上周在《自由报》（Libération）读了一篇论文，说植物整体来讲变绿了。

这是最近有人指出来的，因为所有测量数据都表明植物在变得越来越绿，这与我们通常认为的恰好相反。而在巴黎，这是难以置信的，我第一次真正发现了巴黎的乐趣所在，因为我现在感受到这种大量的绿化了。

奥布里斯特：所以再也不需要去旅行了。

冈萨雷斯-弗尔斯特：没错！巴黎的热带化终于让我得以待在家了，它很好地平衡了植物、有机和无机生态系统。

奥布里斯特：然而那是你之前必须离开这里去寻找的东西。现在，我们或许应该聊聊你之前那些跟城市和建筑有关的旅行。我想到了你之前去巴西或亚洲的旅行，你去研究它们各自迥异的现代性，而不是通常所谓的现代性，为什么进行这种研究需要旅行？

冈萨雷斯-弗尔斯特：也许是因为我在格勒诺布尔[1]长大，那是一个实验室城市。更确切地说，是在维伦纽夫（Villeneuve）社区。

奥布里斯特：你为什么说它是一个实验室城市？

冈萨雷斯-弗尔斯特：因为在 20 世纪 60 年代，市政厅是由社会主义者管理的。因为那个时期，出现了那么一群人，特别是在大学里，城市规划者形成了一个重要的群体，再加上科学家、

1　格勒诺布尔（Grenoble）：法国东南部城市，伊泽尔省首府。

劳厄-朗之万研究所 [2] 等团体。还因为格勒诺布尔有着长期的、科学的城市规划传统。60 年代，这一群人和市长赫伯特·杜伯图（Hubert Dubedout）一起，改变了格勒诺布尔，并决定将其打造成一个实验室城市。而我生长的维伦纽夫社区也是由他们创造的，社区的灵感来自勒·柯布西耶 [3]。当然，格勒诺布尔在 50 年代就开始发展成为一个新城市了，你可以说它是反波尔多或反里昂的——老的下城的确还在，但它主要还是一个现代化城市。所有格勒诺布尔高等艺术学院（Grenoble School of Fine Arts）的毕业生，像是菲利普·帕雷诺、我，还有其他人，都会被某些事物所影响，我觉得原因在于，相比其他学校，格勒诺布尔高等艺术学院更"数字化"，更科学，而不仅仅是一个绘画学校。而且我还觉得，这一点可以置入到格勒诺布尔的环境中进行解释：它是一个科学的、理智的、实验性的、实验室一样的城市。尽管如此，我小时候并没有意识到自己成长于一个实验室城市，但我仍然去了实验性的学校，生活在实验性的社区。在整个大学时代，科学的环境自然而然地对一个人影响深远。如果是在一个更布尔乔亚的城市里，我会以另一种方式被影响，会与文化

2　劳厄-朗之万研究所（Laue-Langevin Institute）：著名的国际性科学组织，世界第一个基于反应堆和加速器的高通量中子源，1967 年为了纪念物理学家马克斯·冯·劳厄（Max Von Laue）和保罗·朗之万（Paul Langevin）而以此命名。

3　勒·柯布西耶（Le Corbusier，1887—1965）：20 世纪著名的建筑师、城市规划家和作家。他是现代主义建筑的主要倡导者，机器美学的重要奠基人，被称为"现代建筑的旗手""功能主义之父"。

产生另一种关联。另外还有一点要补充，如今我住在一座现代建筑里，并且无法想象自己住在一座老房子里的情况。我想我会一直寻找这种现代性。因此，我第一次去印度昌迪加尔（Chandigarh）的时候，一点都不像是回到我的村庄，反而像是我正要去再次发现……我正要去找寻某些曾经影响过我的东西。

奥布里斯特：你是对这些项目的乌托邦元素感兴趣吗？

冈萨雷斯-弗尔斯特：其实不一定是乌托邦的方面，还有其实验性的部分。我很幸运小时候去了实验性的学校，它起步远远晚于其他学校，上学第一天我们只是各自研究蘑菇；我们对老师直呼其名。而且，可以说之后我父母也经历过充满了实验性的人生，他们在"五月风暴"中非常活跃；他们曾住在斯特拉斯堡，那是情境主义者所在之处，之后他们搬到了奥林匹克村的格勒诺布尔。他们的生活方式很实验。所以更多与之相关的是实验性的方面，而不是乌托邦，同时涉及了政治层面、情感层面，还有很多其他的层面。

奥布里斯特：这种环境如何影响了你的创作、你的空间？你提及自己生长的实验性环境必定并非巧合，并且现在你形容自己的作品更像是环境，而不是单件的作品。

冈萨雷斯-弗尔斯特：当然不是巧合。在这样的环境中长大，我的空间是实验性的。那些被释放出来的空白空间，并不是按照对称性或建筑物的结构来组织的，我们也没有想要将其填满，相反，它们是自由发展的。这是维伦纽夫背后的理念，即释放地面空间，建设高层建筑以腾出公园，并让其成为一个探索之地。巴西利亚也是一样，有着极富潜力的开阔场地和空间。这有点像是唐纳德·温尼科特[4]的观念的扩大化，他在著作《游戏与现实》（*Playing and Reality*）里提到，婴儿在与母亲分离后，会发现玩耍空间，而这个空间之后会变成一个潜能空间。我想我对城市空间的研究总是指向潜能空间。*Riyo*（1999）[5]里京都的河岸，以及电话交谈，那就是潜能空间。巴西利亚城市中心巨大的空地、数量庞大的空旷中心，还有大片的草坪，那就是我说的潜能空间——空白的中心比被填满的中心拥有更大的力量。这也是我试图在斯德哥尔摩表达的想法：建筑最强大的力量可能不在于满满当当的空间，而在于空白的空间。当然还有蓬皮杜广场，开放那片区域的想法非常妙，它也许比蓬皮杜中心本身更出色。

奥布里斯特：所以你觉得留出纽约双子塔之前所在的空间，并且将其开放，会是最好的选择？

冈萨雷斯-弗尔斯特：然后创造一个潜能空间。但愿如此吧！但愿我们不会再看到柏林综合征式的原样重建，但愿我们看到的不再是某种生殖或符号崇拜，而是一片可以在未来开展项目的巨大开阔之地。

4　唐纳德·温尼科特（Donald W. Winnicott. 1896—1971）：客体关系理论大师，原本是位儿科医师，在伦敦的帕丁顿·格林儿童医院（Paddington Green Children Hospital）行医四十年。20 世纪 30 年代，他开始进行精神分析，并受到梅兰妮·克莱茵（Melanie Klein, 1882—1960）的影响。他最具原创性的观点是过渡性客体和过渡性现象。

5　冈萨雷斯-弗尔斯特拍摄的短片，讲述两个都市青年沿着京都加茂河畔，从四条桥走到三条的过程中，打电话的时刻。

奥布里斯特：我们再回来聊聊日本、聊聊东京吧，回到你对日本的研究、你美妙的恋爱故事、你的心醉神迷。可以说，日本与你同在。你与日本这种占有性互惠的形式最近在横滨再次体现出来。

冈萨雷斯-弗尔斯特：第一次去日本旅行时，我感到非常惊讶的是，它瞬间让我有了一种家的感觉。当然，其他人也有过这样的体会，但对我来说过于强烈了。感觉像在家里一样，这是什么意思呢？并不是说找到跟家里一样的东西，而是你感到被爱和关照围绕——你备感舒适。感觉在家，并不意味着成为家庭中的一员，而是感觉安心。尽管我一个日文单词都没说，却深觉万物都在跟我对话，深入到每一个细节。每一扇门都刚好吻合我的体形，每一个动作都在向我诉说什么。因此从一开始，就已经形成了一种互惠的形式：我对事物的关注以某种方式被给予回应。我随之就被迷住了，建筑的俏皮感和游戏性，以及可以探索的大量可能性，相比巴黎或其他城市，美妙太多了。我着迷于以这种完全丰富而有机的方式，深入调查建筑的可能形态。但这只是其中的一部分，还有温度、食物，以及观看人潮涌动的乐趣。我脑中立刻浮现出许许多多的东西，完全无法用言语概括，有点像巴特[6]对恋爱感觉的描述：所有事物于我都是一种预示，意义极其重大。并且在那种状态下，当每样东西都极富意义之时，你会感到无比欣喜。我觉得处在那样的环境中，

6　罗兰·巴特（Roland Barthes，1915—1980），法国作家、思想家、社会学家、社会评论家和文学评论家。

言语并不是决定性因素，有太多的维度在直接对我说话，以至于可以略过语言。事实上，多年来我拒绝说日语，以保持那种无语言的超感状态。

奥布里斯特：那是 80 年代的事情了。

冈萨雷斯-弗尔斯特：是的，在 1987 年，就是那个时候开始的。随后，我一次又一次回去，直到今天，我发现，我无法想象某一年过去了，自己却没有去日本旅行。我感受到了日本常常被提及的一个方面——它母性的维度，它非常让人不安地具有控制性的方面。不过我也感受到了被它的爱和温柔包围的一面。对我来说，这就像是一种浸入式体验。在我的作品里，调查研究永远是非常重要的，尤其是《房间》(*Chambres*)系列(1989 年至今)，因为我总是寻找一种与环境的联系、一次沉浸，而不是与某一个具体物件的联系。对于与可控之物的关联，我从来都没什么兴趣，我感兴趣的是与我们周围事物之间的联系。而我觉得，那正是我在日本找寻到的。

奥布里斯特：这岂不是你在横滨展出的那件作品(《幼年》[*Petite*]，2001)的前提吗？

冈萨雷斯-弗尔斯特：事实上，说起横滨的那件作品，必须追溯到更久之前，追溯到我提及的维伦纽夫社区。我接下来要告诉你的可能是最反母性的事情。我十岁还是十一岁的时候，我妈妈希望我跟我的两个兄弟一起去德国，但我实在是不想去，对这次旅行极力抗争，要求留在家里。最后，我妈妈同意了，然后我一个人在家待了好些天。对于一个十岁十一岁的孩子来说，那真是非常不舒服的经历。我想就在那时，我经历了此生最害怕又最具想象力的片段，我清晰地记得那些恐怖的、与你想象出来的事物接触的时光，而那些时光对于我来说是全然新鲜的。而且，我可能好几天都没有说过话。实际上这种状态跟我后来在日本的状态极为相似：言语缺席的兴奋感，纯粹只是处在某种环境中。我非常清楚地记得那个时刻。玻璃后面的横滨小女孩也正是那样：她沉浸于观察和所观察之物中。这种行为连接了观察（watching）和观看（seeing）——观看的不是出现在你面前的东西，而是存在于你内心的东西。这是一次回应少年时代经历的尝试。

奥布里斯特：观看者仍然在外面……

冈萨雷斯-弗尔斯特：是的，并且观看者能在这个小女孩身上看到自己，就像照镜子一样。

奥布里斯特：你在日本做过类似的动画吗？

冈萨雷斯-弗尔斯特：这个作品就是用动画完成的，小女孩可以代替任何观者。但不是在日本，而是在巴黎完成的。在某种意义上，它是展览"无上的快乐"（Elysian Fields）入口那个小女孩（作品为《玫瑰花蕾》[*Rosebud*]，2000）的延伸。虽是对那个小女孩的改编，但其实是我对于幼年经历的一次回望。几年前我问我妈妈："你怎么……你为什么把我一个人那样子留在家里？"那时我开始学习精神分析，然后又想起了那段记忆，所以就问了她这个问题。而她回答说："你那么想一个人待在家，而且你似乎坚信自己可以做到。"因而我相信就在那时，我体会到了我的自主意识和……矛盾的是，我试图在日本这个让我发现了母性拥抱的城市展现这种体验，这种体验对于我与城市的关系一直至关重要。我们和那个小女孩共同感受到，城市历史的影像在她身后逐一逝去。它与我们经历事物的方式有关，与某种形式的自主意识如何成为影像的构成要素有关。

奥布里斯特：我记得在准备"运动中的城市"（Cities on the Move，多地，1997—2000）的时候，我们有过讨论，你告诉我在那个时候，你和亚洲的关系回到了你的童年时代。我觉得这种关系在科隆施佩尔 & 克罗梅（Schipper und Krome）画廊的展览（"光影集会·三"［Séance de Shadow Ⅲ］，1999）里也变得很明显。

冈萨雷斯-弗尔斯特：是的，有趣之处在于，我小时候的照片充分表明我出生时是个日本人（笑）。我生来就是个头发又长又黑的日本人，然后又剪了个日本小朋友的发型——像这样。我妈妈总跟我说，我生下来是个"黄种人"。直到三岁的时候，我想我看上去完全就是一个日本小女孩。再之后，随着慢慢长大，当我看到以日本为背景，或者跟亚洲有关的儿童书时，都产生了完全的认同感。我不知道如何解释。我相信我的某位祖辈有亚洲血统，不过那是很久很久之前的事情了。我真的没办法解释，但真的是从小就如此。我生来就是日本人。

奥布里斯特：科隆艾斯特·施佩尔（Esther Schipper）画廊里的那件作品也有这种关系吧？

冈萨雷斯-弗尔斯特：我在研究她（艾斯特·施佩尔，汉名施心韵）的历史，以及我和那段历史的关系。我发现她在中国台北出生长大。她父亲施舟人（Kristofer Schipper）是一个道士，也是一个非常重要的学者，他被那里的一个家庭收养，然后成了一个道士。之后我们发现了所有照片，而展览是这些照片的某种混合。那个时候，我每天都会去中国人居住的地方寻找蛛丝马迹，然后将所有这些元素组合起来。

奥布里斯特：你和不同的艺术家一起参与了很多项目，这有点像道格拉斯·戈登[7]提及20世纪90年代艺术家时说的"合作的混杂性"（promiscuity of collaboration）。在我看来，过去几年的变化之处在于，相对于艺术家之间的合作，跨界合作得到了更多的讨论。在此意义上，我觉得你是这种拓展的绝佳范例，你和音乐家、作曲家、建筑师合作，还运用过文学。我想问你的是，在某种程度上，你是否也感受到这种转变、变化的存在？而且我想稍微往前回顾一下，聊聊你和杰杰强森（Jay-Jay Johanson）的合作（"航天站"［Cosmodrome］，第戎当代艺术中心［Le Consortium］，第戎，2000）。

冈萨雷斯-弗尔斯特：对，这很明显。无论如何，不管是菲利普（菲利普·帕雷诺）还是我自己，我们都是在对话中工作的。但我渐渐发现，彼此差异更大的对话，最后往往比艺术家与艺术家之间的对话要更有成效。在与艺术家的对话中，你总是以差不多的语言收场。就我自己来说，我非常好奇其他事物是怎么运转的，无论是建筑、音乐，还是文学。那仅仅是开始。最近，我在和一位建筑师马希尔·加尔菲翁（Martial Galfione）合作一个建筑项目，是一座住宅，主题是为艺术家提供可移动

7　道格拉斯·戈登（Douglas Gordon，1966—）：苏格兰多媒体艺术家，以一些经典电影、小说等为模板，通过最低程度的介入进行再次创作。

的住所。这是之前"什么是火星的建筑？"（"Quelle architecture pour Mars?"，第戎当代艺术中心，第戎，2001）的延续，不过它同时也是一部影片。我在问"什么是火星的建筑？"的时候，并不是开玩笑，它确实很吸引我。我认为我们必须思考一下这个问题（笑），这不是一个玩笑。我和他展开了非常愉快的讨论，因为我会把一些图像和想法加入项目的构思之中，他则在此基础上提出他的计划。我们为日本的这位收藏家建造的房子也是一样，这是我和建筑师卡米尔·埃克斯科丰（Camille Excoffon）合作的项目。还有为韩国首尔拍摄的影片（《102》，2000），是和奥雷·舍人（Ole Scheeren）一起做的，他也是一位建筑师。通过这些合作，会发现一个全新的维度。

奥布里斯特：和建筑师菲利普·朗恩（Philippe Rahm）的合作也是如此吗？

冈萨雷斯-弗尔斯特：对。和菲利普·朗恩的合作也是，一切都是从讨论开始的，毫无疑问会衍生出别的东西。这种讨论已经不是跟某一位特定的建筑师进行，而是和建筑这个整体。当我去到所有这些城市的时候，我会与城市里的建筑进行交流，如今则会转向与城市里的人交流。我曾观察过所有这些地方，现在我得转而观察人了，这样能呈现新的维度。我应该怎么表达呢？你懂的，要完全说清楚有点困难。

奥布里斯特：我很好奇，你之前说也许你再也不想做展览了，是不是和这些合作有关系？

冈萨雷斯-弗尔斯特：对，也是其中一部分。通过接触别的状态、别的形式、别的工作方法，有可能会重新有做展览的想法。建筑和音乐有着全然不同的工作方式，在面对其他的工作方式时，如果将展览作为一个实验空间，你会意识到它是多么有趣。这也是你那个叫"实验室"（Laboratorium，与芭芭拉·范德林登［Barbara Vanderlinden］联合策展，遍布安特卫普各处，1999）的展览所表达的，你的前提是，对于生物学家、建筑师、作家等来自不同学科领域的人来说，展览是一种非常令人满意的形式，因为它很快速，而且极具启发性。有很多建筑师，一想到做展览就激动万分，因为他们会处于一种完全不同的紧张感中，在最后期限的驱使下工作。所以我觉得展览可能也是一种很棒的实验形式。

奥布里斯特：（笑）所以"展览"是"格勒诺布尔"的同义词。

冈萨雷斯-弗尔斯特：（笑）但之后有火星——先是格勒诺布尔，然后是火星。但是，火星是另一个截然不同的故事。有些时候，你必须走出实验室，即使你的项目能够全部在实验室里完成，即使每一座创新的建筑在其自身之中就能找到原型，在特定的时刻，你仍然得去昌迪加尔，去巴西利亚，去看看它是怎么实现的。有一段时期，我觉得自己必须转向一种适宜的、可行的维度，去到这种潜能空间，在那里，我才能扩大自己在展览框架下所获得的经验，并将这些经验带到另一个空间。正是在那时，我决定启程去看看所有这些城市。

奥布里斯特：这就要说到你在巴黎地铁"好消息站"（Bonne Nouvelle）的作品吧。

冈萨雷斯-弗尔斯特：对，这一整套方案对于那件作品也适用。这些想法并不是将艺术作为对象，而是与探索每一样事物的潜能有关，相当于说：这里有一些座位，如果我们将其中两个放在一起，会触发些什么；那边有一些海报，但也有可能用另一种方式去使用它们。这不是说要将自己视为一块白板(tabula rasa)，然后去更新重建，而是重新思考现有的词汇，让事物表达出不同的意义。然后，突然之间，一盏灯变成了一串灯，宣传广告牌变成了投影屏幕，字母开始跳舞。这并不是想要用某些新增加的对象来重新定位艺术，更多的是关于一种转换的方法。它不是一个现成物，而是一次结合，因为在此时它也不是一个物品。它不是去披露一件显而易见的事情，而是词汇的结合，事实上这是一种很复杂的语言。跟 80 年代相比，我觉得这是 90 年代的成就。我们已经超越了那个把冰箱看得比电视重要的阶段，我们已经超越了物品，进入了表达的地带。我真的很喜欢这一点。在我看来，电影正是以这种方式成为一种隐喻。我们在这里利用电影进行了充分的类比，因为它是一种能够发出声音和图像的语言，一种结合了各种元素而产生的语言。

奥布里斯特：我回到展览这个话题，展览与这种内部的复杂性有关吗？我最近和菲利普·帕雷诺讨论过这个，他对我说，对于他来说——他觉得，对你也是一样——利奥塔的展览"非物质"(Les Immatériaux，巴黎蓬皮杜，1985) 具有决定性的意义。为何这个展览会成为一个关键的时刻？还有什么展览影响了你吗？或者 80 年代，以及之后的 90 年代，有什么特别震撼你的？毕竟，真正震撼人心的展览太少了。

冈萨雷斯-弗尔斯特：对，能留下印记的展览很少。"非物质"确实是一个让人难忘的展览。奇怪的是，我最难忘的经历是处在环境中，在完整的环境中，而不是展览本身，比如，我真的去到皮埃尔·洛蒂（Pierre Loti）的房子的时候。我很少感受到进入古斯塔夫·莫罗博物馆（Musée Gustave Moreau）或者某个成熟的环境中时所感受到的那种兴奋感，那是我一直试图在展览中重现的——换言之，不只是重现一个脱离语境的对象。这也是你能在伦敦约翰·索恩爵士（Sir John Soane）的房子里探索到的，我以前看过那个房子，它也是让我感觉兴趣盎然的环境之一，因为艺术并没有脱离语境呈现，恰恰相反，它是整体的一部分。而且我必须承认，我确实很难找到能让我感受到环境概念的展览。当然，后来的全景摄影很有意思，但我认为，"非物质"利用红外、文本等方式，对灯光、声音等所有维度的探索仍然非常美妙。它还充分考虑到了观看者的运动。综合所有这些因素，它确实是一个非常重要的展览。

奥布里斯特：与环境的概念有关，但也满足了你探索电影或声音新的展示方式的愿望。能再回去谈一下第戎的项目吗？你几个月前告诉我，那可能是你最后的展览。而我觉得，至少从修辞的角度看，任何一个展览都可能是最后一个展览。

冈萨雷斯-弗尔斯特：不，我那么说不仅仅是修辞。我不再考虑将第戎的这两个方案做成展览。

奥布里斯特：可以作为跨展览。我们得想一个新词。

冈萨雷斯-弗尔斯特：（笑）我还没找到名字。一方面，有了一个"航天站"；另一方面，提出了一个问题："什么是火星的建筑？"——一个既正经又疯癫的标题，也刻意地具备了探索性和信息量，我觉得这个名字会让各种类型的人感到兴奋，比如建筑师或科学家。因此，它不是展览，但我还必须找到适合这个项目的单词。无论如何，它在展览之后发生，以一种全球化的方式起作用，而非仅仅通过吸引注意力的方式——吸引注意力正是展览的特质之一，换句话说，展览只是提出一些元素。在这个意义上说，很多展览都筑基于岛屿之上，每一件作品都是一座岛屿，展览是最终的结果。"运动中的城市"超越了这种给每件作品安排一个地方的绘制地图式的做法。在第戎，无论是"航天站"还是"什么是火星的建筑？"，我都在探寻一种全面的工作方式，决不允许各部分之间的孤立。我实现了这一点。"什么是火星的建筑？"保留了在某个特定时刻进入电影中去的可能性，尽管如此，我们依然在语言的框架之中，在墙壁虽然倾斜但还算完整的空间之内。任何一件事都不可能错位或者被孤立。

奥布里斯特：我想到了另一个展览，它确实让我印象非常深刻，那就是"寻找总体艺术"（Der Hang zum Gesamtkunstwerk），在苏黎世，由哈罗德·史泽曼（Harald Szeemann）策展（展览英文名 In Search of Total Artwork，苏黎世美术馆［Kunsthalle Zürich］，1983）。这是一个既至关重要又有些危险的想法。

冈萨雷斯-弗尔斯特：是的，我觉得这也是我更喜欢用"环境"而不是"装置"这个词的原因。我发现，作为对大自然的隐喻，"环境"这个词棒极了。对我来说，装置有着五金店的感觉，而环境的概念则有浪漫、自然的维度。"总体艺术"这个概念里，有些东西让我觉得害怕，我发现与之相联系的是"主导、支配"

这样的观念——这有点令人不安。另一方面，我深信，当我们作为一个观察者置身其中——横滨的作品也表现了这一点——我们同时又身处其外。这是一个根本问题，因为不管我们面对的是观念、城市还是某个人，我们必须不断探寻自己的位置。你必须能够看到，同时还拥有自主权。在这种意义上，我对于艺术对象非常难以接受，因为在我看来，与一个对象或者一件事物的关系是一种太过显而易见的关系。我更喜欢与周围环境的关系，在这种情况下，我同时也作为环境的一部分围绕着我。我更愿意探索这种复杂的状况。有很多包裹式作品的例子，它们允许你同时或在某些特定时刻置身其外，这种作品有完整的历史发展过程。而建筑无论怎样，你只能走出去或走进来，如此等等。我希望追寻那种特别的品质。对我来说，当一系列的对象被照亮，如同许许多多的小圆点的时候，展览就变得僵化呆板。当展览中移动变化的观念起决定作用，当不同的感官都被唤醒，当我们不再受困于光线和视觉的刺激，当我们的行动不再听命于听觉的时候，展览就充分释放了。这种通感维度是很重要的。尽管眼睛最接近大脑，视觉也具有很强大的力量，但如果仅剩纯粹的视觉，我们就会失去太多的维度。

奥布里斯特：在声音领域，你和杰杰强森合作了……以及，当然，还有嗅觉的问题。

冈萨雷斯-弗尔斯特：嗅觉……事实上，我还没太多机会处理这个，但它非常重要，因为每个地方都有自己的气味，而且必然会强化体验。"航天站"中很重要的一点是，没有偏向任何一个视角，你发现自己处在一整团沙子中。我动用了全部的维度：

上面、下面和各个侧面。虽然它始于一幅画、一台电脑，但之后不同的方向都是可行的。视点的问题消失了。它是对无限环境的认识，这种环境既不是客观对象，也不是直接的——它是未来艺术的高速公路。我花时间研究了一本描述未来艺术和建筑的科幻小说，事实上你会发现它与我的说法相符合：未来的艺术往往被描述为一种氛围艺术，一种非物质化的艺术。在科幻小说中，反复出现的是声光元器件，一种让你制造环境的机器。我相信科幻小说对此也有所预感。某种程度上，"航天器"是一种去物质化。我总是打心底里觉得，到 2000 年会出现一系列的作品，在完全不一样的层面上发生作用的作品，虽然我自己可能都无法理解它们。也许它们即将出现。我总是对未来艺术抱持着这种幻想，甚至不想再多聊当代艺术这个话题了，未来艺术的问题更吸引我。

奥布里斯特：这种转变显而易见。你未来的项目是什么？有哪些尚未实现的项目？

冈萨雷斯-弗尔斯特：长期内（笑）……在一个非常长的时期内，是超越展览的项目，或者设置一个永久性的展览。

奥布里斯特：城市规划方面吗？

冈萨雷斯-弗尔斯特：对，城市规划，真实存在的那种，而不再只是实验室里的。我想超越制作模型的阶段。我觉得以这个话题作为结束再好不过了。

研制合成品

奥布里斯特：在之前的对谈中，我们说到了在当代艺术以外其他领域的工作，你也提到了弗雷德里克·基斯勒（Frederick Kiesler）。

冈萨雷斯-弗尔斯特：一方面是因为基斯勒没有其他艺术家有名，即使他做了很多有趣的事情。他也从事过建筑项目，做过百货商店橱窗和美术馆空间等各种各样的事情。他从未想过仅仅做一个画廊艺术家。我从来没有见过他，只是读过他的文章，看过他的作品。我有一种感觉，他要努力拓展我们体验世界的方式。当然，这自有其代价：他从来没有像多数更专一的艺术家一样有名。但我想，甚至连那些艺术家可能都没有意识到，他的房子，还有他所拓展的一切，都间接影响了他们。我觉得，有些人会意识到，画廊、美术馆和展览不是唯一的空间，比如基斯勒，以及在做家具或灯具的野口勇[8]。有些艺术家试着逃离职业发展的线性道路，但艺术史对这种"逃跑计划"（plan d'évasion）太苛刻了。通常，这些艺术家被重新发现的时候总是太晚了。面对任何逃离既定路线的尝试，艺术世界过于保守了。

奥布里斯特：自从我们记录下了两年前的最后一次采访，你已经完成了很多这样的拓展项目：日本的房子、第九届卡塞尔文献展（Kassel at documenta IX）上的公园，以及格勒诺布尔的

---

8 野口勇（Isamu Noguchi，1904—1988）：日裔美国雕塑家，是 20 世纪最著名的雕塑家之一，也是最早尝试将雕塑和景观设计结合的人。

公共雕塑。

冈萨雷斯-弗尔斯特：我始终需要参与实验过程。我喜欢一开始束手无策，然后慢慢找到正确的方法。许多展览都不再给你这样的学习机会。日本的那个房子，我不断地与能够和我一起探索新事物的人交流，比如我和建筑师讨论了一种可行的网格结构。说到那个公园，我们一直讨论如何增加草地和草坪。我就是享受这种事。对我来说，如果有一天我没有学到十个新词，我就浪费了这一天。我喜欢认识在各自领域非常专业的人，他们让我受益匪浅。而这在艺术世界里并不多见。很少有那种时刻，那种让我感受到突如其来、硬币掉落的时刻，那种我可以通过新的情况有所拓展的时刻。

奥布里斯特：我一直觉得惯例是展览的敌人。

冈萨雷斯-弗尔斯特：确实是！尽管听上去可能有些苛刻，但我希望和跟我在同样强度下工作的人合作、拓展，无论他们是木匠、翻译还是其他什么人。你看，艺术界缓慢得令人难以置信。在一个建筑项目中，换一扇门只需要两小时，但在美术馆里却需要一周甚至一个月。或者，他们花一天时间搭建一个音乐会舞台，比在美术馆工作一年还有活力。即使是进行最微小的改变，艺术界也有着一种可怕的矫情和缓慢，一旦你经历了，就会有点丧失耐心。当然，每一种体系都有它自己的节奏，这很正常。然而一旦你适应了另一种步调的工作，就很难回到那种状态，那种即使画一小块墙也成问题的状态。美术馆的墙被看作一块白色的画布，所以每一个小动作都极度重要。我真的受够了！

奥布里斯特：自我们上次采访以来，你打破美术馆限制的项目成倍增加。比如，我们现在所处的音乐城（Cité de la Musique）的咖啡馆，你在这里参与了一个声音展览，叫"太空漫游：1950 年以来的空间音乐"（Espace Odyssée: Les Musiques spatiales depuis 1950, 2004）。

冈萨雷斯-弗尔斯特：是的。这更像是基斯勒会做的——为一个特别的目的设计一个空间。并不是说我要完全主观、我行我素，正相反，我想尽可能地与所有类型的问题进行互动。

奥布里斯特：为了制造不一样的现实？

冈萨雷斯-弗尔斯特：但不仅仅是在印出来的文本或一场演讲里。这就是为什么当我拿到针对完全不同事物的提案时，总是非常高兴。我真的希望能在更遥远的领域继续追问，在那里，我可以与人交流并研制合成品。这比一直原地打转要好得多。不是没有先例，比如在 20 世纪 50 年代，曾有过一段时间，艺术家的兴趣延伸到了其他的领域。

奥布里斯特：这种立场也强烈地表现在俄国先锋艺术上。

冈萨雷斯-弗尔斯特：是的，它的激进基于与各种系统和结构的相互作用。关键是实验性的方法。这也是为什么艺术界迫切需要一些科学家参与进来，以改变现状。每个领域都需要一些其他的声音，我不相信艺术是一个高高在上的元场域（meta-field）。我想逃离那个有些自我放纵的艺术界，这也正是为什么将卡塞尔那个公园命名为"逃跑计划"。想要逃离这种太慢、千篇一律、看不到出路的处境是人的天性。这种天性推动了变革——我不想说演化，而是变革。正是在你觉得需要逃脱的时刻，你意识到自己还活着，这大概是最棒的体验。如果你失去了逃离的渴望，那就麻烦了。

奥布里斯特：我近来和一个建筑领域的人聊天，他向我谈到"多米尼克·冈萨雷斯-弗尔斯特是个很棒的新人景观建筑师"。他完全没意识到你的艺术家背景！还有一些在电影节上看到你影片的人，会聊起你这个新人导演。突然之间，你获得了这样的多重身份，不只是名头漂亮，还在于它向你开放了各异的创作语境。

冈萨雷斯-弗尔斯特：我不希望我的影片被视作艺术家的电影，或者我的花园被视作艺术家的花园。我觉得，对于艺术家来说，拓展作为制片人或导演的角色至关重要，因为他们就是要为观众创作一个愉快或刺激的公共场合。毕竟，展览、戏剧和电影也都以此为目的。而且我也觉得，以这种身份工作的艺术家要求报酬也很正常。

奥布里斯特：比如你 2003 年为歌手阿兰·巴颂（Alain Bashung）拍过视频。

冈萨雷斯-弗尔斯特：没错！我们一开始就谈好了这项工作的报酬，并且我很满意。相反，如果你要求参展报酬时，他们会告诉你："啊，但也许你能在画廊里把这幅作品卖出去。"我觉得如果艺术家有机会选择与技巧或售卖无关的路径，是会有所裨益的。他们可以选择在公共场合工作，做某种演出或表演，并且收取费用。如果艺术系的学生们一开始就很清楚，除了在一个机构教课，或者和画廊合作，他们有着更多的选择，那他们可能会做出有意思得多的艺术。我想为这种变化而努力。

奥布里斯特：你的路径似乎是抗拒依赖。

冈萨雷斯-弗尔斯特：你知道我是独立的。我都不知道多久没在画廊办展览了，而且我也无此打算。我喜欢和我合作的那些画廊，它们的经营者很厉害。但目前我觉得画廊不是我可以获得最佳体验并且做到最好的地方。当然，我必须承认，以某种杜尚派的方式，我过去很享受现代艺术市场类似赌场的一面——作品价格和作品本身之间完全缺乏理性的联系。我一度觉得这个游戏非常有趣。你可以对此茫然不觉，渐渐痴迷于滑稽的数字。你也可以深入了解情况，意识到这笔钱是来自某个地方，是以某种方式赚来的。你知道的，钱不仅仅是纸片。跟踪货币流通的路径会获得意想不到的惊喜。我指的不是洗黑钱，我只是说可以思考得再深入一些。当你说你的作品卖了多少钱的时候会有快感，但这种快感会慢慢消散。带着强烈批评意图创作的作品，可能终结于销售、保险箱或一篇让人沮丧的文字。我不是马克思主义者，我不是共产主义者，我只是试着超越关于艺术的一种幼稚观点，那种"我这么多年都没有挣钱，现在我们可以喝香槟住大宅子了"的想法。这也是为什么需要为年轻艺术家拓展更多的选择，让他们做展览也可以获得收入。想象一下，如果艺术家也可以应聘研究机构，再加上参展也可以得到报酬，这将有利于创造与既定模式完全不同的新观点和新作品。当然，如果艺术家想做面向市场的商品，也应该有这种自由。我很想看到这两种情况并存的世界。

奥布里斯特：我想多了解一些你与艺术领域之外的人的合作。

冈萨雷斯-弗尔斯特：我一开始是与视觉艺术家合作，由此知道了如何与其他领域的专业人士合作。现在，我会通过和阿兰·巴颂或巴黎世家（Balenciaga）的尼古拉·盖斯奇埃尔（Nicolas Ghesquière）这样的人一起工作，来增进这种交流。我仍然很乐意与其他艺术家合作，但我渐渐意识到我们的实践方式太过相似，因此真的很难学到新东西。

奥布里斯特：你刚刚非常具体地提到了两个合作者——一个是音乐家，另一个是时尚设计师，你从他们身上学到了什么？

冈萨雷斯-弗尔斯特：我学到了如何在商业环境下依然保持灵感。我想证明：你可以与其他领域的专业人士交流，即使你被训练成了一个视觉艺术家！盖斯奇埃尔和巴颂吸收创造了很多东西，与那么多人、那么多细节打交道。这很给人启发。

奥布里斯特：他们的复杂性？

冈萨雷斯-弗尔斯特：是的。是追寻一个非常独特、主观、有创造力的过程，并且依然能够让那么多人参与其中，还能获得他们认同的能力。一杯水是一杯水，一个相机是一个相机，一盏灯是一盏灯——它们没有任何额外的象征性价值。它们是真实存在的，没有必要没完没了地讨论强加于其上的隐喻。

奥布里斯特：我能问问你还未实现的项目吗？

冈萨雷斯-弗尔斯特：几年来，我一直梦想着做一个海滩上的游泳池——某种"热带大学"。有大遮阳伞，你可以在海滩上坐在水里讨论项目！你知道卡洛斯·巴索阿多[9]吗？他在做"热带主义运动"的展览（"热带主义运动：巴西文化的革命"

9　卡洛斯·巴索阿多（Carlos Basualdo）：阿根廷策展人。

[Tropicália: A Revolution in Brazilian Culture]，2006—2007）。
一部分是过去的作品，但他也希望有一些当代艺术家提交方案。
我想要推荐沙滩上的热带大学。这个项目另一个让人兴奋之处
就是有机会和阿托·林赛[10]合作，因为他也参加了。我一直很喜
欢他的音乐和他使用电吉他的独特方式。

奥布里斯特：所以你将要发明一种新型的研讨会？

冈萨雷斯-弗尔斯特：是的，因为我一直在读你给我的塞德
里克·普莱斯[11]的书，我不想再建造什么了。目前，我只注意水
平或者向下深入的事物，我不相信垂直的东西。提供一种新型的
趣味盎然的空间应该仍然是可能的，也许准确地说不是一个游
泳池，但我喜欢里约热内卢（简称里约）科帕卡巴纳（Copacabana）
海滩之处，就在于海滩上的人们看上去总像在参加大型会议或
开幕式。这种海滩给我充满活力的感觉，我想在这种感觉的基
础上更进一步。卡洛斯邀请我参与的时候我太开心了，因为这
就是我想要体验的方式——一半日本人一半巴西人！这是我的
双重身份。

奥布里斯特：在这次采访之前，我们聊了你休假的一年，这
让你有机会彻底重新思考如何处理时间。

冈萨雷斯-弗尔斯特：是的。我 2005 年的想法是不作任

---

10 阿托·林赛（Arto Lindsay，1953—）：美国吉他手、歌手、唱片制作人和实
    验作曲家。

11 塞德里克·普莱斯（Cedric Price，1934—2003）：英国建筑师和理论家。他
    最有名的一个项目是东伦敦的玩乐宫（Fun Palace），这个最终未完成的虚拟
    建筑影响了之后诸多的建筑师。

何计划地环游世界。结果我没有进行环球旅行，但在两地有过长时间的停留：一次是在里约热内卢，为了做"热带实验地"（Sitio Experimental Tropical）（露台、栏杆和全景）；另一次是在巴黎，用过去七年在全世界拍摄的视频素材剪辑一个叫《中央公园》（*Parc Central*）的系列影片（11 个短片，1998—2003，MK2 电影公司［MK2 Editions］/ 安娜·桑德斯影业公司［Anna Sanders Films］，巴黎，2006）。《中央公园》的构想是像一张音乐专辑，连接不同的城市和非城市经历，类似于我在《居住地：1995 年的颜色》（*Residence: Color in 1995*）中使用的方式。然后我女儿在 2005 年 11 月出生了，一切又都改变了。

奥布里斯特：你想在巴西建一座房子。你能跟我聊聊里约和丽娜·柏·巴蒂（Lina Bo Bardi）吗？

冈萨雷斯-弗尔斯特：我确实没在巴西建过房子——下一步可能会是做这个。两年前我发现了一个地方，是景观之中一片难得的台地，被一座老房子与街道隔开，非常美妙的户外空间。它还需要一点修整和改造，才能成为我所说的"热带实验地"，成为一个在想法、愿望和项目方面对热带化效应进行尝试的地方。里约是一个令人难以置信的城市，处在一个绝妙的地理位置，遍布伟大的建筑，充斥着前个人主义的氛围——热带植物和气候带来无尽的有机、肥沃。丽娜·柏·巴蒂热爱里约，但她的建筑更多是在圣保罗（São Paulo）和巴伊亚州的萨尔瓦多（Salvador da Bahia）。她很幸运能在巴西建造那么多建筑物，如果她留在欧洲，很有可能无法完成那么多的数量。她那座悬挂博物馆[12]，那粗野的庞培娅艺术中心（SESC Pompéia），还有她那些非常特别的房子，都对我产生了深远的影响。

奥布里斯特：你下一个项目是什么？

冈萨雷斯-弗尔斯特：和菲利普·帕雷诺合写一部科幻小说；继续思考公共空间和活动场所的新类型，就如同我为本届圣保罗双年展（São Paulo Biennale, 2006）所做的那样；与很多艺术家和朋友一起，为曼彻斯特国际艺术节（Manchester International Festival）做一个歌剧或展览；为明斯特雕塑项目展（Skulptur Projekte in Münster）准备方案。当然，还要保持未知，即使是对我自己！

尾声

奥布里斯特：很高兴与你聊天，在曼彻斯特这儿借《邮差时间》（*Il Tempo del Postino*）世界首映的契机。菲利普·帕雷诺和我想到了一个集体表演的主意，艺术家们被给定以时间而非空间。你第一次听到这个项目的时候是怎么想的？以及，你有什么好主意吗？

冈萨雷斯-弗尔斯特：我的第一反应是将现有的作品纳入项目中，连同音乐、灯光、表演和物件一起。这个想法是把它们

---

12 指圣保罗艺术博物馆（MASP），丽娜·柏·巴蒂设计的这家博物馆将作品悬挂起来展示，让观者可以看到作品的每个面。

都放在舞台上，并且营造一种场景。但是，对我来说，最有趣的部分是试着考虑一个结局。你看，十多年前我做了一个演讲，关于"电影的结局"（The Endings of Films）。我一直对结局很感兴趣。我常说一句法语："Tout finit mal"——每件事的结局都很糟糕。

歌剧就是这样，很少有一个美好的结局。主角的死亡总是能带来更多的戏剧性。无论如何，菲利普认为我应该回到电影，所以我过了一遍各种电影的结局，看看它们是否能在舞台上进行改编。对我来说，电影史里的一个关键时刻是1973年理查德·弗莱彻（Richard Fleischer）导演的科幻片《绿色食品》（*Soylent Green*）。故事背景设定在2022年，表现的是一个人口过多的世界，安乐死已经可以对公众使用，人们可以选择他们想要的死法。所以我的作品也讨论了安乐死的问题。这对于歌剧来说，会是一个很有意思的主题，因为它仍然很……

奥布里斯特：……犯忌讳？

冈萨雷斯-弗尔斯特：没错。这里的挑战是将《绿色食品》里爱德华·G. 罗宾逊（Edward G. Robinson）饰演的索尔（Sol）死去的那一幕转译，他选择了伴随其死亡的灯光、音乐，他称之为"回家"。这是一个剧场式的场景，是电影里非常重要的时刻。我第一次看这部电影的时候，只有十三岁，哭了足有三天。我所做的第一个决定就是避免使用电影里的画面，因为那太轻而易举了。所以问题仍然存在：我们如何使用舞台、舞台周围的区域、乐池和乐团，以表现全剧最终的死亡？我的解决方案是让乐队随着音乐渐渐消失，即让音乐家们一个一个地离开乐池，让音乐慢慢转为无声。

音乐来自贝多芬的《第六交响曲》，即《田园交响曲》。在《绿色食品》里，贝多芬这首充满激情的音乐与死亡形成强烈对比。

奥布里斯特：排练期间，音乐家们一个一个离开乐池，就非常令人感动。他们离开的时候，带着自己的乐器，你能看到其中一些人也拿着书或者包。所以你感觉到他们真的将要回家。

冈萨雷斯-弗尔斯特：我们最初的想法是提供具体的指示，但最后觉得让他们按自己的想法做会更好，因而没有告诉他们应该怎么行事，应该如何着装。这让他们的离开更为有力。整场表演过程中，音乐家们都非常快乐。

奥布里斯特：我很好奇你在演出中是如何运用时间这个元素的。我们这一代的很多艺术家都排斥时间的均质化，尤其是由全球化进程所导致的同质性。我有时会想，这是否与对非媒介经验（unmediated experience）的渴望有关。这是否适用于你，以及你工作时对待时间的方式？

冈萨雷斯-弗尔斯特：时间当然是与叙事相关。保罗·利科（Paul Ricoeur）写了一本很棒的书，叫《时间与叙述》（*Temps et récit*），在我思考如何把时间带到展览空间的时候，它是一个很重要的资料来源。但这实在是一个……（笑）永无止尽的主题，我几乎不知道从何处开始。多年前我曾做过美术馆保安，看到观众在一幅艺术作品前只停留几秒的时候，总是觉得很沮丧。这让我觉得一件艺术作品应该以某种方式抓住观众的些许时间和空间。只有一种模式可以用来详尽阐述，那就是文学。你看，一旦你有一个潜在的叙事，随着文本的开始，时间也随之过去。

回到前面，我使用线索而不是文字，制造一种陷阱，让观众多花一些时间去思考艺术。

通过探索时间的维度，我觉得我们已经成功地给展览带来了变化。想想菲利普在 ARC[13] 的展览，其中的作品一个比一个生动，并且各不相同（《外星人季节》[*Alien Seasons*]，巴黎现代艺术博物馆 /ARC，2002 ）。是的，这给我的《邮差时间》提供了强烈的信号。作为展览的观众，我喜欢让身心在一个空间里流动，可以随意进出、自由谈笑，所以在剧院里我总有一种被困住了的感觉，我不太喜欢这种环境。几个星期前，我看了一个演出，观众一个接一个慢慢走出去，我觉得这和让乐队慢慢离场的想法是一致的。歌剧院是一个梦幻的实验室，但我一直铭记，我希望观众自由自在。我还没准备好进入那种"你必须坐在这里"的状态。

奥布里斯特：我最近和艾瑞克·霍布斯鲍姆[14] 进行了一次谈话。他说，世界需要一场抵抗遗忘的国际运动。而在你的工作方式中，记忆是极具活力的，并且你将过去视作某种工具箱——不仅仅通过它回顾过去，也通过它产生其他一些东西。你都有

---

13 全名为 Animation Recherche Confrontation，是巴黎现代艺术博物馆（Musée d'Art Moderne de la Ville de Paris）的当代艺术部门，不但专注于动态影像（Animation）、研究（Recherche）与面对（Confrontation）三大观念的实践，更积极鼓励实验性的艺术创作。

14 艾瑞克·霍布斯鲍姆（Eric Hobsbawm，1917—2012）：英国最具国际影响力的左派历史学家，著作与编辑书籍约三十种，其中最著名的是其年代四部曲《革命的年代》、《资本的年代》、《帝国的年代》和《极端的年代》。

哪些工具箱？

冈萨雷斯-弗尔斯特：我总有种感觉，我的工具箱和地球本身一样大。对我来说，显然很多是来自书籍和旅行，也有一些是通过直接的经验，还有很多是通过非常间接的事物。每一样东西对我来说都同样重要。说到将过去视作工具箱，我与过去的关系是变动的。当过去隐含着可能的未来时，我就会深受吸引——也就是说，像在科幻小说中一样去运用它，而不是一种对于记忆的恋尸癖。我的工具箱是多种多样的：从漫步走过一座建筑，到观看电影里的某个场景；从广播里听到的事情，到将所有这些混到一起。我会说，理想的工具箱会允许具有不同功能的各色事物相结合。对我来说，一个可以进行蒙太奇剪辑的工具箱就是终极的工具，不仅仅是电影或者视频素材的蒙太奇，也可以是将一段对话与一块布料或建筑物的一部分组合到一起，将非常抽象的思想与非常密集的材料、与速度、与你左腿的感觉、与电话铃声相联系。

奥布里斯特：我的最后一个问题是关于合作的。你和其他艺术家、其他领域的人一起做了很多的事情。你对于这种集体表演，或者说以集体性为主题，是怎样的感觉？

冈萨雷斯-弗尔斯特：对我来说，异质性是让艺术具有力量的时刻之一。艺术的特色并不在于某种风格、某个签名或某个想法。群体表演或群体艺术吸纳了诸多来源，这是其有可能引发的最令人兴奋的事情。我总是跃跃欲试，想要参与到这种多样性的体验。如果你独自工作，便必然无法达到这样的艺术层面。我同样觉得，艺术是带有社交性的。近年来，一起准备美术馆展览也许不那么让我兴奋了，因为我们已经做了太多次。但当我们听说在这种完全不同的语境中，在这个实验室里工作的提案时，大多数人都感到狂喜。这就像是聚在一个新房子里，有机会用完全不同的光线去观看事物。对我而言，乐队就是呈现这个想法的一种方式。

制造现实

冈萨雷斯-弗尔斯特：现在正好是巴黎的复活节。你是怎么度过的？

奥布里斯特：我以前绝不会这么做：我整个睡过去了。我今早跟斯蒂凡诺·博埃里 [15] 聊天，他目前非常嗜睡，还坚持认为，当人们处于昏睡状态时，常常会想到最好的点子。其实，他希望我在采访开始之前，先问问你对这个观点的看法。

冈萨雷斯-弗尔斯特：我完全同意，尽管我不会称之为嗜睡。我想我会使用"暂停"这个词。暂停对于触发想法非常有用，事实上，我大多数的想法来自夜晚。不过想法随时都会发生。这

15　斯蒂凡诺·博埃里（Stefano Boeri，1956—）：意大利著名建筑设计师，主要专注于有重生或重建需求的欧洲城市地区的建筑和开放性空间的设计。他也是国际联合研究机构"多样性"（Multiplicity）的创始人，这是一个由建筑师、地理学家、艺术家、城市规划师、摄影师、社会学家、经济学家、电影人等组成的区域调查机构和多学科网络，探测现实环境，研究新社会行为产生的线索和痕迹。

个周末我开始对雪极为着迷。天气预报说会下雪，而我等得都有些不耐烦了。为什么呢？因为我在热带地区度过了如此漫长的时间，对热带地区的反向痴迷便是雪。它让我想起宝莱坞电影里想要表现距离遥远或异国情调时，他们就去瑞士或奥地利拍摄雪景。你还记得我们在盖斯的时光吗？

奥布里斯特：是的，仿若昨日。那是我们第一次合作，也是罗伯特·瓦尔泽博物馆——克罗恩酒店里的一个玻璃柜——的首次展览之一（1993）。如果我没记错，那也是你在瑞士的第一次展览，并且那会儿正在下雪！

冈萨雷斯-弗尔斯特：是的，我记得那次的雪，也是在复活节前后。

奥布里斯特：是的，正好就是十五年前，而且因为这些展览过于私密，大概只有十个客人参加了开幕式。你的作品以各种不同的方式制造了现实，因为你希望让这个玻璃柜与雪产生关联，然后外面也开始下雪。

冈萨雷斯-弗尔斯特：我最近又找出了那些图像，并且在想如果把它们放到我们的书里会很不错。事实上，我觉得这种雪景和热带化一样重要。这真的是我第一次这么痴迷雪。也许是因为伴随着我的成长，它只是生活中司空见惯的一部分，对于你而言一定也是一样的。但是现在我发现了它的美丽之处，以及随之而来的让人难以置信的兴奋感。它也让我想起了罗伯特·瓦尔泽，还有他和雪的关系——他最后一次走进雪景的冬日散步。雪同时是起点和终点，是一种气候上的白方块。而且我刚完成了一部跟雪有关的电影，讲述的是里约一个叫巴黎广场（Praça

Paris）的公园。那是一种法式公园，迷恋秩序感和对称性，只是它在里约行不通，因为它是由无法接受这些刚性设计的本地植物构成的（《格洛丽亚》[*Gloria*]，2008）。这个花园渐渐荒废了。我原本还构思了另一部电影，这部没有实现的电影里，我让奥斯卡·尼迈耶（Oscar Niemeyer）和曼努埃尔·德·奥里维拉[16]相遇。他们都一百岁左右，都说葡萄牙语。奥里维拉甚至还有一座房子，是尼迈耶的同事设计的。我试着想象他俩坐在那个公园的长椅上交谈，他们因为不同的原因喜欢或者不喜欢这座公园。但这电影没办法拍摄，所以我想到了另一部电影，在那样一个热带花园里，突然开始下雪。这就是我刚拍完的这部，不过这场奇怪的雪并不是真的雪，它更像是思考的雪，百年之雪，瓦尔泽弥留之际的雪。我从未想过自己会对雪着迷。雪中躯体与纸上字迹，有某种关系蕴含其中。

奥布里斯特：你提到了尼迈耶和奥里维拉，有意思的是，这两位我之前都采访过。说到尼迈耶，真的很特别，因为他拒绝说法语。他只跟我说葡萄牙语，所以我完全不知道他在说什么，只能猜测下面应该问什么问题。我一直不明白他说的话，直到一个月后读到翻译的文字。显然，完全是非线性的，几乎是一种新形式的采访。

冈萨雷斯-弗尔斯特：（笑）德·奥里维拉呢？你是怎么采访他的？

16　曼努埃尔·德·奥里维拉（Manoel de Oliveira，1908—2015）：葡萄牙电影导演、演员、制片人。

奥布里斯特：很神奇。我应该把两次采访内容都用邮件发送给你。也许最后我们能找到一些法子来虚构尼迈耶和奥里维拉之间的对话。

冈萨雷斯-弗尔斯特：我已经不觉得这还会是一部非常好的电影了，但要是给这个对话做点什么的话，我还挺感兴趣的。

奥布里斯特：聊聊我们的长期展览项目吧。这也许是我们最重要的、尚未完成的展览。或者说，不是尚未完成，只是仍在孵化。我们来聊聊这个项目的游戏规则。

冈萨雷斯-弗尔斯特：我记得一开始我们是在聊明斯特，以及为什么雕塑项目展是每十年举办一次。然后我们聊到了多贡人和他们六十年一次的锡圭仪式[17]，让·鲁什[18] 在 20 世纪 60 年代后期拍摄了他们。因此，我们在想，以这样的时间跨度、这样的规模来做一个展览，那该多有意思。这样的思考和工作过程将会处于一种完全不同的境界。

奥布里斯特：也许它与这种对时代的迷恋有关。

冈萨雷斯-弗尔斯特：是的，没错！我想这种五十年、一百年的展览应该依据一个长期的过程和无尽的实践，在这个意义

17　锡圭仪式（Siguicelebration）：非洲多贡人（Dogon）每六十年举行一次的仪式。仪式要在天狼星出现于两座山峰之间时举行，祭祀的人要戴上面具，表演一种复杂的舞蹈。仪式举行之前，青年男子都要度过三个月的与世隔绝的生活，在此期间用一种秘密语言交谈。举行这种仪式的原因，据说是三千多年以前，曾有智慧生物自天狼星来到多贡人这里，小作逗留。

18　让·鲁什（Jean Rouch, 1917—2004）："真实电影"创始人，法国纪录片大师，也是一位人种学家。

上，它可能会被推翻，也应该包括所有这些可能无法发声的内容。但这就回到了采访最初的问题：当我们处于一种较慢的模式时，想法会发生什么样的变化？你知道，当我重读其他采访时，我也读了你的书《不停止》（*dontstop*）。很棒，因为我能够想象自己再次穿过盖斯的酒店，重新经历你所有的展览，在厨房，在酒店房间，在建筑师的房子里，经历所有这些房间、空间和可能性。它给我提供了很多关于长期展览项目的想法。有点类似于当我重读恩里克·比拉-马塔斯[19]的《巴黎永无止境》（*Paris ne finit jamais*），我再次翻到了他写埃德加多·科萨林斯基[20]的部分，读到接触科萨林斯基是如何帮他发现博尔赫斯的。我们也正是这样接触科萨林斯基，接触比拉-马塔斯的。这不只是巧合。

奥布里斯特：这几乎是精神感应。

冈萨雷斯-弗尔斯特：这也发生在了瓦尔泽身上，就在他的侄子到达餐厅时。然后是比拉-马塔斯，他对瓦尔泽非常着迷，而且他也遇到了科萨林斯基。也许这是精神感应。但谢德瑞克[21]会称之为什么呢？

奥布里斯特：谢德瑞克称之为形态形成场（morphogenetic

19　恩里克·比拉-马塔斯（Enrique Vila-Matas, 1948—）：西班牙作家，代表作有《巴黎永无止境》、《垂直之旅》、《似是都柏林》和《巴托比症候群》等，是近四十年来西语文学的代表人物。

20　埃德加多·科萨林斯基（Edgardo Cozarinsky, 1939—）：阿根廷作家、导演。

21　阿尔弗雷德·鲁珀特·谢德瑞克（Alfred Rupert Sheldrake, 1942—）：英国作家、生物学家，研究超伴心理学（parapsychology）领域，以倡导"形态共振"（morphic resonance）概念而闻名。

field）。比拉-马塔斯、科萨林斯基、你和我——我们在同一个形态形成场里。

冈萨雷斯-弗尔斯特：我想找的就是这个词，所有这些之间存在着奇怪的联系：雪，因为有雪，才有了沃根斯基[22]在格勒诺布尔建的文化城（Maison de la Culture）；然后因为这个奇怪的蛋形结构，我开始被现代建筑所吸引，去了巴西利亚，发现了热带化。所有的一切都把我们带回到了那场雪。

奥布里斯特：我们其实还没聊到你在明斯特的项目，这个项目回顾了之前在那里举办的展览，很像是一个时间轴。

冈萨雷斯-弗尔斯特：作品的语境既有那个城市，也有以前在那里举行的展览。而对我来说，自从我参观了这个展览——第一次是1987年，然后1997年又去了——就必然不可能忽略这些维度。我觉得需要考虑时间的因素，还有这些为不同时候的展览而创作的作品，并且引用它们。明斯特是真正的在时间和空间之中的展览。我感兴趣的是时间的这些层次，以及它们怎样容许我采用不同方法来表达艺术。这有点像是写小说，可以将各式的空间、地点和人物集合到一起。最新的展览对我来说是一次机会，让我在空间书写某种文本，一种可以讲述故事的视觉文本。这也是我将其命名为《明斯特的罗马》（*Roman de Münster*, 2007）的原因。它把我带到另一个阶段，在阅读访谈时我也感受到了这一点：空间和文本之间的联结。我认为两者之间存在着往复不断的变化：一些文本制造空间，一些空间产生文本。

22　安德烈·沃根斯基（André Wogenscky, 1916—2004）：法国现代主义建筑师。

通过这本书，看看我们是否可以制造一种空间，或与空间的关系，将会很有意思。也许这可能成为我们刚才谈到的五十或一百年的展览。无论如何，我觉得正是文本和空间之间的关系，让我如此着迷于建筑和文学，着迷于文学制造建筑或建筑产生文本的时刻。也许这也是吸引博尔赫斯的所在，因为他的很多文本都制造了不可思议的空间。

奥布里斯特：我们的对话中始终在讨论的一点就是制造现实，并且，在许多情况下，这些对话本身也制造了现实。所以我觉得，你关于我们五十年项目的想法也完全有可能经由这次对话而得以发展。但我有一种强烈的感觉，该项目不应该是一个沉重的、大规模的事件，它应该保持轻盈，几乎像一次对话。

冈萨雷斯-弗尔斯特：是的，在某种程度上，应该有点像一本书——一种新型的、能制造空间的书。看来马上开始收集材料和想法是当务之急，我们得着手开始，这迫在眉睫。

奥布里斯特：既然我们聊到了时间的巨大跨度这个话题，我想问问你与公共雕塑史的关系。我记得在明斯特之前的某个时候，你在格勒诺布尔做玛塔·潘[23]项目，回顾了20世纪50年代——显然是公共雕塑史上一段非常特别的时期。而明斯特雕塑展开始于20世纪70年代，参展的有约瑟夫·博伊斯[24]、迈克尔·阿

23　玛塔·潘（Marta Pan, 1923—2008）：匈牙利裔法国抽象雕塑家。

24　约瑟夫·博伊斯（Joseph Beuys, 1921—1986）：德国著名艺术家，作品包括雕塑、行为艺术等，是后现代主义艺术的代表人物之一。

舍²⁵、克拉斯·奥尔登堡²⁶、唐纳德·贾德²⁷等人。你如何看待这个时间阶段？

冈萨雷斯-弗尔斯特：我觉得重要的是从更长的时间段来看，而不仅限于五十年。我对户外雕塑所做的研究越多，就越觉得野口勇采取了某些最奇特、最有趣的方法。

奥布里斯特：我们还没聊过野口勇。

冈萨雷斯-弗尔斯特：我喜欢他使用方法的多样性，也喜欢他的开放性。在这些方面，他常让我想起菲利普·帕雷诺。

奥布里斯特：你是怎么遇见菲利普的？

冈萨雷斯-弗尔斯特：我们在格勒诺布尔念的是同一所艺术学校。

奥布里斯特：想必是二十年前了吧。

冈萨雷斯-弗尔斯特：我想大概是 1985 年。皮埃尔·约瑟夫²⁸也在那儿。我们也是从那时开始合作的。两周前，我和菲利普待了一整个下午。他给我看了一张 DVD，我给他看了一些书，我们聊了很长时间。我走的时候，意识到我与他这场历经二十年的谈话是多么珍贵。我对固定不变又能持续展开的内容很感兴趣，比如我与恩里克·比拉-马塔斯就进行了一场这样的

25　迈克尔·阿舍（Michael Asher，1943—2010）：美国观念艺术家、加州艺术学院教授。

26　克拉斯·奥尔登堡（Claes Oldenburg，1929—）：美国雕塑家，最为人所知的是以极度夸张的尺寸仿制日常用品而创作的公共雕塑装置。

27　唐纳德·贾德（Donald Judd，1928—1994）：美国极简主义艺术家。

28　皮埃尔·约瑟夫（Pierre Joseph，1965—）：法国艺术家。

谈话。在我一本接一本地读比拉-马塔斯的书时，谈话就开始了，并且现在仍在继续，只是形式变成了真正的对话，每次相隔一年、六个月或三天。这种建构非常有趣。

奥布里斯特：这就是莫里斯·布朗肖[29]提到的"无尽对话"（infinite conversation）。你知道，我很高兴对你和对菲利普的采访会在差不多同一时间出版。两次的对话都如此有趣，都快变成三方谈话了。采访皮埃尔·于热[30]的时候亦是如此，我们还拜访了克劳德·帕朗[31]和阿兰·罗伯-格里耶[32]。采访雷姆·库哈斯也是这样，突然之间，我们发现自己在到处拜访他的导师，奥斯维德·马西亚斯·安格斯[33]、罗伯特·文丘里[34]、丹尼斯·司各特·布朗[35]和菲利普·约翰逊[36]。和菲利普对谈时，我们突然决定拜访虚

29　莫里斯·布朗肖（Maurice Blanchot, 1907—2003）：法国作家、哲学家、文论家，其著作对后来的后结构主义理论家有着巨大的影响。

30　皮埃尔·于热（Pierre Huyghe, 1962—）：法国艺术家，其作品跨越电影、视频和公众干预领域。

31　克劳德·帕朗（Claude Parent, 1923—2016）：法国建筑师，和哲学家保罗·维利里奥（Paul Virilio）在 60 年代发展出了"倾斜建筑"理论。

32　阿兰·罗伯-格里耶（Alain Robbe-Grillet, 1922—）：法国作家，"新小说"流派的创始人。

33　奥斯维德·马西亚斯·安格斯（Oswald Mathias Ungers, 1926—2007）：德国建筑师、建筑理论家。

34　罗伯特·文丘里（Robert Venturi, 1925—）：美国后现代主义建筑师、设计师。

35　丹尼斯·司各特·布朗（Denise Scott Brown, 1931—）：美籍赞比亚建筑师和城市规划师，亦是一位受人尊敬的理论家、作家和教育家。

36　菲利普·约翰逊（Philip Johnson, 1906—2005）：美国建筑师和评论家。

拟现实技术的发明者杰伦·拉尼尔[37]，还有皮埃尔·布列兹[38]，我们和布列兹讨论了复调。

冈萨雷斯-弗尔斯特：是的，为什么谈话有点像是一个热带产物，就是因为它生长的那种方式。你说的对，它超越了对话，成了一个开放的领域。

奥布里斯特：关于开端的问题也很有趣。可以这么说，1985或1986年，我十七八岁时在费施利/韦斯（彼得·费施利和大卫·韦斯组成的艺术小组）的工作室，才真正出生。他们在你的成长过程中也起到了关键的作用。在某些安静的下午，我看到的作品改变了我的人生。你和他们是什么样的关系呢？

冈萨雷斯-弗尔斯特：曾有人邀请我写一些东西，关于他们和我最喜欢的他们的作品。但我觉得没办法狭隘地去谈某一件作品，因为他们的作品需要在一个宽广的视野下来审视。我也试着写了一些好玩的内容。感谢费施利/韦斯，我发现笑是艺术的另一个维度：笑可以是非常具有生产性的，它可以带来新的想法，也可以用来对抗艺术中我所厌恶的某些方面。

奥布里斯特：他们深度参与了你在苏黎世美术馆的展览。

冈萨雷斯-弗尔斯特：我一直试着找到与地点的某种关系，就像是在明斯特那样，整个环境都成为展览的故事和故事的展览，我意识到我与苏黎世的主要联系即是他们的在场。就好像

37　杰伦·拉尼尔（Jaron Lanier，1960—）：美国计算机哲学作家、计算机科学家、视觉艺术家和古典音乐作曲家，虚拟现实领域的先锋。

38　皮埃尔·布列兹（Pierre Boulez，1925—2016）：法国作曲家、指挥家。

他们比其他事物更真实——好像建筑、美术馆、空间本身都不够真实。我们之前在威尼斯和日本进行过精彩的对话，所以我询问他们是否愿意策划这个展览。对我来说，让展览变得必要且有趣的唯一方式就是与他们合作，和他们交谈，将展览变成我们一起创作和修改的时光。

奥布里斯特：另一件很有意思的事情是，费施利/韦斯创作的《老鼠和熊》（*Rat and Bear*）在一个玻璃柜里突然出现，在那次展览中也产生了影响。同样的玻璃柜也是米兰利塔宫（Palazzo Litta）展览（"其他花和其他问题"［Altri fiori e altre domande］，2008）的一部分，这启发了费施利/韦斯再度赋予《老鼠和熊》生命，并开始拍摄一部新的电影。在你苏黎世的展览中，这两个角色就像是客人一样。

冈萨雷斯-弗尔斯特：这个展览叫"多元化"（Multiverse，苏黎世美术馆，2004），非常具有科幻色彩。我确实很希望这两个角色出现在展览中，但彼得和大卫当然不喜欢一直打扮成大老鼠和熊走来走去，所以他们想到了这个很棒的主意，让两个角色待在黑暗的玻璃柜里，就像库布里克《2001：太空漫游》里的黑色方碑，赋予了它们永恒的存在。我很开心老鼠和熊在新电影里再度被赋予了生命。

奥布里斯特：关于早年你与菲利普和皮埃尔·约瑟夫的相遇我们聊得还不太够。我之所以觉得这个至关重要，一方面，因为这是你与他们长期对话的起始；另一方面，因为这曾是格勒诺布尔一段非常奇妙的时光，现在则截然不同，欧洲已经没有这样真正有趣的艺术学校了。你能再谈谈这些对话是如何进行的，以及格勒诺布尔艺术学校的环境吗？

冈萨雷斯-弗尔斯特：我总在说，在波尔多或一个不具有科学和政治实验性的城市，不会有这样的事情发生。艺术史不是我们当时唯一的学习背景或参考，科学杂志、卡通片和大卫·林奇[39]的电影与艺术语境同样重要。我印象最深刻的大概是那些杂志、电影和对话，还有我们邀请到学校的科学家。这些都是出发点。

奥布里斯特：你们第一次合作是什么时候？在这段非常早年的学生时代就已经在合作了吗？

冈萨雷斯-弗尔斯特：当时学校里有一些群展，在那里我们第一次看到彼此的作品。但我觉得真正的合作直到在学校的最后一年才开始，我们为西伯利亚和臭氧项目（科西嘉区域当代艺术基金会［Fonds Régional d'Art Contemporain Corse］，1990）一起工作。那时我才发现，你可以既是策展人又是艺术家，不必执迷于某个特定的标签或风格。与两三个人一起工作，专注于文本和空间的关系，会创作出不同类型的作品。我感觉采取这种方式极为异于常规。那时大概是 1986 年或 1987 年，我们感到非常有必要形成一种不同的作品和与艺术的关系，我们需要超越私心、作者和署名。所以我们会给作品定一个标题，然后通过不同的几何路径实现它，整个 90 年代我们都在沿用这种多变的几何学方法。这是一次持续进行的对话，形成了具体的

---

39 大卫·林奇（David Lynch，1946—）：美国导演、编剧、制作人、演员，代表作包括《穆赫兰道》《双峰》《象人》等。

作品，像是和莫瑞吉奥（莫瑞吉奥·卡特兰）[40] 合作的《永久之食》（*Permanent Food*）[41]，和伊莲·弗莱斯（Elein Fleiss）、奥利弗·詹姆（Olivier Zahm）合作的《紫色》（*Purple*）[42]，以及在巴黎现代艺术博物馆和皮埃尔·于热、菲利普·帕雷诺合作的展览"叙述者"（the narrator）。

奥布里斯特：能聊聊臭氧计划吗？

冈萨雷斯-弗尔斯特：现在，只要你打开一份报纸，就会读到关于气候变化和生态环境的文章。但在格勒诺布尔的实验室，生态研究一直都存在。20 世纪 70 年代是一个生态学的时代，它是一个主要议题，由于各种各样的原因，人们的生态意识非常强烈。臭氧计划绝对不是极端或激进的，它探讨了这个问题的不同面向，包括关于生态问题的资讯和它的具体表现，而避免了简单的口号式总结。

奥布里斯特：说到出发点，我们还没有谈到的一件事是另一场对话的起点，那就是和皮埃尔·于热的相识。你是在巴黎遇到皮埃尔·于热的吗？你从格勒诺布尔搬到巴黎，然后有一天我读到了那篇精彩访谈的整理稿，那次谈话是由庞图·胡尔滕[43]、

40　莫瑞吉奥·卡特兰（Maurizio Cattelan，1960—）：意大利艺术家。

41　《永久之食》是一本一年两期的非营利杂志，由许多参与者从全世界范围内收集的旧杂志页面构成。该杂志由莫瑞吉奥·卡特兰和多米尼克·冈萨雷斯-弗尔斯特在 1995 年创办。——作者注

42　《紫色》是有关时尚、散文和室内设计的系列杂志，在巴黎出版。——作者注

43　庞图·胡尔滕（Pontus Hultén，1924—2006）：瑞典传奇艺术家、导演和策展人。

丹尼尔·布伦[44]、塞尔日·福谢罗[45]和萨基斯·扎班扬[46]创办的视觉艺术高级研究所（Institut des Hautes études en Arts Plastiques）安排的。你和迈克尔·阿舍之间的交流很有趣。

冈萨雷斯-弗尔斯特：是的，我还记得那天。我在讲一个当时在做的项目，迈克尔·阿舍问了我一些有意思的问题。你知道，我认为创建这个学院的想法需要令人难以置信的直觉，因为它催生了这么多启发灵感的时刻，比如庞图带我们去米利拉福雷（Milly-la-Fôret）拜访蒂尼·杜尚[47]的时候。这个学院以一种非常有生命力的方式载入了艺术史，对庞图而言，所有的艺术都是鲜活的，充满了故事和课题。但皮埃尔不在那个学院。我们大概是那段时间见到他的，我记得我们的第一次谈了很长时间，有时我们会聊五个小时而不间断。皮埃尔可以在对话中工作，他让作品显现，经受检验，这种能力简直不可思议。有时候我觉得艺术和对话都是作品，完全是一回事儿。

44　丹尼尔·布伦（Daniel Buren, 1938—）：法国观念艺术家。

45　塞尔日·福谢罗（Serge Fauchereau, 1939—）：法国策展人和艺术研究学者。

46　萨基斯·扎班扬（Sarkis Zabunyan, 1938—）：土耳其裔美国观念艺术家。

47　蒂尼·杜尚（Teeny Duchamp）：杜尚之妻，也是马蒂斯的前儿媳。

3

伊莲·斯图尔特文
Elaine Sturtevant

1992 年，我去斯图加特（Stuttgart）观看伊莲·斯图尔特文的第一个调查展。斯图尔特文最为知名的是对包括约瑟夫·博伊斯、马塞尔·杜尚和费利克斯·冈萨雷斯–托雷斯在内的艺术家的作品进行复制，以此对真实性、作者、原创性和表现性的概念发出诘问。她在 1965 年做了富有争议的艺术处女秀，复制了安迪·沃霍尔画的花，这与安迪·沃霍尔原作的展出时间仅仅相隔了几个月。尽管斯图尔特文的作品和想法在早期曾招来敌意，但她的影响力在过去二十年里显著增长。许多人视她为 21 世纪最重要的艺术家之一，意识到她预言了我们今天所生活其中的，是一个充满了大量无价值信息和无休止重复图像的世界。自 2000 年以来，斯图尔特文采用电影和视频、广告和互联网图像等方式创作的作品，反映了我们图像泛滥的文化，映照出它的支离破碎和无孔不入。

她有一种分享想法的强烈愿望，一种至死方休的能量。我们上一次对话的主题是关于她尚未实现的项目，一部关于斯宾诺莎[1]的歌剧。偶然性在这些对话中发挥了重要作用，遗憾的是，我们再也没有机会进行一次更长的对话了[2]。

1　巴鲁赫·德·斯宾诺莎（Baruch de Spinoza, 1632—1677），犹太裔荷兰籍哲学家，近代西方哲学公认的三大理性主义者之一，与笛卡尔（Rene Descartes, 1596—1650）和莱布尼茨（Gottfried Wilhelm Leibniz, 1646—1716）齐名。

2　伊莲·斯图尔特文 2014 年去世。

拟像、斯宾诺莎和声音

汉斯·乌尔里希·奥布里斯特（以下简称奥布里斯特）： 伊莲，你今天最想讲的是斯宾诺莎，然后是关于拟像，同时要给我们看两部电影。

伊莲，我们一开始看的电影《愚蠢》（*Stupidity*，2003），实际上不是你今天想要谈论的话题，但我们一进来就看到了它，或许你也可以说几句？

伊莲·斯图尔特文（以下简称斯图尔特文）： 好吧，我觉得播放一个与我们将要谈论的话题无关的视频也挺有趣的。说实在的，此刻我的心思不在《愚蠢》上，但有趣之处就在于，你很难将它放入任何一种概念性的框架内，如果你说"我想来讲一讲'愚蠢'"，大多数人都会笑的。所以我不知道那是什么，我的确通过《愚蠢》形成了一些概念性的想法，并且这是个有趣的主题，但我们今天不深入这个话题，好吗？我们聊聊别的。

奥布里斯特：好，我们聊聊斯宾诺莎。今年夏天我去你的公寓拜访过你，那是一年里最热的一天，大概有四十二摄氏度，我感觉那可真是创纪录了，当时你正在读斯宾诺莎的《知性改进论》（*Improvement of the Understanding: Ethics and Correspondence*）。所以这对你来说是斯宾诺莎之夏，尽管当时显然不是你第一次阅读此书。

斯图尔特文：是的，你不这么认为吗？（笑）嗯，我很讨厌读过第一次之后就试着要做点什么。我想我第一次遇到这本书是在大学的时候，斯宾诺莎要把我逼疯了，因为他的逻辑学太深奥僵硬了，而逻辑学是我最不喜欢的科目。我觉得笛卡尔是我们遇到的最可怕的事情！斯宾诺莎也具备此种能力——他给你讲的东西，你只能原样奉还。所以我上大学的时候快被所有这些逼疯了，但之后我会一次次拿起斯宾诺莎。我向来不理解的是为什么人们说他太……他们说什么来着？哦，"太精彩！"我是说，德勒兹[3]啊，福柯[4]啊，所有这些人都在说："啊，他太棒了，太厉害了。"我看不出他哪里精彩！我觉得他非常重复乏味，尽管之后我发现他重复的一个原因是，他是用拉丁语写的《伦理学》（*Ethics*），而他的拉丁语只处于非常基础的水平。他的词汇

3　吉尔·路易·勒内·德勒兹（Gilles Louis Rene Deleuze，1925—1995）：法国作家、哲学家，后现代主义的主要代表人之一。

4　米歇尔·福柯（Michel Foucault，1926—1984）：法国哲学家、社会思想家和文学评论家，著有《疯癫与文明》《知识考古学》等。

量不大，又不太擅长，我想这就导致他对已知单词的重复。并且，为了显示他的傲慢，他的话颇为粗鲁——他是个特别傲慢的人。老天，那天我又拿起《伦理学》来读，我恨死他那套自相矛盾的方式了。

奥布里斯特：是的，他接受矛盾。这就像一个游戏。

斯图尔特文：他总是自相矛盾，并且我不是很确定他是否知道自己的自相矛盾，这就是问题！也许我得画掉这些矛盾的句子……但这样的话，我想我可能得画掉半本书。

奥布里斯特：这书看上去挺有趣的，因为写满了你的笔记，你真的一直在反复推敲。

斯图尔特文：我在这本书里写满了我的想法。你知道，如果他再说一次"实体即本质"（Substance is Essence）[5]，我想掐死他！然后我发现，如果你将实体作为你的基础体系——斯宾诺莎显然是这么做的——那么他说得就很清楚了，由于它是实体，它必须是真实的，或者必须是……算了吧！你知道，以实体作为基础不是很好。

奥布里斯特：是的，我理解。所以这非常复杂。

斯图尔特文：但是，我愿意做斯宾诺莎的歌剧，这是个让人难以置信的挑战。通常，歌剧中的冲突来自男女关系，但我们没有这个，斯宾诺莎对女性不是特别感兴趣，并且当他被犹太教革出教门时，女人就与他没什么关系了。他对此也完全不以

5　斯宾诺莎认为"上帝（或自然界）是单一实体，思维与广延都是同一实体的属性"。

为意，他忙着吃他的玉米粉和燕麦粥呢。

　　我以此为起点，然后决定在巴黎达德·若巴画廊（Galerie Thaddaeus Ropac）的展览结束后坐下来写《斯宾诺莎》（*Spinoza*）。这是一次转变，我觉得对我来说，它是一个转换到其他事情的好时机。幸运的是，汉斯·乌尔里希为我找到了人来做音乐和舞台指导，以及为了完成歌剧所需要做的一大堆事，这让我得以开始工作。我唯一要做的是写唱词。我决定给这出歌剧写一个预告片来发掘我的想法——关于音乐和舞台指导我都有自己的想法，但我不知道该怎么做，所以我想写一个预告片，来尝试和了解某些想法。这出戏主要的冲突是什么？我决定将思考作为一种冲突的对象。在我准备开始写的时候……你说："见鬼，这要怎么写？！"之后当我真正开始写了，我就知道要如何开始。但因为一直忙着达德·若巴画廊的展览，我没花太多心思在上面。然后我可能还要和比阿特丽克斯·鲁夫[6]合作——非常荣幸她今晚能在这里——在苏黎世美术馆做一个展览，之后才能与大家齐心协力完成歌剧。

　　奥布里斯特：一切都是从我询问你"你尚未实现的项目是什么？"开始的，现在我们要让你庞大的项目成真。

　　说到斯宾诺莎和声音，当你给我看那本超乎想象的批注本时，我特别好奇里面竟写了一句引用自说唱歌曲的话，写的是："我移动时，你移动，就像那样。"（ When I move, you move, just

---

6　比阿特丽克斯·鲁夫（Beatrix Ruf, 1960—）：德国策展人，时任苏黎世美术馆的馆长。

like that.）

斯图尔特文：那是卢达克里斯[7]的歌。"我移动时，你移动，就像那样"，这首歌很棒。这里没有人知道吗？也对，你们这儿的人完全不懂音乐！（笑声）

哦，我的朋友加文[8]在！嗨，加文！好吧，所以那是卢达克里斯的歌词，是的。

奥布里斯特：你能跟我们聊聊这个歌剧的声音吗？从一开始你就考虑邀请一位作曲家。

斯图尔特文：哦，我没办法做到！我当然知道我想要什么声音。不幸的是，斯宾诺莎体形并不大，而我想让他有一种非常深沉的低音，你知道吗？但他体形没那么大，所以我会让他的声音稍高一点，我真的希望他能这样（以很低沉的声音）"ber ber ber ber"，但恐怕他没法做到。所以看看会怎么样吧，应该挺有趣的。

奥布里斯特：今年夏天我们聊斯宾诺莎的时候，你提到了一些事，让我非常震惊：某个时刻声音会带来某种焦虑，比如集市里的杂音。你要是能多聊聊这种声音就再好不过了。

斯图尔特文：好吧，你想要的是构建大量的焦虑。现场有一个合唱团——不是真正的希腊合唱团，但的确是一个合唱团——我们听到斯宾诺莎在讲话，不过他正身处未来。然后我们回到

7　卢达克里斯（Ludacris，1977—）：美国说唱歌手、演员。

8　加文·布朗（Gavin Brown）：画廊主、艺术经纪人，加文·布朗画廊（Gavin Brown's Enterprise）创始人。

过去，他在市集中，我们听到那种很低的杂音。我不知道我们到底如何做到这些，但关键是要迅速地传达焦虑，然后再切回到过去。

奥布里斯特：你也跟我说过，你想让他以更戏剧性的方式脱离教会，并且你觉得可以通过让他参与未曾发生的情节来实现这一点，也许是回到过去的某个情节？

斯图尔特文：嗯，他是一个极其傲慢的家伙，你知道，他压根儿不害怕，他说过他绝对不会惧怕。

不过我觉得谈论斯宾诺莎够多了，这些人看起来对斯宾诺莎不是很感兴趣。我难以想象为什么！（笑声）

奥布里斯特：我觉得这很令人兴奋，并且重读斯宾诺莎刻不容缓，所以我觉得我们应该再坚持一下！

某人：能讲讲你关于德勒兹的作品吗？

斯图尔特文：哦，《德勒兹的 ABC》（*Deleuze Abécédaire*）。那从哪里开始说起呢？

奥布里斯特：德勒兹热爱斯宾诺莎，所以这是最初的联系！

斯图尔特文：最初我决定找一些顶尖的评论家和美术馆人员——没有艺术家和画廊经纪人——让他们像德勒兹那样讲话，因为你知道德勒兹讲起话来难以想象。我是说，他能一直聊下去。凯瑟琳（Kathryn）会说"好吧，'D'"，德勒兹则会开始说"哦，'D'代表狗，它们能发出最荒谬的狂吠"，然后他会不断地说啊说啊，但他很厉害。

所以我让重要的批评家、美术馆人员和当权者们坐在德勒兹坐的椅子上，他们可以从自己的姓或名的首字母开始讲。我们使用了三台监视器，每一台拍摄四个人，一共拍了十二个人。不过我们犯了个错误，拍摄时间太长了。我们想将其放在三四十分钟的磁带上，所以花了几个小时进行后期剪辑，这真是……唉！

后来我有一次接受采访时被问到："如果他们给你名字，问你要说什么，你会怎么开始？"然后我说："嗯，我很高兴我的名字不是'A'，因为我会说世界充满了混蛋（asshole），而我觉得以这样的方式开始一段对话不是很好！"但是他们也会意识到这样的形式存在着一种限制，你知道吗？因为你的名字附带了很多东西，附带了身份和特征，所以……我不是很确定。但整个的出发点确实是关于语言和词汇的力量。

某人：为什么不让艺术家参与这个作品？

斯图尔特文：我真的应该告诉你吗？

某人：是的！

斯图尔特文：我敌人够多了，不在乎再增加几个！因为在大多数情况下，艺术家没有非常具体的想法。我能说吗？好吧，我说了。没有，他们没有，而批评家和美术馆馆长对于他们要做什么和在做什么则比较清晰。艺术家有点泛滥了。他们的观点非常局限，而现在艺术的主观性已经不复存在了。所以……对。你还有其他什么有趣的问题吗？

（观众笑）

没有了，那太好了。

奥布里斯特：有一次我和一个科学家聊天，他告诉我，在科学领域，你始终可以准确定位"某个发现"。比如，你可以说在一个晴朗的周三，本华·曼德博[9]发现了分形。当我看到你创作的复制品时，我想知道你是否记得自己第一次产生这个想法的那一天。

斯图尔特文：嗯，当然不是一天，因为这是一场非常缓慢的思维演变。我花费了一年时间画草图，太美好了。这样做只是为了让思考的范围和方向等更明晰，并不是那种灵光一现。

奥布里斯特：所以它源自草图？

斯图尔特文：是的，确实来自草图，这是思考的过程。

奥布里斯特：那个时候你并不知道德勒兹，但几乎是以一种心灵感应的方式，你和他有着如出一辙的想法。我上学时读过他关于重复和差异的著作，跟你所做的事情有着强烈的关联。

斯图尔特文：在我开始创作那些作品时，他的书甚至还没有被翻译过来。

奥布里斯特：是的，所以你是完全独立地发展出与他平行的思路。你见过德勒兹吗？

斯图尔特文：嗯，我当然从来没见过德勒兹，事实上他的某个学生想要介绍我们认识，但之后可怜的德勒兹自杀了，太可怜了。那时，我正在做自己的作品，探讨重复是什么，以及它是由什么构成的，当然德勒兹和福柯已经建立了他们重复理论的坚实基础。我觉得重复即差异，重复打破了限制，重复是……

9　本华·曼德博（Benoît Mandelbrot，1924—2010）：波兰裔法国数学家，研究范围广泛，从数学物理到金融数学都有涉足。但他最大的成就是创立了分形几何，创造了"分形"（fractals）这个名词。

重复是内在本质的变化，等等，它是一种非常强有力的概念。哇，你们看起来都很相信这一点！

　　那时福柯和德勒兹的书都没有被翻译成英文。1973年，我在纽约雪城（Syracuse）的伊弗森美术馆（Everson Museum）举办了一个展览。那是一个非常出色的展览，但批评家说的都是同样的蠢话："不，这是抄袭。"那时我觉得，我得离开这儿。因为如果他们一直这么说，它就真的变成抄袭了。所以之后我不再做作品了，而是去打网球。当然，这个想法没有从我的头脑中消除，当我回来的时候，它就像未灭的余火。

　　奥布里斯特：……一直在燃烧。

　　斯图尔特文：我的离开是一件好事，因为如果有人不断重复某件事，人们就会渐渐相信。评论家们只是说不出什么别的东西。关于我的作品完全没有任何可供参考的资料，所以批评家们确实不该受到责备，但他们的确喜欢找我的麻烦。

　　奥布里斯特：很有趣的在于，你完全独立地与德勒兹有着类似的感知，而现在又在做一个跟德勒兹有关的项目。

　　斯图尔特文：每个人都说"哦，人人都知道德勒兹"——因为我说我正在做和德勒兹有关的项目——"人人都知道德勒兹"，结果发现他们只是知道吉尔·德勒兹，但并不了解德勒兹。

　　奥布里斯特：是，他们不了解。这就是戈达尔[10]总说的，每一个海关官员都知道他，但没有人看过他的电影。德勒兹在1968年写了《差异与重复》（*Difference and Repetition*），而你在

10　让-吕克·戈达尔（Jean-Luc Godard, 1930—），法国导演、编剧、制作人。

1965 年完成了作品。所以你的确领先了。

斯图尔特文：哦，真的吗？他是 1968 年写的？太好了，我都不知道。嗯，我在剑桥住的时候去了一趟新罕布什尔州（New Hampshire），在那里读了法文版的《差异与重复》。当然，后来它被翻译过来，我又读了英文版，然后发现这完全不是同一本书！太难读了。我是说，它有一些灵光闪现，但我觉得有点……

奥布里斯特：有些难以理解。

斯图尔特文：不但难以理解，而且有点不太确切，你知道吗？不过无论如何，他写了这书，这才是重要的。

奥布里斯特：有趣的是，德勒兹的书晚于你标志性的传奇展览，那是你第一次重复其他艺术家的作品（比安基尼画廊［Bianchini Gallery］，纽约，1965）。不知你能否聊聊你灵光乍现的顿悟，是什么让你在 1965 年，在阅读德勒兹之前就产生了关于重复和差异的想法？

斯图尔特文：嗯，它肯定不是一个突然蹦出来的想法。我的背景是尼采[11]、黑格尔[12]、斯宾诺莎、叔本华[13]，以及所有那些有

11　弗里德里希·威廉·尼采（Friedrich Wilhelm Nietzsche，1844—1900）：德国著名哲学家、语言学家、文化评论家、诗人、作曲家、思想家，被认为是西方现代哲学的开创者。

12　格奥尔格·威廉·弗里德里希·黑格尔（Georg Wilhelm Friedrich Hegel，1770—1831）：哲学家，德国 19 世纪唯心主义哲学的代表人物之一。

13　亚瑟·叔本华（Arthur Schopenhauer，1788—1860）：德国著名哲学家，开创了非理性主义哲学的先河，也是唯意志论的创始人和主要代表之一，认为生命意志是主宰世界运作的力量。

趣的家伙。在当时的纽约,抽象表现主义者和波普艺术家非常受欢迎——抽象表现主义者完全是浮于表面的情绪,而波普艺术家从事的是大众文化,这必然激发我去思考艺术的基础结构。艺术的力量,那种无声的力量是什么?我开始想这些问题。经过长时间的思考,我才认识到该这么做。看起来简单,但我必须反复衡量,以确保它是正确并有效的。最简单的想法往往是最难抓住的。

奥布里斯特:随后这个实践进行了很多年。你说过,1973年时,你在伊弗森做了一个展览,叫"为沃霍尔的玛丽莲、博伊斯的行为和物品,以及杜尚(的等等)所做的研究,包括电影"(Studies for Warhol's Marilyns, Beuys' Action and Objects, and Duchamp['s Etc.], Including Film),你能讲讲电影是怎么进入你的实践的吗?

斯图尔特文:那些是很早的电影:沃霍尔的《帝国大厦》(Empire)和杜尚的《下楼梯的裸女》(Nu descendant un escalier),还有博伊斯。我将其独立于我所研究的东西之外。一旦我决定去谈论更清楚明白的视觉性,就必须创造情节,这个时候就需要电影了,你无法通过静止的图像做到这一点。我就是这样踏入电影领域的。我的第一个视频是在哈佛时做的《迪林格流亡系列》(Dillinger Running Series,2000)。

奥布里斯特:那是第一个视频?

斯图尔特文:第一个。还不赖。

奥布里斯特:但你一直都有谈论动态影像,你提到最多的一位电影人是约翰·沃特斯[14]……

斯图尔特文：嗯，其实我并没有那么频繁地提及他，但真的很好玩！我和约翰是朋友。我为我在斯德哥尔摩的展览（"图像之上的图像"［Image over Image］，2012）做了一件作品，我很喜欢，他对我说，"嗯，那一定是图像上的图像"。我说，"哦天哪，我还真没想到，太棒了，当然是图像上的图像！"约翰和我 10 月在佛瑞兹（艺术博览会［Frieze Art Fair］）进行了一次对谈。

奥布里斯特：是，并且你给约翰·沃特斯写了首诗："我想要每周五和约翰·沃特斯喝鸡尾酒，这样我们就可以聊聊为什么他喜欢罪犯！"（I want to meet John Waters every Friday at cocktail hour so we can talk about why he likes criminals!）

斯图尔特文：（笑）当我做了什么事让他发疯时，你知道，他会说："啊唉这个那个这个那个！"我就让他说，等他平静了他就会说："对，好，这个主意不错。"但他工作起来跟疯了似的。

我们在佛瑞兹对谈的时候，我说："哦，我有点担心。"然后有个人说："你为什么要担心？约翰深谙此道，他知道该怎么做。"然后我说："我担心的就是这个！"我们谈论的话题是愚蠢。你知道当你谈到这个的时候，大多数人会笑，当然，他们想起了愚蠢的东西，而不是愚蠢本身。把愚蠢放进一个概念框架里几乎是不可能的，而这正是我们要做的。

---

14 约翰·沃特斯（John Waters，1946—）：美国电影导演、演员、滑稽戏表演者、作家、记者、视觉艺术家、艺术品收藏家，因 70 年代拍摄的一系列邪典电影而声名鹊起。

奥布里斯特：这也是一个哲学尝试？

斯图尔特文：对，我喜欢挑战。

奥布里斯特：我们会继续聊这些较新的电影，但现在还是继续谈复制。这周我去见了英国作家、小说家和艺术评论家约翰·伯格[15]，他写了一本书，叫《本托的素描簿》(*Bento's Sketchbook*)；关于斯宾诺莎的素描，像是某种遗失的笔记，书中谈到了很多关于复制和素描的想法。

伯格书里说："心灵具有清楚明晰的观念，或者具有混淆的观念，都努力在不确定的时间中保持其自身的存在，并且自己意识着它的这种努力。"[16]

约翰·伯格谈到了斯宾诺莎和素描，让我也想跟你聊聊你的素描，我们从来没有讨论过这个。总之，对于你的素描，我深感好奇。

斯图尔特文：素描。嗯，我开始画的时候，基本都是一个人在工作室里创作——非常宁静，非常安静，非常美好。艺术世界在外面的某个地方，但你知道，对我而言，素描的确是完善我对重复的思考的一种方式，所以我花了一年的时间画素描。这让人难以置信，但是挺好的，不是吗？并且如果你持续地画下去，你可以让石墨铅笔做你想让它做的任何事情，太惊人了。我花了一年时间画素描，这有助于我明确自己正在进行的重复

---

15 约翰·伯格（John Berger, 1926—2017）：英国艺术史家、小说家、画家和诗人。

16 书的这段话引自斯宾诺莎《伦理学》，中译本参见《本托的素描簿》，广西师范大学出版社，2017 年 8 月，第 21 页。

到底是什么。

奥布里斯特：那是哪一年？

斯图尔特文：我总是记不清具体的日期。

奥布里斯特：但这一整年的素描都没有展出吗？

斯图尔特文：嗯，MMK（法兰克福现代艺术博物馆［Museum für Moderne Kunst Frankfurt am Main］）的穆里尔（Muriel）在尝试将它们展出，加文·布朗在做一个素描展览，不过这是一个很大的工程。

奥布里斯特：加文有问题要问。

加文·布朗：你聊了很多关于控制论的内容，而我仍然不太明白你使用的这个术语是什么意思，以及为什么这个对你来说极为重要。还有，在更广泛的意义上，你所关注的类似控制论、拟像这些东西，是如何对未来产生影响的——不是艺术界的未来，而是整个物种的未来。

斯图尔特文：好吧，"控制论"在某种程度上是我们的最高统治者，他的助手是"数字化"。关于我们这个控制论的世界，最有趣的一点在于它对等级制度惊人的颠覆。比如现在是信息高于知识，而知识在过去是一种更高的权力；现在图像高于实体，而过去则是实体先于图像，这必然导致你能够获得实体之上的实体，意味着实体在自身之中成了实体，成了自我的再现，它不是一幅图像，而是实体本身。

人即是神，而非"神即是人"，真理即谬误。"拟像"所谈论的，当然就是我们这个被真理所污染的世界，一如它也被谬误所污染，而这部分地归因于对等级制度的巨大颠覆。它对你的行为也施加了强烈的影响，导致了我所说的人类内在的巨大荒芜，以及对于形而上自我的背弃。这就是控制论，它非常隐蔽，诡计多端，现在它已经进入科学，进入了神经学和生物科学。它嵌入我们的脑海，以至于不像是隐匿其中。

现在有趣的是，在创造力和科学之间，正在进行着一场大讨论——你们注意到了吗？这场大讨论围绕着大脑进行——大脑是你全身上下最强大的东西，具有无限的思考和创意能力。你的大脑没什么问题，但科学有个好主意，它会将很多的人造物强加于你的大脑，这样它就可以虚构出很多事情……有人睡着了，这很可怕！（笑声）

奥布里斯特：不，不，这让人兴奋，你应该多聊聊这个。我觉得我们应该将控制论作为一个话题深入探讨。

斯图尔特文：是的。所以他们现在在篡改我们的大脑，他们恨不得马上能够读取别人的思想，我觉得这是一个巨大的噩梦。对我来说，这必然会是一个噩梦，如果你知道我真正在想什么的话，哇，那我的麻烦就大了！

所有这些人为施加于思维的强制之物，在神经学和生物科学领域被认为是激动人心的，但其实并非这样，因为它们带来的是思想在丧失其自身的能力，思想在丧失其巨大的力量。所以这并没有那么酷，而是挺恶心的一件事，真的是挺恶心的……你们有谁注意到这个？你们注意到自己大脑中有植入物吗？！（笑声）你们能注意到别人在想什么吗？有人说："哦，天哪，我可以听到他们在想什么——哇！"

这是个很复杂的课题，并且我觉得大多数人没有意识到这个控制论的世界对你的影响如此之深，以及它留给你的是多么的荒芜。我不知道我们怎么才能回去。

在我上大学的时候，思想被认为是一个人所拥有的最重要的东西，它有着无穷无尽的可能。今天，大脑是被操纵之物，人造的思想内嵌于其中。这不是什么好事，我们必须反抗，好吗？反抗它，反抗它，反抗，谢谢你！

奥布里斯特：我已故的朋友、建筑师塞德里克·普莱斯，他设计的建筑都有控制论者参与。早在 20 世纪 60 年代，他就已经说过，控制论是不至落入关于起源之浪漫化概念的关键。这也是你多次提及的，在控制论的状态下，就没有起源这一说。从这个意义上来说，你的作品不是复制品，这也是你强烈反对复制这一概念的原因——对此你能再多聊一些吗？

斯图尔特文：哦，哥们儿，复制！——哦，我这么多年来一直在面对这个问题。

首先，我——不——知——道——多——少年了，我的作品总是被定义为复制品，无论我如何说明我的作品，它仍然被归类为复制。后来我在纽约伊弗森美术馆有一个很出色的展览，批评家们说的还是相同的话。所以我说，"好吧，等弱智们跟得上的时候，我再回来吧"。当然他们没有，你知道，但我还是回来了。

奥布里斯特：对你来说，在巴黎工作更好？

斯图尔特文：哦是的，对我来说，巴黎好多了。但我不得不放弃在美国工作，美国还是那么抗拒我的作品。

奥布里斯特：是什么促使你来巴黎的？起因是什么？

斯图尔特文：早年间我第一次来巴黎的时候，待了很短一段时间，那次经历让我脱离了之前钻研的领域，找到了一个全新的焦点。上次来的时候是在 90 年代。当时在纽约真的无法形成讨论，没有任何讨论。如果说他们真的在谈些什么的话，那就是在聊景观艺术和主观艺术。所以是时候离开那儿了，我就这么来到了巴黎，在 90 年代的某个时候搬了过来。

奥布里斯特：自 2000 年以来，你已经拓展到视频和电影素材方面，而现在看起来，下一步你会继续向歌剧领域发展。

斯图尔特文：是的，当然。我是说，那些作品确实存在着一些局限性，尽管我们不太愿意承认……首先，我觉得《弹性探戈》（*Elastic Tango*，2010）是非常精彩的作品，所以我想也许我们可以放下它，去尝试一下别的领域。

奥布里斯特：这些时刻很有意思。比如，在 1965 年那次传奇的展览中，你第一次重复了其他艺术家的作品；然后在 21 世纪头十年，你突然做了视频和电影；现在你进入歌剧，这又标志着另一个意义重大的时刻。

斯图尔特文：确实是这样。有一些脉络贯穿始终。有人给我看了一个早期的目录，里面有我写的评论，我完全不记得当时我是那样思考的。这里存在着很漫长的脉络。

奥布里斯特：从 1965 年开始的脉络尚在持续，太棒了。还有什么问题要问伊莲吗？

观众一：我有一个问题。最后一个，一个非常基本的问题，现在，2012 年，艺术的目标是什么？

斯图尔特文：啊，这是个很好的问题，我觉得艺术现在处在一条分界线上。你可以看到这条线,它不断拖入越来越多的东西。你可以看到,嗯,它确实处在一条分界线上。

观众一:你指的是社会性的线? 我是说,艺术的目标是什么?

斯图尔特文:艺术的目标是什么? 哦,天哪,我不知道! 我能告诉你以前是什么,比如大都会(艺术博物馆)开幕的时候,其目标是教化你,给予你更多的道德情感,并且增加你的幽默感。我的意思是,如果我们跟人说,"现在你正在进入这个展览,你将会看到这个",他们会哈哈大笑,难道不是吗? 我觉得艺术现在基本上是个初级娱乐。任何东西都是娱乐。它处在一条分界线上,我想这是一个很好的说法。并且我还有一点要说,虽然我曾经对自己保证不说,但不管怎样我还是要说,那就是:白人出局了。我不知道这个说法的有效期是多久,不过……白人出局了,所以……这话留在这里。

奥布里斯特:这边还有一个问题。

观众二:你一直在聊艺术和娱乐的分界线,或许我们可以再回到斯宾诺莎的话题,以及你做《斯宾诺莎在拉斯维加斯》(*Spinoza in Las Vegas*)的那段时期。我觉得你对娱乐应该不只是一个类似"有趣"这样的字面判断,而是在创作中也再现了你所感到的娱乐,从而得以深入到娱乐的内部结构。

斯图尔特文:是的,但是你知道,《斯宾诺莎在拉斯维加斯》那次展示也是对控制论的一种批判。它是双层的,对我来说也很有用。那之后就没问题了——每当我时不时地说"哦,受够了这一切"的时候,就会去做一些有趣的事情,做一些有点疯狂的事情,你知道,这有着很大的乐趣。泰特现代美术馆实现了这个作品。

奥布里斯特：我们上次聊的时候，我问你尚未实现的项目，你说是现在正在上演的这个歌剧，所以我想知道，你现在还有什么尚未实现的项目吗？难度太大而没有实现的项目，太微小而没有实现的项目，被审查的项目，或者你自己还在构思的项目？

斯图尔特文：没有，我想没有。当我在做某件事时，我会集中全力做这件事，直到项目结束，所以我从来都没有什么尚未实现的项目，因为尚未实现的项目可能不是我想要做的，所以这谈不上是尚未实现吧？没有。

奥布里斯特：但就像你上次说的，也有一些你没做的项目，以及你不想再做的项目。迈克尔·海泽[17]的《双重否定》（*Double Negative*）无疑是你不想再做的项目，它仍然没有实现。就这个项目，你能再多聊一些吗？

斯图尔特文：挺有意思的，你有这么一个很棒的项目，但他们把钱花完了，却没有完成它。这也无妨——迈克尔·海泽可能会杀了我，也还好吧。但我发现不去完成它也是一个很革命性的想法，就是你想要创造某些东西，但之后又很高兴它没有完成，所以我很高兴我那么做了。我是说，我本来想要完成它，然而你能想象吗，当时没有人跟我一起工作，现在它已经满是

17　迈克尔·海泽（Michael Heizer, 1944—）：美国艺术家，以作品的巨大规模和创新材料而闻名。他将传统的雕塑语言引入大地艺术中，使环境与作品完美结合。

沙子、泥土和污垢了。

奥布里斯特：它本来会是什么样子的？这个想法是把海泽的作品折叠起来，对吗？

斯图尔特文：嗯，我去了拉斯维加斯，待在酒店里，做的第一件事就是买件新的比基尼，因为我穿着纽约的那件比基尼看上去特别蠢！我上了一架飞机，找到迈克尔·海泽的那块地方，然后在飞机上勘测了这片土地，想了一下哪里比较适合。然后去了土地局，想知道什么地方是免费的，并且找到了一块地。而就在那时，我把钱都花光了。

奥布里斯特：现在我们来观看最后一部电影《拟像》（Simulacra），以作为访谈的结束，你能讲讲这部电影吗？

斯图尔特文：好，我们要看的是《拟像》。它讲的是虚假之上的真实。很有趣。

4

欧内斯特·曼可巴
Ernest Mancoba

我是在研究 CoBrA 的时候偶遇欧内斯特·曼可巴的作品的，CoBrA 是 20 世纪 40 年代后期在哥本哈根、布鲁塞尔和阿姆斯特丹掀起的先锋运动[1]。然后，我越来越频繁地听到年轻艺术家谈论曼可巴对于他们思考的关键影响，但他还不被大众所知。所以我决定采访他。我在 2002 年与他见面，那时他住在巴黎郊区的一个养老院里。我们就他的艺术、种族隔离和南非政治进行了长时间的谈话，并且进行了拍摄，之后曾多次发布，这是他甚少接受的采访之一。2015 年，出生于开普敦的年轻艺术家克芒·瓦·路勒[2]用了这次采访的镜头，为比利时奥登堡（Oudenberg）的十一条线基金（Foundation De 11 Lijnen）的展览创作了一个短片。展览致敬了曼可巴和他的理念，尤其呈现了与这位已故画家的生活和工作存在着相似之处的当代艺术家们，包括朱莉·梅雷图[3]、雅图·巴拉达[4]和杰克·惠顿[5]。

这也是我世纪艺术家（比如奥斯卡·尼迈耶）采访系列的一部分，德国艺术家罗斯玛丽·特洛柯尔（Rosemarie Trockel）鼓励我追寻这个想法，以作为一种对遗忘的抵抗。

1　CoBrA 团体由六位分别来自丹麦、比利时和荷兰的艺术家组成，因此取丹麦首都哥本哈根首字母"Co"、比利时首都布鲁塞尔首字母"Br"和荷兰首都阿姆斯特丹首字母"A"，组成"CoBrA"。

2　克芒·瓦·路勒（Kemang Wa Lehulere, 1984—）：南非艺术家，将表演与包括壁画、架上绘画和装置在内的多种媒介结合，探索南非历史，以及后种族隔离时代的南非艺术所具有的重要性。

3　朱莉·梅雷图（Julie Mehretu, 1973—）：美国艺术家，出生于埃塞俄比亚。

4　雅图·巴拉达（Yto Barrada, 1971—）：法国多媒体视觉艺术家，生长于摩洛哥的丹吉尔（Tangier）。

5　杰克·惠顿（Jack Whitten, 1939—）：美国抽象画家。

人必须绝对现代

汉斯·乌尔里希·奥布里斯特（以下简称奥布里斯特）：让我们从起点开始。在 20 世纪早期的南非，你是如何成为一位艺术家的？

欧内斯特·曼可巴（以下简称曼可巴）：我是一个黑人矿工的儿子，1904 年出生于特夫方丹（Turffontein），在约翰内斯堡附近的礁城（Reef）金矿区。我母亲对于我之后成为艺术家影响很大，即使她自己不曾是一位艺术家。但是按照习俗，她有时会和其他同龄妇女一起出去做我们自家使用的陶桶（使用黏土制成，在干树枝搭成的公用烤炉中烧制）。我记得她跟我讲过我们宗族起源于芬戈人（Fingo），他们最初是祖鲁人（Zulus），因为反对沙卡王（King Shaka）对其他部落的武力征服而被迫害，不得不迁居。他们认为这种侵略违背了非洲的民主王权传统，尽管这可能有利于团结我们的国家以反对殖民入侵。他们在科萨人（Xhosas）中避难——"芬戈"意味着"流浪者"。她教会我乌班图（Ubuntu）——非洲传统的价值观，但她同时也是一位热忱的基督徒。她过去常常向我们高声诵读诗歌——非洲诗歌，来自一本用布包着的古老的书——她解释了诗歌的重要性，特别提到诗歌能够表达"无法言说"之物。

奥布里斯特：你最早的作品是怎样的？

曼可巴：我从来没有接受过任何正式的艺术训练。上学的时候，我的艺术学习开始于主恩学校——彼得斯堡（Pietersburg）附近的英国圣公会教师培训学院（Anglican Teachers Training College），在那里我从一位叫保琳（Pauline）的修女那儿学会了木雕技术。我做过祭坛饰罩和其他的教堂家具，然后成了一名教师。但那时我已经知道，我要成为一个专职的艺术家，我知道会有这么一天的。在那个时候，我做的主要是木雕，受到欧洲风格的启发，同时也努力突破，尝试做出自己风格的作品。我的一件宗教雕刻作品《班图圣母玛利亚》（*Bantu Madonna*，1929）是以一个南非女孩为模特制作的，她是我的一个同学，而作品获得了不错的反响。不过这没有中断我的学业，在离开彼得斯堡之后，我去了位于东开普省（Eastern Cape）爱丽丝（Alice）小镇的福特海尔大学（University of Fort Hare）。那时福特海尔刚刚成为一所大学，之前它叫南非原住民学院（South African Native College）。学校的核心是宗教和某种形式的人文主义，这也是"黑人精英"（一如他们有望成为的）和很多属于神职人员的白人自由主义者所共同信奉的传统。不同于20世纪50年代后在南非实施的班图教育，福特海尔并不认为黑种人需要并且理应得到有差别的劣质教育。

奥布里斯特：非洲历史上的知识分子与福特海尔大学密不可分……

曼可巴：当然。像纳尔逊·曼德拉 [6]，以及我的朋友戈万·姆贝基 [7]、艾萨克·邦加尼·塔巴塔 [8]、简·古尔 [9] 等政治活动家，还有诗人丹尼斯·布鲁图斯 [10]，乃至后来的杂志《鼓》[11] 的记者坎·森巴 [12]，都是在福特海尔接受高等教育的。

奥布里斯特：在福特海尔进行艺术训练的学生多吗？

曼可巴：我在福特海尔没有学习过艺术——没有这样的科目——我学的是英语、历史、数学、心理学和生物学。就像那时的很多黑人同学一样，我当时也在考虑成为一个记者。

6　纳尔逊·曼德拉（Nelson Mandela, 1918—2013）：1994—1999 年间担任南非总统，是首位黑人总统，也是积极的反种族隔离人士，被尊称为"南非国父"。

7　戈万·姆贝基（Govan Mbeki, 1910—2001）：南非政治家，曾是南非非洲人国民大会领导人之一、参议院副议长，同时也是南非前总统塔博·姆贝基（Thabo Mbeki）和政治经济学家穆莱齐·姆贝基（Moeletsi Mbeki）的父亲。

8　艾萨克·邦加尼·塔巴塔（Isaac Bangani Tabata, 1909—1990）：南非政治活动家、作家。

9　简·古尔（Janub "Jane" Gool）：南非政治活动家，非欧洲统一运动组织（NEUM）的创始成员。

10　丹尼斯·布鲁图斯（Dennis Brutus, 1924—2009）：南非诗人，曾因反对种族隔离制度而入狱。

11　《鼓》（*Drum*）：面向都市黑人的杂志，主要内容是调查新闻。

12　坎·森巴（Daniel Canodoce "Can" Themba, 1924—1968）：南非短篇小说作家，赢得了《鼓》主办的短篇小说比赛，后成为其中的一员。

奥布里斯特：不过，你是否进行过一些"对话"，关于艺术和艺术在南非的作用？

曼可巴：在彼得斯堡的时候，我和杰拉德·塞科托[13]成了朋友，他后来成了一位举足轻重的画家；还有托马斯·马斯盖拉（Thomas Masekela），尽管他把自己的后半生都献给了一个为人民服务的医院组织，但私下依然做雕塑。我们持续地进行着对话，也与其他非洲学生和年轻教师——比如我另一位亲密的朋友尼姆罗德·恩德贝勒（Nimrod Ndebele）——一起在学校组织了经典戏剧演出，探讨南非艺术的未来。我是福特海尔辩论协会的会长，那时我们不太谈论艺术。我从伊丽莎白港（Port Elizabeth）乘货船来到开普敦（CapeTown）的时候，关于这个问题最激烈的对话大概是和利比·利普希茨[14]，我常去他的工作室。我的工作室在第六区，是有色人种聚居的贫民区。利比是一位从东欧移民的雕塑家。他介绍我认识了另一位南非雕塑家，也是欧洲裔的，即艾尔莎·德奇欧姆巴[15]。德奇欧姆巴的工作室在约翰内斯堡，我假装是服务生，从后门进去，因为它位于"仅限白人"的区域。也正是德奇欧姆巴让我知道了欧洲对南非艺术的兴趣日益增长，以及南非艺术在20世纪初期的影响力。我

13　杰拉德·塞科托（Gerard Sekoto, 1913—1993）：南非艺术家、音乐家，被认为是都市黑人艺术和社会现实主义艺术的先驱。

14　利比·利普希茨（Lippy Lipschitz, 1903—1980）：南非雕塑家和版画家，被认为是南非最重要的雕塑家之一。

15　艾尔莎·德奇欧姆巴（Elza Dziomba, 1907—1970)：南非雕塑家，出生于德国。

们讨论的核心是保罗·纪尧姆[16]的书《黑人雕塑》(*La Sculpture nègre primitive*,与托马斯·门罗[17]合著,1929)。我记得利比建议我去开普敦的国家图书馆阅读那本书。那里的人们几乎不能理解,一个黑人能在这个地方做些什么,更不用说他竟然来找这样一位新近的法国作家的著作。但我为此争辩,最终得以坐下来阅读这本他们好心拿给我的书。这本书让我感到非常震撼,我完全被我所发现的内容吸引住了,并开始思考如果能与这样一个开放的心灵交流,那该有多么充实。他带着深深的敬意谈论非洲人的艺术表达……当时,在我们自己的国家,我甚至都不能被视为一个完整的人。

奥布里斯特:所以你决定离开南非。那是在 1938 年。怎么就决定这个时候离开呢?你觉得巴黎是一个政治、艺术的自由之地?

曼可巴:我离开南非最初的原因可能在于,我明白在我父辈的土地上,我既无法成为一个公民,也无法成为一个艺术家,特别是与比勒陀利亚(Pretoria)负责原住民事务的官员见面之后。他看到我的一些作品刊登在报纸上,我想应该是《星报》(*The Star*),认为我应该参加即将举办的"帝国展览"(Empire Exhibition,约翰内斯堡,1936)。他的想法是先展示原住民制作的民俗艺术产品,然后通过售卖给游客各式各样假冒的部落雕

---

16 保罗·纪尧姆(Paul Guillaume,1891—1934):法国艺术交易商、收藏家。

17 托马斯·门罗(Thomas Munro,1897—1974):美国艺术哲学家、策展人,曾是美国凯斯西储大学(Case Western Reserve University)的艺术史教授。

像，发展出一整个本土艺术贸易。他给我提供了一份好工作，收入不错，工作内容是招募年轻非洲人为这种贸易进行生产。我极为震惊，并且尽可能礼貌地拒绝了这项提议。在日常生活中，我对于这种强加给我们民众的现状感到越来越屈辱，在一些状况下感到越来越难以忍受。因此，我很快就明白我头脑中永远无法感受到足够的自由，去按照自己的意愿充分表达自我，而始终只能对着殖民秩序在我们国家设立的高墙磕头。

奥布里斯特：在当时，种族隔离作为一整套由法律强制推行的制度还没有建立？

曼可巴：只是在第二次世界大战之后才变成那样。但在大城市的全力支持下，自从欧洲殖民者纯粹为了黄金和钻石这些经济目的，而通过近乎奴隶制的制度来剥削非洲黑人，种族隔离就存在了。原住民不得不忍受日常的种种委屈，而我觉得自己没有时间浪费在这些鸡毛蒜皮的烦恼上。并且，在当时，对于我必须表达的内容，几乎没有民众能够接收到。我的一些作品已经消失了，可能是因为当时持有的人并不觉得它们值得保存。我的一些关心政治的朋友甚至告诉我，当我们的民众处在这样的水深火热之中时，艺术活动并不是需要全力以赴的最紧迫之事。我觉得正好相反，艺术恰恰有助于形成一种更伟大的人本意识。于我而言，它是我为人性解放而奋斗的一部分，离开了艺术，任何实践成就迟早都会偏离乃至失去重点。因此，我认为，进行艺术创作和投身政治运动同样迫切，而后者无论如何似乎依然前景渺茫。所以我决定来到欧洲，开始与欧洲艺术家们进行讨论交流。

奥布里斯特：但你能那样轻易离开吗？

曼可巴：当时我完全没有办法旅行，幸运的是，我得到了传教机构的帮助。我抵达伦敦时与毕肖普·斯迈思（Bishop Smythe）同住，我之前就认识他，他是福特海尔学生宿舍的主管。自然，我参观了大英博物馆（British Museum）、国家美术馆（The National Gallery）和其他美术机构。但我心向巴黎，因为这个城市作为艺术关怀和艺术责任的中心，其所代表的一切，在全世界独一无二。在这些年，你几乎可以日复一日地参与到政治、文化和人类精神命运等方面的全球讨论中。即使你没有加入任何一个阵营，即使你有时可能因为是一个艺术家而被孤立——的确有许多艺术家都在孤独和贫穷之中死去——你也能获得起码的尊重，得以像一个人一样呼吸，在一个小镇中拥有充分的创作自由，去接纳全世界吹来的风。在南非，我无法找到能与我探讨作品的人，除了一位来自显赫家族的传统雕刻师、一到两个同学和几个我提到的鼓励我去欧洲的移民艺术家。然而，我母亲的话一直在我头脑中回响。我还是小孩子的时候，有一次我哭了，因为希望有人跟我一起玩耍，我吵着要她给我生个弟弟，但她回答说："别哭了，欧内斯特，你会在一个更广阔的世界找到你的兄弟们。"所以现在，我就要离家，去我的艺术家同伴之中寻找他们。

奥布里斯特：你抵达巴黎后找到了吗？

曼可巴：我从开普敦乘船，到达伦敦的时候，我记得，为了掩人耳目，我戴着一顶帽子，打扮成工人的样子。但当我穿过某些贫困地区时，孩子们盯着我，快速跟着我穿过街道，唱着：

"黑鬼，黑鬼，去死吧。英国人，英国人，摇门铃！"（Nigger, Nigger, go to hell. English, English, ring the bell!）但我已经决定不会待在这儿，因为巴黎一直是我最终的目的地。在巴黎，通过毕肖普·斯迈思的联系，我进入了位于邬尔姆街（rue d'Ulm）的装饰艺术学院（École des Arts Décoratifs）。事实上，那里的学生和工作人员被告知的是，一个来自伦敦的英国人将在第二天到达。他们看到我的时候真是被吓到了。

奥布里斯特：你是在装饰艺术学院遇到了日后与你紧密合作的那群丹麦艺术家吗？

曼可巴：是的，在艺术学院的时候我遇到了克里斯蒂安·保尔森（Christian Poulsen）。他那时在学雕塑，但后来成了一位著名的陶瓷艺术家。他告诉我，他认识一群年轻的丹麦超现实主义者，并邀请我跟他一起去他们的一个工作室。这样，我第一次见到了艾勒·比勒 [18]。和其他的团体成员一样，他对非洲艺术很感兴趣。他对我说，我一定会很乐意与他的一个伙伴聊聊。她是一位女性，是"线条"（Linien）小组的成员，这个小组还有理查德·莫滕森 [19] 等人。那是我第一次见到索尼娅·斐乐（Sonja Ferlov），她后来成了我一生的朋友和伴侣。她来自哥本哈根的一个资产阶级家庭。碰巧她从孩提时代就对非洲艺术的表达方

18　艾勒·比勒（Ejler Bille，1910—2004）：丹麦艺术家，在加入 CoBrA 之后，主要方向从小型雕塑转至绘画。

19　理查德·莫滕森（Richard Mortensen，1910—1993）：丹麦画家。他发展了抽象风格，是抽象画家"线条"小组的联合创始人。

式非常熟悉，因为她父母有一个朋友，叫卡尔·科杰斯梅尔（Carl Kjersmeier），他是非洲艺术的伟大收藏家和鉴赏家。所以，作为一个小女孩，她在膝上把玩的是非洲面具和雕塑，而不是洋娃娃。这让她渐渐对非洲雕塑产生了一种亲密感，对大洋洲和墨西哥的艺术也是如此，这很独特。我不知道是哪一种命中注定让我遇到了自己的意中人，以及这群志同道合的艺术家，从而得到了成果丰硕的交流和合作。对于那片生产出了让他们如此钦佩之物的大陆，他们非常希望了解更多，希望知晓更多南非人民的真实境况，哪怕只有只言片语的零星一点。不过他们很赞赏我的作品，所以我越来越融入团体，并且能够和他们海阔天空地畅聊许多，特别是关于我们在经常拜访的工作室、画廊、美术馆里看到的各种艺术创作。

奥布里斯特：你到巴黎几年之前，就有两位著名的移民去了那里，一位是来自马提尼克（Martinique）的艾梅·沙塞尔[20]，另一位是来自达喀尔（Dakar）的列奥波尔德·塞达·桑戈尔[21]。这

20　艾梅·沙塞尔（Aimé Césaire, 1913—2008）：法语诗人、作家和政治家。

21　列奥波尔德·塞达·桑戈尔（Léopold Sédar Senghor, 1906—2001）：1960年塞内加尔脱离法国统治宣告独立后的首位民主选举总统，近现代非洲著名的政治家、外交家、思想家、文学家、文化理论家、语言学家、诗人、作家，是非洲民族解放运动的先驱和非洲社会主义尝试的代表人物之一，也是非洲民主社会主义思想的积极倡导者。

是"黑人性运动"²²的开始。你那时见过他们吗？

曼可巴：实际上，很奇怪的是，我非常有可能见到他们，因为装饰艺术学院在邬尔姆街上，沙塞尔的学校高等师范学院（l'École Normale Supérieure）也在那条路上，但我却没有机会与这两位伟大的人物相遇。沙塞尔和桑戈尔都来自法属殖民地或法语区，属于另一个圈子。就我自己来说，我得花时间去学法语，丹麦人英语说得都很流利，所以对我来说稍微轻松一些。我想我会试着理解沙塞尔和桑戈尔，但我们之间可能也存在着一些分歧，因为问题在于我从不相信他们的方法，在我看来，西方世界种族主义意识形态是一个理性缺乏和理解不足的问题。因此，我不认为构建类似"黑人性"这样一个新的意识形态概念就可以解决问题，我无法想象白人的人性依赖于某种虚幻的"白人性"（blanchitude）的概念。因为你永远无法证明或者反证我们普遍人性的真实存在，一个小孩不需要任何证明材料就能够直觉地知道谁是他妈。这种简单的认同、确认和爱不需要科学或道德的证明，不用基因测试，也遵循任何伦理律令。关于这种母子间的基本关系，我做了一个雕塑（《信仰》[Faith]，1936）。

奥布里斯特："黑人性"是反殖民斗争策略的一部分……

---

22 20 世纪 30 年代初，由列奥波尔德·塞达·桑戈尔、艾梅·沙塞尔和法属圭亚那的莱昂-龚特翰·达马斯（Léon-Gontran Damas）共同创立的反帝国主义哲学概念。"黑人性运动"不仅对抗种族主义和殖民统治，并且尝试在全球舞台上编织和宣扬一种独特的非洲身份。

曼可巴：的确是，但我不认为与其他人相比，我们非洲人更需要向白人展示我们在读写其语言，参与其运动，学习其风俗、礼仪，乃至智力活动方面有多么出色。我不认为自己得按照白人所谓的"普遍性"路线发展，才能被其当作平等的人来对待。这丝毫不会减少种族主义。因为真正的普遍性是文化、政治和精神层面的共同目标，只有通过真正的对话，当所有种族都实现最深入、最广泛的人之完整性时，当这种完整性呈现一种钻石般的多面性并得到全面发展时，普遍性的共同目标才能够实现。

不过，艾梅·沙塞尔所有的作品对我来说依然至关重要。尤其是当殖民统治者将偏见烙印在黑人身上，让他们为自己的非洲祖先感到耻辱时，沙塞尔是西印度群岛第一位坚持无论哪里的黑人都必须拒绝这一偏见的人。就我来说，我一生只倚赖两个理念——一个来自非洲心灵的最深处，它构成了乌班图精神的基础，即"人因他人并且也借助于他人才成其为人"；另一个是耶稣的箴言："你们愿意人怎样待你们，你们也要怎样待人。"我不关心其他的事。

奥布里斯特：你在巴黎遇到了哪些你觉得有影响力的艺术家？

曼可巴：我遇到了丹麦的超现实主义团体，其中有理查德·莫滕森、埃吉尔·雅各布森[23]，特别是我提到过的艾勒·比勒。我的工作室在达格赫街（rue Daguerre），邻居是美国艺术家

23　埃吉尔·雅各布森（Egill Jacobsen，1910—1998）：丹麦画家，曾是丹麦皇家学院（Royal Danish Academy）的教授。

亨利·戈茨[24]。比勒的邻居是德国表现主义画家欧文·格劳曼[25]，他直到去世都一直是我们很好的伙伴。我还通过某个中间人认识了一些德国反纳粹艺术家，尤其是还和汉斯·哈同[26]成了朋友。1938年，我也结识了阿尔贝托·贾科梅蒂[27]，正是因为他的提议我才搬离了达格赫街的工作室，住到了他伊伯利特-曼东街（rue Hippolyte-Maindron）工作室上面的小房间，这让我和索尼娅更近了些，她的工作室在隔壁的穆兰-韦尔特街（rue du Moulin-Vert）。事实上，除了贾科梅蒂哥哥迭戈（Diego），可以说有九年的时间（因我在第二次世界大战期间被拘留四年而打断）我是离他最近的邻居。我们几乎每天都见到对方，不停交谈，有需要的话总是愿意互相帮忙、互相支持。当我们有困难的时候，或者有一两次经济拮据的时候，索尼娅知道她始终可以依靠阿尔贝托。他还就如何运用石膏给了索尼娅一些很好的建议。但最重要的是他独特的个性，那是我们生命中一段最宝贵的经历。

奥布里斯特：之后你去了丹麦，并加入了CoBrA团体。你

---

24 亨利·戈茨（Henri Goetz，1909—1989）：法裔美国超现实主义画家和雕刻家，发明了金刚砂版画工艺。

25 欧文·格劳曼（Erwin Graumann，1902—1988）：德国艺术家。

26 汉斯·哈同（Hans Hartung，1904—1989）：德裔法国艺术家，以抽象风格为人所知。

27 阿尔贝托·贾科梅蒂（Alberto Giacometti，1901—1966）：瑞士超存在主义雕塑大师、画家。

能讲讲与团体其他成员比如康斯坦特[28]和阿斯葛·琼[29]等人的见面吗？

曼可巴：在丹麦，我们是 Höst 团体的成员，之后在 1948 年至 1950 年间加入 CoBrA 团体，一起的还有阿斯葛·琼、卡尔-亨宁·彼得森[30]、亨利·赫拉普[31]、埃里克·托马森[32]、埃吉尔·雅各布森，以及我的荷兰伙伴卡雷尔·阿佩尔[33]、康斯坦特·纽文华和纪尧姆·科内利斯·凡·贝韦洛[34]等很多人。我和索尼娅住在一个小村庄里，相当孤立，只在要和 Höst 或 CoBrA 的朋友们会面的时候才前往哥本哈根。后来团体内部渐渐产生了一些误解，我们很快就离开了丹麦。我感到了某种对于我和索尼娅的沉默的敌意，这种态度虽然没有公开表现出来，但，比如，莫名其妙地，我们从未收到任何参与团体展览的邀约。我觉得由

28　康斯坦特·安东·纽文华（Constant Anton Nieuwenhuys, 1920—2005）：荷兰画家、雕塑家、平面艺术家、作家和音乐家。以"康斯坦特"之名为人熟知。

29　阿斯葛·琼（Asger Jorn, 1914—1973）：丹麦画家、雕塑家、陶艺家和作家，是前卫团体 CoBrA 的创始成员。

30　卡尔-亨宁·彼得森（Carl-Henning Pedersen, 1913—2007）：丹麦画家，CoBrA 运动的主要成员。

31　亨利·赫拉普（Henry Heerup, 1907—1993）：丹麦画家、雕塑家。

32　埃里克·托马森（Erik Thommesen, 1916—2008）：丹麦雕塑家，主要使用木材创作，以非洲雕塑为灵感创造了人物形象的表现主义风格描绘。

33　卡雷尔·阿佩尔（Karel Appel, 1921—2006）：荷兰画家、雕塑家和诗人。

34　纪尧姆·科内利斯·凡·贝韦洛（Guillaume Cornelis van Beverloo, 1922—2010）：荷兰艺术家，即柯奈·纪尧姆·贝韦洛（Corneille Guillaume Beverloo），柯奈是其化名。

于一再坚持运动，再加上人民仍然处于欧洲殖民统治的困境之中，索尼娅受到了一定的刺激。尽管大多数 CoBrA 创始成员对我们表示赞同——琼在运动结束后写了封信给我们，表示了支持我们的态度，也理解我们离开的原因——但在 1950 年的时候，明确这一问题的时机似乎尚未到来。我的存在很尴尬——在他们眼中，我仿佛是个"隐形人"，或仅仅是一个欧洲女艺术家的配偶——这可以理解，因为就我所知，在我之前从来没有黑人参与过西方世界的视觉艺术"先锋派"。当然，在巴黎，林飞龙 [35] 随超现实主义者们展出过他的作品，但他是来自独立国家古巴的克里奥尔人 [36]。而我呢，我的地位是模糊的，因为我来自民众被法律强制种族隔离的殖民地，而这种种族隔离对欧洲来说是非常有利的。可能也正是我们对人类和艺术的这种理解，不仅导致了我们在团体中的孤立，也让我们无法赢得官方艺术世界的赏识，特别是在后来一些评论家和艺术史家的评估视野中，我们也没有得到重视。一些评论家完全抹杀了我在运动中的参与，这好像已经被广泛认为是正统的说法了，因为我的作品被质疑不够欧洲，并且，用他的话说，还"背叛了（我的）非洲血统"。

---

35 林飞龙（Wifredo Lam，1902—1982）：生于古巴，留学西班牙习画，活跃于欧洲和古巴两地的华裔画家，其父亲为华人，母亲则有着非洲和西班牙血统。

36 克里奥尔人（Creole）：16—18 世纪时是指出生在美洲而双亲是西班牙人的白种人，以区别于生于西班牙而迁往美洲的移民。在当今的西印度群岛，克里奥尔人这个名称是指在殖民地出生的欧洲后裔。如今，这个名称有多重含义，因地区不同而有所不同甚或矛盾。

奥布里斯特：我很想知道在那些年里，你与非洲保持着什么样的关系？

曼可巴：在那些日子里，我还定期和我的朋友杰拉德·塞科托见面，二战后他从南非逃到了巴黎。我们讨论来自家乡的消息。因为他当时跟巴黎或英国的艺术家、知识分子的接触比我多，他让我了解到很多事情。我也和阿利翁·迪奥普[37]在《非洲的存在》杂志社的资料室里见过几次。在 50 年代到 60 年代早期，我是《生活美术馆》（*Le Musée vivant*）杂志的正式记者，或者应该是非正式记者，这是法国唯一真正有兴趣给非洲知识分子和艺术家不断提供消息的出版物。多年来，我和这个杂志的编辑马德琳·卢梭（Madeleine Rousseau）聊了很多，不得不说，在殖民环境下，她拥有让人难以置信的勇气去面对与他者的冲突。在艰难时期，她为所谓"第三世界"的人提供了一种表达的可能性和一个对话的平台，直到为独立而进行的抗争开始，政治压力变得过于强大。

奥布里斯特：你的作品在具象与抽象间摆动，你能讲讲这个吗？

曼可巴：在我的绘画中，很难说主要形式是具象还是抽象的。但我并不会因此而感到困扰。我关心的是那种形式能否获得生命力，能否以最强烈的效果和最轻盈的方式，传递出我内心的东西，以及我通过手边素材所想要表达的东西。我们的历史一

---

37 阿利翁·迪奥普（Alioune Diop，1910—1980）：塞内加尔作家和编辑，知识分子杂志《非洲的存在》（*Présence Africaine*）的创始人。

点一点地形成了关于抽象和具象的二分法，这越来越引发了一种可怕的在生命本质层面的分化。相比其他领域，艺术里的这种有体系的二分法对人类身份认同的基础造成了更为严重的毁灭，这种认同既属于自然，本质上又承担了一种共同理想。一些欧洲艺术家往往太受制于哲学了，或者受制于打着哲学名号的事物——顺便说一句，我对哲学这个名称始终感到非常困惑，因为这个学术领域已经很久不像其名称所暗示的那样付诸对爱智的实践了，而是试图把我们关于人的概念禁锢在任何特定历史时期所具有的社会结构中。此外，一些欧洲哲学家有一种不那么明显的意图，认为艺术是一种过时的人文形态，因此想要整个放弃艺术，或者用某种纯粹的智识替代品来取代它，这种替代品能够控制和惩戒诗意的灵性自由，政治当局也有着同样的忧虑——在我看来，这正是设立学院背后的主要动机。因此，我们也无法统合所见之物的外观和内涵。因为我们的眼光可以说被学院主义的浅薄给教坏了，它只能根据既定的纯粹审美规则来评估人类各种表达的价值。比如，规定一个人的身高必须是头的长度的八倍（或者七倍，我不记得了）。所以，当他们看到一个非洲雕塑，假如它有着巨大的头部和短小的双腿，他们会认为这是丑的，并判断它"没有价值"。但非洲艺术家不太遵循某些让作品变得漂亮的规则（尽管他们通常也会根据特定的准则创作），他们的能力在于通过外在的形象唤起内心的情感。为了达到这种效果，他会使用所有方法，不管是具象的还是抽象的。我年轻的时候创作《班图圣母玛利亚》，依据的是某些欧洲或古典准则，是会被艺术"进步"概念的信奉者们判定为过时的标准。

那时最流行的是立体主义或抽象的方法和形式（我对此一无所知），在《班图圣母玛利亚》中，我遵循的准则与之相悖。但我也从未停止与异域风格的抗争，如果我有幸能被理解和倾听，我希望观众能够在古典风格的表皮之下，感受一个非洲人的心跳。有时，内在精神会有所突破，先是在南非语境之中，出现了用黑人女性代表圣母玛利亚的革新；然后，在生命的活力之中，尽管暂时会被严谨的风格所束缚，但内在精神会在皮肤和表层之下放声高呼，自由喷发。

奥布里斯特：你在1962年写道："非洲艺术的目标，不是愉悦眼睛或者感官，而是将艺术作为一种手段、一种语言，去表达与现在、未来和过去有关的感受和想法，以发现新的观念，通过这些观念，可以将世界视作对人的救赎。"

曼可巴：是的，我记得我写过这些句子。事实上，直到今天我也不改一字。即使是在21世纪初期这个我仍然生活于其中的世界，我觉得这个定义还是合理的，并且适用于我看待自己艺术家使命的方式。在我看来，20世纪后半期的某种艺术演变，是受到了对杜尚的误解的影响。杜尚从来没有自称展出的工业产品本身就是艺术，但世界，所谓的"艺术世界"，总是表现得他是这么认为的。事实上，就像他自己所坚持的，他从超市买来放在台上的现成品，只是对学院派及其精神空洞的规则毫不留情的挑战。但是，这个误解成了普遍接受的对于这个艺术家的阐释，因为它符合某种既定的虚无主义目的。这种虚无主义以一种客观上属于唯美主义的严苛形式，反过来构成一种新的学院主义。因此，许多创作者得到这样一种暗示或自我暗示，即把非艺术视作艺术。普遍的误解产生了一种无形而持久的力量，让创作者不再思考拜金社会带来的问题，不再正视那个追问："艺术是什么？"

我相信只要一个人还错误地认为人性可以被分为不同的类别，他就无法回答这个问题。这也是为什么，在30年代初期的南非，我从未被视作一名艺术家，那时负责原住民事务的官员希望我做殖民当局所谓的"原住民艺术"。有一段时间，在欧洲也是，即便是明显的进步人士或某些当代艺术家也存在这样一种观念，他们认为有一种艺术是面向"野蛮人"的，这种艺术适合"野蛮人"，而绝不会被现代人好好欣赏。贝尔托·布莱希特[38]说过"科学时代的孩子们"。50年代末的一天，我见到了所谓"硬边"[39]团体的一位著名现代画家。他看到我和索尼娅·斐乐的时候，对我俩说："啊，你们喜欢黑人艺术，它们充满着性欲，做出来的雕塑总是有着巨大的性器，而我们欧洲现代艺术家已经抛弃对原始的痴迷了。我们这里全是几何，有着纯粹的线条和清晰的思维。"当我试着告诉他非洲艺术中也有几何时，他摇着头走了。对我来说，艺术只能建立在唯一的观念之上，即"人类是统一体"，艺术确认了这一观念，也是这一观念存在的证明。这也是

---

38 贝尔托·布莱希特（Bertolt Brecht, 1898—1956）：20世纪德国诗人、剧作家和戏剧导演。

39 硬边（Hard Edge）艺术是抽象主义绘画的一个派系，产生于20世纪50年代中期。当50年代抽象表现主义在美国成为流行的画风时，一些从事几何抽象主义艺术的画家，则试图用几何图形或有清晰边缘的造型，创造出一种新的风格与之抗衡。

为什么完全陌生的文化，比方说新几内亚（New Guinea）或墨西哥的阿兹特克文化（Aztecs），我甚至都不知道孕育这些文化的风俗习惯，但它们所表达的东西却有可能在内心深处打动我，并且有时远远强烈于某些来自我自身文化背景和所处时代的东西。无论如何，这不会让我成为一个原始主义者。进入精神表达世界，能够被我们称为艺术的唯一先决条件，是对他者开放，甚至是对终极的他者[40]，无论他是谁。阿蒂尔·兰波[41]有名的短句绝佳地概括了这一点，那就是"我即他人"（Je est un autre）。他自称"蓝眼睛的高卢人（Gaul）"，在他创作诗歌的年月里，竟然时常将自己视为"一个黑人"，直到今天，这仍让许多人感到震惊。但正是基于这样的意识，他建立了真正意义上的现代性。然而，当今的时代完全误解了这个概念，因为当我们听到兰波说"人必须绝对现代"（Il faut être absolument moderne）时，我们以为他指的是开最快的汽车，被所有最新的技术装备围绕。而现代性的含义比这要深刻得多，对于我们所立足的社会和观念也具有更为根本的颠覆性——甚至能够颠覆"现代性"这个概念本身。这也许就是为什么观看来自最远之他处的创作有助于我们挣脱自身的偏见、形式主义和种族封闭。

我记得在年轻的时候，当我给朋友杰拉德·塞科托看凡·高画作的复制品时，他是多么陶醉；我们站在德兰士瓦（Transvaal）

40　指灵魂，或者更高的能量。

41　阿蒂尔·兰波（Arthur Rimbaud，1854—1891）：19世纪末法国著名的象征派诗人。

北部一个部落的小村庄附近的灌木丛中，当我告诉他这个荷兰画家的人生故事，他又是多么感动，以至于他自己的作品也受到了凡·高的启发。

奥布里斯特：像阿斯葛·琼一样，你对格陵兰岛（Greenland）的民间艺术一直很感兴趣。

曼可巴：阿斯葛·琼和其他的超现实主义者们对古代非洲艺术进行了重新评估，并给予了强烈赞赏。第二次世界大战爆发时，他无法再旅行了，只能待在丹麦，也就没法看到那么多来自非洲和大洋洲的作品。于是他意识到，他们在北部也拥有一种原始而远古的前基督教艺术，以前被忽视或曲解了，那就是格陵兰岛的维京人和因纽特人的艺术，他们长期生活在现代历史的影响范围之外。和阿斯葛一样，CoBrA 的所有成员都被他们这种简洁、有力和大胆的表达所触动。索尼娅·斐乐也着迷于伟大的极地探险家库纳德·拉斯穆森[42]的报道，拉斯穆森和因纽特人生活了很长时间，并且大量描绘了他们的文化和习俗。我受因纽特人艺术的影响，主要在于身处残酷艰难的自然条件之中，他们所采取的简练方法，以及所具有的抓住重点的能力。

奥布里斯特：你能想起什么尚未实现的项目吗，你梦想过却没有完成的项目？

曼可巴：有，但不是一个艺术项目。对我来说，尚未实现的是白人和黑人之间的共同接受和理解（这是最为对立的两个肤

42　库纳德·拉斯穆森（Knud Rasmussen，1879—1933）：格陵兰 / 丹麦极地探险家、人类学家。

色，但其他种族之间也是如此）。这种对话尚未开始。这让我想起丹麦作家卡琳·布利克森[43]某本书里的一段话，她说，尽管黑人和白人相遇或者见面已经发生，但从历史上看，这种相遇或会面其实并没有开始。

---

[43] 卡琳·布利克森（Karen Blixen，1885—1962）：丹麦作家，以丹麦语和英语写作，最知名的作品是《走出非洲》（*Out of Africa*）。

5

费利克斯·冈萨雷斯-托雷斯
Felix Gonzalez-Torres

我第一次见费利克斯·冈萨雷斯-托雷斯是 20 世纪 90 年代初期在纽约的时候，我邀请他去巴黎现代艺术博物馆办展，当时我在那里工作。我们总是去我们最喜欢的咖啡馆——位于夏约宫广场（Place du Trocadéro）的卡雷特（La Carette），吃他最喜欢的小点心，然后走回美术馆。他用他的广告牌布置了一个展览，那是我们"迁徙"（Migrateurs）系列的一部分。之后有一天他决定买一些花和花瓶，仅仅为了改变一下办公室。这也是他展览的一部分，只有美术馆工作人员才能看到的展览的隐蔽一面。他觉得花能够改变建筑的气质，并且能够为那些在其中度过许多小时的人重新创造这座建筑。一年后，也就是 1994 年春天，我们在维也纳再次见面，而这次采访也就在那里进行。我们被前进美术馆（Museum in Progress）邀请到一个电视演播室里，所以这是我做过的采访中少有的进行专业拍摄的一次，而不再是用我那个脆弱的小相机进行拍摄。

如何毁掉艺术品的光晕

汉斯 · 乌尔里希 · 奥布里斯特（以下简称奥布里斯特）：能否跟我聊聊你 1991 年的《无题（护照 #1）》（Untitled［Passport #1］），这在某种程度上算是你的标志性作品吗？

费利克斯·冈萨雷斯-托雷斯（以下简称冈萨雷斯-托雷斯）:《护照 #1》是一摞白色的纸，二十四英寸长，二十四英寸宽，六英寸高，公众可以带走白纸——它的形式类似我的大多数作品[1]。我需要一个观者。我需要为那件作品而存在的公众。没有观者，没有公众，这件作品就没有意义了，它就只是另一个该死的、无聊的、放在地上的雕塑，而那并不是这件作品所要表达的。它要表达的

---

1 《无题（护照）》，1991，纸，持续补充同样规格的纸张，使其保持理想大小：
   10 厘米 ×60 厘米 ×60 厘米（4 英寸 ×23.625 英寸 ×23.625 英寸）。——作者注

是与公众的互动，或者是一次大的合作。这件作品其实是在探讨我们在文化中如何被定义，我们如何通过许多不同的途径构建自我意识。其中一个途径是那个被称之为"护照"的小东西，它定义了我们是何种性别，来自哪个国家，以及在某个日期出生于某地。更有甚者，它上面有编号，编号就是我们，它是独特的，在美国除了我之外没有其他人拥有这个编号。而这又是另一个关于"我们是谁"的定义，以一种非常抽象的方式。这些年，关于"身体艺术"的一整套近乎法律体系的说法简直让我抓狂。这些人，为了思考一具身体，或讨论一具身体，需要去观看一具身体。如果你去美术馆，你看到五具身体挂得到处都是，人们说："哦，这说的是身体。"我说："算了，少胡扯，这说的才不是身体，而是蜡，是塑料。"因为在我们的历史和文化的这一阶段，身体不仅以肉体定义，还被法律、法规，最重要的是被语言所定义。因此，当我们的身体感到疼痛，当我们的身体感到衰败，当我们的身体感到愉悦……所有这些问题都与法律或符号秩序息息相关——在这个例子中，就是与男权秩序相关。当然，对于这种秩序，我们也存在拒绝或者接受，有时我们接受某些部分，有时我们拒绝某些部分。但这种拒绝或接受只在面对基于语言的定义时才起作用。所以我觉得当你看到一本护照，你真正看到的是一具身体，因为它是关于身体的一个定义—— 一具可以从一个地方旅行到另一个地方的身体。它仅基于这样一个事实，那就是一本护照定义了我们，它有时是有用的，有时则是有害的。

奥布里斯特：私人经验和公共议题之间的联系实际上构筑了你的创作脉络。我还想到一件事，比如，你在 MoMA 的项目（"项目 34：费利克斯·冈萨雷斯-托雷斯"，现代艺术博物馆，纽约，1992），其中有一个展示于纽约二十四个地点的摄影广告牌，内容是一张未铺好的床（《无题》[*Untitled*]，1991，美术馆里也有一个未铺好的床的装置）。

冈萨雷斯-托雷斯：MoMA 的广告牌来自我的一个非常特别的个人动机。我需要观看我的床，但我首先需要距离。这么说吧：我需要与我的床有一段距离，床变成了一个不仅仅用来睡觉的场所，也是夜晚的伤心之地。这就是我的个人动机。然后还有恰好影响了我们工作方式的形式上的问题，对吧？MoMA 邀请我举办这个展览，而我是一个努力忠于自我感觉的人……至少，尽可能忠于自我感觉吧。所以，当我在 MoMA 看到那个房间的时候——真是个漂亮的房间——我说："为什么要用艺术搞乱它？这个地方不需要任何艺术，它是一个很漂亮的地方，我们在外面做吧。"而且除此之外，那里已经有太多艺术了！所以我说："我们为什么不做点包含了所有可能性的事情，而不只是在这种明确规定的概念下，做一个如同在样品间里展示货物一般的项目？"所以，最初的想法是美术馆里甚至不会展出任何东西，更不会放置任何广告牌，只有一些小册子告诉人们可以在哪条街上看到这些东西。不过当然，在美术馆里这么做有一些问题。他们似乎得看到经济价值。所以我放了一件作品在那儿，我现在很开心当时那么做了，然后就像你说的那样展出了，在城市的二十四个地方展示着相同图案的广告牌。

奥布里斯特：美术馆里的这张没铺好的床有什么特别的吗？

冈萨雷斯-托雷斯：在这张没铺好的床上，有两个人睡过，床上、枕头上留下了他们的印痕。这时，我们必须提出疑问：是否有任何……公域和私域之间是否真的存在差异？美国近来的发展——而我能谈论的只有美国，因为那是我生活的地方，是我所在的地方——已经证明了，根本没有私人空间和公共空间这回事，特别是对于某些群体，像是同性恋人群。你知道，我所指的是1986年的哈德维克对鲍威尔斯案[2]，最高法院投票认为同性恋男女没有隐私权。他们投票认为政府竟然可以进入同性恋者的房间，立法并惩罚他们彼此表达爱的方式。你知道那句话，"有些人比其他人更平等"——但那是另一码事了。我认为在这个历史时刻，我们真正讨论的是私人财产（也许甚至还不是），而不是隐私空间，因为我们最亲密的欲望、幻想和故事被法律规定并控制的区域所切割。此外，说到公共空间，我总是很好奇，当菲利普·莫里斯公司[3]和万宝路实际上可以付钱使用这些

2　哈德维克对鲍威尔斯案（Hardwick vs. Bowers）：1982年8月3日亚特兰大警察去哈德维克家，无意中发现他与另一男子在卧室里进行"反常"性交，于是将他们逮捕。但在法院开庭审理此案前，地方检察官决定放弃起诉。哈德维克在美国公民自由联合会的协助下，申请要求宣布乔治亚州的"反常"性交法违反宪法，为地方法院否决，但上诉法院又推翻了这项否决。于是乔治亚州检察长鲍威尔斯于1985年7月23日向最高法院申请复核。这就是哈德维克对鲍威尔斯案件。最高法院最终还是否决了哈德维克的申请。此案意味着在当时的美国，隐私权仅限于生育和家庭自主，同性性行为不在此列。

3　菲利普·莫里斯公司（Philip Morris）：世界上最大的包装食品公司和最大的卷烟生产公司，世界第二大啤酒生产企业，美国最大的食品生产公司，还涉足金融服务和房地产市场。著名的万宝路（Marlboro）卷烟就是由该公司生产的。

公共空间时，它是有多公共呢？我在1981年开始做这堆纸的时候，听上去可能有点好笑，是因为那时在纽约，每个人都在抢夺墙上空间，我是说，所有的墙都已经被占据了。当你要参加一个群展时，你不得不参与肉搏才能得到墙上的两英寸。所以我说："去他妈的墙面，我要做些只放在地板上的东西。"那时没人做雕塑，现在每个人都在做"吸引眼球的东西"。但这只是其中一方面。另一方面，我一直对瓦尔特·本雅明[4]的文章很感兴趣，特别是我刚从惠特尼美术馆（Whitney Museum）独立学术部出来那会儿。我在那儿第一次读到本雅明——大概是1981年到1983年的某个时候。他的文字，以及这些文字在我们这个时代和文化中的意义深深地影响了我，所以我想做一个作品，表达我对他的这些理念的思考。重要的是作品并不真的存在——作品都被毁坏了，因为根本没有原作。

奥布里斯特：还可以说它是无限的。

冈萨雷斯-托雷斯：这是一个无限的问题，你知道的。

奥布里斯特：我想，这个关于无限的问题强化了这样一种观念，即真正的问题不是一个事物的开始或结局，而是更多地与其存在的"中间"特质有关。它让人感觉不安，因为作品处在生产和"去生产"的模式中，其自身是完全不稳定的。

冈萨雷斯-托雷斯：作品始终是极端不稳定的。但那也是我很享受的一点，我喜欢那种危险、不稳定和中间性。如果你想将其与个人层面产生关联，我觉得这件作品与我作为一个同性

4　瓦尔特·本雅明（Walter Benjamin，1892—1940）：德国学者、作家、哲学家。

恋在日常生活中所面对的真实状况息息相关：一种存在方式，在这种存在方式中，我被文化和语言所强制，始终生活在"中间"状态。所以这件作品是一次尝试——特别是在1987年到1989年那个时候，我们还处在80年代急速发展的高潮……你可能想称之为"艺术市场"的繁荣，对吗？——尝试在地上放一堆并非原创的纸，你永远无法得到一件原作；尝试同时在三个地方展示这个作品，但它依然会是同一件作品。它几乎是对艺术市场和原作销售的威胁，不仅是威胁，而且是一次重新解读，原创作品从未存在。同时，这件作品就像一个隐喻，因为你无法摧毁一个并不存在的东西。广告牌也是如此，它消失了，但还会以不同的样貌，在不同的文化和历史语境中再度现身。

奥布里斯特：1993年威尼斯双年展（Aperto '93）也是类似的过程：那叠纸很少，很快就看不到了，但它会再度出现在其他地方。你说过，它也是对人际关系的一种隐喻。

冈萨雷斯–托雷斯：它不仅是在探讨瓦尔特·本雅明的理念和《机械复制时代的艺术作品》（*The Work of Art in the Age of Mechanical Reproduction*，1936），也不仅是要摧毁艺术作品的光晕，在更为个人的层面，它说的是要学着放手。我第一次和安德里亚·罗森[5]做的那个展览只有纸摞，如果很多人来看展的话，整个展览可能就消失了，因为人们可以随意拿走所有东西。

---

5 安德里亚·罗森（Andrea Rosen）：画廊界传奇经纪人，安德里亚·罗森创始人。她是费利克斯·冈萨雷斯–托雷斯的艺术家遗产执行人，也是2008年成立的费利克斯·冈萨雷斯–托雷斯基金会研究论坛的主席。

正像西格蒙德·弗洛伊德[6]说的："为了减轻我们最深的恐惧，我们会预演这些恐惧。"对吗？那时我正在失去罗斯[7]，所以我希望失去一切，只为了预演那种恐惧，面对那种恐惧，也许还可以从中有所领悟。我甚至想要失去这件作品，这是我生命中非常重要的东西。我也想要学会放手。我做的第一件作品，那些幻灯片，与美国有关。它们与美国的自由有关，与在美国对自由的渴望有关，并且，再一次提到这一点非常重要：这些作品也是非常民主的，因为无论谁拥有它们，无论谁设置它们或决定如何设置它们，它们看起来会是怎样，它们会被如何安装，它们都是完全相同的；但同时，它们设置的方式始终各有差异，就此意义来看，它们也是不同的。因此，它们的名字各不相同。我第一次是如何设置它们的已经没那么重要了。有时我甚至一开始不做任何设置。之后，无论谁拿到了它们，收藏家、博物馆、艺术品管理者，或是画廊的安装工，他们会决定作品要如何放置。我不插嘴干涉，一旦我失去了主导，作品就是独立的，并且以人们希望的任何方式被设置。它可以放在上面，也可以放在下面，随便怎样。

6　西格蒙德·弗洛伊德（Sigmund Freud，1856—1939）：奥地利精神病医师、心理学家、精神分析学派创始人。

7　罗斯·雷考克（Ross Laycock）：费利克斯·冈萨雷斯-托雷斯的同性恋人，因艾滋病去世。费利克斯·冈萨雷斯-托雷斯最广为人知的作品是一堆由彩色糖纸包裹的糖果，糖果的总重量与罗斯健康时的体重相当，当观众随意拿走糖果品尝，糖堆的重量也会像罗斯离世前的体重一样不断减少，直至消失殆尽。

奥布里斯特：这与大多数的观念艺术或极简艺术完全不同，它们会以证书作为控制工具。

冈萨雷斯-托雷斯：是的，我没有那种两英寸恐惧症，就是那种"如果一件作品向左边偏了两英寸，那你必须毁掉它！"我不会，只是从 60 年代开始那才是个大事，太呆滞了。我总是说："亲爱的，就这样吧，放松点，两英寸三英寸没什么了不起的。"但有趣的是，当我把这个东西送到美术馆时，艺术品管理人员和艺术史学家不知道该拿它怎么办，他们不断发来传真："我们要怎么处理这个东西？"然后我们给他们回传真说："你们想怎么处理就怎么处理！"他们就是不相信，说："难以置信！"

奥布里斯特：他们宁愿拒绝你给他们的自由？

冈萨雷斯-托雷斯：对——他们想要传统的概念指示："向左五英寸，向右六英寸，然后向下二十二英寸。"而我说："不用，你们想怎么做就怎么做。你们负责这个作品，你们负责构建这个作品。"同样，我对观看者说："这叠纸中的一张由你来决定其最终的意义。"而这在很多层面上都存在问题，因为作品是什么？只是一张纸吗，或者是那一堆纸？它可以两者皆是，而我绝不会定义哪个是哪个。我喜欢那种让作品难以被定义的"中间性"，我希望如此。

奥布里斯特：那么自 1991 年开始的《无题（肖像）》（*Untitled [A Portrait]*）呢？你的这个视频作品没有图像，只用字幕提供关于图像的信息，观看者只能自己虚构图像。你为什么称之为"肖像"？

冈萨雷斯-托雷斯：我问他们是否想要做一幅某人的肖像，

请他们给我一个对他们生活产生了影响的个人事件和公共事件的清单，我随即阅读，增增减减，询问他们更详尽的信息。整件事情都是基于一张照片的想法。在我们的文化中，我们从两种角度阅读照片：它表明了什么，以及它暗示了什么。"表明了什么"是指那些不太有争议的内容，比如：是不是一张黑白照片，是不是一个男人或女人的照片，这个男人或女人是长发还是短发，金发、棕发还是黑发，是不是卷发，大眼睛还是小眼睛等，这是一张照片所表明的东西。那个人穿着衬衫、外套，或什么都没穿，这是表明的东西。但"暗示了什么"是阅读照片的另一种角度，这是我觉得最有趣的，因为它与我们头脑中的文本有关：这个人是长发，那是 20 世纪 60 年代的发型还是维达·沙宣[8]70 年代的发型？这只是一件简单的 T 恤还是杜嘉班纳的 T 恤，或是一件皮尔·卡丹的 T 恤？背景的建筑是阿道夫·卢斯[9]的还是勒·柯布西耶的？这就是暗示！我们为了阅读照片，必须进行语言处理，这是我们阅读照片的唯一方式。所以我决定反其道而行之，放弃图像，仅仅使用语言。为了阅读一张照片，制作肖像的这个人给我一个日期，我们以《银屋 1964》（Silverhouse 1964）为例。我们谁都不知道该死的"银屋"是什么，但是你

8　维达·沙宣（Vidal Sassoon, 1928—2012）：以色列裔英国人，全球闻名的发型设计大师、实业家，并且他的名字也作为宝洁旗下著名美发产品的品牌名称。

9　阿道夫·卢斯（Adolf Loos, 1870—1933）：奥地利建筑师与建筑理论家，现代主义建筑的先驱者，提出著名的"装饰即罪恶"的口号，主张建筑应以实用与舒适为主。

知道，作为标题，"银屋"在他或她的生活中一定有着明确的意味。我们看一张照片也是一样。的确如巴特所说，照片没有索引，它没有告诉我们太多，它只是一个女人的照片，但这个女人在哪儿？她在维也纳、柏林，还是哈瓦那？我是说，这个女人在哪儿，这张照片是在哪里拍的？照片能告诉我们的太少了。在某种程度上，1993 年的《无题（奥地利航空公司肖像）》（*Untitled* [*Portrait of Austrian Airlines*]）与我过去五年来关于肖像所做的相同的作品有关。这些肖像直接画在一个房间的墙上，高高在上，像是古希腊建筑上的饰带，遍布整个房间。

奥布里斯特：它再一次引发了漫游，至少是想象中的。

冈萨雷斯-托雷斯：通过奥地利航空公司的肖像，我希望带给人们一些非常美丽的东西，让他们可以在脑海中漫游所有这些地方，想象当他们看到安曼、明斯克、莫斯科、伦敦，看到纽约这个词时，是一幅怎样的景象。他们中的一些人去过那儿，或者看到过这些地方的图片，或者也许想要去这些地方，或者压根不想去。但至少这些地方就在那儿。我希望当他们阅读到这些文本时，关于这些地方的想象会被触发。当发生了某件事，产生了某个动作，进行了某种运动，当他们的脑海中有过某次漫游，当这个作品变成了某种催化元素，推动了某些事情的发生，让某些事情变为可能，对我而言就是最理想的状况。想想詹妮弗·弗雷[10]那里的灯串，它允许观众跳舞，然后公众就跳了起来。这对我来说是全新的视角，因为，你知道，我本想让一对情侣

10　詹妮弗·弗雷（Jennifer Flay）：法国巴黎国际当代艺术博览会（FIAC）总监。

　　　　　　　　　　　　当代艺术的十九副面孔

来跳舞的，然后突然之间，观看者，公众开始跳了。

奥布里斯特：而真正美妙的是它一直在持续，超越了任何表演的时间跨度。

冈萨雷斯-托雷斯：一直在持续！对我来说真是一个美好的惊喜。但我最喜爱的还是观者，他们是作品存在、发生所必需的，是作品最终的意义所在。因为不然的话，就像我之前说的，作品就是放在地上的一小坨无趣的、微不足道的狗屎，而那完全不是我的作品所要表达的。在申请经费的时候，这带来一个问题，因为他们拿着这些放在地上的东西的幻灯片，特别是当专家组里有雕塑家时，他们看着这个东西，就会说："哦，雕塑！"你知道的。但这个作品真的不是这么回事。它近乎一个让我确认我艺术家身份的借口，因为我有点视自己为一个剧场导演，在执导一场非常自发性的表演。甚至纸摞那件作品也是，观者从纸摞里拿纸或小册子的时候，或者观者拿走糖果，吃下去，然后拉出来的时候——你知道，糖果那件作品的最终形态就是这样，因为最终糖果会被吃掉，然后变成屎从身体里面拉出来——这又是一次终极的合作，因为我实际上给了这具躯体运转的能量。

奥布里斯特：并且这呼应了你另一次对我说的内容，你说你把自己看作一种潜入者，一种间谍？

冈萨雷斯-托雷斯："我希望成为一个间谍"意味着为了渗透，为了像病毒一样运行，我要成为一个看上去不同的人。病毒是我们最坏的敌人，但如果不再将其视为对立方，不再对其轻易论断的话，它也应该成为我们的样本，这样我们可以让自己附着于那些将一直存在的体系。并且，就像阿尔都塞[11]所说，这些体系，或者说这些意识形态体系，一直在自我复制。如果我们像病毒一样附着于此，我们会和它们一起复制。众所周知，这些意识形态机器永远不会消失，它们会一直存在，当我们自以为把它们压制住时，它们将自己复制到其他地方。我想那是作为一个潜入者或者像病毒一样工作的迷人之处——附着于这些体系。

奥布里斯特：所以，回到访谈最初的话题。MoMA的城市广告牌项目和美术馆里展览的未整理的床，正是不断打破"内部"和"外部"、"公共"和"私人"之边界的重要意义所在。

冈萨雷斯-托雷斯：对，完全正确。还有那件作品的内容，我是说，它不仅仅是关于两张空床，也涉及人们在街上阅读它的方式。它讲的是空洞虚无，是无家可归，是爱，你知道，男人和女人、男人和男人、女人和女人，什么都可以；它预告了一部即将上映的电影；它宣传了布鲁明黛[12]的大减价。它可以是任何东西，而那正是我想要让它运转的方式，因为任何解读都可以是正确的。但我想要赋予作品的解读很微妙，它不是关于对抗，而是关于被接纳。一旦你在生活中接纳了这些东西，我就会对你说："但我只想告诉你，它讲的是这个。"然而为时已晚，它已经在那儿了。

---

11 路易·阿尔都塞（Louis Althusser，1918—1990），法国著名哲学家、"结构主义马克思主义"的奠基人。

12 布鲁明黛（Bloomingdale's）：美国连锁百货公司，与梅西百货同属美国联合百货公司旗下。

6

弗兰克·盖里
Frank Gehry

在我和九十九岁的建筑师、策展人菲利普·约翰逊见面时，他鼓励我首先去见盖里。他将盖里的绘画与德国空想建筑师赫尔曼·芬斯特林[1]相提并论，我在瑞士成长时期曾研究过后者。在对话中，我听闻了盖里20世纪50年代初期在洛杉矶的经历，以及于他而言，那里的艺术事件如何与建筑语境同样重要，对此我很感兴趣。茱莉亚·佩顿-琼斯[2]和我邀请盖里设计蛇形画廊夏季馆[3]之时，我才开始在私交上与他相熟，自那之后我们进行过很多次的对话。

尽管我们的很多次访谈都安排在他的工作室，但接下来的采访却是2009年之后在巴黎进行的。我充满好奇地想要谈论他的灵感来源。对他而言，唤起兴趣的是学科之间的相互影响，并且他一直与音乐家、艺术家和作家们有很多交流，这意味着他能置身于各种不同的语境之下。

就像盖里告诉我的，"艺术之间相互启发，在我创作早期作品的阶段，它们是我的某种支撑体系"。

现在他最为知名的是他的美术馆和画廊建筑，比如我们在这里谈论的毕尔巴鄂古根海姆博物馆（Museo Guggenheim Bilbao）。

1　赫尔曼·芬斯特林（Hermann Finsterlin, 1887—1973）：德国空想建筑家、画家、诗人、散文家、玩具制作人和作曲家。芬斯特林的最终目的是使他的建筑里的居民感觉像是生活在一个生物体内。

2　茱莉亚·佩顿-琼斯（Julia Peyton-Jones）：1991年至2015年担任蛇形画廊（Serpentine Galleries）总监。

3　蛇形画廊夏季馆（Serpentine Pavilion）：自2000年起，蛇形画廊每年夏天都会邀请一位国际知名建筑师设计这个夏季临时展馆，已成为全球文化界最受期待的重要事件之一，也是伦敦夏季一个主要的旅游景点。

建筑的全部

汉斯·乌尔里希·奥布里斯特（以下简称奥布里斯特）：我们先聊聊你儿时在加拿大的美术馆经历，还有你在建筑上的起点，可以吗？

弗兰克·盖里（以下简称盖里）：好吧，八岁时，我妈妈带我去了艺术馆。它现在叫安大略省艺术馆（Art Gallery of Ontario），那时候叫多伦多艺术博物馆（Toronto Museum of Art）。我看到了约翰·马林[4]的水彩海景画，那是我第一次去美术馆，第一次体验艺术。我一直记得这次经历。我一生中都在去美术馆观看艺术作品，这是我生活的常态。在教育系统中，艺术

---

4 约翰·马林（John Marin，1870—1953）：美国画家，多用水彩和立体主义的破碎平面作画，尤以海景和城市风景画著称。

课程曾经非常贫乏。在美国，如今也依然贫乏。这是一片可怕的空白。我开始涉足建筑是因为在 USC（南加州大学，University of Southern California）学习艺术，还上了一门陶艺课。有一天我会公开展出那些陶瓷作品的——它们实在是太好玩了！

奥布里斯特：你还留着它们？

盖里：我留着它们。它们太好玩了！（笑）我做了些小人，你知道……反正，老师看到这些后说："算了吧！"他把我带到他家，一座由南加州当时著名的建筑师拉斐尔·索里亚诺[5]设计的钢结构住宅。他会讲授巴赫，宣扬简洁，常常给我们播放《勃兰登堡协奏曲》[6]，诸如此类的事情。他反弗兰克·劳埃德·赖特[7]，反巴洛克，反所有那类东西。在工地现场，他们在支钢材，我看到这样一个男人：他戴着一顶黑色的贝雷帽，穿着黑色的 T恤、黑色的外套——跟我一样，但我没有贝雷帽。他说："不不不，把那个放那儿……"那个时候，必定是其中的某些东西让我产

5　拉斐尔·索里亚诺（Raphael Soriano, 1904—1988）：美国建筑师和教育家，定义了 20 世纪的建筑，即后来广为人之的"中世纪现代"，率先在住宅与商业建筑的设计施工中使用了模块化预制钢和铝结构。

6　《勃兰登堡协奏曲》（Brandenburg Concerto）：巴赫众多管弦乐作品中最为著名的一组。全曲共六首，每首的乐器组合各不相同。这组乐曲被瓦格纳称为"一切音乐中最惊人的奇迹"。

7　弗兰克·劳埃德·赖特（Frank Lloyd Wright, 1867—1959）：美国最伟大的建筑师之一，工艺美术运动（The Arts & Crafts Movement）美国派的主要代表人物，著名建筑学派"田园学派"（Prairie School）的代表人物，代表作包括建立于宾夕法尼亚州的流水别墅（Fallingwater House）和芝加哥大学内的罗比住宅（Robie House）。

生激动兴奋的感觉。当我们回到学校，老师说他觉得我应该去上上建筑课。

奥布里斯特：这是哪一年的事情？

盖里：老天啊！1949年？那时我二十岁。

奥布里斯特：上次我们在伦敦聊的时候你也说过，甚至在那之前就有一个启示时刻，就是1946年阿尔瓦·阿尔托[8]来加拿大并做了一次讲座。

盖里：嗯，我后来一直记得。在我成为一名建筑师后，我就开始观察大家都在做什么，然后开始对阿尔瓦·阿尔托的作品产生了兴趣，因为它让人觉得很舒服，让人感觉到使用上的"人性化"，然而又很结实。它不可爱，不是装饰性的。我对它感兴趣可能也是因为我曾在北安大略省待了五六年，那里的气候和芬兰相似。所以我对此有所感触。1946年11月，我参加了多伦多大学（University of Toronto）的一个讲座。那时我十六七岁，常常自己一个人去听系列讲座，因为我的朋友对此都不感兴趣。这位先生带着一把用弯曲的胶合板做的椅出来了，谈到了一些非常杰出的建筑。那时，我对建筑并不感兴趣，但在成为一名建筑师之后，我想起了那次讲座。我在1972年去芬兰的时候，拜访了阿尔托的办公室，询问他们是否有他讲座的记录。然后我问他们1946年他是不是去过多伦多大学，他们发现真的是这样，他在，正是那天。

8　阿尔瓦·阿尔托（Alvar Aalto，1898—1976）：芬兰现代建筑师，人情化建筑理论的倡导者，同时也是一位设计大师和艺术家。

我进入建筑学院的时候，一些老师刚从日本回来——他们作为美国大兵被派往日本。他们见过伊势神宫[9]、东大寺[10]等等。在 20 世纪 50 年代初期，战后的南加州在建设以英里为单位的住宅区。小镇在水平面上不断地拓展，郊区看不到尽头。这些房子以两英寸乘四英寸的木材、立柱和塑料，非常迅速地搭建完成。你开车转悠，就会看到几英里未完成的木质建筑，它们正在建造中。这有点像是日本的美学。很容易就想到要以这种语言去建造木质日式房屋。我早期就对这个感兴趣，并开始了解日本传统建筑。虽然我尚未去过日本，我却能告诉你每一个细节。我还喜欢日本的绘画、木版画，以及葛饰北斋[11]、安藤广重[12]。音乐上，有雅乐[13]——一种宫廷音乐。实际上，我还在雅乐管弦乐团演奏过。（笑）大家觉得我快变成日本人了！挺好玩的。

9　伊势神宫（Ise Shrine）：位于日本三重县伊势市的神社。神宫主要由内宫（皇大神宫）和外宫（丰受大神宫）构成，其中内宫祭祀皇室始祖神：天照大御神。

10　东大寺（Todaiji Temple）：日本华严宗大本山，又称为大华严寺、金光明四天王护国寺等。东大寺位于平城京（今奈良）东，是南都七大寺之一，距今有一千二百余年的历史，1998 年作为古奈良历史遗迹的组成部分被列为世界文化遗产。

11　葛饰北斋（Katsushika Hokusai，1760—1849）：日本江户时代的浮世绘画家，他的绘画风格对后来的欧洲画坛影响很大，许多印象派绘画大师都临摹过他的作品。

12　安藤广重（Ando Hiroshige，1797—1858）：后又名歌川广重，日本浮世绘画家。

13　雅乐（gagaku）：意指中文"雅正之乐"，是兴盛于日本平安时代的一种传统音乐，也是以大规模合奏形态演奏的音乐。乐曲以器乐曲为多，至今仍是日本的宫廷音乐。

他们过去常常拿我开玩笑。不过，我并没有通过学校接触太多欧洲现代主义。勒·柯布西耶看起来是些宏大概念，是强烈的、机械化的、不易接近的；格罗皮乌斯[14] 比较工业化；与日本的木质材料相比，布劳耶[15] 则有点冷淡。阿尔托是唯一一个……

奥布里斯特：阿尔托是你心中唯一的西方英雄？

盖里：对，也许现在依然是。因为他的作品不太有争议，非常实事求是，并且是美妙的艺术，有着我所喜欢的谦逊品质。

奥布里斯特：你在 50 年代的时候来到了洛杉矶，但那时它还没有成为艺术之都。瓦尔特·霍普斯[16] 还在世的时候，我和他聊了很多，他告诉我费鲁斯画廊开幕初期的情况，不过显然，那是在洛杉矶美术馆遍地之前的事情。帕萨迪纳美术馆很有活力，但那时还没有当代艺术博物馆（MoCA, Museum of Contemporary Art），更没有那种美术馆景观。那么洛杉矶当代艺术的景象是怎样的呢？你是什么时候开始参与其中的？瓦尔特·霍普斯、帕

14　瓦尔特·格罗皮乌斯（Walter Gropius，1883—1969）：德国现代建筑师和建筑教育家，现代主义建筑学派的倡导人和奠基人之一，包豪斯学校的创办人。他积极提倡建筑设计与工艺的统一、艺术与技术的结合，讲究功能、技术和经济效益。

15　马塞尔·布劳耶（Marcel Breuer，1902—1981）：匈牙利裔的美国现代主义者、建筑师和家具设计师。他的作品风格严谨，功能组织简洁，细部简明完整，注意利用材料的对比，有明确的特征和一贯性。

16　瓦尔特·霍普斯（Walter Hopps，1932—2005）：美国艺术策展人，曾经营费鲁斯画廊（Ferus Gallery），担任过帕萨迪纳美术馆（Pasadena Art Museum）、华盛顿现代美术馆（Washington Gallery of Modern Art）和休斯顿梅尼勒收藏馆（Menil Collection）的馆长。

萨迪纳这样的环境重要吗?

盖里:对,我认识瓦尔特。我在洛杉矶维克托·格伦[17]的事务所工作,我们那时在进行购物中心的项目。洛杉矶的艺术事件通常发生于周一晚上的拉辛尼伦吉大道(La Cienega Boulevard)。我们每个周一晚上都去那里,慢慢地,过了一段时间,我见到了一些艺术家。一开始是朱迪·芝加哥[18]、劳埃德·汉姆罗尔[19],还有一些你甚至可能没听过的名字:菲尔·赫夫南(Phil Heffernan)……罗恩·戴维斯[20]也在其中——但我只知道他们的作品,而不太认识他们本人。我见过朱迪和其他几个人。

我在1964年建造了我的第一个建筑物。1960年,我离开格伦的事务所,来法国待了一年。当我来到这里的时候,我看到了光明!(笑)我意识到我的导师们已经创造了那些看似平凡的大教堂和伟大的作品,创造了罗马式艺术和建筑。

奥布里斯特:你能再谈谈"坚固的"装饰这个概念吗?

盖里:我从小就是一个现代主义者——这是20世纪40年

17　维克托·格伦(Victor DavidGruen, 1903—1980):奥地利建筑师,是美国购物中心设计的先驱。

18　朱迪·芝加哥(Judy Chicago, 1939—):"女性主义艺术"的开山鼻祖,身兼艺术家、作家、女性主义学者、教育家等多个身份。创立支持女性主义艺术的非营利组织"穿越花朵"(Through the Flower),并任艺术总监。

19　劳埃德·汉姆罗尔(Lloyd Hamrol):美国雕塑家,曾与朱迪·芝加哥有过一段十四年的婚姻。

20　罗恩·戴维斯(Ronald "Ron" Davis, 1937—):美国画家,作品主要是几何抽象、抽象幻影、抒情抽象、硬边画、成形画布画、色面绘画和3D计算机图像。

　　　　　　　　　　　　　当代艺术的十九副面孔

代末期和50年代的时候,在我们学校涌现的反学院派(anti-beaux arts)风气。而装饰,如阿道夫·卢斯所说,是原罪。看到欧坦大教堂(Autun Cathedral)的时候,我恍然大悟——雕塑家吉斯勒贝尔[21]在拱楣上雕刻了人像,但不是装饰性的,它们非常坚固,而是建筑的组成部分。从一开始我就在探索其中的关联,甚至到了今天,在巴黎,对于我们现在在做的美术馆,我想我都很有兴趣将艺术放到建筑物的外面,让其成为建筑的一部分。那些雕塑——比如那个骑驴的人——它们非常简单,非常粗略,以某种方式完美生长于建筑物的外部。最初的装饰绘制在罗马式教堂的内部,但这个是在外部,所以它更像是石头。我猜想那儿一直有雕像,像是夏特尔大教堂(Chartres Cathedral)上面就有。但哥特式大教堂上的雕像看起来非常柔和,也更具装饰性,而罗马式的雕塑则具有整体性,而且做得如此粗略可能与时代风格相悖,这在当时也许没有那么普遍。它非常坚固,也很具雕塑感,作者保留了石头的特性,没有试图粉饰或美化。

奥布里斯特:在来巴黎之前,你为商业建筑师格伦工作,这类商业建筑与你在法国的研究存在着极大的反差。这给你的作品带来了什么样的改变?

盖里:嗯,那时作为一名建筑师受到的教育是,建筑属于服务业,所以我当时一直在做商业建筑。你必须留心预算和时间表,还需要与客户合作。商业建筑是由此驱动的,因而没有太多机会进行任何所谓的艺术创造。在那期间,我开始关注艺

21　吉斯勒贝尔(Giselbertus):12世纪法国罗马式建筑雕塑家。

术，我的艺术教育进步迅速，这与我当时正在做的一切背道而驰。是对建造城市的兴趣让我持续在做商业项目，这是一种社会责任感——为了产生相关性，建筑必须与社区、与世界产生某种社会关系。当你建造一座城市，你是在建造人们生活的地方。将艺术和社会理念这两方面结合到一起，始终是一桩非常艰难的联姻。事实上，即使在今天，如果你阅读经济下滑以后的建筑报道，会发现大多数人都打算把毕尔巴鄂（古根海姆博物馆）这种建筑当替罪羊，尽管其实际造价并不是很贵——三万两千平方米花费了八百万欧元（太便宜了）。结果是"别想了！我们不会再做这种事了"。大家盲目地回到一种节衣缩食的价值观，即使这么做会面临社区核心和灵魂的丧失。

奥布里斯特：你感受到的这些是我们上次交谈之后——在过去几个月发生的事情？

盖里：对。很有趣，如果你去读现在大部分的报道，即使是真正好的评论家也都在这么说。我年纪大了，曾经历过这样的事情。这只是暂时的，我们很快就会度过这一段的。

奥布里斯特：回到你的早年时光，你跟艺术家有过许多对话和合作，无论是克拉斯·奥尔登堡，或是理查德·塞拉[22]，还有你与索菲·卡尔[23]的友谊。我很好奇，当年你和艺术家的对话是怎么发生的？

22　理查德·塞拉（Richard Serra, 1939—）：美国雕塑家、影像艺术家，极简主义艺术大师，以金属板材组构壮观的抽象雕塑而闻名。

23　索菲·卡尔（Sophie Calle, 1953—）：法国作家、摄影师、装置艺术家和观念艺术家。

盖里：嗯，从我在洛杉矶做第一个建筑的时候，建筑界就非常苛刻。我不觉得自己在做什么疯狂的事情，但在他们心里，我做的是他们不喜欢，或者无法喜欢的东西。洛杉矶的艺术家常常过来看那些建筑。我和他们成了朋友，发现和他们交往更随心所欲，更有意思。他们在探索我认为建筑师应该探索的事物——形式、可感知的观念，比如鲍勃·欧文 24、詹姆斯·特瑞尔 25 和道格·惠勒 26，还有外观——那些摩托车手（比利·班斯顿 27 等）创造的苹果糖一样的表层。这种交流非常直接，并且与创造事物关系密切。

奥布里斯特：以某种自由联合的方式？

盖里：对，是自由联合，但也是因为有着学习一门技艺的天赋和意愿。塞拉去了造船厂，看船是怎么造出来的，渐渐极为着迷。对他而言，这是一种力量，如果你了解他的话，会发现这种力量完全符合他的个性。后来，他得以移动数吨钢材，创造了符合其个性的有力、大胆的作品。他找到了某种实现的方式。

24　鲍勃·欧文（Robert Irwin, 1928—）：美国画家，20 世纪 60 年代和 70 年代"光与空间"运动的先驱。

25　詹姆斯·特瑞尔（James Turrell, 1943—）：美国艺术家，主要以光线和空间作为创作素材。

26　道格·惠勒（Doug Wheeler, 1939—）：美国艺术家，20 世纪 60 年代和 70 年代"光与空间"运动的先驱。

27　比利·阿尔-班斯顿（Billy Al Bengston, 1934—）：美国艺术家、雕塑家，原是一名职业摩托车赛车手。

其他人，像埃德·拉斯查[28]，他探索很普通的印刷文字。我一直对拉斯查很感兴趣，因为他不太考虑建筑上的问题。克拉斯·奥尔登堡则在玩儿形式和幽默。我的朋友鲍勃·文丘里[29]，他最喜欢的两位艺术家就是拉斯查和奥尔登堡，他在早年的书和文章里谈过这件事。

奥布里斯特：对，《向拉斯维加斯学习》(*Learning from Las Vegas*) 的灵感来自拉斯查的小册子。

盖里：拉斯查是我的朋友之一，我曾问他是否认识文丘里，他说不知道这个人是谁，从没听说过。这种脱节很有意思，而且无论我何时让他们见面，拉斯查和奥尔登堡都不清楚文丘里在说什么。然而他正在引用他们。他们却看不出他的引用与他们作品之间的关联。这总是让我倍感奇妙。

奥布里斯特：你认识约翰·巴尔代萨里[30]吗？

盖里：认识，但不太熟。我跟他来往不多，尽管我现在正设计他的家。我和迈克尔·阿舍来往很多。让我意识到自己之

28　埃德·拉斯查 (Ed Ruscha, 1937—)：美国艺术家，涉足油画、版画、摄影、电影领域，20 世纪 60 年代以摄影和拼贴画成名，其带有文字的绘画与波普运动和垮掉的一代紧紧联系在一起。

29　即罗伯特·文丘里。

30　约翰·巴尔代萨里 (John Baldessari, 1931—)：美国艺术家，被誉为美国观念艺术教父，创作媒介包括绘画、文本、摄影、装置、行为、影像等。

　　　　　　　　　　　当代艺术的十九副面孔

前的徒劳无功，并促使我转变方向的人是罗伯特·劳申伯格[31]。初次见到他的作品我就豁然开朗：你可以运用普通的东西，并从中创造美。我早年的一些作品都受此启发。因为没法做到手艺精湛，所以我使用胶合板等材料，非常实际，简单易得，而且你可以利用它创造出非常美妙的空间。

奥布里斯特：所以劳申伯格让你又一次恍然大悟？

盖里：对。然后我认识了他，常常和他待在一起，有时会聊到凌晨四点。并且，你知道，回过头来看综合绘画，你会发现那可能是 20 世纪最重要的表现方式之一——对我来说，其影响力与沃霍尔不相上下。

奥布里斯特：我和小说家阿兰·罗伯-格里耶进行过很长的对话，他常说 20 世纪后半段的所有事物都被电影所影响，如小说、建筑；哪怕一个人在做的随便什么东西，电影都以某种方式参与其中。所以我想知道，除了日本、法国和劳申伯格带来的顿悟，电影给你带来过某种启示吗？

盖里：并没有。我喜欢米开朗基罗·安东尼奥尼[32]的电影《红色沙漠》（*The Red Desert*，1964）。安东尼奥尼非常吸引我，但我不算是一个受电影影响的人。你知道，生活在 50 年代的洛杉矶，电影世界就像是某种疯狂之地，它没那么有趣，非常商业，

---

31 罗伯特·劳申伯格（Robert Rauschenberg，1925—2008）：美国艺术家，美国波普艺术的代表人物。以抽象表现主义风格试验摄影、设计与绘画，逐渐发展出个人独特的艺术风格——融合绘画（Combine Painting）。

32 米开朗基罗·安东尼奥尼（Michelangelo Antonioni，1912—2007）：意大利导演、编剧。

我在其中没发现什么有趣的人。它很娱乐，但只是让你出门找乐子的东西。

奥布里斯特：而不是让人灵感显现的事物。

盖里：没法让灵感显现。唯一让我有所启发的是我和西德尼·波拉克[33]在一起的时候，但那是很久之后的事情了。我们过去常常讨论电影或建筑的商业面向与艺术面向之间的关系。你可以发挥的空间只有很小一部分，因为经济模式被形式上的制度所驱动，包括银行系统，以及所有在当时盛行，但现在已失效的制度。你必须满足那些严格的要求，否则建筑或电影就无法完成。两者的这种相似性很有意思。

奥布里斯特：的确，有着很多的约束。

盖里：没错。并且，我想有天赋的人可以将限制变为有利条件。我将其比作冲浪。你得上板，得利用海浪，但想要掌控它，纯粹的技巧只占百分之十五。作为建筑师，我们所能做的也是如此。

奥布里斯特：你提到了冲浪，这很有意思。我最近正在重读村上春树的一本非常有趣的书：《当我谈跑步时，我谈些什么》。他使用跑步的类比来谈论写作。我记得在之前的对话中，你将建筑比作冰球。

盖里：对，我发现了其中的联系。最好的冰球运动员也是

33　西德尼·波拉克（Sydney Pollack，1934—2008）：美国演员、导演、摄影师、制片人。

出色的滑冰者，几乎与佩吉·弗莱明[34]这样的花样滑冰运动员一样厉害。他们滑冰的时候，充满了纯粹的诗意。再算上比赛的压力、冰球杆，还有场上的其他人，如果你能凭一己之力应对这些，那堪称伟大！（笑）但它非常依赖直觉，你永远不知道冰球会跑向哪里，所以你必须准备好。我认为不仅建筑如此，生活也是一样。如果你给法国的某个地方设计一座建筑，你必须先了解法国文化，因为建造它的是法国人，使用它的也是法国人，而法国人的方式与你不一样。所以我们必须不断地调整，就像是在观察冰球的移动。如果冰球在那边，而我只是待在这里，那我就输了。所以，两者存在着相似之处。还有就是要手眼协调。我不是一个很出色的滑冰者，但我总能在守门员两腿之间射门得分。神奇的是，我经常做到这一点！我甚至都不知道自己是怎么做到的。我还警告他们我要射门了，他们说："你绝对进不了。"然后我就进了。这就是手眼协调，挺不可思议的。我也航海，我喜欢帆船。这个大楼就跟帆船有关。

奥布里斯特：再聊聊你的航海经历吧。

盖里：好啊。我其实有一艘法国帆船，是一艘博纳多44.7。对我而言，航海是唯一一件能让我忘记一切的事情。我可以完全放松。因为你必须不断留意船的每一部分：它开往哪里，你在做什么，风帆怎么样了。它同时兼具了平静和激烈。我喜欢它激烈的时候，海浪咆哮，让人提心吊胆，有时身上都湿透了。

34　佩吉·弗莱明（Peggy Fleming, 1948—）：美国花样滑冰运动员，曾获1968年冬季奥运会金牌。

它是非常古老的运动，没有什么新鲜的，然而又是全新的，它经历了持续的改良，船只不断地得到改进：不同的船体，不同的设计师，不同的材料。这是世界的一个缩影，让人和自然建立起直接而有力的联系。当你站在上面的时候，你和自然成了伙伴。其他任何事物都与这有着些微差别，我猜滑翔运动可能比较类似。

奥布里斯特：你设计的第一个博物馆是什么？是 1979 年的卡布利洛海洋生物馆（Cabrillo Marine Aquarium）吗？

盖里：应该是。那个很有意思。我去了一些水族馆做调研，发现传统的做法是让你走进一个黑暗空间，面前是一个能看到鱼的玻璃窗。世界上的每一个水族馆都是这样。而现在，玻璃墙变得更大。你能进入水族箱里面，几乎是和鱼在一起。那是一种体验。我参观这些水族馆的时候，海洋生物学家正在清洗水族箱。在一个地方，我看到他们穿着橡胶鞋，拿着小铲走在水中，博物馆里的所有人，包括所有的游客，都看着他。我意识到，对于一个小孩而言，他可能只是穿过黑洞洞的房间，然后看到了鱼，也许馆内有说明这些鱼从哪里来，是什么鱼。但如果一个孩子能走到幕后，看看海洋生物学家准备展览时的工作，也许他会对这个主题感兴趣，以至于会说"我长大后，想要做那个工作"。所以在卡布利洛海洋生物博物馆，当你穿过隧道，会有入口通往后面的实验室，你可以走到幕后看看。这个设计后来被证明非常成功。

奥布里斯特：在你设计的博物馆中，展览设计对你来说是一个这样的实验室吗？

盖里：和艺术家共事很有意思，因为，大多数情况下，他们的确不知道要如何展出他们的作品。他们需要一个编辑，一如我们需要策展人。（笑）但是，在策展人、艺术家和建筑构成的空间里玩把戏很有意思。洛杉矶艺术博物馆（LACMA，Los Angeles County Museum of Art）的建筑对于艺术而言是很糟糕的，我们始终在和那座建筑斗争。每个主题都有一套不同的要求，我一直以来尝试做的就是建立起艺术家的个性，并且我想要利用建筑做到这一点。我试着让作品成为委托人的一部分。

奥布里斯特：所以交流对于最后的结果影响很大？

盖里：客户非常重要。交流总是能使作品变得更好。和托马斯·克伦斯[35]在毕尔巴鄂的共事真是太美妙了。我现在因为阿布扎比的古根海姆博物馆又一次与他合作，他就像是一个艺术家。他不会坐在那儿给你写一个徒有形式的方案。他会拜访艺术家工作室，去了解艺术家，和他们待在一起。他知道人们在想些什么，他知道什么能让人们兴奋起来，还知道如果他去阿布扎比的沙漠中创造一个平台，他能够找到二十位艺术家参加。

奥布里斯特：我刚看过阿布扎比的设计方案，艺术家们将要在一些巨大的管道内完成主要任务，有点像是泰特现代美术馆的涡轮大厅（Turbine Hall）。你能稍微聊聊这个吗？

盖里：在做这个设计之前，我去了趟阿布扎比，住在非常奢华的皇宫酒店（Emirates Palace）。酒店由大理石建造，气势恢

35　托马斯·克伦斯（Thomas Krens，1946—）：纽约古根海姆博物馆前任馆长，现任古根海姆国际事务高级顾问。

宏,精美绝伦,极尽奢华。我发现大部分当地人都生活在户外——这是一个户外的民族，他们的传统是在户外生活，我觉得这已然深植于他们的基因里。所以我尝试做一个美术馆，有公共空间，要足够凉爽，让人们可以在外面消磨时间。但我们还不知道怎么做到这一点。最原始的制冷系统是印地安帐篷，因为它的顶上开了个洞，热气就散出去了，比封上时更凉爽。我家房子顶上有一个天窗，天气热的时候，我按下按钮，才十五分钟就感觉凉快了。所以我开始考虑参考这个。最后我们做了些管子，并把它们放置在公共空间的上面。客户看到这个方案之后也很喜欢。我觉得可能是因为这和他们的穹顶建筑物很相似——他们的建筑大多有着相似的形状，看到这个建筑形状类似，穹顶却又有所不同，完全被迷住了。我们制作这些管子的时候，不知道它们是否有用，或者是否有意义。但我们之后研究出了使用方法，它们的确能将热空气排出，并让室外空间的地面温度降低了二十度。这使得环境加更舒适宜人。但它们的造价很高，我们现在正努力寻找更合理的方式来完成它的建造。

博物馆的内部是一个很有趣的课题，并且始终是一个……比如，弗兰克·劳埃德·赖特建造纽约古根海姆的时候，他并不关心当代艺术，他不在乎。他只是琢磨着日本壁龛[36]的屏障，因而他为这些屏障做了小壁龛，光线照进去的时候非常漂亮。但

---

36 壁龛（床の间，tokonoma）：设置在和室靠墙约半叠或一叠榻榻米大小的空间，通常是木质地板，比和室榻榻米稍微高一点，墙上挂着挂轴，地板摆放插着当令鲜花的花器。在古代是祭拜神佛的场所，后演变成一种装饰空间。

这对于艺术作品来说糟糕极了。二十五年来，这是古根海姆的策展人黛安·沃尔德曼（Diane Waldman）唯一可以使用的建筑，她在那个空间里举办了很多让人印象深刻的展览，把这个对艺术作品来说非常糟糕的空间用得很好。在一些展览中，空间得到了完美利用，另一些则没有起到效果。罗斯科[37]的展览和这个空间就没有相得益彰。把罗斯科的作品放进去的时候，你会感觉不太自在。弗莱文[38]的展览，精彩。考尔德[39]的展，精彩。"机车展"（The Motorcycle Show），精彩。还有很多画展也很优秀。蔡国强最近的展览，很棒。所以说，建筑造成的不幸就像是蚌中的砂砾，是产生美丽珍珠的刺激物。这么多年来，古根海姆有可能产出美丽的珍珠，这说明，一座建筑即使本质上是一场灾难，也可以被善加利用。在巴黎，卢浮宫是一座宫殿，也存在着同样的问题。它用于艺术展览已经好几个世纪了，但就展示艺术来说，它是一个彻底失败的建筑。在当代，无论展出什么，都是使用不带感情色彩的白盒子式画廊，这渐渐变成了一个准则，一个又一个画廊，一个又一个建筑都是这样。对于策展人来说，布展挂画的话，在这样的空间里更加轻松，因为它被认为是中性的，所以艺术作品和建筑物之间不会有冲突。近来有一些例

37　马克·罗斯科（Mark Rothko，1903—1970）：美国抽象派画家，于20世纪40年代末形成了自己完全抽象的色域绘画风格。

38　丹·弗莱文（Dan Flavin，1933—1996）：美国极简艺术家，最为知名的是使用商用荧光管创作的雕塑和装置作品。

39　亚历山大·考尔德（Alexander Calder，1898—1976）：美国雕塑家，动态雕塑的发明者。

子，建造了这样的空间，但与当代艺术不太协调。最近的例子就是纽约的 MoMA，它有着矩形的长廊，一切中规中矩，却不太有效。所以，美术馆是否应该有形状，以及应该有怎样的形状，这是最大的问题。我的一些同行又做得有点过了，像是丹尼尔·里伯斯金[40]在科罗拉多州的丹佛设计的美术馆，他做了倾斜的墙壁，你只能在前面再搭建一个结构，才能把艺术作品挂上去。

奥布里斯特：还有柏林的犹太人博物馆（Jewish Museum），也是他的。

盖里：犹太人博物馆，对。还有一些建筑也是这样。建筑与美术馆、策展人是合作关系，他们必须让建筑发挥效用。你可以让任何事物发生作用，如果确实必要，你可以把任何东西放在任何地方并让其发挥作用。画作始终如一，但环境能改变作品给人的感觉。我自己曾经体会过。很久之前，在维也纳艺术史博物馆（Kunsthistorisches Museum），我在旧式房间里看到了四幅勃鲁盖尔[41]的画作。那是一个有着壁板、天窗和木地板的房间，墙上饰有蓝色织物，所有的一切让我感到难以置信，我永远不会忘记那一幕。然后，几年后，我再回到那里，他们正在改造美术馆，所以把那四幅勃鲁盖尔画作放到了一个九英尺高的小房间里，我走了进去，发现勃鲁盖尔的画似乎就这么大（比

40　丹尼尔·里伯斯金（Daniel Libeskind，1946—）：波兰裔美国建筑师、艺术家和布景师。

41　彼得·勃鲁盖尔（Pieter Bruegel，约1525—1569）：16 世纪尼德兰地区的伟大画家，一生以农村生活作为艺术创作题材，被称为"农民的勃鲁盖尔"。

手势），仿佛没那么大了。其实，它们既不是这个大小，也不是那个大小，而是自有其大小。所以不同地点对感觉的确会有影响。几年前，我在韩国三星公司的一个画廊里看到了一幅保罗·克利[42]的画作，尺幅很小。画廊的层高有二十英尺，而这幅小画则简直不可思议，它能够压住这个屋子，占据了整个空间。我们刚刚翻修了多伦多安大略省艺术馆，在那里挂了一些小幅绘画。具体来说，房间有四十五英尺高，因为我想要有一个天窗，所以不能分层。这些加拿大的小幅画作挂在那儿，仿若梦境。问题在于，如果你想要摒除所有无关的一切，把美术馆空间做成一个空无一物的无菌箱，那它也会和艺术冲突。比如，贫穷艺术[43]就无法容忍某些这样的空间。

奥布里斯特：在某种程度上，它们变得均质化了。

盖里：对，一切都搞砸了。所以我觉得应该寄希望于策展人去理解这一点。但在建筑上，大多数画廊最终都采用了直线型设计。

奥布里斯特：所以白立方只是一种可能，除此之外还有很多值得探索的可能。有一个与白立方完全相反的例子，我一直很喜欢，就是伦敦的约翰·索恩爵士博物馆（Sir John Soane's

---

42 保罗·克利（Paul Klee, 1879—1940）：瑞士艺术家，表现主义团体"青骑士社"成员之一。

43 贫穷艺术（Arte Povera）：1967 年 9 月，艺术评论家杰勒马诺·切兰特（Germano Celant）借用波兰戏剧导演葛罗托斯基（Jerzy Grotowski）提出的"贫穷剧场"概念，概括当时意大利年轻艺术家的艺术风格，即用最朴素的材料——树枝、金属、玻璃、织布、石头等，进行拼贴、剪切创作。

Museum），19 世纪的建筑师约翰·索恩爵士拓展了这种内部复杂性。我知道这也是你非常喜欢的一个博物馆。

盖里：没错，没有建筑师不喜欢，因为这座建筑物本身就是从古至今各种建筑元素的展示，它像是一所容纳万物的维多利亚式房子，它不聚焦于单个作品。当我们展出当代的作品时，我们只关注某一个系列的作品，不管是物品还是画作。而它更像是沙龙式悬挂，即一面墙上挂了五十幅画作。我觉得更重要的在于，它再现了那种我们已经丢失了的精神。他们举办我的作品展时，我回归了这种展示方式。我总是把所有的模型都放进来，以形成一条通往我所选择之方向的路线图：我如何从一个模型到下一个，再下一个。我觉得这作为一种展示当代艺术的观念，应该被重新考虑。一些艺术家可以试试看。

奥布里斯特：你曾经提到一种类似矛盾修辞法[44]的情况：两种相悖之物集于一身——外形是极为个人的审美，而内部又是近乎与之相反的美学。你刚刚说的也是这样吗？

盖里：有点像，没错。我一点也不反对直线型设计的展厅。事实上在多伦多我们做了只有直线的展厅，现在在阿布扎比，我们做的也都是直线型的展厅。对我而言，问题在于，你所建造的直线型展厅是否有热情，有感觉，而不是一个无菌箱。切尔西的很多展厅，那些刚建的白色展厅，都是无菌箱——伦敦和纽约很多博物馆修建的展厅也是如此。你进入一个房间的时候，

---

44 矛盾修辞法（oxymoron）：意为"明显的荒谬"，指将两个互相矛盾、互不调和的词放在同一个短语中，起到一种强烈的修辞效果。

会对空间产生一种感觉，再把艺术作品放进这个房间，艺术会被这种对空间的感觉所加强。如果这种对空间的感觉是贫乏的，你就得很费劲才能欣赏到艺术。这非常微妙，并非每个人都这么考虑问题，不过我是这么想的。

奥布里斯特：我记得你和菲利普·约翰逊进行过一次对话，他说，历史上最伟大的建筑是只有一个房间的建筑，所以大型的建筑应该是由单间建筑构成的序列。你能讲讲这个吗？

盖里：啊，关于这个问题有许多内容。首先，人们始终在讨论这个人是一个建筑师还是一个艺术家，还是兼具这两重身份。这种讨论挺蠢的，显然历史上存在着兼具这两重身份的人，像波罗米尼[45]和米开朗基罗[46]。在当今世界，媒体和艺术家，每个人都将这个问题分成两个体系：一个是跟水管设备打交道，而另一个则是纯艺术。我热爱艺术，但我不以艺术家自居，所以我也不在乎艺术家头衔，我希望被称作建筑师。但我之前也说过，真正吸引我的，是真实的瞬间。举个简单的例子，你是一个画家，有一块空白画布、一把笔刷和布满颜料的调色板，你注视着这块空白的画布，现在，你要动笔了。我称这为真实的瞬间。它是干净而纯粹的。它是直接的。它是手眼协调，是大脑运转，是你的思想，是塞满你大脑的数百万年的艺术史。它也事关你

45　弗朗切斯科·波罗米尼（Francesco Borromini，1599—1667）：意大利出的巴洛克建筑家。

46　米开朗基罗·博纳罗蒂（Michelangelo Buonarroti，1475—1564）：意大利雕塑家、画家、建筑师、诗人，意大利"文艺复兴三杰"之一。

早饭吃的什么，你的孩子是不是让你伤透脑筋，以及所有这类杂事。所以这最初的时刻即是真实的瞬间。我一直想在建筑领域寻找类似的时刻，因为在建筑领域，你可以找到很多的借口，你可以抱怨"呃，客户希望这样。我不想这么做，但我没办法"，或者"施工部门不同意我这么做"，或者"预算不容许我做到这样"。所以，如果你想解释为什么建筑看起来像这样，你可以列出两英里长的借口。我一直想在我自己的生活和灵魂中寻找这样的真实瞬间，在这个瞬间，你六根清净，无处可藏。我不想躲起来，只想抵达那种境界。我不想找任何的理由。或许我必须得有所遮挡，但我只想要非常简单而不混乱的理由。菲利普·约翰逊做过一场讲座，谈到了单间建筑是有史以来最伟大的建筑。这就是我想要的！"你就该只做一个房间。"所以我开始觉得这是建筑领域的真实瞬间。我当时正好在做一个住宅项目，我就把每一个房间都做成了单间建筑，然后把它们放到一起。我发现我在做的类似莫兰迪[47]，阿尔多·罗西[48]其实是在谈静物，这一切让我茅塞顿开。我就这么找到了建筑领域的真实瞬间。我现在仍然以这种方式思考问题。房间是分离的，它们每一个都自成一体。但在另一方面，它们是连续体的一部分，组成了一个整体的格局。

---

[47] 乔治·莫兰迪（Giorgio Morandi, 1890—1964）：意大利著名画家，以静物画著称。

[48] 阿尔多·罗西（Aldo Rossi, 1931—1997）：意大利著名建筑师，创作中爱用精确简单的几何体。

奥布里斯特：我也很想知道偶然性的作用。几个星期前，我跟格哈德·里希特[49]聊到了约翰·凯奇，还聊到在他画画过程中，偶然性所起到的作用。我想知道的是，在你反复推敲建筑模型，然后突然抽去某些东西的时候，偶然性在这个过程中扮演了何种角色？

盖里：作用很大，因为你随时会对眼前的事物有所反应。我最喜欢约翰·凯奇的话是"无知带来认知"（Not knowing cheers the knowing）。我觉得世界上大多数的伟大事迹是偶然发生的，它们基于热情的研究和探索，有时候是感觉得到的，但……以科学家为例，他们明白自己的目的是解决某个问题，但要达到这个目标需要数百万人的参与和好几年的不懈研究，这几乎是不可能的。

奥布里斯特：但偶然发生了作用？

盖里：科学家开始从事某事完全出于偶然。我参与遗传性疾病基金会（Hereditary Disease Foundation）的事务已经有三十二年了，他们谈起自己工作的方式跟我对自己工作的看法很像。比如，如果建筑项目委托人进来说："嗯，感觉不太对，这里有点问题。"那么我愿意重新考虑，迅速研究，然后找到解决方法。我喜欢那样，我不怕这种事。我的一些同事确定设计后，就不再更改，如果你之后尝试改变方案，他们就会紧张，并且非常固执。我从来都不会那样。现在，我要那么做的话，有些人反

---

49 格哈德·里希特（Gerhard Richer，1932—）：德国著名艺术家，涉足抽象绘画、波普艺术等多种风格。

倒会焦虑不安，这正是最好的合作之道。

奥布里斯特：所以是一个反馈循环？

盖里：没错。

奥布里斯特：最后还有两个问题。第一个是关于尚未完成的项目，你有没有尚未开辟的道路、没有完成的梦想，或是因为难度太大而无法实现的项目？

盖里：唯一让我感到遗憾没有建成的建筑是华盛顿的柯克兰美术馆（Corcoran Museum）。我真的很喜欢那个设计。如果你仔细观察的话，在许多方面，它都是通往现在这条路的起点。不过，我一般并不会执着于那样的事情。我努力往前看，为洒掉的牛奶而哭，可能会让你浪费过多的时间。我没怎么提到过柯克兰美术馆，因为太让人心痛了。

奥布里斯特：最后一个问题：莱内·马利亚·里尔克[50] 写过一本很精彩的小书，内容是给年轻诗人的建议。我想知道，在 2009 年，你给年轻建筑师的建议会是什么？

盖里：做自己。我一直这么对他们说。我一有学生，就让他们写自己的签名。然后他们会比较那些签名，每一个看上去都不一样：我的签名不同于你的。我说："这是最本真的你。既不羞怯，也不做作。你只是像往常一样写了自己的名字，在工作中，你必须以这种方式找到自己的风格。当你找到了，恭喜你，你就是唯一的专家，其他人说什么都无关紧要了。"我喜欢这种观念，我凭借这种观念行走江湖。

50　莱内·马利亚·里尔克（Rainer Maria Rilke, 1875—1926）：奥地利诗人，著有《给青年诗人的信》（*Briefe an einen jungen Dichter*）一书。

建筑师的责任

奥布里斯特：那么，弗兰克，一切是怎么开始的？你获得顿悟的时刻是怎样的？

盖里：我出生在 1929 年……要从多早开始说起？

奥布里斯特：从你最初……

盖里：我十一岁的时候，跟着父母去了加拿大的一个避暑小屋，是个非常朴素的地方，他们那时候很穷。在这个小屋里，有一个看笔迹算命的女人，她分析了我的笔迹，跟我妈说我会成为一位知名建筑师。我最近才想起来这件事，因为那时我还不明白建筑师是什么意思，所以对成为一位知名建筑师没太大兴趣。

我们住在加拿大多伦多，我很小的时候就被我母亲带着去听古典音乐会，去参观艺术馆。因此我觉得，文化的概念从一开始就注入了我的基因。直到今天，我都对艺术很感兴趣，不管是过去的、现代的还是当代的。并且随着年纪渐长，我越来越喜欢古典音乐。也许跟我做过此类项目有关，说不清楚。

我学过城市规划。从政治上来说，我来自一个非常左派的社会主义家庭，我母亲的家人也都生活在加拿大，他们从事制衣业，可能是裁缝，加入了工会，所以我在这种非常社会主义的氛围里长大。我觉得这至今存留在我的基因里，我也清楚地了解到，这种观念有时候是不具有生产性的。在选择材料和表现上，这一背景让我觉得应该有所节制。我知道我这么说的话，有些人可能会说，不是，你才不是那样的人。但人们大概不知道的是，那些富有表现力的建筑物并不昂贵，它们并不比那些看似平淡的建筑造价更高。所以我恪守节制。我这一代的建筑师从小视建筑为一个尊贵的专业，我们不会雇公关公司来为我们代言，不自我推销，我们这一代就是这样。我不给自己设计的建筑物拍照，这都是某种个人价值观的一部分——并不是说我比别人更神圣，相信我，我不是说我很纯粹或是怎样——但我觉得那些问题是至高无上的。我想要做造福于人的事情，进行社会规划……我觉得今天的问题在于可持续性和尽力拯救我们的地球。如果你研究我们这一代建筑师，像是理查德·罗杰斯[51]、福斯特[52]等，我们从20世纪60年代就一直在探讨可持续性的问题，那时还没有多少人对此感兴趣。敬畏这个星球是我们理念中必然存在的一部分，至今仍是。

奥布里斯特：我想了解你和艺术之间的联系，因为很多艺术家都和我谈到过你，并且你长期以来都在和艺术家进行对话。我记得你曾经告诉我，你第一次遇见劳申伯格的时候茅塞顿开，那是很大的启发。能稍微聊聊你和艺术之间的交集吗？

盖里：好，我对艺术的兴趣早于建筑。我曾在夜校学习陶瓷和艺术史，上过一些课程，还去许多画廊观看艺术作品。我在洛杉矶完成第一个项目时，建筑界都很失望，我不知道为什么，

---

51 理查德·罗杰斯（Lord Richard Rogers，1933—）：英国建筑师，代表作有著名的"千年穹顶"，与诺曼·福斯特合作设计的香港汇丰银行，以及与意大利建筑师伦佐·皮亚诺共同设计的巴黎蓬皮杜中心等。

52 诺曼·福斯特（Norman Foster，1935—）：英国建筑师，被誉为"高技派"的代表人物，1999年获得普利兹克建筑奖。

但我做的的确不合礼法。艺术家接受了我，真好，所以我决定迎向这份爱。这很正常，对吧？我和艺术家成了朋友，和他们所有人混在一起，有拉里·贝尔[53]等等。还有艺术经纪人尼基·怀尔德（Nicky Wilder），通过他，纽约的很多艺术家来到了洛杉矶。所以我开始认识贾思培·琼斯[54]、劳申伯格、张伯伦[55]，认识了每个人。我们一起玩，我在安迪的工厂[56]和薇娃[57]、极致紫罗兰[58]消磨时光，就像一家人一样。我那时正在做的项目在建筑上的预算极低，根本没法在洛杉矶找到工匠；他们在建的是成片的住宅，对手艺没有丝毫的自豪感。这太让人沮丧了，所以我决定做点别的事情。这也和劳申伯格的"融合绘画"和用垃圾做的作品，以及人们对此的反应有关。也许与其抱怨手艺的缺乏，倒不如试着正面利用这一点，接受它，并在这种情况下进行建造。这就是我在与他们的交往中所学到的。你知道，年轻的时候，

---

53 拉里·贝尔（Larry Bell, 1939—）：美国当代雕塑家，标志性作品是他的玻璃"立方体"和"立壁"雕塑。

54 贾思培·琼斯（Jasper Johns, 1930—）：美国当代艺术家，主要媒介为油画和版画。

55 张伯伦（John Chamberlain, 1927—）：美国雕塑家，以利用钢铁机械碎片进行创作而闻名，是一位抽象表现主义艺术家。作品媒介还涉及泡沫、金属薄片、布面油墨、油画、摄影、有机玻璃等，多彩雕塑是其主要创作形式。

56 安迪·沃霍尔位于纽约东区47大道的银色工作室，他将其称为"工厂"（factory）。

57 薇娃（Viva, 1938—）：美国演员、作家。

58 极致紫罗兰（Ultra Violet, 1935—2014）：原名伊莎贝尔·柯林·杜弗兰（Isabelle Collin Dufresne），安迪·沃霍尔的超级明星之一，"Ultra Violet"是她的艺名。

在一个你不确定自己是谁、什么身份、在做哪个领域的工作时，拥有像那些艺术家一样支持你的同事，非常重要。

奥布里斯特：我很想知道，之后的合作是如何开始的？因为过了很久你才建造了第一个美术馆，开始得挺晚的，我想魏斯曼美术馆（Weisman Art Museum）是第一个……

盖里：关于这个美术馆，有个很有趣的故事。你认识本雅明·布赫洛[59]吗？

奥布里斯特：当然认识。

盖里：迈克尔·艾舍呢？

奥布里斯特：老天，认识。

盖里：当时我们一起玩的那群家伙中也有他们。我在1978年建造圣莫尼卡（Santa Monica）的自宅时，他们来看了。就是在那个时候，他们问我——非常严肃，他们变得非常严肃——如果我有机会去建一个美术馆，会怎么设计。我说建筑当然应该从属于艺术，艺术应该是第一位的，建筑应该消失，让艺术凸显出来。我以为他们要说"对，没错"。他们没有。他们开始朝我大呼小叫，说："你个混蛋，你这是瞧不起人，是在侮辱我们，你的意思是说我们没有任何的……你知道……我们想要你做些能激发灵感的东西，能引起我们兴趣的东西，我们能与之对抗、合作并参与其中的东西。"那是一个极为重要的信条。再往后，当我开始设计美术馆的时候——每个人都想做成白盒子——我很幸运拥有一个有趣的客户，汤姆·科恩斯，他和本雅明·布

59　本雅明·布赫洛（Benjamin Buchloh，1941—）：德国艺术史学家。

赫洛看法一致，鼓励我对建筑物进行更多的创作。而自毕尔巴鄂项目之后，我的经验是，艺术家都很欣赏、喜爱并且支持我们在那里所做的工作。不知道为什么，美术馆负责人和策展人则不太喜欢，也许是因为安装或其他什么成本太高，我不知道。你看这些不断建起来的美术馆，它们太看重艺术的神圣空间了，而没有意识到这种过分看重对艺术来说是有害的。你可以看到很多美术馆的建筑都变得矫揉造作，那些人想要的都实现了，但这是有问题的，并且削弱了艺术的重要性。

现在，毕加索的作品无论放在哪儿，看起来都很棒；如果你把它放在我的车库里，看上去也会很棒。所以我觉得艺术比每个人都更长命，包括我。这种对于中性建筑的无尽追寻可能并非答案，而是我们都应该反思的。

奥布里斯特：我想了解毕尔巴鄂项目，能聊聊你是怎么想到这个创意的吗？

盖里：说来话长，科恩斯邀请我去毕尔巴鄂，讨论在小镇上已经选定的场地建一个美术馆。无论如何，因为种种原因，那不是个合适的地方。我们发现了河边的另一处位置，紧邻这座美丽的桥，也许是可行的。

我去那里的时候，当地的航运业、钢铁业，还有建筑行业大都处于衰退之中。人口在流失，孩子们也都去往别处，河水很脏；所见之处，皆是衰败的迹象。

当地社区，巴斯克政府，巴斯克政府主席、商务部部长、文化部部长和教育部部长，还有社区成员会见了我，他们想要悉尼歌剧院（Sydney Opera House）效应。于是很多年之后有了毕尔巴鄂效应。其中存在着纯粹的商业利益，是由商业驱动的。他们希望改善国家经济，而要达到这一点，我的建筑是极为重要的第一步。

所以压力很大，对吧？幸好，我在这个重大压力落到我的头上之前就做出了一个竞稿方案，这个方案来自我的一个草图，几乎是我到达毕尔巴鄂的第一天完成的。其中涵盖了河流、桥梁、19世纪城市、建筑与河流转弯处的市政厅的关联，还有我对于衰退行业的思考，钢铁、航运业、造船业和可利用的技术，这影响了我后来画的所有草图。我认为第一幅绘图就包含了最终建筑物里的所有课题。但我当时没有意识到这一点，所以在建筑完成后我看着那幅图说："天哪，我怎么现在才看到？"我在一开始就有了所有这些想法，但最初的时候，我想我没法确认它就是最终的方案。

奥布里斯特：你觉得这与自动写作[60]有关系吗？因为你曾经告诉过我，你画图的时候几乎不让笔离开纸张，就这么一直画下去，感觉有点像自动绘图，你觉得呢？

盖里：对，这是从手至眼的协调。你的想法经由你的手传达出来，事后这些图画总让人感到惊奇。当我完成第一批草图时，它们看起来就像是涂鸦。无论我拿给谁看，对照着完成的建筑，

---

60 自动写作（automatic writing）：20世纪20年代，超现实主义在法国兴起，它的理论基础是弗洛伊德的无意识理论，主要创作手法就是不受任何理性控制的"自动写作"。自动写作使得意象与意象的连缀超出常规，从而具有"像手术台上一把雨伞和一架缝纫机碰在一起那样的美"。

我想他们也会觉得那些像是涂鸦。草图是对大脑信息的某种视觉化的直观产出，你被来自直觉的诸多事物所充盈。我想如果我一早就知道怎么做的话，我就不会那么做了，因为那已然成为过去。我和很多艺术家都聊过这个问题，他们的感觉也完全一样，他们不做预测，凭直觉创作，对某段时光做出反应。我们大多数人在艺术、政治和文学等方面受过相当好的教育，而一切都影响着你表达自我的方式。

　　我觉得自己就像是一个真空吸尘器，我捡拾每一样东西。我对很多东西都充满好奇，而绘画的直观性始终吸引着我。即使是伦勃朗——如果仔细看一幅伦勃朗的作品，会感觉它是昨天刚画好的。这里蕴含着那种直观性，而我一直在考虑如何在建造中实现这一点。如何转译这种感觉？如何获得存在于埃尔金大理石雕塑[61] 或印度湿婆[62] 造像之中的那种凝固的动态？我始终觉得，这种直观性比19世纪的装饰风格更具力量，那些东西似乎都与我们这个时代毫不相干了，它们在过去有意义，现在对我来说已经没有了。取而代之的是什么呢？我在绘画里找到了答案，我发现自己被德·库宁[63] 的笔触或是那些伟大的画作所打动。昨天，我们看了在学院美术馆（Gelleria dell Accademia）

61　埃尔金大理石雕塑（The Elgin Marbles）：古希腊帕特农神庙（Parthenon）的部分雕刻和建筑残件，迄今有两千五百多年的历史，现存大英博物馆。

62　湿婆：与梵天和毗湿奴并称为印度教三大主神。湿婆的地位是毁灭者，兼具生殖与毁灭、创造与破坏双重性格。

63　威廉·德·库宁（Willem de Kooning）：荷兰籍美国画家，抽象表现主义的灵魂人物之一，新行动画派的大师之一。

里展出的达·芬奇手绘原稿，馆长让我们坐得离它们这么近。你知道，那是数世纪流传下来的极具力量的东西。所以，这正是灵感，正是我在探寻的东西。我是说，我的激情在于，去尝试并弄清楚如何运用砖墙和灰泥实现那种直观性。

奥布里斯特：也许你能再多聊聊鲁玛中心/阿尔勒创意公园（LUMA/Parc des Ateliers）那个了不起的高塔，其核心，或者说中心点是什么？你说过它与阿尔卑斯山脉和凡·高有着某种关联。

盖里：提及具体的艺术家，说我因这个或那个而受到启发，都是很危险的，因为这样必定会引来质疑，你会说凡·高的画作比那个好一百万倍。所以我可不想僭越。

至于我的灵感，首先，这是一个已经瓦解的产业综合体。我是说，它有过鼎盛的时候，如今却有些陈旧凄凉了，正由于一个宏伟的目标而重组。它有其自身的美感，你可以随意装饰它，弄得像这个房间一样，但那不会非常……首先，这么做会非常昂贵，它会很过时，而且在我看来，也不会富有成效。很多艺术品在工业建筑物中展出，并且留存了下来，像是马萨诸塞当代艺术博物馆（Massachusetts Museum of Contemporary Art, MASS MoCA），或是我做的"临时的当代性"[64]。大多数艺术家工作室都在工业建筑物里，通常作品在他们的工作室比在那些无菌的画廊里看起来更好。

所以我更倾向于顺其自然。我真的去观察工业材料。我很

---

64 "临时的当代性"（Temporary Contemporary）：现为洛杉矶当代艺术博物馆的杰芬当代艺术馆（The Geffen Contemporary）。

着迷于这种铝材，大概近十年来，我都留着小块的铝片，但一直没机会把它用在建筑上，它主要用于军用悍马车的防爆，还没有进入普通建筑行业。玛雅·霍夫曼[65]看到我在试验它，也很喜欢这种材料。就其韧性和特征而言，它很适合工业项目。因此我们开始将其作为外部材料进行试验。它很轻，给人一种大规模的感觉，却不需要支付高昂的价格。所有建筑物的外表面之下都有保温层，所以它不是为了防水，而是为了保护内表面。我们开始试验它是否可以用于这个建筑，至今还在做，没有完全结束，但慢慢地在实现。我不知道还能怎么解释，我说明白了吗？

奥布里斯特：我一直在思考"生命有机体"这个概念。我记得玛雅说，这种生命有机体概念某种意义上是对整个项目的有力隐喻，就此，我想听听你的想法。弗里曼·戴森[66]在2000年1月1日说，第三个千禧年将属于生物学。我们现在有这么多科学发明，有合成生物学，我们所处的越来越像是一个生物学驱动的时代。长期以来，生物、有机的元素和形式在你的作品中就很普遍，我指的是从很明显的动物形状，如鱼类，到更加细微的组织事物的方式，也许还涉及生物系统。我想请你谈谈生命有机体这个概念，以及为了这一概念的可行性，如何把握形式和功能之间的平衡？更进一步，为了这种可行性，项目中的

---

65 玛雅·霍夫曼（Maja Hoffmann，1956—）：艺术收藏家、艺术赞助人、纪录片导演和企业家，是鲁玛基金会的创始人。

66 弗里曼·戴森（Freeman Dyson，1923—）：英裔美籍数学家、物理学家。

元素要如何组合？

盖里：嗯，当你谈论生命有机体的时候，对我来说，你在谈论的或多或少关于人性，而人性并不完美。而某种程度上，我们所做的始终是在发展中的作品，它不是有限的、已完成的终结，而是开始。现在，讽刺的是，这些细胞可能产生生命有机体，我们不知道它们内部会发生什么。我们正在研究的，是生成某物到底意味着什么。具体到这个建筑物，我们无法控制会发生什么。显然，这些小的地方会留住水，一旦有了水，生命就会在里面成长，我希望不是蚊子，不过……我们正在研究所有的可能性，在正式投入使用之前，我们会搞明白的。

但我觉得，问题在于不要把建筑物弄得太讲究。我想大多数人都有体会，一旦你太过珍视某物，你就会觉得，随着时间流逝，你无法对它做任何事，你被卡在那儿了。我们的文化热衷于保存，这似乎与我们的现实生活背道而驰——我们的日常生活具有临时性和运动性，会更快速、更频繁地进出某个地方……所以建筑物不应该变得那么矫饰。

对于装饰细部、材料和建造方式，我完全是在寻找那种直观性。这个你可以移动；如果你需要在这里放一个灯，你可以凿一个洞。它是开放的，我觉得，于我而言，这代表着对他人的尊重，尊重与你共同生活的人，还有即将使用这个建筑的人。尊重未来，你知道它会发生改变，我不希望仅仅因为我的自负，而把某人禁锢在一个人造物中。我觉得这是没必要的。我顺其自然；我想知道我的客户会如何介入，我想知道他们会如何与这个空间共处，他们会对它做什么。

当代艺术的十九副面孔

所以我试着不去设计每一件家具。我所接受的教育是来自弗兰克·劳埃德·赖特或是密斯·凡·德·罗[67]的传统，他们甚至会针对建筑物去设计椅子的摆放位置。我意识到这不是我的兴趣所在。这样的建筑很漂亮，非常漂亮，极富灵感，但住在里面没什么意思，每天面对它也没什么意思。对于建筑物作为生命有机体，我就是这么想的。

奥布里斯特：还有一个问题很想问你，就是你和文学之间的关联。之前你聊了很多关于乔伊斯[68]的话题，其实《滚石》杂志上还登载过你和嘻哈艺术家 Jay-Z 的那件趣事。

盖里：谁？

奥布里斯特：一个嘻哈艺术家，Jay-Z，好像你给他寄过乔伊斯的全集。

盖里：哦，Jay-Z。

奥布里斯特：对，显然你在告诉他，你觉得说唱基本上起源于乔伊斯。

盖里：是这么回事，在一次午宴上，我坐在他旁边。我听说他是个说唱歌手，就问他谁是第一个说唱歌手，他说是张三、李四，还有谁谁谁，我不知道他们都是谁。然后我问他，有没

---

67 路德维希·密斯·凡·德·罗（Ludwig Mies Van der Rohe，1886—1969）：德国建筑师，现代主义建筑大师之一，坚持"少即是多"的建筑设计哲学，在处理手法上主张流动空间的新概念。

68 詹姆斯·乔伊斯（James Joyce，1882—1941）：爱尔兰作家、诗人，20 世纪最伟大的作家之一，后现代文学的奠基者之一，其作品及"意识流"思想对世界文坛影响巨大。

有想过是詹姆斯·乔伊斯。他看着我，说："那是谁啊？"所以我寄了詹姆斯·乔伊斯全集给他。我找到了一段乔伊斯自己读《芬尼根守灵夜》（*Finnegans Wake*）的录音，谁都可以听到。六个月后，我遇到他，问他觉得如何。他说："哦，我还没来得及看呢。"后来我又偶然见了一个叫波诺[69]的爱尔兰年轻人，他很喜欢乔伊斯，也是 Jay-Z 的朋友。我跟他提到这件事，他就打电话给 Jay-Z，让他读这该死的东西。

但这个时候，你会想乔伊斯是从哪里学到的这种说唱风格，也许是教堂里的连祷文。没错，某种意义上那确实挺像说唱。所以说唱是有血统沿袭的。这很有意思……

奥布里斯特：我还有最后两个关于艺术项目的问题，以及几个一般的问题。有一点我非常好奇，那就是山和建筑之间的联系。约西亚·麦克尔赫尼[70] 刚在纽约策划了一个与此有关的展览，关注的是布鲁诺·陶特[71] 和赫尔曼·芬斯特林。你对此有什么看法？或许你也对芬斯特林很感兴趣？

盖里：好吧，实际上是菲利普·约翰逊介绍我认识芬斯特林的。菲利普是一个了不起的学者，有希望名留青史。他总是给我展示很多我从未听说过的东西。我有一个项目请菲利普客串了一下，他做了一个很小的宾馆。他带来那个漂亮的模型时，

---

69 波诺（Bono，1960—）：原名保罗·大卫·休森（Paul David Hewson），爱尔兰摇滚乐队 U2 的主唱兼节奏吉他手。

70 约西亚·麦克尔赫尼（Josiah McElheny，1966—）：美国雕塑家。

71 布鲁诺·陶特（Bruno Taut，1880—1938）：德国建筑师、城市规划师和作家。

我心想：“我的天哪，这家伙太棒了。”我暗自思量：“他是怎么做出这个东西的？”然后我一直问他这事儿，他极为骄傲地给了我芬斯特林的书，就是它，他只是照着做了一个。

但我必须得说，没有。芬斯特林对我的影响其实没那么大。更让我感兴趣的是埃里克·门德尔松[72]。我想知道，如果他有了我们现在使用的电脑，他会做什么。他肯定在五十年前就抢先做出了我想做的作品。他已经开始尝试在建筑中表达运动了。大家应该去看看他在波茨坦建的爱因斯坦天文台（Einstein Tower）。通过一座建筑，以及建筑所处的位置和环境，他展现了一种与周围自然环境、与所在区域互动的方式。他的作品完全与众不同，极具表现力，非常独特且兼容并包。那座建筑，那个简单的小塔，在这个意义上如此具有力量，给我很大的启发。

其实我还是学生的时候就见过门德尔松了，他来过我的学校。他非常傲慢，那是一个建筑师都趾高气昂的时代。弗兰克·劳埃德·赖特最可怕。我和家人一起去西塔里耶森[73]，从研究生院开车回来，车开到大门口，有一张横幅上说弗兰克·劳埃德·赖特在那儿。我兴奋极了。结果进去的话每个人还要收一美元，我跟他们说，算了吧，然后就走了。

奥布里斯特：精彩。我最后还有几个一般的问题。我想我已

---

72 埃里克·门德尔松（Erich Mendelsohn，1887—1953）：德国建筑师，德国建筑表现主义流派的代表人物。

73 西塔里耶森（Taliesin West）：自 1937 年起，曾是弗兰克·劳埃德·赖特的冬季住宅和学校，直至他去世的 1959 年。现在是塔里耶森建筑学院的主校区和弗兰克·劳埃德·赖特基金会所在地。

经领会了你对普鲁斯特问卷[74]的想法，我们以一个改编的普鲁斯特问卷来结束吧。我想知道，你梦想的幸福是什么？

盖里：嗯，是此刻，不是未来，而是当下，现在。我现在不太舒服，因为感冒了，但我很喜欢这些人并享受所处的环境，当然还有来这里参加双年展，可以见到很多建筑师和朋友。这就是幸福。

奥布里斯特：偶然性起到了什么样的作用？

盖里：嗯，我迎接所有偶然性，因为，就像我之前说的，它是在我去做一个建筑时，对于所面临的问题的直观反应。

奥布里斯特：你的座右铭是什么？

盖里：座右铭？我没有座右铭，但我有信奉的事情。作为一个建筑师，我信奉责任。我是说，建筑是服务业。我最近跟一群科学家见面，就是这么说的。他们说科学也是服务业。所以我们就像是米开朗基罗和尤利乌斯教皇[75]，我们接受委托做事，所以对委托人需要保有尊重。同时，你必须选择你想要合作的委托人。

另外还要尊重他们对特定项目的资金限制。对我来说，这是一件非常重要的事情。能够达成这一点，并且在这些限制下

---

74 普鲁斯特问卷（Proust Questionnaire）：由一系列问题组成，问题包括被提问者的生活、思想、价值观及人生经验等。因著作《追忆逝水年华》而闻名的马塞尔·普鲁斯特并不是这份问卷的发明者，但这份问卷因为他特别的答案而出名，并在当年时髦的巴黎人沙龙中颇为流行。

75 教皇尤利乌斯二世（Pope Julius II，1443—1513）：1503—1513 年在位，是米开朗基罗的委托人。

　　　　　　　　　　　　　　　当代艺术的十九副面孔

完成一个有趣的建筑，我引以为豪。

还有就是交付的东西在技术上要可以实现。

所以在某种程度上这是我的座右铭，或者说道德观。

奥布里斯特：什么是理应改变的？什么应该改变？

盖里：在这个世界上，什么应该改变？太多了。我们刚刚经历过一次历史的重演。如果你读过《罗马帝国衰亡史》(*The Decline and Fall of the Roman Empire*)，会看到每五十年就有一个新的君主上台。他们创造游戏规则，他们发动战争，历史上不断发生这样的事。现在依然是这样，我们在伊拉克花了数十亿美元，如果这些钱像马歇尔计划[76]一样用于帮助伊拉克人，会更有效率。我们的所作所为让人们更加憎恨我们。

所以，仇恨的产生看起来已非常普遍。在美国，面对"茶党"，还有一直不消停的乱七八糟的东西，你会想要知道自己应该怎么做。如果莎拉·佩林[77]成了总统，美国人应该怎么办？我会回加拿大。

奥布里斯特：丹·格雷厄姆[78]曾经跟我说，绝不应该轻视加

---

76 马歇尔计划（Marshall Plan）：官方名称为欧洲复兴计划（European Recovery Program），是第二次世界大战结束后美国对被战争破坏的西欧各国进行经济援助、协助重建的计划，对欧洲国家的发展和世界政治格局产生了深远的影响。

77 莎拉·佩林（Sarah Palin）：美国政治人物，曾任阿拉斯加州州长，2008年美国总统大选时是副总统候选人。

78 丹·格雷厄姆（Dan Graham, 1942—）：美国艺术家、作家、策展人，创作横跨影像、电影、表演艺术、摄影、建筑和音乐剧，以及玻璃和镜子结构。

拿大。

你最小和最大的作品分别是什么？

盖里：嗯，最小的作品当然是珠宝，因为它确实很小。我觉得最大的作品是不断工作，继续活下去。对我来说，有效维持事务所的合作团队也很重要。

奥布里斯特：伦佐·皮亚诺曾说，他喜欢你的建筑物中所蕴含的能量，这种能量是什么？

盖里：好吧，能量是我们彼此交换的那种正面的东西。你所做的、所说的，过了很多年仍能引起别人思考，这就是能量，它非常重要。

奥布里斯特：你从旅行中学到了什么？

盖里：我学到了时差反应。

奥布里斯特：政治和建筑是交织在一起的吗？

盖里：是的，这不可避免。我说过，现代城市的杂乱无序反映了我们的政治，反映了自由、民主——每个人都有权利做自己的事，好的想法，坏的想法，还有其他一些东西，形成一种杂乱的组合。但我觉得这是很积极的，并且我们应该从中吸收能量，因为这就是我们存在的方式。它反映了我们是谁，反映了我们的状态。

我们也不是一直都喜欢这样，很多时候也会拒绝。我很喜欢这种对于自身和文化的拒绝接受。

奥布里斯特：你听得最多的是哪类音乐？

盖里：哦，古典音乐比较多。最近在听《鹅妈妈》，拉威尔的。我常和年轻作曲家一起玩，当然有些也不那么年轻了。

奥布里斯特：比如托马斯·阿迪斯[79]？

盖里：托马斯，没错，还有艾萨–帕克·萨洛宁[80]和马格尼丝·林蒂博格[81]。

奥布里斯特：你最喜欢的颜色是什么？

盖里：蓝色。

奥布里斯特：椅子的作用什么？

盖里：啊，椅子是设计思想的精华，因为要制作出一把完美的椅子实在是太难了。它必须结构上是完美的，触觉上是完美的，舒适度也是完美的，看起来赏心悦目，还得是能承重的，它必须满足需求，并且它始终是……可拆卸、可堆叠的。想想当你设计一把椅子的时候，关于这些你有了很棒的想法，你去工厂，和那些家伙见面，大家都很高兴，每个人都很兴奋，然后他们说："哦，它没法叠起来，抱歉。"

奥布里斯特：最后一个问题：你在21世纪的梦想是什么？

盖里：嗯，我想活得稍微长一点。很多朋友渐渐离我而去，我有些惶恐不安。如果我们之前谈论的所有不好的事情都可以从我们的生活中擦除，那也挺好的。

79　托马斯·阿迪斯（Thomas Adès，1971—）：英国作曲家、钢琴家、指挥家。

80　艾萨–帕克·萨洛宁（Esa-Pekka Salonen，1958—）：芬兰管弦乐队指挥、作曲家。

81　马格尼丝·林蒂博格（Magnus Lindberg，1958—）：芬兰指挥家、作曲家。

7

格哈德·里希特
Gerhard Richter

我在 1985 年见到格哈德·里希特的时候，才十七岁，从此我一直在同里希特对话，并从他那里受益匪浅——如何做书，如何做展览，如何思考艺术。他就像是我的导师。我们初次开始较正式的录音对话时，我想："我该准备些什么呢？"里希特时常接受采访，也常常被撰文研究，他自己也会写作。每当与艺术家进行录音对话的时候，我都想阅读他们已经读过或讨论过的内容，还有他们曾经接受的每一次采访，因为我想尝试探讨之前尚未谈及的主题。

　　因此这次对于里希特的采访，我关注的是建筑师里希特，以及对序列和周期感兴趣的艺术家里希特。我们还谈到了他所有的著作，这是他（当然还有许多艺术家和建筑师）的艺术实践中常常被忽视的重要部分。我们经由这个角度探讨了他所有的创作，使这次对话有别于他之前接受过的所有采访……

日常的绘画实践

汉斯·乌尔里希·奥布里斯特（以下简称奥布里斯特）：你曾经对"1962 年以来的笔记"存在诸多疑虑，尽管如此，你还是同意把它印在书里（《日常的绘画实践：1962—1993》[*The Daily Practice of Painting: Writings 1962—1993*]，1995）。

格哈德·里希特（以下简称里希特）：对，内容都挺说教的，而且有些生硬。

奥布里斯特：开篇是这样："绘画的最初冲动……源自对交流的需求。"

里希特：这话当然没错，不过有点老生常谈。

奥布里斯特：在同一篇文章中，你断然将自己与"为艺术而艺术"划清了界线。为了与之对抗，你强调了内容的概念——不是强加的内容，也不是偷偷摸摸渗透进来的内容，而是今天常听到的那些内容。

里希特：那是 20 世纪 50 年代民主德国时兴的观念，是一种对堕落的资产阶级艺术的例行辱骂。我试图通过各种方式深化艺术不能"为艺术而艺术"这一概念，艺术必须用于交流，我后来用不同的方式表达过同样的意思。

奥布里斯特：从一个文本到另一个文本的重复，显示出你思想中的某些基本构架，例如你对意识形态的反感。

里希特：那大概是与生俱来的。在十六七岁的时候，我就确信上帝是不存在的——对于接受基督教教育的我来说，这一发现让人恐慌。从那个时候开始，我彻底形成了对所有信仰和意识形态的根本性反感。

奥布里斯特：就像是一条红线，可以说它贯穿了所有的文本。

里希特：还有这样一种认识，即我们需要信仰——我有时将其称为一种狂热，一种我们赖以生存的幻觉，或者一种原始的动力。同时，我们本质上与动物并无二致，并不存在自由或是自由意志——这种通俗唯物主义观点没有直接体现在文本中，但这些信念很早就确立了。

奥布里斯特：听起来像宿命论。

里希特：也许是，但对我来说，重要的是这种宿命论或消极主义、悲观主义在生活中是一种行之有效的策略。它有着非常积极的一面，因为这样的话，就不会再空有那么多的梦幻泡影了。

奥布里斯特：让我们感到绝望，或者感到无法逃避？

里希特：两者都有，可以让我们感觉舒服一点，让我们去创造希望。

奥布里斯特：所以，希望是另一条红线？

里希特：我始终心怀希望。我们越少欺骗自己，看待事物的方式就越加悲观和宿命。不再骗自己说我们具有自由意志，不再骗自己说通过我们的意志可以将一支铅笔从左边移到右边，我们就越能做到不屈服于错误的信念。

奥布里斯特：展览"与波普一起生活：资本主义的现实主义展示"（Life with Pop: Demonstration for Capitalist Realism）的媒体邀请，清楚地说明这是一次特别的事件，一次偶发事件。

里希特：而不是一场艺术运动的开幕式。

奥布里斯特：更像是对所有"主义"的一次戏仿。

里希特：也许吧。

奥布里斯特：在你的谈话和文本之中，尤其是在和本雅明·布赫洛的对谈中，"现成品"这个词一再出现。在最近的笔记和访谈中，你也将"抽象画"（"抽象画"〔Abstraktes Bild〕系列，1966年开始）称为现成品。这近乎杜尚将现成概念扩展到整个宇宙的说法了。

里希特：我的确信奉这种高于一切的现成品，因为如果你将其仅仅局限于艺术的范围，它会变得肤浅滑稽，只停留于说明性的层面，（皮耶罗·曼佐尼[1]的）《世界的基座》就是一个实例。

1　皮耶罗·曼佐尼（Piero Manzoni, 1933—1963）：意大利艺术家，其雕塑作品《世界的基座》（*Base of the World*，1961）是一个倒置的基座，代表着世界、地球就是基座上的材料，山、河流、空气，包括你我，都是他作品的一部分。

奥布里斯特：除了"资本主义的现实主义展示"，还有其他的类似项目尚未实现吗？

里希特：有很多。在巴黎老佛爷百货的屋顶上，我们想要搭起一张阿尔卑斯山的照片，剪出天际线，这样巴黎就能拥有自己的阿尔卑斯山了。尼安德特地区有迷人的景致，我们想用大巴把大家带到那里，然后宣布："这里就是我们的作品。"后来有人这么做了。

奥布里斯特：一方面，对波普艺术的引用无处不在——把现有的和可用的图像从语境中截取出来，进行挪用、重组；但另一方面，"展示"展也显示了其与偶发艺术和行动主义之间的联系。

里希特：那就是当时最吸引我的地方。比如，我们曾特别喜欢一个主意，那就是举办一次利希滕斯坦[2]的画展，所有展出的画作都由我们自己画。但最后发现工作量太大了。

奥布里斯特：这种对作者身份和创作才能的质疑，导致很多人开始尝试解构现代主义对原创性和作者权的主张，未经允许就直接挪用他人的作品。

里希特：非常不负责任，特别是如果一个人终生都以此为基础进行创作的话。作为一个样本，尝试一下，我倒可以理解。

奥布里斯特：当时你是怎么看待波普艺术的，你已经开始与其保持距离，还是参与了那场采纳或挪用它的运动？

里希特：我的距离大多事关"好""坏"，无论如何，这个概

2　罗伊·利希滕斯坦（Roy Lichtenstein，1923—）：美国艺术家，波普艺术大师。

念并没有长时间吸引我。什么都没有改变，的确。我始终觉得有些作品很差，有些作品也不是很好，最好的是沃霍尔、利希滕斯坦和克拉斯·奥尔登堡的。现在依然是这样。

奥布里斯特："资本主义的现实主义展示"是在实践一种冒险策略：它近乎让艺术融入其社会或政治语境中，而这种融合要么表现为消失，要么表现为冲突。说到语境融合，那次偶发艺术展览诞生在家具店里，但没有改变其现有的陈列。艺术与现有语境融合，但绝不意味着艺术融入了生活的语境。

里希特：是的，我们相当于在玩火——为了搞明白在摧毁艺术方面究竟能走多远。但原则上，我从来没有让绘画或艺术融入其他任何东西的野心。那种激进主义对我来说毫无意义，尽管在当时，大多数人都视激进主义为终极要义。

奥布里斯特：视其为一种品质的标准？

里希特：艺术是最重要的品质。所以我后来在为汉诺威（Hanover）写的文章《波尔克／里希特》（Polke/Richter）里调侃了这一切（"波尔克／里希特"，h 画廊［Galerie h］，汉诺威，1966），我说自己是个保守派，我喜欢拉斐尔，喜欢漂亮的画作。

奥布里斯特：那时你意识到这些不同的立场了吗？

里希特：是的，当然意识到了，并且有时候，我还因为不够激进而心怀愧疚。

奥布里斯特："资本主义的现实主义展示"还不够激进吗？

里希特：当你做类似事情的时候，你往往激动兴奋，就那么做了。但之后当你再次创作作品时，或者仔细想想别人有多激进时——波洛克³的滴画，卡尔·安德烈⁴的金属板，或是阿尔曼⁵和他的箱子——才知道那才是激进的。我从不觉得自己激进，我一直在画画。

奥布里斯特：尽管你与西格玛尔·波尔克⁶、费舍⁷持续地进行着对话，彼此交流信息，但从未以艺术风格和语言组构起正式的团体。

里希特：这种合作是相当慎重的。除非是极少数的特殊情况，我们才会一起共事，组成某种临时团体；其他时候我们互相较量。

奥布里斯特：这段文字是从报纸上摘录出来的，来自一幅为弗里德里希和达勒姆画廊（Galerie Friedrich & Dahlem，慕尼黑）制作的海报。

里希特：现在看来它是一件现成品，不是吗？

奥布里斯特：据我所知，这是你仅有的文本现成品，除了在

3　杰克逊·波洛克（Jackson Pollock, 1912—1956）：美国画家，抽象表现主义绘画大师，行动绘画的先驱。

4　卡尔·安德烈（Carl Andre, 1935—）：美国当代艺术家，极简主义艺术的代表人物之一，重新定义了当代雕塑。

5　阿尔曼（Arman, 1928—2005）：法国出生的美国艺术家，最著名的是"集成艺术"和垃圾箱艺术。

6　西格玛尔·波尔克（Sigmar Polke, 1941—2010）：德国画家、摄影师，和里希特、康拉德·费舍共同发起了昙花一现的"资本主义现实主义"（Capitalist Realist）运动，对波普消费主义进行德式探索。

7　康拉德·费舍（Konrad Fischer, 1939—1996）：即康拉德·卢埃格（Konrad Lueg），德国艺术家，费舍是其作为画廊主的名字。

h画廊目录里用"佩利·罗丹"[8]的文本进行的拼接，以及在赫措根拉特[9]著作中的非陈述。

里希特：对我来说它仅仅类似一张现成的照片。但我觉得没人会特别激动，因为它只是出现在海报上，说没就没了。后来我经常做这种文本或文本蒙太奇的试验。

奥布里斯特：你是怎么想到用"佩利·罗丹"进行文本拼贴的？

里希特：我们读了那个故事，它所有关于外星球的理念都和20世纪60年代乌托邦式的天真吻合。这种非艺术的、大众流行的特质——伴随着照片、期刊，有着波普的面向。这在今天是完全无法想象的。

奥布里斯特：另一个荒诞主义文本是波尔克虚构的里希特和思韦茨（Thwaites）自1964年开始的访谈。"波普画家"一词出现了——其中是有着讽刺意味，还是你们那时都将自己定义为波普艺术的德国代表？

里希特：这有讽刺意味，那时我们正试图和波普保持距离。只有在最初的时候，我们还天真地与康拉德·费舍一起到画廊转悠，像是索纳班画廊（Sonnabend Gallery），还有伊莉斯·克莱尔特画廊（Iris Clert Gallery），并且宣称："我们是德国的波普艺术家。"

奥布里斯特：但是对现有图像和文本的使用是否受到波普的

8　佩利·罗丹（Perry Rhodan）：德国同名科幻小说系列里的英雄人物。

9　沃尔夫·赫措根拉特（Wulf Herzogenrath, 1944—）：德国艺术史学者、策展人。

影响？波普将那些可用的流行图像从其语境中释放出来，并以一种全新的方式来观看它们，将其视为新的组合中的图片。

里希特：是的，当然，但或许也可以将其视作一种由来已久的实践——借用某物，然后将其置于新的语境，诸如此类。其实没什么新鲜的。

奥布里斯特：在你的文本和采访中，"非定形"这个词反复出现。你没有断然排斥它，但在非定形艺术 [10] 和现实主义之间划出了一条清晰的界线。同时，你的作品是针对非定形艺术和塔希主义的某种反应，他们那种风格主义和矫饰主义的游戏在当时占主导地位，而非定形艺术和塔希主义源于自动主义 [11]——"非定形"，即代表着对这种潜力的发掘。现在对你而言，"非定形"这个词意味着什么呢？

里希特：在我看来，塔希主义、行动绘画 [12]、非定形艺术，还有其他的艺术家，全都是非定形运动的一部分，非定形运动也涵盖很多其他方面。我觉得博伊斯身上也有非定形元素；不

10　非定形艺术（Art Informel）：德国非定形绘画的根本概念基本同于法国的"塔希主义"（Tachist），主张画家应挣脱环境的影响。对于非定形艺术家来说，最重要的是形成高度个性化和自主化的视觉语言。

11　自动主义（automatism）：超现实主义画家的创作方法，被认为是可以排除做作、开启画家个性深处创作本能的一种手段。

12　行动绘画（Action Painting）：20世纪40年代中期出现在纽约，也称抽象表现主义、塔希主义、滴色主义，50年代风靡美国画坛并波及欧洲。波洛克为创始人。

过一切都始自杜尚和他的"偶然性",或者蒙德里安[13],或者印象派。非定形艺术与古典主义的构造性相对立,后者来自具有明显等级划分的王权时代。

奥布里斯特:所以在这种语境下,你仍然视自己为一位非定形艺术家?

里希特:没错,大体上是这样。非定形的时代还没有开始。

奥布里斯特:那这幅风景画呢?(用手指了一下)

里希特:这是非定形,尽管整个结构看上去相当怀旧。

奥布里斯特:尽管没有超前的理念,没有中心主旨,也没有滥用"偶然"。在你的画中,偶然性绝不会起决定作用,最多也就是抛出问题。

里希特:它是现成的对象,你可以选择、改编,甚至破坏它,但掌握控制权的始终是你。产生偶然事件的过程是可以按照你喜欢的方式提前策划和仔细考虑的。

奥布里斯特:你谈到过普通人拍摄的照片,以及它们作为礼拜对象(cult object)的功能。平淡乏味的源图像显示出了让人意想不到的、持久的、普遍的形象化特性。你提及这个观点的时候,是否在探究非法图片合法化的可能性——像是皮埃尔·布尔迪厄[14]所说的那种"非法艺术"(illegitimate art)?

---

13 彼埃·蒙德里安(Piet Cornelies Mondrian, 1872—1944):荷兰画家,风格派代表人物,几何抽象画派的先驱,对后世的建筑、设计等影响很大。

14 皮埃尔·布尔迪厄(Pierre Bourdieu, 1930—2002):法国社会学家、人类学家、哲学家、公共知识分子,当代法国最具国际性影响的思想大师之一。

里希特：人们虔诚地悬挂或布置在家里的摄影才是合法的图像，我们有时将它用作艺术，那倒可能是非法的。

奥布里斯特：在同一篇笔记中，你也提到，一张照片可以看作是一幅图像，没有高低之分，也没有仪式摄影和艺术这样的类别。这是你和波尔克之间的重要分歧，你拒绝进行暗房处理，是吗？

里希特：主要是技术、形式上的区别，并没有那么重要。我只是不喜欢待在暗房里。不过回到合法化的问题：使快照的形式太过接近现成品可能也是所谓非法的艺术。摄影是现成品，只是因为与煞费苦心手绘的画作相比，它们太容易生产了；对于现成品，你只需要去挑选它们。这样的区分是很不牢靠的，因为结果可能是，根本没有现成品这回事。它们都只是图片，只不过有的对多数人有价值，有的对少数人有价值；有的在很长一段时间都依然具有吸引力，有的则只能持续几秒钟；有的不值钱，有的则价值连城。

奥布里斯特：所以拍快照的人是艺术家。

里希特：是的。在画小官员鲁迪叔叔（《鲁迪叔叔》[*Onkel Rudi*]，1965）的时候，我实际上并未完成它：当那么两三个人把鲁迪用玻璃装裱起来，把它靠在侧板或挂在墙上的时候，真正的艺术作品才算完成。我所完成的部分，只是通过画出某物而赋予它更多的普遍性。

奥布里斯特：这种置换让它成为典型？

里希特：是的，并且模糊处理是快速完成的唯一方式。照相写实主义后来把照片描绘得过分讲究和精细。我没有耐心做到那样，并且其中还有一些让人分心的感性因素发挥作用：一是大型的计划，二是愿意付出劳动力。实际上为了达到那种看上去"完全像是一张照片"的神奇效果，需要花费一整年的时间。我想通过降低生产价值来避免这些。你可以看明白照片的内容，但它并不是被费力地模仿和复制出来的。这个方法很有效，图片基本上与摄影类似，但看起来又不像是照片的翻印。

奥布里斯特：你还提到了摄影作为素描或维米尔用过的相机暗箱，在制作图像的初期所起的作用。这颠覆了摄影的至高地位，它曾经被认为打破了藩篱，带来了现代主义。而你只是将摄影理所应当地用于制作图像。

里希特：这是传统绘画实践中的第一步。在过去，画家到户外写生。我们则是拍摄快照。这也意味着与严肃对待摄影的倾向背道而驰，所有那种"二手世界"的说法，我觉得都不重要。许多评论家认为我的艺术是对当代生活的批判，批判现实生活脱离了直接的经验。但我从来没有这个意思。

奥布里斯特：相机裁切了一幅图像。它并没有给出唯一的、绝对的图像，被选择的局部图像，既可以向前拉进，也可以往后推远。

里希特：人们常说我画的好像都只是局部细节。可能是这样，我不太知道为什么，也许是我已经视之为理所当然，也许其本意是指涉某种不确定的、开放的特质：四边裁剪过的图片能展现的永远只有局部和细节。

奥布里斯特：并且每一次都只是众多可能性中的一个。

里希特：当然也有超出这些可能性的例外——像是贝蒂的肖

像画（《贝蒂》[*Betty*]，1988），或是埃玛的裸体像（《埃玛［楼梯上的裸体］》[*Ema (Akt auf einer Treppe)*]，1966）。那些作品近乎杰作，如果它们不是的话，只是因为我知道那是不适合的；也许，它仅仅像是对某件杰作的一次引用。但理论上讲，所有的东西都是细节。

奥布里斯特：《贝蒂》和《埃玛》在渐渐具有杰作的地位。我还想到了《教堂一角》（*Domecke*，1987）那幅作品。

里希特：不过灰色绘画系列（Graue Bilder，1968年开始）也可以成为杰作，它悬挂的方式，让它在美术馆墙面上看着像杰作。

奥布里斯特：其他的"抽象画"呢？

里希特：我可能也会加上《雅努斯》（*Janus*，1983）和《朱诺》（*Juno*，1983）这些画，但也许只是因为它们的名字比较好听。有一些类似的杰作吧。

奥布里斯特：杰作与轶事、细节和序列完全对立。一方面，你谈到绝对绘画的不可能性；另一方面，你又再次提出了杰作的概念。

里希特：也许杰作就是人始终努力追求的东西，只是它永远由许多因素决定。杰作似乎远远超乎时间之外，不是个人通过努力就可以获得的。

奥布里斯特：在格林兄弟的《德语大词典》里，"杰作"被定义为"一幅杰出的、艺术上完美的绘画"。在亚历山大·杜尔纳[15]的《超越艺术》(*Überwindung der Kunst*, 1947)一书中，他提到了一个调查，旨在找到一个标准去定义最受欢迎的图片，结论是成像。人们根据以下标准购买彩色复制品和海报：一是图像深度——一个源自中心透视的概念；二是叙事内容。

里希特：凡·高的《向日葵》(*Sunflowers*)这两点都不具备。在这个例子中，似乎最重要的在于它是"文森特·凡·高的故事"。对于杰作的讨论都是相对的，事实上，我们现在视为杰作的绘画很可能是他们那个时代一件极为普通的艺术消费品。

奥布里斯特：即使在达·芬奇还活着的时候，《蒙娜丽莎》就已经有其灵晕。这种对作品持久品质的预感是很普遍的现象。

里希特：但在那个时代，"大师"这个词本身具有不一样的含义，它更多与手工艺有关。

奥布里斯特：在伦敦，贝蒂肖像画一下子具有了持久、普遍、几乎是绝对的品质；让人好奇的是，就像地铁上的广告一样，它拥有了更广泛的受众。杰作总是具有这样的活力，你可以说它是，也可以说它不是。它是唯一的，同时又是普遍的。

里希特：它稍稍经过了历史或怀旧效果的折射。

奥布里斯特：关于作品和艺术家地位的讨论，对你而言非常重要。在布赫洛的采访（在格哈德·里希特画中，1988）中最为显著，你在其中再度构建了你的艺术史观点。在更早的采访中，

---

15 亚历山大·杜尔纳（Alexander Dorner, 1893—1957）：德国策展人。

你提到了巴尼特·纽曼[16]，将他视为历史的代表，而吉尔伯特与乔治双人组则是当代的代表。

里希特：巴尼特·纽曼一直非常重要。在我看来，他仅次于蒙德里安和波洛克。纽曼堪称完美，因为他创造了这些庞大的、明确的、崇高的领域，而那是我永远无法做到的。他和我完全相反。

奥布里斯特：你与吉尔伯特和乔治之所以投缘，是基于那时对正常状态的共同兴趣和期盼，基于那种融入完全平凡生活的想法吗？

里希特：最重要的是，我很喜欢他们作为局外人的角色。那时，极简主义、大地艺术和观念艺术占据主导地位。我认为它们都很重要，尽管与我没什么关系。对于吉尔伯特和乔治也是一样，我喜欢他们非常怀旧的一面。他们是最早喜欢我风景画的人。我想，最让我印象深刻的，是他们那种将自身的独立性视作必然的方式。

奥布里斯特：不让图像被教条般的现代主义所束缚？

里希特：意识形态的束缚。也许我有着一种对意识形态和时尚的免疫力，因为一直以来，各种运动都与我无关：二战时期、社会主义、摇滚乐——还有所有其他的时尚，它们在思想、态度、穿着、发型等方面构成了时代精神。对我来说，这一切让人害怕，而不是让人感兴趣。

16　巴尼特·纽曼（Barnett Newman，1905—1970）：美国艺术家，抽象表现主义的重要代表之一，也是色域绘画的先锋。

奥布里斯特：你从未提及马格利特[17]。

里希特：对我而言，他太受欢迎、太漂亮了：精彩的月份牌艺术，乡村教师的艺术。《图像的背叛》（*La Trahison Des Images*，1928—1929）上面写着"这不是一只烟斗"：对我来说，那真不是一条非常重要的信息。

奥布里斯特：我觉得重要的似乎是他对事物名称的反复怀疑。

里希特：也许我排斥它是因为我已经明白，画太受欢迎的东西对我来说很危险。我是在展览上注意到这一点的：我得到了很好的反馈，从门卫到清洁女工，他们认为所有的作品都很棒，甚至包括那些"抽象画"。如果你做的东西每个人都喜欢，这实际上是一种不切实际的状况。

奥布里斯特：现代主义者对于任何"全民艺术"（art for all）的拒绝源自一种愤恨感，因为面对摄影，绘画已经失去了它所有的再现功能。

里希特：一个被误解的艺术家形象，想到这画面我就厌恶。我更喜欢那些最好的时代，像文艺复兴或是古埃及，那时艺术是社会秩序的一部分，满足当下的需求。历经苦痛、无人赏识的凡·高不是我的理想。我更喜欢居斯塔夫·库尔贝[18]。

奥布里斯特：博伊斯对你来说有多重要？

17　勒内·马格利特（René Magritte，1898—1967）：比利时超现实主义画家，画风带有明显的符号语言。

18　居斯塔夫·库尔贝（Gustave Courbet，1819—1877）：法国画家，现实主义的代表。

里希特：他主要是作为一种现象和个人对我产生影响。当我第一次看到他的作品，并没有产生很大兴趣，我觉得太古怪了。但我越来越喜欢那种正式性、经典性和普遍性。

奥布里斯特：除了马奈[19]和安格尔，你在工作室里就只挂了博伊斯的作品。

里希特：因为作为一个人，他仍然比其他人更让我着迷；他那种与众不同的光环对我来说前无古人，后无来者。其他人都太普通了。利希滕斯坦和沃霍尔我可以一眼看穿，他们从来没有博伊斯所具有的那种危险特质。

奥布里斯特：通过20世纪80年代的抽象画，你再次将偶然这一观念引入讨论。约翰·凯奇基于不确定性的方法，让偶然性发生作用。但我从未在你的作品中看到偶然性以他所诠释的那种方式发生作用，你很少连续地使用已知元素做文章，这种已知元素在观念艺术中通常是由投掷骰子决定的。

里希特：除了"色表"（Colour Charts）系列。这个系列是连续的，我将指定的颜色混合，然后随机摆放。我发现把偶然性和一个完全死板的秩序捆绑在一起很有趣。

奥布里斯特：意味着赋予偶然性一种形式。

里希特：一个建筑师曾经问我，"色表"好在什么地方——其中的艺术性是什么。我试着向他解释，我进行了大量的工作来研究正确的比例，让它看起来是对的。

---

19 爱德华·马奈（Édouard Manet，1832—1883）：法国画家，19世纪印象派的奠基人之一。

奥布里斯特：换言之，赋予它一种形式。

里希特：是的，因为还有其他可能的方式来实现这个想法。我可以不把同的颜色涂在这些饼干上，把它们扔在房间那头，那么我就通过随机的方式获得了一千零二十四种颜色。或者在"灰色绘画"中：如果我这么画是因为我想不到任何别的方式，并且无论怎么画都是毫无意义的，那么我也完全可以把颜料洒到街上，或者什么也不做。

奥布里斯特：之后的"抽象画"让人想起了将绘画作为"模型"的观念。这里面有蒙德里安式的意味吗？

里希特：这是在与布赫洛的采访中谈到的一种观念，即蒙德里安的绘画可以按照社会模型来理解，这个模型描述了一个没有等级制度的、平等主义的世界。也许正是这一观念促使我将自己的"抽象画"视作模型，它不是一个平等主义的世界，而是一个多样的、持续变化的世界。但幸运的是蒙德里安的绘画没有被解读为社会模型，其最重要的特性与此完全不同。如果（蒙德里安的）《百老汇爵士乐》（*Broadway Boogie-Woogie*，1942—1943）是一个社会模型，那就太可怕了，黄色、红色和蓝色都沿着直线齐头并进。

奥布里斯特：1973 年，罗兰·巴特写道："成为现代，是知道哪些不再可能。"

里希特：不再可能的是已经说过的一切，以及所有随之而来的实质上、形式上的蠢事，伪智的消息和不诚实的意图。如果你试图躲避这一切，最初很困难，但最终会有成效。

奥布里斯特：你曾经将这种躲避描述为"逃离"；在你更早

一些的图像中，主要指的是主题的选择。

里希特：如同博伊斯的野兔。他也总是在逃跑。我怎么说才好呢？逃离错误的信仰总是一个好的起点。

奥布里斯特：在我看来，这种逃离的观念在当今世界总是不期然地出现。这是一种面向现实的逃离：既不是怀旧式的逃往过去，也不是乌托邦式的逃向未来。

里希特：希望如此，尽管它的确制造了更多的不确定性，因为乌托邦式或怀旧式逃离者的优点在于，他们知道自己要去向哪里。

奥布里斯特：与可控的工作计划截然相反的不确定性？

里希特：基本上是这样。尽管一切看起来似乎都相当专业，但并非如此，因为它不是有计划且可控制的：它就那么发生了。

奥布里斯特：惠斯勒[20] 所说的"艺术发生了"。

里希特：或者是布伦[21] 的"下着雨，飘着雪，画着画"。

奥布里斯特：在你持续收集的照片"地图集"（Atlas，1962年始）中，也有为房间所作的草图和设计，表明你在努力为这些图片找到合适的地方，以创造一种因地制宜的效果。

里希特：这种事只在草图中行得通，因为实际执行会让人无法忍受，会修饰过度、言过其实。但设计这样的圣地，使图片

20　詹姆斯·阿博特·麦克尼尔·惠斯勒（James Abbott McNeill Whistler，1834—1903）：美国印象派画家、版画家，深受东方艺术，尤其是日本版画的影响。

21　丹尼尔·布伦（Daniel Buren，1938—）：法国当代艺术家，观念艺术的重要代表人物。

产生一种让人难以置信的整体效果还是不错的。

奥布里斯特：乌托邦空间？

里希特：并且是夸大的。

奥布里斯特：你有哪些作品是存放在公共空间的，除了在杜伊斯堡地铁站、杜塞尔多夫的裕宝银行（Hypo Bank）中的？

里希特：还有两幅大尺寸作品《维多利亚》（*Victoria I* 和 *Victoria II*，1986），在一家保险公司（办公室）里，《两条黄线》（*Two Yellow Strokes*，1980）在一个学校里。大概就是这些。还有三幅布面作品在宝马公司：《红》《黄》《蓝》，每一幅都是三米高、六米宽，是扩大了的作品，挂得相当不好。

奥布里斯特：委托作品……

里希特：是的，有时我很喜欢做委托作品，可以探索某些我自己没有发现的东西。所以，在西门子委托我做第一个《城镇景观》（*Townscape*）之后，我又做了城镇景观系列（系列，1968 年始）。知道作品要去往哪里，这样也挺好的。

奥布里斯特：不去控制作品的走向，不决定它们悬挂的地点和方式，你一直将这作为一项准则。

里希特：让它们无条件地发展，不需要预防措施。如果它们是好作品，总会找到适合的位置；如果它们不是，最后会被扔到地下室里，理当如此。想象一下贾科梅蒂定下类似那样的规定！我很高兴他并没有，因而他的雕塑每次都可以用不同的方式展出，这会儿在丹麦，那会儿在德国斯图加特。这些雕塑每次看起来都不一样，但其自身并没有改变。那些给自己创作不朽纪念碑的艺术家是些糟糕的例子，例如，某位迪芬巴赫（Diefenbach）

先生在意大利卡普里所做的，很尴尬。

奥布里斯特：也有一些正面的例子：塞甘蒂尼博物馆（Segantini Museum，1968）、罗斯科教堂（Rothko Chapel，1974），以及瓦尔特·德·玛利亚[22]的《泥屋》（*Earth Rooms*，1977）。

里希特：还有他的《闪电的原野》（*Lightning Field*，1971—1977），当然还有那些美丽的教堂——做得太棒了。

奥布里斯特：得益于它们与空间的共生关系，那些作品历经时间而不朽。

里希特：我们目前离它们还有很长一段路要走。雅尼斯·库奈里斯[23]在与博伊斯、安塞尔姆·基弗[24]和恩佐·库奇[25]的奇妙对话（《一个对话》[*Ein Gespräch*]，1986）里，谈到了建造一座教堂。这是一种比拟真实教堂的存在，有时出于艺术政治的原因而建造，当画廊和策展人想要推动某事时，他们会树立那样的人造纪念碑，全是伪杰作。

奥布里斯特：在我看来，更重要的是那些让人们参观作品的

22　瓦尔特·德·玛利亚（Walter de Maria，1935—2013）：美国艺术家、雕塑家、插画家和作曲家，20世纪60年代主要从事极简艺术、观念艺术和大地艺术。

23　雅尼斯·库奈里斯（Jannis Kounellis，1936—）：著名观念艺术家，是最具代表性的"贫穷艺术家"，以废旧品和日常材料作为艺术表现媒介。

24　安塞尔姆·基弗（Anselm Kiefer，1945—）：德国画家、雕塑家，德国新表现主义代表人物之一，被公认为德国当代最重要的艺术家。作品媒介包括稻草、粉煤灰、黏土材料、石头，以及铅铁等金属元素。

25　恩佐·库奇（Enzo Cucchi，1949—）：意大利画家，超前卫艺术代表人物，新达达主义运动成员，也是激浪派的创始人之一。

场所——就像在法兰克福的时候，我一次次去参观你关于巴德尔和迈因霍夫（Baader-Meinhof）的作品一样（《1977 年 10 月 18 日》[*October 18, 1977*]，1988）。

里希特：那倒真不是一个理想的博物馆。但我明白你的意思。

奥布里斯特：我在卡塞尔看到你的房间（《油画的房间》[*A room of paintings*]，第九届卡塞尔文献展，1992）时，我首先想知道的是，木材是不是你选择的，以及它是否承载了场馆建筑所暗含的某些东西。木材可能是预制套件的一部分，讽刺的是，它让所有事物几乎降至一个整洁的居室的水平。但与此同时，它鲜明强调了与白立方形式的决裂。

里希特：提议使用木镶板的是保罗·罗伯里奇（Paul Robbrecht）。随大溜的白墙壁是在六十或八十年前才开始使用的。

奥布里斯特：你的作品被这样从地板到天花板式悬挂，除了这里之外，我只在你自己的工作室看到过。

里希特：这只在小空间、私人领域才有效果。每当我试着在大型展览的临时隔间里这么做的时候，总是没有效果。

奥布里斯特：在卡塞尔，让我感到惊讶的是那幅花卉画（《花》[*Blumen*]，1992）。那是你在访问日本之后画的吗？

里希特：对，那次旅行可能确实产生了一些影响，也影响了那些垂直刮抹的线条画。

奥布里斯特：花卉画在你的创作中依然尤为独特。但当时它让我想到了周期循环的概念。它可能是一个起点。

里希特：自那之后我试过画花卉的照片，但没有合适的。然后我试图对着花写生，可惜依然没什么效果。我差点忘了，对我来说，为了画画而拍照片向来都没什么作用。当你不为其他目的而拍照，如果运气好的话，你会发现它成了绘画的源头。拍一张照片，其中有值得入画的特质，可能更多是出于偶然。《大教堂》(*Cathedral*)这张画也是一样，照片是我 1984 年拍的，那时我没有处在最好的状态。三年后，当我画它的时候，我继续拍了一些类似的"教堂拐角"，但没有一张可用。心态太重要了……

奥布里斯特：……属于特定时间的状态……

里希特：……并且这让你更能接受某些状况了。如果我现在去那个大教堂，我不知道该拍些什么。没有什么原因，我也不能强求。我甚至一路去了格陵兰，因为卡斯帕·大卫·弗里德里希 [26] 的《希望号的沉没》(*The Wreck of Hope*, 1824)画得很漂亮。我在那里拍了几百张照片，几乎没有一张能用。不行就是不行。

奥布里斯特：所以你很少出于"对主题的探寻"而画一幅画？

里希特：探寻主题纯粹针对专业人士。另一方面，当我在外面坐下来，差不多漫无目的，也不寻找主题的时候，忽然之间，我没有刻意找寻的东西就会出现。这种感觉很好。

奥布里斯特：花卉画尤其带来了自然的经验性实体这一问题，它不再是直接经验的自然。

里希特：因为那些花被剪下后，插到了花瓶里……

26　卡斯帕·大卫·弗里德里希 (Caspar David Friedrich, 1774—1840)：德国早期浪漫主义风景画家。

奥布里斯特：……或者因为它是经由照片而发生的。

里希特：我觉得那不太重要，因为直接面对花卉写生，并不会降低人工感。一切都是人工的。花束、照片都是人工的。没什么是新鲜的。

奥布里斯特：或者，再反过来看：自然的创造者和尼采所说的对于自然的无尽再现。画家进入自然，将其视为一幅由他创作的绘画。

里希特：这个想法不错，而且完全正确，不仅仅对于画家，对所有人都是如此。我们创造自己的自然，因为我们总是以文化上适合我们的方式看待它。我们将高山视为美丽的，尽管它们只不过是愚笨而碍事的岩石堆；或者视那些可笑的杂草为漂亮的灌木丛，在微风中轻轻摇曳：这些只是我们自身的投影，远远超出了任何实际的、功利性的价值。

奥布里斯特：你第一次使用镜子创作是什么时候？

里希特：我想是在 1981 年，在杜塞尔多夫美术馆（Kunsthalle Düsseldorf）（"乔治·巴塞利兹 [Georg Baselitz]/格哈德·里希特"，杜塞尔多夫美术馆，1981）。在那之前我为卡斯博·科尼希[27]的"西方艺术"展（"西方艺术：自 1939 年以来的当代艺术"[Westkunst: Zeitgenössische Kunst seit 1939]，莱茵厅，科隆，1981）设计了一个镜子房间，但没有建造出来。留下来的只有那个设计，房间里设计了四面镜子。

奥布里斯特：你的《钢球》（*Kugel*，1989）也号称镜子。

27　卡斯博·科尼希（Kasper König, 1943—）：德国策展人。

里希特：那些钢球很不同寻常，因为我曾经说过，球是我能想象的最荒谬的雕塑。

奥布里斯特：如果是某人自己打造的球体。

里希特：也许即便是作为一个物体也很荒谬，因为球体具有这种愚蠢的完美。我不晓得我现在为什么喜欢这一点。

镜子之所以吸引我，在于它不受任何东西的控制。一块买来的镜子，就那么挂在那里，没有任何附加的东西可以直接、即时地操纵它，只是纯粹的展示，虽然有可能变得无聊。这些镜子，在《四块玻璃》（*4 Panes of Glass*，1967）里更明显，当然也是针对杜尚的，针对他的《大玻璃》（*Large Glass*，1915—1923）。

奥布里斯特：杜尚始终都会回来，像是一个回旋镖。你站在反对《大玻璃》复杂性的立场，马上又回到了他的现成品的概念。

里希特：也许吧。但我感兴趣的是和所有那些假冒的复杂性作对。他用尘土、细线和上面的种种东西贩卖神秘，我不喜欢制造神秘。

奥布里斯特：在《四块玻璃》里，艺术行为被降低到了极小的程度。

里希特：再一次，我不得不费力去找合适的比例，得出正确的框架。因此，它不是一个现成品，比杜尚的《大玻璃》复杂多了。

奥布里斯特：因为投入了这么多的工作。

里希特：没错。有一次，我差点买了一个现成品。那是一个电动小丑娃娃，高约 1.5 米，它会站立起来，然后瘫倒在地。那时它的售价要六百多（德国）马克，我买不起，有时我很懊恼没有买下那个小丑。

奥布里斯特：你会把它就那样展出，作为一个毫不改动的现成品？

里希特：就那样。很少有事情会让我懊悔没去做，这是其中一例，不然的话我可能早就忘了。

奥布里斯特：你的工作室挂着一面小镜子，总是能看到一些最近完成的绘画映照在里面。

里希特：它的乐趣在于，相比照片，它能让图像空间更加多变，也更加受偶然性因素影响。

奥布里斯特：更加开放？

里希特：是的，这是唯一一幅看起来始终与众不同的画。可能也影射着一个事实，那就是每幅画都是一面镜子。

奥布里斯特：嘲弄现代主义的平面属性。

里希特：或者更确切地说，每一幅画都具有空间和意义，而且是一种表象和幻觉，无论它有多激进，都可以归结为现代主义者所追求的平面，就像"灰色绘画"中一样：这些表面也再次成为幻觉。

奥布里斯特：《钢球》通过反射图像空间，既是表象的接收者，也是表象的传送者。一旦它归属于君主的世俗权力，似乎就已经滚出了图像之外。

就像玩地掷球[28]一样。掷出，创造新的局面。

28　地掷球（boule）：游戏者依次将金属球滚至靠近靶球。

反对建筑的解构

奥布里斯特：十多年前我们就你自己的文集进行过一次访谈。今天我们和沃尔瑟·科尼希（Walther König）聊及此书的再版，想要增补新的文章，但矛盾的是，在上一本书之后再也没有新的文章出现。

里希特：没有，没有新文章了。不知怎的，我已经没了写作那本书的状态。我对此的确感到很震惊，我说："你不需要再写了""这种感觉的记录，你可以放在一边了"。

奥布里斯特：但在这期间也进行了一些访谈，其中一些相当长。

里希特：访谈是有，但访谈中有合作者。

奥布里斯特：我突然想到，在所有的访谈中，你很少被问及关于建筑的内容。你和建筑师进行过对话，而且也亲自建造过房屋。这些是怎么开始的？

里希特：那曾是我的一项爱好，现在也还是，被手艺和建造所吸引。修架子、橱柜、工具，或者绘制建造方案，总是有着功能性或社会性的动机。当社会发生改变，我立刻陷入一种对于建造的热情之中。我认为通过这种方式，我可以预见或者加速生活的转变，至少是以草图的形式。我住的房子就是这样一个先行的作品——先建造，再改变你的生活。

奥布里斯特：然后，它带来了变化？

里希特：是的，先有房子，然后有了家庭，房子被填满了。

奥布里斯特：有没有可能，是建筑制造了现实？

里希特：（放声大笑）对，这个房子寄托了我对社会新形势的模糊愿景。并且房子以一种非常稚拙的、具有争议的方式反对建筑的解构。它很保守：对称、一目了然、稳固。

奥布里斯特：反对当时占主流地位的解构主义。

里希特：对，并且其疯狂到今天一点都没减少。

奥布里斯特：所以这是一种反抗，针对……

里希特：……所有这种疯狂的垃圾。当然，我意识到保守立场在建筑领域自有其危险，比如安格斯[29]的建筑。当然还有很多伟大的建筑师，比如福斯特或伦佐·皮亚诺。但当我看到皮亚诺在伯尔尼建造的克利中心（Klee Centre）时，我觉得简直太可怕了，它看上去像是一个赛马场，和克利毫无关系，你可以在里面放上任何东西。可能伯尔尼有个赞助人愿意拿一亿元打水漂吧——把一切都交给建筑师也是很可怕的。根本上是这些赞助人的过失，他们不知道自己想要什么。没有限制的时候，任何人都会膨胀自大的。

奥布里斯特：但你的房子又是另一回事，因为你自己画了房子的建筑草图，你成了建筑师，虽然你雇了一个建筑师，但他只是作为顾问。

里希特：我为房子做了很多模型。在细节和整体实现方面，我需要一位建筑师，他可以告诉我，我想要的房子该怎么做。我和维特根斯坦不一样，他什么都画出来，小到最后一颗螺丝，

29　奥斯维德·马西亚斯·安格斯（Oswald Mathias Ungers, 1926—2007）：德国建筑师、建筑理论家，以理性主义设计和立方体的使用而闻名。

我对建造房子没他那么大的热情。

奥布里斯特：所以你做出指示，绘制基础的建筑方案和结构？

里希特：所有一切，每一个房间和整个底层平面图、截面、侧厅，那个美丽的对称。如果我运气好的话，永恒之物已应运而生。

现在存在着太多的解构主义建筑了。我还记得我有多讨厌盖里在毕尔巴鄂建的博物馆——后来当我亲身站在那里的时候，我的确没有很兴奋，尽管如此，它却很吸引人，有一种哀愁。

奥布里斯特：越来越多的建筑是由艺术家设计的，历史上也有很多艺术家工作室的范例，比如，胡安·米罗 [30] 在西班牙马略卡岛有一个工作室，是西班牙现代主义的拥护者荷西·马利亚·塞特 [31] 为他建造的。对你而言，要作为工作室使用的话，一个空间需要如何发挥它的功能？

里希特：得比我现在的这个更好。但不知为何，我会害怕拥有一个完美的工作室，所以我让它保留着现有的缺憾。

奥布里斯特：你家那些很高的门非常引人注目。

里希特：对，三米高。我很喜欢，这样的门绝对不会让人显得很小，相反，却让他们变得更大了。听上去可能很矛盾，因为以我一米六的身高，两个我都可以穿过了。

奥布里斯特：你家的另一个特征是对内开放，而对外封闭。

30　胡安·米罗（Joan Miró, 1893—1983）：西班牙画家、雕塑家、陶艺家、版画家，超现实主义的代表人物，是和达利齐名的 20 世纪超现实主义绘画大师之一。

31　荷西·马利亚·塞特（José Maria Sert, 1874—1945）：西班牙壁画家。

从街道上看，它几乎是隐形的……

里希特：可能现在我不太会以那种方式把自己关起来，但那时哈恩瓦尔德（Hahnwald）这片地区对我而言很难适应，我必须慢慢习惯这样的街区。

奥布里斯特：这导致了你的自我隔离？

里希特：是的，把我自己密封起来以，保持不受干扰。房子四周都是开放的。一年之后我才意识到，在那儿生活不能没有警报系统。底层有十二扇室外门，实际上并不安全，睡觉的时候很容易被打扰，所以我把它改了。

奥布里斯特：我很想知道是否有对你而言很重要的建筑师？有谁影响或激发了你的灵感吗？

里希特：没有特定的建筑师。我对建筑大体上都很有兴趣，谁建造的或什么时候建造的并不重要。当然，也有一些人，如帕拉第奥[32]，包豪斯建筑师们，还有安格斯。看起来不错的一切建筑我都有兴趣。

奥布里斯特：密斯算吗？

里希特：是的。

奥布里斯特：格罗皮乌斯呢？勒·柯布西耶呢？

里希特：格罗皮乌斯，是的。对我来说，柯布西耶有点太鲜艳、太圆润了。

奥布里斯特：在另一方面，你和建筑因展览而发生关系，你

32　安德烈亚·帕拉第奥（Andrea Palladio，1508—1580）：意大利文艺复兴时期著名的建筑师。

经常为你的画作设计展览空间。

里希特：有时纯粹是空想，但也有针对真实空间的，为了恰如其分地布置展览，尽可能以最佳的方式展示画作。

奥布里斯特：从什么时候开始的？有人早在 60 年代就已经在"地图集"里发现了这种乌托邦式的空间系列。

里希特：就是那时候开始的。这正好表明了漂亮的空间对我的吸引力。为了这个目的，在一些项目中，我坚持空间里必须有一扇窗户。像是 1986 年在杜塞尔多夫美术馆，他们为我的展览第一次开了窗户。

奥布里斯特：试图去处理柏林古根海姆博物馆非常有问题的空间方位，你也是第一个。通过凿开一扇望向街道的窗户，你的确解决了这个问题。

里希特：某种程度上，这是作品的一部分。开窗户是非常复杂的，而且因为在结构上要适应玻璃板材，所以也很昂贵。现在在杜塞尔多夫，作为北莱茵-威斯特法伦州收藏展的一部分，我再次运用了窗子，这样就能从外面看进去，但更重要的是从里面看出来。

奥布里斯特：作为"展示功能"的窗户？

里希特：我不知道那是什么意思，但我意识到，博物馆经常不希望再有窗户了，这对我而言是一个损失。那些建筑在无菌的环境中四季如春，灯火通明，因而不需要窗户。

奥布里斯特：慕尼黑伦巴赫美术馆（Lenbachhaus Museum）的地下环境正是如此，里面正陈列着你的杜塞尔多夫展。

里希特：这次太不走运了，而且让我觉得很不愉快。说实话，那根本不是建筑，就是一个火车站台，属于非建筑。正如一出真正的戏剧需要舞台，绘画也需要建筑。非常简单。

奥布里斯特：你有一些草图画的是油画、玻璃或肖像的悬挂方式；还有给美术馆的有趣指示，针对的是那些数不清的灰色绘画，画得如同无数营房，每个里面挂一幅画。绘画和空间的双向关系对你而言非常重要，你和布林奇·帕勒莫³³合作的空间是怎么形成的？

里希特：我喜欢他的墙面作品，有一次，当我到达位于慕尼黑的画廊时，他刚把墙刷成了土黄色，我完全是打趣地说道："这里缺了点东西，下次我们应该放两个雕塑。"之后我们在科隆海纳·弗里德里希（Heiner Friedrich）的画廊实现了这个想法。

奥布里斯特：玻璃也很有趣，和房间一样，它们开始于60年代，是一个经常重复出现的元素。近年来，分割的玻璃也被加进来。能聊聊这个吗？

里希特：你是说那十一块靠在墙上的玻璃？当我筹划并拉出带框架的玻璃板时，它们靠在那里就像个礼物。也就是说，这些玻璃靠在工作室的墙上，被我偶然看到。它们立在那里，直到我发现了它们。

奥布里斯特：一种现成品？

里希特：一种现成品。我出于其他目的把它们放在一边，最初也不是十一块，而是五块或六块，然后它们看起来越来越好。这是一点一点地发生的，首先有人把它们从工作室的地板搬到

33　布林奇·帕勒莫（Blinky Palermo，1943—1977）：德国抽象画家。

了合适的灯光下，接着有了适当的支撑物，随后又找出了正确的数量，最终作品完成。那时候我在等待卡斯博·科尼希，我不确定他是否会看见那十一块玻璃板，但他立刻就看到了，并且说他想要这些板子。我当然很开心。

奥布里斯特：你的一些作品与空间发生作用，实际上是对空间的回应或者批判。

里希特：比如《八块灰色》（*Acht Grau*，2002）（最初放置在柏林的古根海姆博物馆），或者是为迪亚·比肯美术馆（Dia Beacon）做的《六面灰镜子》（*6 Graue Spiegel*，2003），尽管这两件作品都是针对特定空间而形成的概念，但它们也有可能适合其他的空间。

奥布里斯特：虽然那三幅受宝马委托的油画是单独为他们的大堂创作的，那个二十五米长的线条（《笔触（红底）》[*Stroke (on Red)*]，1980）也是为索斯特（Soest）的一所学校而画，但如果将它们放在其他地方呢？还有国会大厦的那个黑色装置？

里希特：啊，可以。但那面德国国旗的比例太过极端，因而不适合放在其他任何地方。国会大厦是最适合悬挂《黑、红、金》（*Schwarz, Rot, Gold*，1999）的地方。

奥布里斯特：这面国旗有一些小的版本，还有翻版。有趣的是，这件委托作品带来了其他一些作品。

里希特：我没有被委托制作德国国旗作品。这个主题激发了我的灵感，尽管帕勒莫做过一个，贾思培·琼斯也有著名的国旗作品。我曾在我的卧室挂了一张一米乘一米版本的国旗，然而不太适合，老是得看着那种黑色、红色和金色，实在是太刺眼了。

奥布里斯特：其中存在着一种相互影响：一方面是你看到了一面旗帜，而另一方面你也能将其视作抽象的图像——来回发生作用。

里希特：是的，在柏林，国旗主题当然不会让任何人觉得刺眼，并且国会大厦那里展示的尺寸非常之大——它如此优雅，让人心情愉悦。（笑）

奥布里斯特：宝马委托的那幅油画是怎么创作出来的？

里希特：那些天我正在拍摄调色板的纹理和上面剩余的颜色，之后我把它们放大，并且画了出来。这个委托来得正合适，因为我已经在做的正好可以直接拿来用。《锶》（*STRONTIUM*）这个例子更好：当我收到赫尔佐格和德梅隆建筑事务所（Herzog & de Meuron Architekten）的委托时，我已经在绘制那个主题了，所以我正好具备了"锶"这个主题所需的完美印刷技术，以满足这种超过九米乘九米的极限尺寸。

奥布里斯特：这个作品仅仅适合那面墙吗？

里希特：不，在其他的墙上也可以。它的效果很好。比如，在杜塞尔多夫的二十世纪艺术收藏馆（K20-Kunstsammlung）里，可能比迪扬美术馆里效果更好——我只看过一张在迪扬美术馆的照片，很让人失望，它显得死气沉沉、空洞虚无，像是一件模型的照片。

奥布里斯特：在杜塞尔多夫的效果完全不是这样了无生气。那两幅"笔触"也是委托作品？

里希特：是的，我面对的是很长的墙面，觉得也许很适合画十或十二幅独特的画，所以开始朝着这个目标而创作"艺术"。但出现的只有古怪的作品，直到我想到了这两道笔触。

奥布里斯特：但两幅笔触释放了某种极端的东西，如果没有这个委托，它就不会浮现出来，这是另一个有趣的方面。

里希特：是的，没错，那个任务带来了它。当时有件事情困扰着我，那就是它和利希滕斯坦的笔触有些接近。但我的笔触更长，非常极端，因而和利希滕斯坦的完全不同，我的疑虑也随之消除。

奥布里斯特：利希滕斯坦显然是一种笔触的再现，而你的更加模棱两可。

里希特：我的两幅笔触是真实笔触的幻觉游戏，它们看上去好像只能用大刷子才能画出来。

奥布里斯特：说到建筑，我们还没有聊到教堂窗户。一年前我在这里的时候，去了科隆郊区的一个小教堂。你挂了一幅已经画好的照片在那里，那不是一个委托创作的作品。这是怎么回事？

里希特：一个很棒的印刷商送了我一张六十多年前的照片，我被它迷住了。那是一幅美国空军拍摄的科隆南部鸟瞰图，里面有着毁坏的桥梁和无数的弹坑。

奥布里斯特：让人联想到了你的城市画……

里希特：因为那些画看上去也像被轰炸过。但这张照片正好相反：因为它本身已经损坏，我得返工修整，让它看上去是一张全新的照片。然后我们做了一个翻版，给这里的教堂做了一张大幅照片。

奥布里斯特：现在你又在做一个教堂项目，是科隆大教堂的窗户装置。

里希特：是的，并且已经是一个很庞大的项目。这件作品的起点是一个图像，1974年的一张"色表"。原理还是一样：将不同的颜色随机地放入预先确定的网格里，让窗户里填满这些颜色。

奥布里斯特：纯粹由小方块构成的，和1974年的"色表"类似。

里希特：对，只是在另一个领域，不是小方格，而是这种哥特式窗户。方块大小不一样了，颜色的数量也减少了。

奥布里斯特：为什么颜色变少了？

里希特：它被限制到七十二种颜色。当然你可以生产更多颜色的玻璃，但一方面颜色之间必须能够辨别，另一方面颜色的规模也需保持平衡。也就是说，如果你有五百个色度的红，但只有一百个色度的绿，那整体的效果就会是红色的。所以我们必须探索出一种均衡的色度搭配。

奥布里斯特：我还觉察到这与那许许多多的"灰色绘画"和房间存在联系——它们都代表着一种组合艺术（ars combinatorial）。

里希特：真的吗？好吧，那个圆顶窗户是非常具体的、实际的，它处在一个非常特别的地方，这里孕育着历史，意义重大。很少有地方像这样。所有的这些都如此强势，以至于每一次在这里添置现代艺术都显得沉闷、虚伪、荒谬或媚俗。为了规避这一风险，我以非常务实的方式处理这个空间：拱顶看上去是什么样子的？它是如何被使用的？我不再想要任何特别的东西，既不描绘圣徒，也不传播福音，某种程度上甚至也不用艺术。它只是一扇灿烂、美丽的窗户。对我而言，它直到此时此刻都无比精彩、漂亮而富有价值。

奥布里斯特：不说明什么，也不象征什么？

里希特：没有那样。只想尽可能用最好的方法实现这个非常简单的计划。如果没有一个最初的蓝图的话，我自然无法产生这样的想法。但在一开始，我们针对图像试验了每一个可能的想法，随之而来的却是对众多无用想法的不满，直到偶然看到了我的一幅早期色域绘画的复制品，确实有点震惊，因为它太合适了。

奥布里斯特：然而，这很值得注意：你为一些小的教堂做过作品，现在又为科隆大教堂做这个窗户，兰斯大教堂（Reims Cathedral）的窗户也很出众。在之前的访谈中，你一直自称无神论者——在某种程度上，现在有所改变吗？

里希特：没有，在教会的意义上，我的确是一个无神论者。十五岁的时候我出于反叛被无神论吸引，二十岁的时候我离开了福音派教会，后来我意识到我无法相信基督教对上帝的看法及与之有关的一切。尽管如此，教会，尤其是基督教教会，它所表现的，所做的，所要求的和所提供的，对我而言比其他任何东西都值得信赖和有价值。这当然与基督教文化有重要的关系，与伴随我终身的那些奇妙的作品有关，也与我一生中对基督教教义的不断了解有关，它比允诺我们人间天堂的那些意识形态更有智慧。在信仰的能力方面，我发现自己对教会有更长远的依恋，对我而言，拥有信仰的能力就像能够吃喝一样必要。无论祸福，我们始终相信。正因为此，"无神论者"这个概念让我觉得过于简单化了。

奥布里斯特：《维多利亚》被挂在一家保险公司的大堂，这是一件大型抽象作品。

里希特：与其他精心安排并根据设计绘制的大幅作品相比，两幅《维多利亚》完全都是自由创作的，没有方案，也没有参考照片。确实挺轻率的，就那样画了。

奥布里斯特：这些大幅作品通常在微观和宏观元素之间摇摆，在笔触画里尤为明显，但在《战争剪报》（*War Cut*）这本书里也可以看到这种与细节的关联。我想了解这种在宏观与微观之间的来回往复。在你慕尼黑的展览里，最后一个有那件硅酸盐作品的空间形成了一个几乎自治的区域，它差不多是一个空间内的空间，这是那次展览中我最喜欢的空间。

里希特：很漂亮！这很有意义。我很痴迷这个主题，因为成像技术已经发展到你可以真正看到原子的程度，但你永远不可能看得很清楚。这让我印象深刻，因为其中存在着局限。

奥布里斯特：人无法更进一步。

里希特：人无法更进一步，其中的确存在着终点，而且看不到更多的东西了。新的质地开始显现，这的确让人着迷！事物实际上简单直接地向我们展现了它的模糊性，就像是一张小小的不清晰的照片。

奥布里斯特：作品最初的样本来自《法兰克福汇报》（*Frankfurter Allgemeine Zeitung*），你一直都从《法兰克福汇报》上获取资料吗？

里希特：（笑）好吧，是的，我就是这么使用报纸的。人们会习惯于通过它了解世上的新奇事物，即使日常中会被它们打扰，我也喜欢报纸。

奥布里斯特：《法兰克福汇报》也触发了《战争剪报》，这本书开始的时候只是一个小项目。我曾邀请你去巴黎，在那里你拍摄了你某幅作品的许多局部细节。后来发生的事很大程度上出于偶然，是吗？

里希特：嗯，是的。起初我完全不知道该怎么处理这些照片，它们躺在我的工作室里，直到伊拉克战争爆发，我读了报纸上所有关于战争的报道。

奥布里斯特：后来出于偶然的机缘，形成了了不起的构造。

里希特：是的。也许是因为新闻里描述的这一事件，就像我的抽象细节照片一样让人费解，总之，我看到了其中的联系。

奥布里斯特：之后，你花了好几个月时间调整。

里希特：起码有几个星期，直到布局浮现出来的时候，呈现出秩序感，不再混乱不堪了。很不错。

奥布里斯特：最后我们也许可以再谈谈你的工作室。事实上，你近期创作的油画和素描，已经可以算得上一个完整的展览了。

里希特：这些素描才刚刚着笔，但那十二幅绘画已经完成了。但对于这些，我很难说什么。对我来说，它们还太新鲜，有待被理解。你知道，马在马厩里待的时间长一点，才能跑得更快。我和这个系列的关系也是这样。

奥布里斯特：那么画得很快吗？

里希特：画了好几个月。而现在我不知道还应该再做点什么。它们看上去已经完成了，而且大概也没那么糟糕。

奥布里斯特：这张小幅一点的画描绘的是双子塔吗？

里希特：是的。我对"9·11事件"的关注比我之前以为的要多。那些大的作品也是关于这个主题的。也许所有这些画都与此有关，即便在其中看不到什么明显的标志。

奥布里斯特：9月11日你正在去纽约的路上，那是你上一次在纽约的展览，飞机迫降在哈利法克斯。而现在你工作室里的这些作品是为了下一次在纽约展览。这十二幅油画是你的抽象画中最为黑暗的。

里希特：除了简练的《十二月》（December）、《十一月》（November）和《一月》（January），其他的更黑暗。这些新的油画更随意，更粗略，不那么具有美感，更沉痛。双子塔的小幅油画一开始色彩斑斓，澄蓝的天空下，爆炸显得华丽而鲜艳，残骸飞溅。不应该是这样的。直到我差不多完全抹掉或刮掉这些，它才是可以接受的。

奥布里斯特：这幅画一年前就挂在这里了——它实际上既是第一幅画，也是最后一幅？

里希特：是的，没错。但对于展出这幅画，我持保留态度。一方面，它是一个完全无害的图像，小小的，毫不煽情；另一方面，它有一个很惊人的标题，《九月十一日》（The 11th of September）。我会再等等，等它可以被接受的时候，晚一点再展出它。

奥布里斯特：最后我想问你，早期未实现的项目中，有什么是你想看到它完成的吗？

里希特：建造一个新房子。实现大概四十年前我们所构想的某种乌托邦。一些完全实用的东西：鲁尔区的交通系统、欧伯卡塞尔（Oberkassel）的莱茵维森（Rheinwiesen）区域漂亮的社会福利住房。

奥布里斯特：你为社会福利住房项目做了规划草图？

里希特：是挺可爱的木制模型，很业余，但反映着很深切的信念，那就是世界能够且应该变得更好。

奥布里斯特：你已经建造了你的房子。

里希特：但现在我觉得这个房子可以更好。

奥布里斯特：你今天再做这个房子的话会有什么改变呢？

里希特：哦，我会换个地方，把地面抬高一点，让房子更加实用，把它的四个侧厅加长一米。当然还要有一个更好的工作室。

未经计划的绘画

奥布里斯特：我们能聊聊新的绘画吗……这一令人难以置信的新系列事实上是第一次展出。

里希特：这个系列有六张大幅的方形绘画。它们对我来说很特别，以至于我自己始终都无法完全理解它们。之前的计划与此完全不同，我本想根据两年前准备的照片来画，那是各种原子结构的照片，类似 2004 年的硅酸盐绘画或那幅《锶》。这些照片预示着漂亮、严肃并且有些令人不安的画作。当我开始画第一幅，将近 8 月底的时候，我失去了对它的热情，并开始毁掉这幅画，涂抹覆盖，意识不到自己希望进展的方向，就这么简单地画上去。这种毫无预期、没有方向、热情洋溢的奇特状态，一直支配着我，直到六幅画全部完成。当然，在画这些画的时候，会萌生这些绘画会是什么样子的幻想。比如，有一段时间，我觉得这些画应该是全白的，上面只有几个标记，像布面油画上的巨大标志。

奥布里斯特：所以有点像在日本展出的白色绘画？

里希特：是的，诸如此类。这种想法不断扰乱我，但总是在第二天或大概一个星期内消散。然后它又毫无"道理"或无法"理解"地愈演愈烈。所以就这方面来说，这些可能是最自由的绘画。我也没有想到这些画可能会完成——我真的无法想象最终的结果。但事实上，三个月后我就画完了。也就是说，我不能再对它们做什么了。我对此几乎感到失望。

奥布里斯特：因为突然之间感觉很空虚？

里希特：是的，也可以这么说。确实常有这样的情况：当某事完成时，你会感到解脱和不习惯。不知怎么，你就是知道它已完成。实际上没那么难。当你对其中某幅画不再有任何想法，甚至也不想把它扔到一边时，它就完成了。你想把某物扔到一边，这也是行动的一部分，是非常合理、非常健康的行为。但在我的这个例子中，"它完成了"来得出乎意料。我一直觉得，我好像必须，或者说我能够永远画下去。但像以前一样，这些画完成了，下一个问题是我不知道我面前呈现的这些画作表现的是什么，不知道如何给它们命名。你的问题对此帮助很大。你问我工作的时候听什么音乐，而我的回答是：凯奇！

奥布里斯特：然后"凯奇"就成了这些画的名字……

里希特：……回头看看，我不得不说，这个名字太贴切了。那时我刚发现凯奇的《钢琴音乐全集》(*Complete Piano Music*)，或者说重新发现了它，从那以后我几乎只听这个。大概有十二张 CD，都是和史蒂芬·施莱尔马赫[34]合作的，非常精彩。当然这样的标题与绘画的联系有点牵强，实际上它它什么都没说。它只是指引人们以特定的角度观看，找寻特定的关系和相似之处。在这方面，它比一个简单的名字更有意义。无论如何，这个标题也意味着一种致敬，表达了对他音乐的惊叹。

奥布里斯特：你长久以来一直受凯奇影响。你也说过《关于无的演讲》（*Lecture on Nothing*）让你深受感动：我无话可说，但那正是我要说的……

里希特：是的，的确是这样。有趣的是，我现在想到了一个完全不同的来源，它在视觉上与这些画有着相似性：昨天，我再次看到这张漂亮的明信片——弗朗切斯科·瓜尔迪[35]画的《灰色贡多拉》（*Laguna Grigia*），一张非常精彩的小图，我之前在米兰看到过。这样的联系带给我欣喜。

奥布里斯特：这把我们带回了威尼斯……

里希特：它就在以约翰·凯奇的方式创作的《灰色贡多拉》里。

奥布里斯特：也许我们可以多聊聊凯奇和偶然性。你常常谈到凯奇和你的作品中偶然性的概念，并且在这些未经计划的画作中，偶然性似乎再一次发挥了作用……

里希特：是的，至关重要的作用，在抽象画里也是一样。尽

---

34 史蒂芬·施莱尔马赫（Steffen Schleiermacher, 1960—）：德国作曲家、钢琴家和指挥家。

35 弗朗切斯科·瓜尔迪（Francesco Guardi, 1712—1793）：意大利画家。

　　　　　　　　　　　当代艺术的十九副面孔

管我已经具有了所有的技术经验，但当我用刮刀在画布上加一笔巨大的颜色，或者把颜色刮掉，我仍无法准确预见到它会变成什么样。惊喜总是会出现，不管是让人失望还是激动人心。对于画作的变化，我必须试着去理解，这样才能走得更远。看到或者说听到凯奇如何错综复杂、充满智慧和感受力地利用偶然性，让音乐浮现，这的确是具有典范意义的。

奥布里斯特：另外你也聊到了凯奇的准则。让你感兴趣的是偶然性只有在极为严格的准则下才能实现。在这些绘画中也是一样。

里希特：是的，否则，它们就只是一些污渍。偶然性只有经过处理，也就是说，经过淘汰、许可或显现，并且被赋予形式，才是可用的。就如同那个色表，还有现在这个圆顶窗户。

奥布里斯特：当我第一次在你的工作室看到《凯奇》（*Cage*）系列画作时，你还没有完全确定这个系列应该有五幅还是六幅画。因为似乎有五幅画之间存在着连贯性，然后第六幅画，它有点儿像是这个系列的一部分，又似乎不是……你能多谈谈这个吗？我想它们都在威尼斯展出了。

里希特：是的，五幅或六幅的问题，时间给出了答案，因为那一幅不证自明，也属于这个系列，即使表面看上去有点不同，并且有点弱于另外的五幅。某种意义上，它像是一个前言介绍。

奥布里斯特：这些新创作的画作……

里希特：更自发、更自由，少了一些预先的计划……

奥布里斯特：在这些画作中出现了一些从未存在的东西，我们可以围绕这个聊一下吗？

里希特：我很难确切表达。起初我感到很高兴，因为我慢慢意识到画作在表现什么，一切皆呈现在了那里。换句话说，在某种程度上，它们表现出的东西是真实的。但要确切描述那是什么的话，我还需要一些时间。

奥布里斯特：可能还有一个关于建构与解构的问题。有趣的是，像你很多的抽象画一样，这幅画源自一幅被破坏的图像，并且你在一本书里用照片记录下了这幅画的各个阶段。在这本书里，人们看到所有被覆盖的画面，它们已不复存在。这的确是一个极为解构性的行为，但同时带有一种希望，希望创造一个建构良好的、具有建设性的图像。

里希特：是的，这种工作方式充满了悬念，解构、建构，然后进一步解构，如此反复——这是必须的，否则什么也不会产生。只是具象画有所不同，其中建构和解构的关联没有那么明显。

奥布里斯特：你觉得这些是积极的图像吗？

里希特：……我很谨慎地觉得，是的……

奥布里斯特：那接下来会是什么？这些画作已经完成了，窥视一下未来总是挺有意思的……

里希特：我不知道！像我这般年纪，遇到全新的东西会很开心。我对此满怀期待，并且做好了准备。

奥布里斯特：最后一个问题：莱内·马利亚·里尔克写了一本有意思的小书《给青年诗人的信》，我很想知道，你对今天的年轻画家有什么建议？

里希特：（笑）不要受诱惑，不要放弃对于艺术的信仰——只有这一件事。

8

吉尔伯特与乔治双人组
Gilbert & George

我第一次拜访吉尔伯特与乔治是在他们东伦敦的房子里，那是在 1987 年，我还是个十几岁的少年。他们是我最早接触的艺术家之一，并且影响了我的人生。他们邀请我进门，回答了我事先准备的问题，关于他们的创作，他们的关键时刻。他们将自己的创作轨迹形容为"一次朝圣"。我们还谈论了活体雕塑[1]的创意。

　　他们的家和约翰·索恩爵士博物馆很像：一个工作室、一个房子、一个堆满了收藏品的地方，从花瓶到色情杂志，不一而足。聊完之后，我们总是去一家餐厅吃饭，那是附近他们最爱的餐厅，然后我们一边吃饭一边继续录音。吃饭的场所形形色色，但我们会面的节奏却始终不变。塔可夫斯基[2]说，这个世界需要仪式，吉尔伯特与乔治做到了。

1　　活体雕塑（living sculpture）：属于行为艺术的一种，是用颜料和模特创造出一种雕塑的效果，并且表演者会在一段时间内变换不同的造型。

2　　安德烈·塔可夫斯基（Andrei Tarkovsky，1932—1986）：苏联著名导演。

什么是一个好的美术馆？

汉斯·乌尔里希·奥布里斯特（以下简称奥布里斯特）：自从上次见你们之后，你们家里发生了巨大的变化，那就是哈尔（Hal）——一台像是库布里克《2001：太空漫游》里的超级电脑——的到来。

乔治：它还没运到呢。准备全都放在一个小房间里，不过一旦我们知道它是怎么工作的，会给它准备一个合适的房间。我们可能会用三号工作室。

吉尔伯特：我们现在每天都在训练——太让人兴奋了。似乎每个人都知道怎么操作一台电脑，但他们缺乏如何利用它的远见。我们很清楚自己将如何使用它。我们会将其作为一种工具，以实现自己的蓝图，所以我们也完全知道自己在干什么。

奥布里斯特：不知道我这样说对不对，电脑不会将它的程序施加于你们，但你们会让电脑按照你们的程序运行？

乔治：是的，我们用它来继续我们的艺术创作。就像我们的艺术中总是存在变化一样，我们所使用的东西也会有变化。1969 年我们刚开始画画的时候，工作室和器材与现在截然不同，但我们之后做出了改变，两年后我们再次有了变动，再往后我们又引入了色彩，器材又变了。所以现在是另一个阶段。

吉尔伯特：我们觉得这是一项与以往不同的新技术，可以让我们更快速地表达自己的想法。通常来说，我们创作作品总是太耗时费力，完全是手工劳动，那么现在，也许我们可以省下一些时间，创作更多的图片。这太好了。

奥布里斯特：你们会变成一个图片机器的。

乔治：没错，每每想到无法把内心深处的所有图片都创作出来，我们总是感到很沮丧。我们总是不得不停下来。

吉尔伯特：我们一直想把头脑中的想法直接投射到墙上，而现在我们几乎能做到了！对我们来说，这将会是完美的机器。

奥布里斯特：它是台超高分辨率的数字打印机？

乔治：是一个数字扫描系统——有满足我们需要的最先进的扫描仪。之后我们会再添置喷墨打印机，用来打印图片。

吉尔伯特：听说我们能够尝试这项技术，我们身边的年轻人惊讶极了，他们实在是太天真了。我们问他们，如果让他们来我们现在这个工作室，他们能使用旧系统创作我们那样的作品吗。毫无疑问，他们会被这一切彻底打败——他们不会知道该把哪种液体放到哪个托盘里。他们会完全一头雾水。

奥布里斯特：你们跟我说过这个极其复杂的步骤，它是一个分层的过程。

　　乔治：非常繁复。

　　吉尔伯特：三十年前，我们用放大机把影像投射到墙面上，然后通过这个作画，这在当时是很先进的。我们一直尝试利用技术，来给自己省下更多的时间，仅仅是为了让我们专注于艺术创作。

　　奥布里斯特：框架体系的网格还会存在吗？还是说数字技术带来了改变？

　　乔治：从形式上看，我们一直觉得我们的图像在某种意义上是数字的。如果你在一个美术馆里看我们的一幅图像，在一百码之外你就会认出那是我们的作品。这一点非常重要。

　　奥布里斯特：所以这确实是一个有效的体系？

　　乔治：从我们做第一幅摄影作品开始，就一直是数字的——无数小方格组合在一起构成了形态。

　　吉尔伯特：机器只能打印出一个固定的尺寸，所以我们就依照这个尺寸。我们喜欢网格结构，因为能够进行组合。尺寸再大的话，就不太可能放到配玻璃的画框里面了。

　　乔治：会有限制。我们不像那些传统艺术家，他们站在空白画布前思考要画什么。我们没有那种完全的自由。画作的运输和保存是极为重要的。你能想象如果没有覆盖上玻璃，人们会在我们的画上写些什么吗？

　　奥布里斯特：这是个反涂鸦系统！

　　乔治：没错！但记住，我们是支持涂鸦的。我们昨天去教堂的时候就是这么说的。教堂里那些可怜的人完全被这种信仰的法西斯主义所压制，我想说："他们这儿缺少一些带着喷涂罐的小子，那才是他们需要的！"数个世纪以来，每个人都如此畏惧这样。

吉尔伯特：这像是一个极权主义系统——假如你不信奉，你就永世不得轮回。

乔治：我们意识到掌权者的优越感是极具压迫性的。在西班牙或法国的小城镇过圣诞时，我们发现欧洲南部也是这样——你看到人们从教堂出来，高傲的牧师昂着头走过街道，手臂下夹着他的书，他甚至都不跟人们打招呼——他们就是那种优越感极强的、让人讨厌的类型。

奥布里斯特：2002 年，我看到你们不可思议的《脏话图片》（*Dirty Words Pictures*，1977）在蛇形画廊展出，涂鸦在那次展览上有着极为强烈的存在感。

乔治：很久之后把它们再次放到一起，真的让人意想不到。

奥布里斯特：这是一个之前没有实现的项目吗？

吉尔伯特：是的，我们尝试了很多方式来实现它。真的很困难。某种程度上，在英国的反应仍然很负面。真是难以置信。二十五年之后！对此能说什么呢？它们是历史的一部分——是经典作品。

奥布里斯特：你们现在依然会遇到阻力？

乔治：有篇评论的结尾写了一句很可怕的话，那个评论家说，他们很高兴世界和艺术自 1977 年后已发生改变。但完全不是那样的。《脏话图片》所抛出的问题像之前一样具有现实意义。

吉尔伯特：它们看上去不像是二十五年前制作的，倒像是今天完成的。

乔治：毒品问题在今日尤甚——还有警察的问题，诸如此类。

奥布里斯特：还有其他与之相似的仍未实现的作品吗？

乔治：我想我们在布鲁克林博物馆（Brooklyn Museum）的回顾展将会成为一个未完成的项目！（笑）

吉尔伯特：（笑）

乔治：一切都很顺利，阿诺德·莱曼[3]和他的策展人似乎颇以邀请到我们做展览为豪。我们建了一个巨大的美术馆模型，把整个展览设置在里面。但建好之后，事情就逐渐崩溃瓦解。他们以为我们最后选定的模型只是个开始，而不太明白那就是整个方案。之后他们来到伦敦，花两天时间过了一遍我们之前的每一幅创作，将其分成两堆，一堆"通过"，一堆"不通过"。然后我们必须从他们"通过"的这一堆里选择展览需要的。世界上再没有别的地方比这里更让人窒息了。

奥布里斯特：这种事以前从来没发生过？

乔治：没有以那种方式。

吉尔伯特：然后阿诺德回去了，试着安排其他展览地点，但他得到的都是否定的答复。我们觉得这是由于基督教原教旨主义（Christian fundamentalism）：美国的策展人很害怕触碰哪怕稍微会引起一点争议的东西，像是跟裸体或性有关的内容。他们特别害怕。

乔治：这很奇怪。他们害怕争议——他们非常保守。

3　阿诺德·莱曼（Arnold Lehman）：前任布鲁克林博物馆馆长。

奥布里斯特：他们担心失业。

吉尔伯特：阿诺德·莱曼是全世界最开明的博物馆馆长之一，但他找不到接受做这个展览的人。

乔治：他告诉我们，有些人对他特别粗鲁，他人生中还是第一次遇到这种情况，他挂了他们的电话——他忍不了他们的态度。

吉尔伯特：他们会问类似这样的问题："现在他们的作品里有女人吗？"想想看，他们在乎的是这个！

奥布里斯特：一旦你们设计了展览布局，就敲定不改了。基本上，你们将自己的展览视为完整的作品。可以这么说吗？

吉尔伯特：当然。

奥布里斯特：你们向来都是自己完成，不把工作分配给别人吗？

乔治：我们和美术馆专业人士不一样，因为他们总是希望做出一个表达其自身审美的展览，他们主要是在考虑自己的喜好。我们设置作品的时候把自己当作观看者，当作那些从来没有看过展览的人。他们来到美术馆，首先看到墙上的一幅画，然后转去左边，再到右边。我们自己在创作时经历过一次冒险，我们也试着为观众创造同样的奇遇，让展览成为他们的一次人生体验。

吉尔伯特：美术馆专业人士总是试着加入他们最喜欢的作品，但我们从来没有最喜欢的作品。我们总是用各种各样的情绪布置空间。我们安排不同的布局，比如说，尝试在一个空间里展出 20 世纪 80 年代的图像，所有元素都是黑色，诸如此类。我们这么做了之后，每当你走进一个房间，情绪都会以不同的方式受到感染。如果你不能打动普通观众，那么他们离开美术馆时将一无所获。他们不会记得与此有关的任何东西。这就是为什么我们想要把注意力放在观众身上。

奥布里斯特：在古根海姆博物馆的展览中，你们把画作大多分层摆放，创造出了极具实验性的展示方式（"吉尔伯特与乔治"[Gilbert & George]，古根海姆博物馆，纽约，1985）。关于这个，你们能多聊聊吗？

乔治：我们总是喜欢从空间入手，因为美术馆馆长们有时候邀请你，却很不好意思地说那不是一个很好的空间——他们甚至都不太喜欢自己的美术馆。但我们的方式是适应空间本来的样子。就像是人们不喜欢他人的外表，不喜欢这个人或那个人，但关键是发现那个人的有趣之处在哪里——去看他身上的哪一点有朝一日会让人爱上，无论是眼睛、头发，还是皮肤。对待美术馆也是一个道理：发现美术馆的特质，并且加以运用。有人用那种方式建造了它，一旦你从空间入手，你就可以友好地使用它。

吉尔伯特：对我们来说很简单。我们能使用任何空间，特别是复杂的空间，它们更有挑战性。基本上怎么都行。展览是在宣传人的内在感受。

乔治：而且也涉及时机的掌握。在伦敦，海沃德画廊（Hayward Gallery）至今仍然饱受争议。半数受过教育的公众都想要拆除它，其他的人则想要把它涂成白色，加上一个玻璃屋顶，或者用植物覆盖。但我们要说的是，我们爱海沃德——它太奇妙了，我们愿意按其原样使用。如果你想要别的东西，那就在别处另建一个美术馆吧。伦敦拥有如此伟大的建筑群，并没有一个总体的规划。只要在伦敦闲逛五分钟，就会看到每一个时期的房屋。我们喜欢那样，喜欢这种混乱喧嚣。

吉尔伯特：我们总是相信，一个装置必须击中观众。

乔治：简单来说，全世界的馆长和策展人大致能分成两拨：一拨考虑的是给哪个艺术家做展览；另一拨考虑的是要给那个城市或国家的群众和游客带来艺术家的哪件作品。我们做古根海姆的展览时才意识到这一点。许多记者问我们："古根海姆让你们做展览，感觉如何？"我们想："哦天哪，不是这么回事！"不是他们让我们做展览，而是我们为观众做展览。情况刚好相反，而这是至关重要的区别。

吉尔伯特：我们通常被人诟病为自我推销，但最近这类谴责似乎平息了。很荒谬，真的。每个人都必须推广他们的成果，然而说到艺术，他们就觉得你不应该这么做。如果人们喜欢它，并前来看展，好像是你的运气或者什么。但我们才不信这套。推广作品是展览的一部分。你必须让人们去那里，他们才会看一下。1969年的时候，我们就已经在设计邀请函了，因为我们意识到发出去的每一张卡片都应该是漂漂亮亮的，人们才会记得它，才不会随手丢了它。可能是从《我终其一生，什么也没给你，而你索要更多》（*All my life I give you nothing and still you ask for more*，1969）那会儿开始的。

乔治：我还是不明白这句话，但写得很好："我终其一生，什么也没给你，而你索要更多。"非常好。这句话总结了一切，但我仍然不知道那是什么意思。

奥布里斯特：所以说你们的展览在自己的控制之下。

吉尔伯特：我们希望完全投入，所以尝试设计每一张邀请函、每一个展览目录和每一个细枝末节。电脑对我们来说，将会是意想不到的新奇冒险。我们设计自己的邀请函更加快速。以前，我们必须把它们交给某个人，然后在电脑上做出来。现在我们甚至能自己用夸克软件（Quark）设计展览目录了。

乔治：如果我们能包办一切的话，那可能会是有史以来最强大的宣传机器。

吉尔伯特：我们的宣传非常简单粗暴，其他设计师不会那么做。

乔治：他们有点害怕这么做——他们总是想要试着弱化！

吉尔伯特：对我们来说，很简单：我们是图像制造者，我们通过创作图像来表达活着是什么感觉，并且试着改变这个世界。

奥布里斯特：书籍一直是你们的重要媒介，在你们的作品中，它们从来都不是可有可无的。

乔治：我们非常渴望掌控这些。就拿展览的设计来说吧，美术馆对于展览目录通常有着审美上的要求，他们的要求与美术馆的名誉有关，与他们对设计师的恭维有关，他们不太会去思考广大的普通观众是否会买一两份，或者是否会送一份给朋友。

奥布里斯特：你们已经不做小印量的艺术画册了，而是专注于设计自己的展览目录。

乔治：如果我们向布里克巷（Brick Lane）的年轻朋友们展示以前收到的大部分展览目录，他们根本想不出用什么词来描述，因为不知道那些到底是书还是杂志。但如果你给他们看巴塞尔的目录，然后问他们那是什么，他们会告诉你这是个目录。这是一个大众化的物品，如果你做的目录如此怪异，以至于只有生活在那几个西方城市的人理解这个艺术品，这样不太好。

奥布里斯特：这是"全民艺术"的一部分吗？

乔治：当然是，是大众艺术。

吉尔伯特：我们不太分析自身。我们不是那种完全意识到自己在做什么的艺术家，只是被接下来的事情所驱使。我们总是感觉自己被打趴下了，然后必须像狗一样还击。

奥布里斯特：所以重要的不是反映你们自己的成果，而是下一步？

乔治：当然。做一个艺术家，拥有一个工作室，生存于世，是一件非常复杂的事情——太复杂了。

吉尔伯特：还要做并不简单的艺术作品。我们进行艺术创作是为了让中产阶级感到不安——这是我们一直在努力尝试的事情。

乔治：当有些专业人士试图对"脏话图片"表现出一丝不屑一顾时，我们的回答很简单："你在 1977 年做过这些吗？"没有其他人做过。

吉尔伯特：你可以翻遍 20 世纪所有艺术家的全部目录，没有人做过那种作品。

乔治：回顾过去，我很惊讶是我们做了这些作品。我搞不懂我们如何抽出时间做那些极其咄咄逼人而又触动人心的图片。蛇形画廊的展览几周前刚刚开幕，但那些作品已经在大众媒体上产生了如此大的影响。有一个杯面品牌已经将"脏"（dirty）

这个词加入他们的宣传活动中。你能想象"脏"变成了食物广告的一部分吗？太荒谬了！

奥布里斯特：你们的作品总是在对抗全球化的同质化，能大概谈谈你们的想法吗？

乔治：好的。首先，当代艺术在艺术家有生之年抵达公众，这一点非常重要。就像是药物之类的东西：如果被发明出来，就应该随处可见。一些国家必须等到青霉素发现六十年以后才可以将其投入使用。我觉得人们看到一幅抽象画或任何最新形式的艺术品，不应该等待六十年。

奥布里斯特：音乐的传播很迅速，但艺术品不是。你是指很多地方得在作品创作许多年之后才能展出吗？

乔治：经常是艺术家去世五十年后才可以。

奥布里斯特：很早之前，你们曾在苏联和中国做展览——也许你们能聊聊那些经历？（"图片1983—1988"［Pictures 1983—1988］，中央艺术馆［Central House of the Artists］，新特列季亚科夫美术馆［New Tretyakov Gallery］，莫斯科，1990。"吉尔伯特与乔治：1993年访华展览"，中国美术馆，北京；上海美术馆，上海，1993）

吉尔伯特：我们喜欢用作品面对不同文化。如果能让其成为富有力量的展览，在哪里展出并不重要。即使没有语言，人们依然可以阅读、观看。人们必须有能力感受我们关于生活的思考。我们在苏联和中国就是这么做的。

乔治：开拓疆域。

吉尔伯特：用我们所做的作品面对普通人。

乔治：能够看到在世艺术家的作品，在像苏联这样的地方极其重要。我们到了那里，被带去了一些工作室，许多艺术家在那里工作，然后我们意识到了这一点。他们请我们在一份埃因霍温展览的目录[4]上签名，我们说"当然可以！"然后他们就拿来给我们，那个册子看上去非常破旧，所有的页面边缘都像古籍一样卷了起来，侧面还泛黄了。我们意识到千千万万的人传阅了那份目录。这表明了一种非同一般的需求，那就是：在今天，人们想要参与到世界上发生的所有事情中去。

在中国则很有趣，我们必须去参加两个团体分别安排的正式接待会。首先，我们去见了官方艺术家，他们都画布面油画，画的是威尼斯或看上去像威尼斯的中国某地，都是类似早期印象派的风格。他们是非常受政府认可的艺术家。他们为我们安排了小型招待会，向我们敬酒："敬优秀艺术家吉尔伯特和乔治。"然后我们去了城外的艺术家村，那里都是些自由画家。他们创作艺术的方式很像你在 1965 年以来的杂志上看到的那种。某种程度上，它们和中国以外的艺术没有太大差别。他们也为我们安排了一个很愉快的小型招待会，敬酒道："敬坏蛋吉尔伯特和乔治。"因为对这些艺术家来说，坏蛋是好词！所以，对一些人来说是好的，对另一些人来说却是坏的，但实际上对他们各自都意味着"好"。

奥布里斯特：你们从一开始就具有了国际影响力。

---

4 埃因霍温（Eindhoven），荷兰城市。两人曾在埃因霍温举办展览，并制作了展览目录。

乔治：我们相信，因为展览，不同的城市、不同的国家只存在微小的区别。"裸体大便图片"（The Naked Shit Pictures，1994）在伦敦展出，使这个城市变得不一样了——非常细微的不同。他们开始改变广告，改变新闻文本，很微小很微小的细节开始进入生活的肌理。他们改变了番茄酱广告，比如，像"你可以给它的屁股来那么一下"。他们以前绝不会像那样做番茄酱广告的。我们还创作了屁眼的图。很多那样的细节。

吉尔伯特：如果他们看到一幅我们的作品，就会永远记得。我们没有太多作品在欧洲的美术馆展出，但他们都知道我们的创作。我们有足够的展览让他们记住我们做过些什么，通过书籍也可以让他们记住。

乔治：很奇怪的是，有一些艺术家的作品多年被作为常设作品永久收藏，但他们依然几乎不为人所知。然而有很多艺术家无法让作品得以永久展示，他们却为人熟知、备受喜爱。我们常常被问道："你们哪一年参加了威尼斯双年展（Venice Biennale）？"人们完全不相信我们并没有参加过。但是有很多人去过威尼斯双年展，却并不被别人所知，他们被彻底遗忘了。所以，那种所谓的功成名就，并不是生命唯一的答案。

吉尔伯特：最棒的是王室纹章（Royal Coat of Arms），即使是在"脏话图片"里。

乔治：我们在1977年前的每一幅图片里的王室纹章下面签名。

吉尔伯特：这完全是被禁止的。

奥布里斯特：真的吗？

吉尔伯特：哦是的，你必须得到许可。

乔治：确切地说，是的。

奥布里斯特：你们没有得到允许就这么做了？

吉尔伯特：对，因为我们想要成为知名的艺术家。

乔治：我们仍然想要成为知名的艺术家。

吉尔伯特：我们从没做到！我们从没做到！

乔治：（笑）

奥布里斯特：自60年代以来，你们发展出了不同的"套路"。通常情况下，当代艺术所采用的套路都是一样的，即在画廊和美术馆举办展览，但你们从一开始就有了自己的套路。

乔治：我们觉得那是有必要的。我们很早之前就在说，不做展览不一定是坏事，一直做展览也不一定是好事。泰特现代美术馆开幕的时候，很多所谓的"普通"人跟我们提及它，比如出租车司机，说他们去过泰特现代美术馆，他们都是之前不太可能去美术馆的人。我们总是会问他们相同的问题："你最喜欢的艺术作品是什么？"他们的回答都是一样的："呃，那个，我觉得没有哪个真的算得上是最喜欢的。"所以说，他们去了这个耗资巨大的新美术馆，却无法说出一件与他们产生共鸣的艺术品。这在某种意义上真是一场灾难。

吉尔伯特：迪士尼综合征。

乔治：每个人都记得那个斜坡，它往下通向所谓的涡轮大厅。

吉尔伯特：是的，美术馆比所有的艺术作品都重要多了——其中的艺术并没有那么让人难忘。我想，从顶层咖啡厅看到的风景比一切都更令人难忘。泰特展示的方式和关注的重点表明了它根本没想过让艺术家去感动别人。他们想让艺术家一般化，让他们全都一样，这样一件作品就不会被另一件挡住光彩。出于平等或诸如此类的原因，每个人必须是一样的。但艺术从来都不是筑基于此。艺术家创作个性化的作品，并让其大放异彩，这才是艺术立足的基础。

奥布里斯特：但是之后，你们把一个物品放进商店，制造了一起丑闻，以一种有趣的方式扰乱了美术馆的购物系统。

乔治：啊对，是我们的胶带。很棒。

奥布里斯特：甚至警察都介入了，是吗？

乔治：我们吓坏了！我们结束旅行回家，查看收到的传真，很惊讶地发现其中一封来自北约克郡警署，上面写道，他们希望我们立即联系他们。我们照做了，惊恐地发现有人被绑起来或被勒死了，使用的正是我们的胶带，是从泰特的礼品店购买的。胶带的设计取自我们的图片《死之希望，生之恐惧》（*Death Hope Life Fear*，1984）。我们很惊讶他们来采访我们，因为如果那位女士是被森宝利商店的袋子勒死的，他们绝不会去采访森宝利先生。这是对艺术家的歧视。

吉尔伯特：不止于此，他们还在《标准晚报》（*Evening Standard*）发布头条新闻，试图将我们牵连到此案中。他们暗示我们要负一定的责任，因为我们创作了这么极端的艺术。

乔治：《标准晚报》的潜台词是："对于他们这种艺术，你能期待些什么？"

奥布里斯特：后来胶带在商店里下架了吗？

吉尔伯特：对，下架了。我不知道后来是不是又恢复销售。

乔治：不过，一起杀人事件有时会让事情复杂化！

奥布里斯特：昨天我们聊起把书籍作为媒介的想法。你们第一本较大部头的书也是艺术界罕见的书籍之一：《并肩而行》（*Side by Side*）。能稍微聊聊这本书吗？

乔治：《并肩而行》和《黑暗阴影》（*Dark Shadow*）都是基于单独的对页，所以它们不像那种你按顺序从第一页读到最后的书。你能打开这本书的任何一页阅读，书中任何一组对页都是独立的：文本对应特定的插图，不会延续到下一页。

吉尔伯特：我们先完成了插图，然后在插图上方写文字。因为我们家没有暖气，所以会去利物浦街车站附近的 Wimpy⁵。我们会把照片或图画贴在玻璃上，然后写下与其有关的文字，就这么把它做出来了。

奥布里斯特：《并肩而行》是在 Wimpy 创作出来的？太不可思议了。

乔治：是，的确是那样。那里的食物最便宜了。

奥布里斯特：这本书近乎故事分镜脚本。你们说它是一本全手工制作的书，所以你们家一定有堆积成山的亚麻布封面。

吉尔伯特：所有的大理石纹路都是我们亲手画的，过了好长时间才干透。我们家堆满了这种纸。

乔治：我们很久之前就意识到书籍在各个方面对人们的重要性。有些人保存着他们年轻时获得的书，一直到去世，因为

5　Wimpy：跨国连锁快餐店品牌，目前的总部位于南非约翰内斯堡，主打产品为牛排汉堡。

他们想让那些书留在书架上。当人们去拜访别人家的时候，他们总是会瞥一眼书架，因为他们能通过了解主人有什么或没什么书，来获悉他或她的个性。我们最近收到一封来自一位女士的很有意思的信件，上面写说，她已经八十四岁了，正要从家里搬到养老院，所以之后只会有一个小房间。很难过的是，她没法把家具带过去，只能带一点东西。但她一直保留着我们所有的展览目录，她说她要每天翻看。

吉尔伯特：最重要的书是我们为埃因霍温的展览做的目录，这对我们来说是个转折，我们从头到尾完成了设计。他们绝对被镇住了，在这之前没有人印过这么大的目录，但面对我们，他们没法说不！

乔治：你回想一下，那时美术馆的目录不仅都非常轻薄，而且通常印制极为粗糙，有时甚至还粘在一起，都不能算正式出版的书籍。

奥布里斯特：有时候封底还有广告。

乔治：是的，给本地公司或其他什么做的广告。在埃因霍温博物馆（Eindhoven Museum）的档案里，有两封写给鲁迪[6]的信。一封来自财政部部长，上面写道："这个用于目录制作的预算案到底是什么东西？不可能！这比做七十本书还费钱。我们不可能让你在一个出版物上花这么多钱。"两年后，他收到了另一封来自同一个政府部门的信，上面写道："我们认为必须祝贺埃因霍温拥有这样一份获奖目录——你应该多做这种类型的出

6　鲁迪·福克斯（Rudi Fuchs，1942—）：荷兰艺术史学家、策展人。

版物。"（笑）

奥布里斯特：你们再一次改变了游戏规则。

吉尔伯特：绝对是。

乔治：后来每个艺术家都想要一份那样的目录。

奥布里斯特：差不多同时，你们也制作了早期的视频作品，像是《哥顿金酒让我们醉了》（*Gordon's Makes Us Drunk*, 1972）。

乔治：是的，它被年轻人追捧，尽管我也不是很确定他们为何对这件作品感兴趣。你认为是什么原因呢？他们为什么对这件作品如此着迷呢？

奥布里斯特：它与时间有关，我想，大概是一种对时间的迷恋。

吉尔伯特：还有对喝醉的迷恋。

乔治：从反馈中我们唯一可以获悉的是，人们着迷于它本身没什么变化，然而当你观看它的时候，脑子里会冒出许许多多截然不同的东西。它诱发了其他东西。

吉尔伯特：我仍然相信我们最好的一部影片是《吉尔伯特与乔治的世界》（*The World of Gilbert & George*，由菲利普·哈斯于1983年制作）。片长七十分钟。我们两周前看了，其中的采访引人入胜。我们过去常常跑出家门，到处晃荡，找个人，邀请他来家里，然后问他们一些出乎意料的问题，像是人生的意义什么的。

乔治：还有，让你最不开心的事情是什么。

吉尔伯特：让你最开心的事情又是什么。

奥布里斯特：用"忧郁"这个词的话，会不会准确一点？

乔治：我们绝对不会说自己忧郁，我们也不喜欢说我们很抑郁，我们更倾向于直接用"不开心"这个词。抑郁表明了一种临床状态，我们挺害怕的。

奥布里斯特：所以，如果对忧郁进行分解的话，它抑郁的成分较少，更多的是作为一种艺术的触发器？

乔治：这是一种强大的力量。

吉尔伯特：我深信我们被不开心所驱使，甚至都不是被艺术所驱使。其中存在着隐秘的力量。

乔治：我们对被拒绝的力量深有体会，它有着难以置信的力量。很多人希望摆脱我们的项目，对我们进行审查，等等。其中存在着巨大的有用的力量。它塑造了个性。

吉尔伯特：在生活中，让我印象最深刻的就是拒绝。自从泰特现代美术馆拒绝了我们的圣诞马槽后，他们开始做一个年度项目，邀请一位艺术家设计一棵圣诞树。他们的圣诞树有颠倒的，有拆毁的，有沾满了油的，还有你能想象到的所有怪异恶心的东西。但当我们想要做一个马槽时，他们拒绝了。然后，两周前，他们又拒绝了我们一次。他们拒绝了我们三十年。

乔治：我们谈及此事时，人们总是说："但泰特收藏了你们的一些作品。"但我们记得他们向我们买的第一件作品，是《一团糟：昨日之夜与翌日清晨》（*Balls: The Evening Before the Morning After*，1972），是我们做的第一件，也是最大的一件喝酒作品。他们是从伦敦的奈杰尔·格林伍德画廊（Nigel Greenwood Gallery）购买的。但只是因为当时泰特的策展人是安妮·赛默尔（Anne Seymour）。她对当时的馆长诺曼·里德（Norman Reid）说，有这样一件当代艺术的非凡之作，而且价格不贵，他们应该买下来。但他不想买，于是她暗中游说泰特的其他策展人，他们都觉得应该劝说他抓住机会。最后，由于他们施加的巨大压力，他说："好吧，我会买，但只要我还是这个美术馆的馆长，就再也不会买吉尔伯特和乔治的任何其他作品！"

奥布里斯特：难以置信。

乔治：所以他在歧视甚至还没有创作出来的艺术品！

吉尔伯特：他们一而再再而三这样，从来不告诉我们原因，我们很不喜欢这一点。没有任何解释，就是"不行"。我们每次都被拒绝。

奥布里斯特：你们提到了第一个展览，也谈到了早期的其他国外项目，你们第一个在英国之外的展览是什么？

吉尔伯特：杜塞尔多夫的那个（"中间"［Between］，1969）。

乔治：那次真是非同寻常，因为，再一次的，它来自拒绝——不是说展览，而是说引介。我们总是觉得一切都是好的：如果人们高兴，那就很好；但如果他们不高兴，而你能够发现这一点，那就更好。在这种意义上不存在什么失败。所以当一个叫作"当态度变为形式"（*When Attitudes Become Form*，1969）的展览……

奥布里斯特：……策展人是瑞士的哈罗德·史泽曼……

乔治：……来伦敦当代艺术学会（Institute of Contemporary Arts）的时候，我们很激动，因为我们听说它无论落地于世界何处，总会由一位当地的策展人增加新的内容。我们极其兴奋，因为我们知道本地的策展人会是查尔斯·哈里森[7]，他很了解我们的创

7　查尔斯·哈里森（Charles Harrison，1942—2009）：英国著名艺术史学家。

　　　　　　　　　　　　　　　　　　　当代艺术的十九副面孔

作。当时我们初出茅庐，知道他可能会选我们的作品参展。但他没有，这让我们感到惊异又沮丧。我们很受打击，原本觉得入选是理所当然的。当时只有四个伦敦的艺术家，我们并不位列其中。我们觉得应该做点什么。如果不能参加那个展览，我们能做什么？所以我们决定在开幕的时候做一个活体雕塑。我们在晚上到了那里，将脑袋和手涂成了青铜色，然后就站在那里，结果抢尽风头。一定程度上，这让展览的其余部分被完全忽略。那天晚上结束的时候，一个年轻人来找我们，说："我的名字叫康拉德·费舍，如果我们一起在杜塞尔多夫做点什么，你们不会拒绝吧？"他是当时全世界最有名的艺术经纪人。那个时候，倘若某个艺术家能被他邀请，即便是被砍掉双腿也要赴约。

吉尔伯特：于是他安排我们参加了杜塞尔多夫"中间"这个群展。马塞尔·布达埃尔[8]也去了，作品是某个女孩在倒沙子。所以我们第一次去了杜塞尔多夫。在那之前我们还没有花超过两分钟做一个雕塑，我们觉得必须在那里做些与众不同的事情——必须展示些什么！所以我们决定站在一张桌子上面，一刻不停地在那里表演了八个小时。

乔治：跟美术馆的开馆时间一样长。

吉尔伯特：那是一次革命。甚至博伊斯都来看了，每个人都来看，轰动极了！

---

8   马塞尔·布达埃尔（Marcel Broodthaers，1924—1976）：比利时诗人、电影制作人和艺术家。

奥布里斯特：当今世界一位权威的科学家卢克·思蒂尔斯[9]，那时还是"艺术与工程"[10]（阿姆斯特丹）的一名学生，他说你们的出现对他产生了重要的影响，也是他成为科学家的一个因素。你们的作品从来不会让人们无动于衷。

乔治：我们总是说，我们觉得，当人们看完展览回家的时候，他们应该跟之前有所不同。如果他们的内心没有任何变化，那么最初就没有去看展览的理由。我们说这就像是读一本于你而言意义重大的书：可能你不记得或者无法准确说出书里某个情节，可能故事太长了，但你知道自己内心的某一部分改变了，因为你读了这本书，你读到了人文思想某个微小的细部。

我们最近在奥地利布雷根茨（Bregenz）做展览（"吉尔伯特与乔治"［Gilbert & George］，2002）时，听到报纸编辑说："这种艺术是在怂恿孩子向他们的老师开枪！"难以置信。

吉尔伯特：我们一直狂热地创作自己的艺术，始终考虑着下一个作品，绝不往回看。这是我们的工作方式。我们从不分析我们到底在做什么。

奥布里斯特：你们始终在向前推进。

吉尔伯特：是的，向前推进，你不这么认为吗，乔治？创作，然后展示。展示对我们来说是最重要的部分。我们宁愿不创作，

---

9 卢克·思蒂尔斯（Luc Steels，1952—）：比利时科学家和艺术家，布鲁塞尔自由大学的人工智能实验室主任。

10 艺术与工程（Art & Project，1968—2001）：荷兰阿姆斯特丹和斯洛特多普的当代艺术画廊，也是1968—1989年该画廊出版的一本颇具影响力的艺术杂志。

但又不得不那样，因为那是展示的必经之路。不过今后可能会简单一点。

乔治：正常情况下，我们的图片都是在它们要上飞机送到画廊或美术馆前，才完成的。我们不太会让艺术作品在工作室里挂好几个月，以让你润饰或进行局部修改。

奥布里斯特：华特·迪士尼[11]过去常说，让世界运转的是截止日期。

乔治：在早年当然是这样。为了赶上截止日期，我们总是以非常惊人的速度工作。

吉尔伯特：我们有一个体系，用于创作每一件作品。一旦我们选定了那个体系，就不会更改。就是它了——你必须接受它。不得不接受你所做的，这是极好的训练。

奥布里斯特：你们会称之为一种方法吗？

吉尔伯特：对，必须那样。其他艺术家可能会用颜料覆盖后重新再来。我们不那么做。我们从来不那么做，而且我们从不否定我们的作品。做完了就做完了。

乔治：我们总说这是让世界的正常结构接受尴尬与笨拙。当我们有了类似做"新色情图片"（New Horny Pictures，2000）或喝酒雕塑这样的想法，如果你考虑个四五分钟，你就会否定这样的作品，因为它让人难堪，可笑荒唐，或者令人尴尬。但如果你去做了，如果你让自己脱离出来，完成这些图片，给它们

11　华特·迪士尼（Walt Disney，1901—1966）：美国著名动画大师，迪士尼公司创始人。

上色，让它们展出，突然之间，它们就以某种方式成了世界上最正常的事物。它们在那里，我们创造了它们，然后人们可以去讨论它们。

吉尔伯特：尴尬感非常重要。当我们因为自己的作品而感到尴尬时，它就产生了作用。我们明白这种感受，太可怕了。

奥布里斯特：我们从来没谈论过这些，这太有趣了。窘迫感是另一种催化剂。

吉尔伯特：我们真的很尴尬。做"裸体大便图片"时，我们浑身不自在，一而再再而三地感受到尴尬。

乔治：有一个很好的例子。有一天我们在设计一组图片，想要做一张图，上面只有四片残留着水滴的叶子（《眼泪》[*Tears*]，1987）。我们想，这太傻了，看不出来是我们的作品，没有别的主题，没有背景，没有前景。不过我们觉得与其再考虑超过三十秒，不如就这么做了。一直到第一次展出的那一刻，它依然像是张微不足道的图片，没有足够的深度。但自那以后，让我们惊讶的是，居然有这么多人来告诉我们，他们有多喜欢这张图片，这张图片对他们而言多么意义重大。它变得与所有人的生活息息相关。

吉尔伯特：我们构建它们的方式已经变得如此经典，以至于可以使用任何主题，让其足够经典。当它们足够经典时，就能在美术馆发生作用。

乔治：我们只简单地知道一件事：进行选择是很拙劣的！

吉尔伯特：进行选择很拙劣！

乔治：而且，无论是人，还是图片！

奥布里斯特：最后还有几个问题，一个是关于乌托邦的。我们聊到过推动你们创作的各种催化剂，乌托邦是其中一个吗？

乔治：乌托邦现在又回到了人们的视野中，因为中国政府将一个地方更名为香格里拉（Shangri-La）[12]。不过，香格里拉之名绝对是来自伦敦东区，是一个住在伍德格林（Wood Green）的人虚构的！我们创作了很多图像，试着以某种方式表达那个主题，有一张美丽的图片叫《此处》（*Here*，1987），还做了一张叫《彼处》（*There*，1989），甚至还有一张叫《此处和彼处》（*Here and There*，1989）。就像是一个朋友常说的"让我们前往天堂"，而我们总是对他说"此时此地即是天堂"。他有时同意我们的说法，有时则不。有一天他说："天堂最好的一点在于，你到达之时，有十七个处女在等待着你。"但我回应道："你不需要为了那个去天堂——伦敦这儿已然远远不止这些。"十七个不算什么。

吉尔伯特：我们总是问他，他认为生命中最好的东西是什么，有点乌托邦的意思。他想到了一个让人惊叹的回答。

乔治：最出色的回答。

吉尔伯特："大概是疯狂。"

奥布里斯特：布洛赫[13]和阿多诺[14]进行过一次谈话，说到希望。布洛赫主张，乌托邦与一种认为世上存在失落之物的观念相关。

---

12 2001 年，云南中甸县更名为香格里拉县。

13 恩斯特·布洛赫（Ernst Bloch，1885—1977）：德国著名哲学家。

14 西奥多·阿多诺（Theodor Wiesengrund Adorno 1903—1969）：德国哲学家、社会学家、音乐理论家，法兰克福学派第一代的主要代表人物，社会批判理论的奠基者。

也许我们可以聊聊希望，这也是你们作品中的一个常见主题。

乔治：我不确定我们是不是真的有一张叫"希望"的图片，但有一张《死之希望，生之恐惧》，我觉得它让希望留存于合适的语境之中。我们的想法很简单。我们始终希望成功，却从未感到自己成功了。非常简单。

吉尔伯特：而且我们绝不放弃。我们每天尝试一种新的方式来获得成功。但我们绝不往后看。我从来都不觉得我们是浪漫主义者。很多人因为我们穿得很般配就认定我们很浪漫，但实际上我们不是！（笑）

奥布里斯特：很有意思的悖论。

乔治：没错，我们作为艺术家一点都不浪漫。也许我们和年轻一点的朋友之类的一起时还是挺浪漫的，我们一直觉得人们非常需要坚持尝试，才能让自己开心，而如果你没有，就会滑向彻底的灾难。我们必须保有生活中有趣的部分，一些能够让你开心的事物。如果不这么做的话，那就快要陷入巨大的灾难了。

奥布里斯特：不断地开始，绝不例行公事，拒绝日常重复，每天创作的都是第一幅图像。

乔治：每一天都在失去我们的童贞！

吉尔伯特：我们喜欢保有稚气，保留一点傻气。我们出门享受人生的时候，可能真的是傻里傻气，但这是我们的自由。

奥布里斯特：罗伯特·路易斯·史蒂文森[15]曾说，艺术应该

15　罗伯特·路易斯·史蒂文森（Robert Louis Stevenson, 1850—1894）：19 世纪后半叶英国伟大的小说家。

很严肃，然而是孩子玩耍时的那种严肃。

乔治：这个引用很棒。

奥布里斯特：另一个与乌托邦有关的问题，是对于改变的看法。

吉尔伯特：以一种更好的方式去改变世界，这可能才是真正的乌托邦。我们不知道如何做到，但所有人都期盼一个更美好的世界。努力为我们自身创造一个更美好的世界——那一定就是乌托邦。在这个世界上，我们都是孤独的。

乔治：每天改写规则是绝佳的自由和乐趣。我们觉得，对人们来说，停滞不前和思维方式上的一成不变是极为残酷的。比如你看到人们去教堂，一代又一代，代代相传。推销着这种狭隘的犹太童话故事，控制他们的生活、婚姻、子女，以及他们的社会地位、工作，乃至他们职业生涯的方方面面……

吉尔伯特：……还有他们的性生活……

乔治：……某种程度上，就是一个巨大的遍布全身的贞操带。这太糟糕了。但艺术家、作家、电影人和诗人每天都在创造他们自己的规则和法律，这给了我们某种希望。

吉尔伯特：那大概就是乌托邦：能够以一种新的方式解放自我。"爱你的邻人"，这是我们的座右铭。

乔治：我们在生活中始终恪守的唯一准则是："做想做的事情，但别打扰你的邻居。"对此我要说的是："没错，当然，除非他喜欢这样！"

新闻档案

奥布里斯特：我很想请你们聊聊你们的新闻档案。

吉尔伯特：我们是从 1969 年开始做这个的。

奥布里斯特：它们都是有关你们的文章吗？

吉尔伯特：没错，都是。估计上千了。那些文章的标题变化极大，很有趣：起初说我们是创作图片的幼稚小男孩，后来又说我们像棉花糖美学家——都是这类疯狂的标题。然后有一阵子变得越来越讨厌！（笑）

奥布里斯特：在坏孩子和好孩子之间来来去去是吗？

吉尔伯特：甚至都不是那样。更像是"美女和野兽"——都是这些屁话……所以你甚至都不需要看我们的图片作品，你只要看看这些标题，就能明白我们的变化。

乔治：举些例子吧。在 70 年代早期，评论我们的标题是"奇怪的一对儿"、"给我来个双份的雕塑"（这指的是醉酒作品），或者"保持僵硬几个小时"（这是一个与活体雕塑有关的性隐射），还有"桌上的静物"（这个比较艺术）、"吉尔伯特与乔治喝下午茶"、"活体雕塑"、"快乐戈登"[16]（又一个与性或醉酒有关的）、"吉尔伯特与乔治的艺术和天真"、"非常好"、"棉花糖美学家"。这些都是 70 年代比较有代表性的。80 年代的时候，气氛变了。甚至不用读那些文章，只要看大字标题就能看出来我们的变化，

---

[16] "快乐戈登"（Gay Gordons）是苏格兰舞曲名，这里的"gay"影射吉尔伯特和乔治的同性恋身份。

还有媒体观点的变化。

奥布里斯特：而且这些标题通常参考作品的标题？

乔治：没错，或者以某种方式戏用它们。

奥布里斯特：能不能多聊聊这些新闻标题是如何随着时间改变的？

乔治：当然可以。比如，在80年代初期就已经改变了："美之血奴"，"吉尔伯特和乔治，专制的法西斯主义者，或是我们时代的传教士？"——不可思议！"两个艺术家，一个思想"、"来自连体双人组艺术家的奇怪图像"、"天生一对"、"青春的诱惑"（已经开始很有威胁性了）、"艺术流氓"、"心诚则灵"、"压抑的痛苦和反叛"、"异母双胞胎兄弟，同步释放原始色彩"、"与魔鬼握手"（这是80年代中期的）、"抓住思想的艺术"、"是有多英国？"、"上帝，是你吗？"。

吉尔伯特：我想没有一种艺术创作拥有过如此忽好忽坏、不受控制的评论标题。

乔治：然后80年代是这样结束的："吉尔伯特与乔治和塞缪尔·贝克特""我们的堡垒""那些忧伤的花花公子"。但之后，到了90年代，就有了这些标题："英国病的受害者"、"无处不在的双人组"、"神奇而可怕"、"明信片摆拍者"、"营业时间"（又一个指涉醉酒的）、"苏联英雄的回归"、"在西方艺术上开扇窗户"、"剥皮至骨"、"不满于重影"、"耶稣升天"、"平庸之恶"、"红叶在盛开"、"英国才没有那么保守"（这个来自一家苏联报纸）。（笑）"你说的是真的吗，先生？"（来自莫斯科，当地人挺不错）、"忧郁症大教堂"……1992年荷兰有了一个很好的标题，写的是

"五十具该死的耶稣尸体"——来自荷兰最重要的一家报纸。(笑)这个记者在赞美现代艺术,他问我们:"人们真的需要去看这些现代艺术展吗?"我们回答说:"他们不是非得看——他们可以去传统博物馆,在那里他们会看到五十具该死的耶稣尸体——差不多每个国家的博物馆都有这些!"因此,他们用了那个作为标题。

奥布里斯特:你们曾经出版或者展出这些档案吗?

吉尔伯特:没有,从来没有。

奥布里斯特:90年代后期,这些标题还有变化吗?

吉尔伯特:有"多看一眼这对超级书呆子"(太欺负人了)、"艺术界准备好迎接吉尔伯特与乔治"、"明天是文化现实"、"来来去去的奇怪组合"(当然,这是澳大利亚的)、"完美共生"、"身体政治"、"完全独创搭档"、"艺术的旋钮"、"孩子终将是孩子"。他们用这些话来羞辱我们。

乔治:"堕落的新世界""独一无二的两人同心",1993年的"坏男孩","谁在害怕吉尔伯特与乔治"、"文化革命""为聪明人创作的艺术"、"皮卡迪利大街(Piccadilly)景象"(很迷人)、"评判,还是不去评判"、"上海惊奇"、"我的艺术有麻烦"(大量的文学暗讽)、"我们疯了"、"和吉尔伯特与乔治一起采蘑菇"。再看看1994年的,"灵魂伴侣"、"该死的二重奏"、"爱与腐朽"(这个不错)。

奥布里斯特:所以它们是按年份整理的?

乔治 & 吉尔伯特:年份、作者、标题、期刊或报纸。

乔治:还有关于"裸体大便图片"的。从哪里开始呢?这个吧，"裸体大便图片：我们只是孤单悲惨又恐惧的人"、"好吧，这是你的吉尔伯特与乔治"、"大便排行榜"（这是关于流行音乐"唱片排行榜"的文字游戏）、"足以把你逼疯（It's Enough to Drive You Potty，这里指的是便盆 pot）"、"吉尔伯特与乔治说一堆胡话的天赋"、"粪便爆发：光说不做"、"抱歉，我睡过去了"、"粪便吸引力只是个笑料"、"一堆……"、"对人身上裂缝和体液的关注必将通向那块冰冷石板"、"穿西装的粪便人"。然后是 1995 年的，"裸体大便精液""便便的冲击""粪便艺术""疲倦的老顽童""一对吃屎老娘们儿"，以及"裸体真相"。

吉尔伯特：最棒的是，他们想整个地排斥我们——他们想要打倒我们。

乔治："蛮横的吉尔伯特与乔治"、"看到但不是大便"、"垃圾（Garbage）的 G"（这个挺好）、"屎尿勇气"、"多大的成就！"、"这些花花公子打破了禁忌"、"一个可回收的世界"（这个非常好）、"不规矩的中年人"、"烦人的男孩子"、"上帝保佑大便"——了不起！

奥布里斯特：这些标题通常改编自你们的作品名称。

吉尔伯特：哦对！我们给了他们第一次写"大便"的自由，所以他们一而再再而三地用这个词。

乔治：这个很奇怪，来自日本："衰老过程塑造了美丽的雕塑"——因为远东地区的人们喜欢老人，对吗？下一个是"友好中年绅士所做的激进大胆的艺术作品"——你看，日本人喜欢年纪大一点的人。"两个扑克脸的小丑""阿姨们坦白真相"——这是侮辱。

吉尔伯特：是的，有些相当无礼。

乔治：这就是它的精华所在。很好笑！所以，那是一个档案——我们的新闻档案。

只是按原样展示世界

乔治：我们一定要告诉你这个月我们最喜欢的故事，是在报纸上看到的一个关于萧伯纳的真实故事。他答应了一个年轻记者的邀约，在九十岁生日那天接受了采访。访问结束的时候，年轻人说："非常感谢，萧伯纳先生。我非常希望有荣幸在您百岁生日之时再次采访您。"萧伯纳回答道："为什么不可以呢，我看你挺健康的。"（笑）

奥布里斯特：我想要问你们的是"流氓图片"（Hooligan Pictures）中的一个元素，它出现在纽约展出的新的系列作品中，这次效果更为强烈。它不是变形，而是镜像。能多聊聊这个吗？

乔治：很简单——就像是人类大脑，分为两个部分：左脑和右脑。随便一个人拿一把剪刀和两本相同的杂志就可以做到：只要从中间剪开，就可以得到两个左侧，或者两个右侧，而不是一个完整的人。所以我们从来没完整地出现在一张图片里。

吉尔伯特：但离奇的是，它变得像是怪胎，不觉得吗？它们看上去像是畸形人，好像哪里出了问题。

乔治：就像是一个新的真相，一种全新的观看方式。我们这一系列图片叫《现在》（Nows），它们只是我们挑选的各种报摊外面的公告牌。《自然》(*Nature*)，有我们的绿舌头；《手指》(*Fingers*)，是最早使用涂鸦符号的图片之一，但并没有彻底改造这些元素；还有《运气》(*Luck*)。这些全都是广告，许诺你幸福、财富，让你战胜对手。

吉尔伯特：我想所有的裁缝都会说："没人穿那样的西装，它们看上去难以置信。你看到那些西装是什么样的吗？"我们觉得很有趣，即使他们不喜欢纽约展出的某些新图片。

乔治：我觉得甚至可能会启发服装业———一种在身体上使用布料的全新方式。

奥布里斯特：这一定不是你们第一次在自己的创作中抢先进行新的开拓。我一直觉得你的作品与此有关———它制造了现实。

吉尔伯特：是的，它创造了一个全新的世界，你不觉得吗？太了不起了！

奥布里斯特：它们的主题、内容和形式都有着层次感，你们会将其描述为"palimpsest"吗？

乔治：我们没想到那个词，但挺好的，是的。"palimpsest"字典上的定义是什么？

奥布里斯特：是表面之上有着各种层次的东西———像老旧的羊皮纸，笔迹被刮掉了，页面被一次次反复使用。

吉尔伯特：我们化用了每个人都在做的事情———涂鸦。全世界的年轻人都在到处晃悠，涂鸦，但我们把它变成某种……

乔治：美丽的东西。我们把它整理出来。事实上，这一切都来自阴虱，这是整个想法的起点。

乔治：我们在 *E1* 这本书的图片中使用了阴虱。我们知道人们对它们存在着巨大的偏见——没人喜欢它们。它们甚至不会存在于世界上任何一个美术馆中。它们名声败坏，惹人讨厌。

吉尔伯特：这些作品的名称，比如"叛教"（Apostasia），都是建立在反抗者、局外人之上的。

乔治：这就是为什么我们称之为曲解的图像，我们希望它们能够重新引导观者，帮助他们选择另一个方向。"以实玛利"（Ishmael）也有同样的意思。

奥布里斯特：关于这些新的图片，我有几件事想问你们。一个是它们的名称中有着一种新的宗教维度，这与新形式的原教旨主义再度出现有关吗？

乔治：是的。我们总觉得现代艺术家忽视了宗教。虽然他们说自己是无神论者，但他们不得不接受的事实是，全世界有非常多的所谓"普通"人会去教堂。我们想要探讨宗教。

吉尔伯特：哪一幅探讨了？

乔治：很多。

吉尔伯特：没有很多。

乔治：*Die Buff Die*！直接取材于清真寺。另一个例子是《天空涂鸦》（*Sky Tag*）里的教堂、清真寺和工厂。

乔治：我们喜欢使用涂鸦，也是因为我们意识到中央政府和地方政府都反对涂鸦，伦敦地铁和英国铁路都在进行着反对涂鸦的运动，这是一场巨大的运动。

奥布里斯特：你们觉得自己在支持涂鸦者吗？

乔治：当然。就像我们赞颂人人都讨厌的口香糖一样。

吉尔伯特：它们都一无是处。

奥布里斯特：你们的涂鸦档案非常惊人。

乔治：我们有上千幅图像可投映，毫不夸张。

奥布里斯特：数字图片理论上是印刷出来的，但你们同时也签了名。我想要问的正是关于这个——这一点似乎是你们作品中一直没有改变的东西。

乔治：嗯，图片总是以底片开始，以在画廊或美术馆展出结束，这方面一直没有变，我们一直是那么做的。

吉尔伯特：但是现在我们得到图像后会扫描它，而不是用放大机投影出来。这是最大的不同。一旦你扫描了图像，就能对它为所欲为。当然，用放大机也可以做些处理，但非常有限。现在，一旦你扫描出图像，就可以做任何你想做的事情。我们过去这么着色——涂一层黄色或红色。但现在电脑能做出这种层次——感觉它就像是为我们量身定制的。但我们只做一件，只有真正的作品才签名，就这样。某种程度上，这是另一种目录；像是用图像进行非常私人化的写作，底片是视觉化的单词，你可以用它来讲故事。

奥布里斯特：数字化会更快吗？

乔治：不一定是更快。我觉得之前的技术非常耗费体力，但我不觉得实际花的时间会有所不同。区别在于你不需要做全部的手工劳动了。

奥布里斯特：所有这些展览像是一部小说的不同章节。

吉尔伯特：每个展览都是一部小说的章节，并且都在制造现实。我们喜欢彻底的精神分裂，你不这么觉得吗，乔治？我们不想知道它意味着什么——只是在这么做，我们甚至都不会问

"它意味着什么"这样的问题。

乔治：直到抵达纽约，把这批图片上墙，我们才看到它们的整体样貌。这次甚至都没有设计展陈布局，我们想让图片尽可能地自我完成。

吉尔伯特：我们每一天都深受震撼，而第二天就已经要去做下一件作品了。很不可思议，是像梦境一般的旅程，一点也不现实。你看到一个梦境时，它已是过眼云烟，而你已经开始关注眼前的新东西了。

奥布里斯特：你们图片里的另一个新元素，是你们俩非常频繁地像幽灵一样出现。我之前从没在你们的作品中看到过。

乔治：我们喜欢这么说，在最新创作的三组图片中，我们只以三种状态出现：正常的、焦虑不安的，或死亡的。反正加起来大抵就是整个人生。在你生命中的一部分里，你是正常的；有时你会心烦意乱，然后有一天我们都会死掉。

在谈论人的一生时，我觉得用"正常"、"焦虑"和"死亡"来概括极其适合。我们也意识到，人们谈到艺术和艺术家时，聊起的大多数艺术家是已经过世的。但你并不把他们看作已经死去的人——如果提到你某个去世的亲戚，你会使用"已故的"这样的词，"我已故的姨妈"或"我已故的祖母"，但你绝不会说"已故的凡·高"或"已故的伦勃朗"，因为他们仍然以某种方式延续着生命。

奥布里斯特：在你们的创作方式中，偶然性起到了什么样的作用？

乔治：之所以采用镜像的方式，仅仅是因为当我们使用阴虱元素时，发现人们觉得它很恶心。当他们看到阴虱出现在画廊，他们会觉得："呃！好脏，好邪恶，好不舒服。"所以我们想拾掇一下这些阴虱，就通过镜像的方式，让它们成为一种纹样，体面而可敬——像是皇家的纹章。某种程度上，我们想让它们显得宏大气派，想颂扬它们。

吉尔伯特：对。在那之后，乔治说，我们再也不要展出正常的图像了！

奥布里斯特：一句新的格言。

乔治：绝对的，再也不要正常了。

奥布里斯特：爱德华·格里桑提出了克里奥尔化，意指语言变得混杂。我觉得这也很大程度上发生在你们的创作之中——一种克里奥尔化。

乔治：几年前我读到一篇文章，它认为那些手抄本里的旋涡形装饰是僧侣们在酩酊大醉后完成的，我深信不疑。僧侣们都自酿红酒和啤酒，而且也喝酒。你喝醉的时候，能感受到这些奇异的旋涡状抽象图形。我确信它来源于此。

吉尔伯特：这很让人兴奋，因为它既关乎政治，又与政治无关，你不觉得吗？很多艺术家想要利用政治来反对这个，反对那个。我们不会那样。我们绝不那么做。我们只是有这种精神分裂的想法——就这样。就像逛的红砖巷集市——所有东西全混在一起了。

奥布里斯特：这就是你们所认为的政治？

吉尔伯特：对，都混在一起。

乔治：从小孩到六十多岁的老人，疯狂的混合。（笑声）

吉尔伯特：你们创作时还会画画吗？

乔治：嗯，虽然使用了这种新的系统，我们还是会画一些编号和粗略的草图。

这些草图现在越来越完美了。事实上，它们百分百是完美的，因为我们必须根据草图创作出真正的作品。当你做真正的作品时，操纵图像极为困难，需要花费很长的时间。所以你需要设计得非常好，才不必考虑太多。

奥布里斯特：经营这家餐馆的人，就是那个我们总在这里遇见的人，能告诉我他叫什么名字吗？

乔治：达伦（Darren）？

奥布里斯特：这个采访我们应该请达伦来问你们一个问题。就像是俄罗斯套娃——我们进行一次采访中的采访。

乔治：或者说是俄罗斯轮盘赌！（笑）

奥布里斯特：达伦！你能在我们这次采访中问吉尔伯特和乔治一个问题吗？

达伦：问他们一个问题？你让我很为难啊！

奥布里斯特：你一直想问他们的事情——你一直想知道的关于吉尔伯特与乔治双人组的事。

达伦：在你们的画作中，你们最喜欢的是哪幅？

乔治：太难选了！

有很多啊。最新画的最重要，我真的这么认为。我们最近做了很多了不起的作品。你知道涂鸦符号吗？

达伦：知道。

吉尔伯特：我们做了很棒的涂鸦符号。它好就好在，每一个像塔村（Tower Hamlets）这样的区都试图把涂鸦清理干净，而我们将它带入了画廊，还进行销售。你不觉得这很让人激动吗，乔治？没人喜欢口香糖，但我们做了口香糖的图像，还把它们卖出去了。（笑）

奥布里斯特：了不起——达伦，谢谢你的提问！

吉尔伯特：太棒了。

乔治：没太让达伦害羞！（笑）

吉尔伯特：确实。（笑）

奥布里斯特：现在这个新的图片系列已经在进行中了。跟以前不同的是，你们已经用电脑进行创作了，有什么你们没有实现的项目吗？这是我一直重复问的问题——唯一一个我都会问的问题。

乔治：我们还要去威尼斯，要做一本收录所有图片作品的书，还有泰特现代美术馆的展览。我们有相当多的计划。

奥布里斯特：如果有一本收录了你们所有图片作品的书，应该会很有趣，因为如果你们来做的话，就不会只是一个目录，不是你们所有作品的概要，更像是一部小说。我想会很吸引人。

吉尔伯特：会是一部小说，因为这正是我们思考的方式，是我们观看世界的方式。这就像是动笔谈谈这个，聊聊那个。你不觉得年复一年，一切都在改变吗？不是所有艺术家都能体会到这一点——他们抓不住这种来来去去的浪潮。

乔治：做一本收录所有图片作品的书有很多方式。可以力求很完整很全面，也可以从每一年的作品里收录五张图片，或者是从每一年的作品里精心挑选一张图片做成一本小书。每一种方式都会挺吸引人的。

奥布里斯特：那些标题会很有意思。

乔治：只要把所有的标题都收起来，就会很特别了。

奥布里斯特：我觉得你们俩也是我们这个时代伟大的小说家。

乔治：他们总说最伟大的小说是经由文字描绘的图片，因而我们的作品必定不是。我们的小说由图像写成。但我觉得特别之处在于，我们能坐在那里考虑所有让我们感到恐惧的常规惯例——我们能够抨击常规，反对传统，随性而为。就像是一位音乐家，他只演奏一种乐器，比如钢琴，却能让你感觉极为悲伤或极为快乐，或者创造出各种景观，或者带来爱或痛苦的感受——所有这些都凭借这一件乐器。你能通过一架钢琴唤起生命中的一切。你能让观众想象大海、爱，或者欲望。

奥布里斯特：你可以加快，可以放慢，可以静止，可以沉默，可以创作出很多系列。这也是非常重要的。

乔治：机器是很有趣的东西。

吉尔伯特：并且看上去如此现代。那些年轻艺术家——在某种意义上，他们都在做单色图像，单色摄影。他们所做的大部分是这样。他们不进行合成，也不写小说。

奥布里斯特：博尔赫斯写过一个故事，一位画家耗尽一生的时间画画，在他生命的最后一天，在大概画了一百年后，他退后几步，看到了一幅巨大的自画像。你们做的有点像是博尔赫斯式的工作。

吉尔伯特：让人激动之处在于，一切都围绕着富尔尼耶大街（Fournier Street）。我们的作品没有一件需要飞到印度去拍照，一件都没有。只要在红砖巷或富尔尼耶大街逛逛就够了。

奥布里斯特：大体上，你们通过在宏观和微观视角之间的转换，展示了一个看不见的城市。

乔治：这就是塞尚和凡·高的区别，也是我们更喜欢凡·高的原因，因为他会利用任何一块田地或后院的一个角落，而塞尚总是画这种有特点的山谷——类似风景区。凡·高不需要那么做，他可以画任何一个咖啡馆，任何一个脏兮兮的角落，任何东西——一段海滩或是一段街道，某个有意思的老旧教堂庭院或精神病院。

奥布里斯特："脏话图片"第一次展出的时候，充满了政治性，今天它们依然具有政治性，但方式却截然不同了。你们认为探讨政治的艺术作品在表达上会不可避免地有些模棱两可吗？

乔治：我们向来不喜欢"模棱两可"这个词儿，觉得那是新闻记者对我们的诬陷。他们说："我们不知道你们的立场，因为你们的图片很模棱两可。"我们喜欢"多层次"这个词。这些图片就是多层次的。人们所能看到的一幅图片会有很多层次。小孩子观看一幅图片的方式，就和一个专业记者或九十岁的老妇有所区别。他们都会从自己生活的视角去观看图片。

吉尔伯特：我们做一个政治性作品时，绝不会说"我们喜欢右派"，或者"我们喜欢左派"。我们绝不会那么说——只是将其放入作品。比如，我们这个小册子里加入了一些关于哈来姆[17]的元素。这很特别。

---

17 哈来姆（harem）：伊斯兰教国家里指家庭中的妇女住房。

乔治：社会中存在着这样的观点，认识到这一点非常重要。把它推到一边置之不理是毫无意义的。我们必须面对它。这是一种民主：你可以有任何观点。所以，这些人有这种观点，我们也把它放在画廊里。

吉尔伯特：乔治，跟他讲讲法国记者的事。

乔治：我们有一本法文书即将出版，所以有大量法国记者要采访我们。他们都有一个标准化问题："你们怎么看待同性恋婚姻？"每个人都这么问。当第一个年轻女士提出这个问题时，我说："为什么这么问，你是想跟一个同性恋结婚吗？"（笑声）然后，下一位记者是个年轻男士，问了我同样的问题。我吃惊地看着他，回答道："你是在跟我求婚？"（笑声）

吉尔伯特：你看，我们不必说出自己的想法。我们只是按原样展示世界。

乔治：这关乎真实的……

吉尔伯特：……与我们的想法无关。

乔治：是的。并不是我们对这些东西没有感受，关键在于我们没有屈服于法律。我们不是咄咄逼人地反政府、反全球化，或者反对一切。我们是在支持一些事情，赞成一些事情。

吉尔伯特：积极的。

乔治：积极对待世界的复杂性和丰富性。谢天谢地，世界上存在着那样一些人，他们拥有各种奇异的想法。我觉得那很棒。

伦敦的街道

奥布里斯特：为了准备这次采访，我一直在重读这本书，太让人惊奇了，它如此总结"伦敦E1图片"（London E1 Pictures）："从全民艺术到红砖巷到城市到伦敦佬到色情到码头到小说到历史到哥特到草坪到格林[18]到移民到开膛手杰克到地图到边缘性到街区到宗教到街头涂鸦到罢工到纺织品到暴力。"因此我想先和你们聊聊城市，以及它在你们的创作中所起到的作用。

吉尔伯特：好吧，我们是地道的城市小子。我们只喜欢大城市。如果我们在城外待一个半小时，就会不知所措。我们不喜欢，尤其是因为乔治总觉得，一旦你身处大自然的绿色之中，就成了另一种截然不同的人——你不再理解人了。如果我们待在一个所有人都是白种人和中产阶级的城市，总是几天之后就会变得非常焦虑。我们想要回到现代世界的喧嚣之中。

乔治：我们一直相信，对于自然的过度热爱导致了极权主义。（笑声）事实上，我们能证实自然的危害。我们曾经去北德文郡一个非常美丽的村庄看望已故的好友丹尼尔·法森[19]，我们住在一家毗邻的酒店，一清早就起床了，因为想去看看那个有美丽水鸟飞翔的入海口。整个村庄都非常宁静，太阳刚刚升起。我们走到村庄的大街上，那里有着可爱的教区教堂，蜜蜂在墓地周围嗡嗡飞舞。教堂庭院的外面站着一对长得很漂亮的年轻夫妇，

---

18 指贝斯纳尔格林（Bethnal Green），是吉尔伯特和乔治居住的区域。

19 丹尼尔·法森（Daniel Farson，1927—1997）：英国作家和广播人。

他们带着躺在婴儿车里的小宝宝。一切看上去都那么温馨甜蜜，那么完美，如此美好的世间一幕，完全是理想中尽善尽美的样子。我们转身向他们打招呼"早上好"，而那个年轻男子却转身说："滚开，你们这些怪胎杂种。"（笑声）

雷姆·库哈斯：尽管如此，我还是记得你们的一个手绘系列，画的是你们自己身处大自然之中，极为抒情——这是你们最美的作品之一。那是早年的创作吗？

吉尔伯特：啊！那是在我们发现酒精之前！你能想象吗？（笑）

乔治：大概作为初出茅庐的艺术家，我们在面对城市和其他人时遇到了困难，所以我们利用了自然。但这不是真正的自然——总是在伦敦的公园或伦敦西郊国立植物园（Kew Gardens）。那就是最远的地方了。后来，大概是在 70 年代中期的时候，我们突然意识到自己身处的现实——街道的混乱，人群的喧嚣——这些给我们提供了更多素材。

吉尔伯特：为了了解伦敦，我们总是坐着公车到终点站，然后再走回富尔尼耶大街。这很特别。

乔治：我喜欢的就是 133 路。我们在斯特里汉姆（Streatham）下车，不过那儿不是终点站。我们在那里的阿拉伯咖啡馆喝美味的咖啡，咖啡馆里的人都非常友好。

吉尔伯特：我们有时候会列一个街道的清单，比方说，从利物浦街到水晶宫（Crystal Palace），来一次很特别的散步。

乔治：完全依靠一张告诉你何时转弯的明信片，就像现在那些装在车里的导航设备。就那样，靠一张明信片，从富尔尼耶大街步行到安纳利站（Anerley），去和某个人共进午餐。整个早上，身上只带着这张小小的明信片。

吉尔伯特：城市确实很不可思议，特别是伦敦东部。沿着金士兰路（Kingsland Road）或商业街（Commercial Street）步行——伦敦的市内街道确实是太棒了。昨晚，我们十点乘公车回来，眼前仿佛法里拉基[20]。你听说过法里拉基吗？难以置信！行为举止特别无礼。十点的时候，外面还有上千人。不可思议！

乔治：我们街道的贫民区里简直待着一打又一打的人。他们全都是中产阶级人士。他们不是伦敦佬，既不粗野，也不咄咄逼人。他们都是要被培养成医生或建筑师的人！（笑声）街尾的一家酒吧专门提供毒品，而这个完全被接受，没有警察干预。人们去那里只是为了获取毒品。我们过去常把70年代的伦敦描述为压力最大的城市，我们特别喜欢那么说，因为非常焦虑不安。我们说过，你只要看看早上从利物浦街地铁站涌出的数以千计的人：他们全都皱着眉头，忧心忡忡，并且都急匆匆的，因为他们必须去干这种糟糕的办公室工作。尽管现在已经不是这样了。现在他们和朋友们一起从地铁站出来，全神听着音乐。你看不出建筑工人和那些正式工作之前动身去健身房的年轻实业家之间有什么差别。一切更加民主平等，更为友善，而且非常安全。

吉尔伯特：除了那些背包。我们对背包特别抵触，因为你无论何时走进咖啡馆，都能看到人们背着这种巨大的背包，他们转身的时候，还老是打到你的脸上。（笑声）

雷姆·库哈斯：我同意。背包让人类肥大了一倍。

20　法里拉基市（Faliraki）：希腊罗德岛上主要的海边度假村。

乔治：在自动扶梯上也很危险。你上了电梯，正好站在某个人后面，背包又多占了三分之一，直把你往后推。

奥布里斯特：在这漫长的一夜，我们聊了一系列的对抗。一开始是艾瑞克·霍布斯鲍姆对抗遗忘，古斯塔夫·梅茨格[21]则会反对艺术界过于频繁的跨界，现在我们又在抗议背包。

关于不可能制作一件如伦敦一样复杂的合成图像，已经有了相当多的讨论。很早之前，你们就在这些街道中发现了整个世界。

乔治：是的。

奥布里斯特：有没有可能多跟我们聊聊这个？

吉尔伯特：我们一直说，利物浦街是我们的耶路撒冷。观看伦敦的最佳方式是走上蹲尾区（Crouch End）往下看——这是一个黄金城市，真是不同寻常。你不这么觉得吗，乔治？

乔治：你可以一路看到码头区（Docklands），以及其他一切。每一座重要的建筑都那么醒目。让人惊叹。

吉尔伯特：就像是爱丽丝梦游仙境。我们相信，某种程度上，此刻的伦敦最东端正是世界的中心。如果你理解了那里，你就理解了世界。我深信这一点，因为每一个人都在那里。每一个人。那里有着上千种各式各样的人，说着上千种不同的语言。乔治是那儿唯一一个说英语的人。（笑声）

雷姆·库哈斯：有一个特征真的很显著：你们具有一种坚定

---

21 古斯塔夫·梅茨格（Gustav Metzger，1926—2017）：艺术家和政治活动家，发展了自动破坏艺术（Auto-destructive Art）和艺术罢工（Art Strike）的概念。

的乐观。组合在一起的身份对此有影响吗？这让你们变得更乐观，或者说更容易抵抗焦虑吗？

乔治：我相信是这样的，没错。双人组的方式能免除自我怀疑。正常情况下，艺术家会看着空白画布思考："我要做什么？下一步要做什么？我应该在草地上再画一头奶牛吗？我应该把落日画得更低一点吗？"然而毫无回应。但两个人的话，总是会有一个人说："哦，再画一头奶牛，继续！"（笑声）

雷姆·库哈斯：你们合作这么长时间了，合作是你们长久坚持创作并且保持新鲜感的秘诀吧？

吉尔伯特：我觉得是基于疯狂。必须把完全的有条理和完全的无条理结合起来，就是这样。但我们不在乎结果。我们必须彻底解放自我。

乔治：一般异性伴侣们会问："你们的秘诀是什么？"而我们回答："这是个秘密！"（笑）

雷姆·库哈斯：我觉得其中一部分和重复有关。我作为一个旁观者能看得出来，你们生命的很大部分都花在重复上，每天几乎是完全相同的例行时刻。

乔治：我会说，演变多于重复，你怎么看，吉尔伯特？

吉尔伯特：对，我们像是僧侣一样。乔治每天五点或五点半起床，读色情小说。我们总是在六点半吃早餐，七点半开始工作，到下午五点半就停手了，然后我们会在七点步行去餐厅。即使有时候乔治会选别的路，也是在八点到餐厅。我们十点的时候离开，然后坐67路公车，十点半回到富尔尼耶大街。就是这样。每天都一样，除非我们出门，或者要招待客人。

乔治：今天早上也是这样。

奥布里斯特：显然，一大早关心的除了早餐，还有报纸。我们之前关于伦敦的谈话中讨论得较多的一件事，就是你们那些让人惊叹的各种报纸档案，因而我想聊聊这个。

乔治：最近我们看到一个故事，特别喜欢，是关于利物浦街上我们最喜欢的报纸售卖员的，我们已经认识他四十年了。我们只跟他说一句话"早上好"，然后买报纸，他会说："早上好，先生。"就这样四十年，直到最近的一个早上，他说："看这个，先生，你们听说过这个吗？"然后说："我妹妹莉莉在皮卡迪利大街上站街，我母亲则在海滨街，我父亲在大象堡。我们他妈的是这里最好的家庭。"从一个一向以礼相待的人那里听到这话，我们觉得很吃惊。（笑声）我问他："你能写下来给我吗？"他说："先生，你也知道，我只是开个玩笑。"（笑声）

雷姆·库哈斯：去年在威尼斯的时候，我完全被你们作品上阿拉伯字母的冲击力震撼了，感觉你们已经开始着手做某些全新的事情。能跟我们聊聊这个吗？

乔治：我们周围充斥着外文报纸。大量的阿拉伯语、印度语和孟加拉语字母围绕在我们身边，而我们却看不懂。但我觉得利用它们是极为重要的，因为有人能够看懂。我们看不懂没有关系。很多人都很困惑，而我们想要展现我们所感兴趣的东西。

吉尔伯特：我在一个天主教家庭长大，神父常这样伸着手指对你横加指责。总有一天，我会试着切掉那根手指。但我觉得我们最大的变革在于，我们教会了自己完全使用电脑来做这件事。

乔治：这很不同寻常。

吉尔伯特：这是我们全新的大脑，我们把想法直接呈现到屏幕上。

奥布里斯特：能再多讲讲吗？

乔治：我觉得我们大概花了一年时间来转换，从 2001 年到 2002 年。

吉尔伯特：我们有一年没工作，因为必须研究一下我们到底能做什么。这很困难，因为电脑还不够强大。我们没办法做大幅的图片。但现在则让人难以置信。

乔治：实际上，我们是从"伦敦 E1 图片"开始的，那是第一批通过电脑创作的图片。很多人问过我们是不是怀念老式的暗房，但我们会说："一点也不。我们非常开心。"我们不需要每天一清早起床，打开所有的水龙头。我们再也不用忍受所有那些化学制剂的难闻气味，而且还要在完全黑暗的环境中工作十二个小时。我们很高兴能抛弃它。我们唯一怀念的是橡胶手套。（笑声）

奥布里斯特：电脑还在哪些方面改变了你们的创作方式？

乔治：它给了我们很大的自由。

吉尔伯特：在某种程度上，我们自始至终做的都是整体艺术作品：我们要设计安装方式，设计目录，设计作品。当我们去美术馆把作品挂起来的时候，我们得到的是总体艺术作品。除了我们自己，没有其他人参与。

乔治：我们构思新图片时，甚至还赶走了助手，因为那时，我们想要完全的独处。

吉尔伯特：当然最近不是这样——我们有了两三个人帮忙。他们全都是建筑师。很有趣的是，相比艺术家，我们更喜欢建筑师。艺术家更危险。我们正在做的这本大书有一千两百页，其中大概有两千张图像，他们做了所有的扫描工作，我们则在富尔尼耶大街完成所有的校对工作。这是一个很特别的工作。

乔治：不过可能只是因为我们那时没有在创作图片。如果我们是在创作，身边不会像那样有人围绕着。

奥布里斯特：有一个问题我已经至少问了你们十次，今天还要再问一次，关于你们尚未实现的项目。吉尔伯特与乔治双人组未来要走的路是什么？

乔治：做自己想做的事情？（笑声）有很多等着某一天实现的项目。

吉尔伯特：我们正在做。我们每天都在做自己想做的事。就是这样。我想阿莱斯特·克劳利[22] 这么说过。

乔治："'为汝所欲'应是一切法则。"

奥布里斯特：关于未来呢？你们怎么看待未来？

吉尔伯特：啊，我们已经跟你说过很多很多次了。我们想要身处未来。未来的每一天。没有什么比这个更让人兴奋了！

乔治：我们所有人都注定如此！（笑声）

22　阿莱斯特·克劳利（Aleister Crowley，1875—1947）：英国的神秘学者。

　　　　　　　　　　　　　　　当代艺术的十九副面孔

全民艺术

奥布里斯特：我们谈及蛇形画廊的马拉松式采访的时候，你们说，关于下一次访谈，你们有个很重要的建议。

乔治：是的，因为你的马拉松在伦敦的另一场马拉松之前，那也是首创——手淫马拉松，在老街（Old Street）附近举行，离这里很近。那里卡片、海报等一应俱全，整个英国乃至欧洲各个地方的人都有。

奥布里斯特：是进行比赛吗？

乔治：对，进行比赛。我们没有参加，但我们肯定会喜欢。我们努力收集足够多的卡片来做一张明信片作品，但没做成。也许明年我们会做。

奥布里斯特：不过你们有那次比赛的卡片。

乔治：当然。但我们觉得有点性别歧视，因为那只是一次男子手淫马拉松，尽管我们对此也不能完全确定。

奥布里斯特：那些卡片是怎样的？

乔治：卡片非常漂亮，而且很正式，像是社交活动的邀请函。

吉尔伯特：我想是有大海报的。记不太清了。

乔治：也许你下一次的马拉松可以和手淫马拉松联系起来，这样两边的人可以一起来。当我说"一起来"的时候……哈哈！哦，老天！我们甚至还不知道谁是这场马拉松的赢家，显然马拉松会有一个获胜者。

奥布里斯特：我们这场马拉松没有胜者，但你们最受欢迎。

乔治：我们可能是赢家。

奥布里斯特：今天我收到一封来自约翰·布罗克曼[23]的邮件。他邀请很多一流科学家告诉他为什么要保持乐观。我觉得这个问题很有趣。你们保持乐观的理由是什么？

乔治：我得说，我们发现没什么要保持乐观的理由。

吉尔伯特：因为我们意识到，你所有的孩童似的想象，所有这些疯狂的想法，都可以通过艺术实现。艺术，是一场梦，你不觉得吗？你可以制造真实或虚幻，但你在创作属于自己的世界。我对任何事都没意见。能活着本身就是一件让人难以置信的事情。

乔治：实际上当代生活赋予了我们无与伦比的特权，这些特权在以前从未有过。我们应该感到庆幸。

吉尔伯特：这是一个不会止步的旅程，因为我们从不往后看——我们总是向前看。下一个，下一个，下一个。我们在打一场仗，为的是最终到达彼岸。（笑）

乔治：当我们终于第一次踢开泰特大门的时候，我们自问："一个回顾展——这究竟是什么意思？"意义不大。如果你走上街道，说"回顾展"（retrospective），人们会觉得你在说火箭（rocket）。它只在核心艺术世界里才有意义。我们花了很长时间才想到用"大型展览"（Major Exhibition）这个标题。"回顾展"并不大众——它毫无意义。即便是他们所说的"总结展"，对于

23　约翰·布罗克曼（JohnBrockman，1941—）：美国出版人、文化推动者，专注于科学文献领域，旗下汇集了一大批世界顶尖的科学家和思想家，每年就同一话题进行跨学科讨论。

一般公众来说也没有意义。

奥布里斯特：你们是怎么想到这个名称的？

吉尔伯特：他们帮我想的，因为他们在给泰特惯常的目录写介绍，而在每个介绍里它都被称为"大型展览"，所以我们也决定使用这个短语。

乔治：他们内部这么写，不是给普罗大众看的。我们盗用的时候，他们不太喜欢，甚至还想要毙掉它。

吉尔伯特：（笑）总之是一次很奇妙的体验。我们也不知道自己是怎么做到的。我真的相信过去四十年就是一次疯狂的旅程——彻底的精神分裂。我们只是继续工作，从不回顾。就像是一次经历不同信念的旅程。这就是我们能够做下一个作品的原因。我们始终相信。每一天都是如此。

奥布里斯特：所以才刚刚开始。

乔治：才刚刚开始。

吉尔伯特：我们所做的每一幅图像几乎都是在直面宇宙，始终是在凝视深渊。我们从来不做基于艺术的艺术。

奥布里斯特：那确实是"大型展览"的核心主旨之一。

乔治：我觉得那是显而易见的。我确信人们会看到这一点。

吉尔伯特：我们没有一幅作品参考了别人的艺术。我们从来不那么做。所以，对于使用他人作品来互相取悦的艺术家，我们有时会持批评态度。

乔治：我们仍然信奉"全民艺术"的旧式观念，也就是作为一个艺术家，你得能够做一些大众的东西，像外科医生或科学家必须去做可以应用于生活的事情一样。

奥布里斯特：你们能聊聊《醒来》(*Waking*，1984）吗？你们从 80 年代开始做这种巨幅图像的，是吗？

乔治：对，那是最早做的大幅图像之一。我们一直觉得，醒来是一个人生活中最重要的时刻之一。它开启了新的一天。威尔士人把清晨称为"早上的木头"，因为每个男子起床的时候都是硬硬的，在威尔士这就叫"早上的木头"。而性爱顾问总是说，如果你有勃起问题，那就在早上做。一日之计在于晨。当一个年轻艺术家问"你们会给我什么建议"的时候，我们总是说："你早上起床的时候，坐在床边，不要睁开眼睛，问自己：'我今天想对这个世界说什么？'无论你是用电脑、刷子还是铅笔工作，都没有关系——就这么决定，那准错不了。"

奥布里斯特：这是你们对年轻艺术家最重要的忠告吗？

乔治：嗯，我们还有第二句忠告，因为通常提问的都是学生，所以我们说："让老师们见鬼去吧。"因为老师就是敌人。所有的老师在他们的人生中都存在着巨大的恐惧，那就是他们的某个学生会变成一个富有且成功的艺术家。这让他们感到害怕。

吉尔伯特：我觉得最重要的是早上起床，然后凝望深渊，凝望宇宙。你醒来的时候，面前只有空间。某种程度上，我们试图在作品中让生活慢下来，使其更为完整。这就是我们努力尝试的事情：放慢生活，以便来得及思考它。

奥布里斯特：因而它是一个永恒的时刻。

乔治：过去、现在和未来，我们始终相信艺术应该将三者结合起来。我们之前说过"炸弹图片"(Bomb Pictures）——我们很多很多很多年前就拍过伦敦悬铃木的照片了，但几乎没有用过这些照片，除了有时要用到树叶的图像。只有当我们开始创作"炸弹图片"的时候，我们才意识到它们是伦敦最了不起、最高大的生物。它们一直都存在，它们在这里，也一直会在这里——象征着生生不息的伟大的自然符号。它们像是君主制度的自然版本。在用它们创作之前，我们从来没有研究过这些东西。比如"银杏图片"（Ginkgo Pictures）——只是在创作了图片之后，我们才对银杏叶有了这么多的了解。

吉尔伯特：这很有趣，多年以来，我们拍摄了这么多叶子的图像，但从来不知道那种树叫什么。

奥布里斯特：不同于艺术史上的多数情况，你们事后才做研究，这挺有趣的。你们看籍里柯[24]的例子，在画油画《梅杜萨之筏》（The Raft of the Medusa）之前，他做了很多研究，画了草图，读了很多书。而你们却正好相反。

乔治：我们从来没通过那种方式获得灵感。我们总是去找一些与我们的兴趣相似或一致的东西。我们一直援引关于亨利·摩尔[25]的著名故事：20世纪50年代，一个记者在他的家兼工作室里采访他，记者要离开的时候，看到一批有趣的鹅卵石，都是亨利·摩尔在沙滩或田里捡到的。记者说："啊，所以你的灵感来自这里——这些奇怪的石头里！"亨利·摩尔回答道："我收

---

24 西奥多·籍里柯（Théodore Géricault, 1791—1824）：法国浪漫主义画家。
25 亨利·摩尔（Henry Moore, 1898—1986）：英国雕塑家，以大型铸铜雕塑和大理石雕塑而闻名。

集这些鹅卵石是因为它们看上去像我做的雕塑。"

吉尔伯特：我们去纽约的时候，发现了这些树。我们很好奇它们到底是什么鬼东西，因为叶子闻上去有股屎味。我们收集了几百片叶子，然后一起带了回来。

乔治：我们在纽约待了一个多礼拜，然后把银杏叶压在酒店电话黄页中，想着可以像那样把它们带回来。带着一点笨拙的实诚，我说"我们不能把酒店房间的电话簿偷走"，所以我们出去买了一些杂志，反正我们本来就要买的，因为在纽约能买到一些非常棒的成人杂志，然后我们把它们夹在成人杂志的书页里带了回来。我们觉得自己如果被逮捕，要么是因为把自然生物之类的带回了国内，要么是因为那些杂志。最后，谢天谢地，我们没有因为任何一项罪名被捕。

吉尔伯特：我们对银杏树确实一无所知。我们制作了图片，然后想弄明白它到底是什么东西——这种长着金色叶子的树。

奥布里斯特：我们再回到这些图片，关于《醒来》。

乔治：名称实际上拼错了——漏了 n。

奥布里斯特：你们做过的最好的决定是什么？

吉尔伯特：离开艺术圈。我真的觉得那拯救了我们，让我们得以独立。

乔治：让我们得享孤独。

吉尔伯特：是的，就是那样。

奥布里斯特：你们会称之为解放吗？

吉尔伯特：当然。

奥布里斯特：那是什么时候的事情？

吉尔伯特：很早之前了。我们没有参加任何艺术展或其他什么。最初的时候，我们想参与其中，完全成为其中的一员。但他们不喜欢我们——他们不想要我们。我们喝得太多，以及这类事情，让他们不喜欢我们。他们绝不会邀请我们回去。我们被孤立了。

奥布里斯特：所以这是一种拯救。

吉尔伯特：哦对，是的。

乔治：就像是康拉德·费舍老说的："你们是异类。"

奥布里斯特：但他说的是正面评价吗？

乔治：是，也不是。整个艺术圈就像是流沙。我们觉得我们现在比之前更接近核心了。但我想并没有很多初出茅庐的极简主义艺术家围绕在我们周围。我觉得完全没有。他们不存在。（笑）

吉尔伯特：有趣的是，康拉德这么说我们，也这么说过另一位艺术家——布鲁斯·瑙曼[26]。布鲁斯·瑙曼无法融入纽约学派[27]的艺术家，因为他来自洛杉矶，所以其他艺术家——所有极简主义艺术家——不接纳他成为他们中间的一员。我们和布鲁斯·瑙曼都是局外人。

奥布里斯特：而现在我们已经迈入了 2006 年，并且将要做 2007 年的展览，所以此时也许正适合问我最爱的那个问题：你

26　布鲁斯·瑙曼（Bruce Nauman, 1941—）：美国艺术家，他的艺术实践包括雕塑、摄影、霓虹灯、录像、绘画、版画和表演。

27　纽约学派（New York School）：活跃于 20 世纪 50 年代和 60 年代的纽约，是由美国诗人、画家、舞者和音乐家组成的非正式团体。

们尚未实现的项目是什么？

乔治：无穷无尽。无穷无尽。

吉尔伯特：我们从未考虑过这个，考虑的只有下一个项目。我们有的是图像，我们有成百上千的图像，涉及许许多多的主题。我们没有那种宏大的梦想，只是一步一个脚印。我们不发明任何东西。就像是凝视着深渊，凝视着这个空无一物的空间。

奥布里斯特：所以你们没有一个宏大的、尚未实现的乌托邦？

乔治：没有计划，没有计划。

吉尔伯特：只是一步接着下一步。

乔治：接着和它们乱搞！

9

路易丝·布尔乔亚
Louise Bourgeois

我在瑞士长大，很早就看到了路易丝·布尔乔亚的作品，也研读过她的著作。20世纪80年代，我去纽约上学的时候，给她打了个电话，就去她在切尔西的家里拜访了她。我对她的文学作品很感兴趣，包括她写过的日记、诗歌和歌曲，后来我还和玛丽-罗丽·贝尔纳达克[1]一起编辑了一本她写的书。在我们早期的会面中，她讲了很多关于外围人物（personnage périphérique）的想法：那些在我们的生活中并非十分重要的人，有时仅仅通过一次对话，就改变了我们。

在编辑了她的书之后，我们又合作了很多项目，包括一个和阿尼亚斯·贝（agnès b）一起完成的项目。和艺术家工作的时候，通常也会发生很多简短的对话，充满着他们对创作实践各方面一语中的的洞见，其中大多数并没有诉诸笔端。这里呈现的就是这样的片段——确实只有一小段。我将其收录进这本书中，因为它异乎寻常。这是我最后一次拜访的时候记录下来的。在会面之初，她说更愿用绘画来回答问题，因为实在倦于言辞。我们依然喜欢这种方式（通过邮件，我问问题，而她用绘画回复），还计划做一本这样的书。但让人悲痛的是，路易丝在几个月之后就去世了，所以这个项目是尚未完成的，尽管在这本书里你能读到几千字的内容。

1　玛丽-罗丽·贝尔纳达克（Marie-Laure Bernadac，1950—）：法国策展人。

外围人物

汉斯·乌尔里希·奥布里斯特（以下简称奥布里斯特）：你能就外围人物聊聊吗？

路易丝·布尔乔亚（以下简称布尔乔亚）：那些外围人物已经不再重要，他们渐渐被淡忘，然后又突然重现。为了说明这一点，我要说说在我（20 世纪 40 年代）的作品《凯瑟琳·亚罗的肖像》（*Portrait of Catherine Yarrow*）中出现的一个人物。我有二十年没想过凯瑟琳·亚罗了。后来一个年轻的历史学者发现了 CY 这两个字母代表的意义，于是我们重塑了凯瑟琳·亚罗的特征。外围人物现在变成了核心人物。

奥布里斯特：她是隐藏的。

布尔乔亚：我几乎已经忘记了她，直到那个历史学者看到一本书里有张名为"凯瑟琳·亚罗"的老照片，破破烂烂的。外围人物因此变得可见了。没有必要去"调查"她的真实身份，弄清楚她所扮演的重要角色。凯瑟琳·亚罗从来没有成为谁的妻子，因为她仅仅是经由我对于她和她对于我的影响来定义的；这和《欧也妮·葛朗台》[2]属于相同的主题，对我而言代表着一个心愿未了的女性的原型。欧也妮·葛朗台是巴尔扎克塑造的一个人物，她是父亲的囚徒，满足父亲的需要，成为家奴。凯瑟琳·亚罗代表着一位女性的命运，她从未有机会真正成为一个女性。我怀上第三个小孩的时候，有一次遇到她，我挺着肚子，所以让她印象深刻。也许我之所以引起她这么大的反应，是因为她想要怀孕。我不知道。结果，凯瑟琳·亚罗努力变得友善、合群，希望被接纳，但她所承受的紧张情绪让她变得歇斯底里。

奥布里斯特：她的歇斯底里以某些方式表现出来了吗？

布尔乔亚：对，很激烈的方式。她完全不可能应对。最后，凯瑟琳·亚罗成了一个外围人物，尽管她一度占据了我生活中很重要的位置。

奥布里斯特：外围人物的概念很有趣：在中心和边缘之间摇摆，在显现与消失之间游移。

布尔乔亚：是的，很棒。应该注意的是，我们是在用渴望纠正的欲念来重塑这些外围人物。我对纠正满怀热情，将其视为一种赎罪的方式。

2　《欧也妮·葛朗台》（*Eugénie Grandet*）：法国批判现实主义小说家巴尔扎克创作的长篇小说，叙述了一个金钱毁灭人性和造成家庭悲剧的故事，欧也妮的爱情悲剧是故事的中心事件。

奥布里斯特：与其他认识很久的人相比，你会如何看待这些外围人物呢？

布尔乔亚：外围人物之间有一种网状结构。这个网络必须与特定日期有关，因为它们都是一体的，一针连着一针。如果你扯一下，就松开了，跟蕾丝似的。

奥布里斯特：几年前你见过的所有人中，像费尔南·莱热[3]，他也是这个外围世界中的一员吗，还是说他处于中心？

布尔乔亚：他不是，这不一样，因为我从他身上感受到了一种情感。我认识很多人，拥有很多关于我的老师的记忆，我爱我的老师们。其他人完全不在一个层面上。凯瑟琳·亚罗是一位社会女性，我是在社交场合遇到她的。她与我严肃专业的人生毫无关联。她在艺术家群体中占据着某种位置，是因为她代表着某种周旋于艺术界的业余爱好者。这给了她一种存在的理由。

奥布里斯特：所以你觉得外围人物是那些你偶然遇见的人吗？

布尔乔亚：完全不是。我遇到她是因为她无所事事，她制做了那个倒霉的陶器，被一个靠近她的孕妇吓得目瞪口呆。

奥布里斯特：从这一刻到下一刻，某些无关紧要的东西可能变得极其重要。

布尔乔亚：当然。这时展览的开幕变成了一次街头事件、一场公共事件。还有一个患白化病的外围人物。白化病患者的肤色、

---

3   费尔南·莱热（Fernand Léger, 1881—1955）：法国画家、雕塑家和电影制作人。

色素沉淀是由其基因决定的。皮肤、头发都是白的，而眼睛是红色的。我身边有一个外围人物，她是位白化病患者。她的名字叫伊冯（Yvonne），是个女佣。我喜欢回忆阳光侵袭她的样子：她想看某个小东西时，必须按照阳光照过来的方向把头转到某个角度。她的眼睛是红色的，总是让我觉得她像一只小白兔。她特别健康活泼。她勾引我弟弟，被他吸引住了，后来快把他逼疯了，死死抱着他。他在楼梯上推了她一把，然后她一路摔到了下面。

奥布里斯特：所以她是另一个外围人物，尽管与你如此亲密？

布尔乔亚：她和我们家都非常亲密，成了其中的一员。二十五年来，我都没有想起过她。她现在有了很多孩子。

奥布里斯特：托马斯·品钦[4]讲过纽约下水道鳄鱼的都市传说。它们从来没有见过天日，因而变成了白化病患者。

布尔乔亚："为什么镌刻在我记忆中的巴黎的气味，像是下水道的味道？"这是真的，我并不否认，我甚至能解释给你听。我生命里有段很艰难的时光——就是那个时候遇到了白化病患者，她帮忙打扫我们在安东尼（Antony）的房子。当时安东尼的下水系统进行了一次整改，排往比埃夫勒河（Bièvre）的管道最终被取消。我们的花园坐落在河旁边。比埃夫勒河很小，无法承受所有人家下水道的排水。所以在1934年的一天，卫生部的一个男人过来，说："布尔乔亚女士，我们截断了排向比埃夫

4　托马斯·品钦（Thomas Ruggles Pynchon, Jr., 1937—）：美国后现代主义文学代表作家。

勒河的下水道，现在开始你家会直接连接主下水道。"花费非常高昂。我是房子的主人，觉得自己快要破产了。

奥布里斯特：从19世纪开始，这些气味就从城镇消失了。19世纪裁定，公共空间应该是卫生的，没有其他的气味。在那之后，无菌城市被建设起来，没有任何臭味了。

布尔乔亚：仔细思考下水道的问题，我想味道可能来自比埃夫勒河里的淤泥。安东尼上游的河水裹着土壤流下来，比埃夫勒河每年都需要疏浚清淤。工程部门的人拿着长长的铁铲下到比埃夫勒河的两岸，挖出淤泥，扔到岸上。难以置信，但确实如此。我以为是淤泥的气味，但并不是，因为淤泥的气味跟这个不一样，只是泥土混合了水而已。那种气味总让我回想起以前的某个时期，回想起某种腐败气息。我们的邻居罗格朗（Legrand）夫妇住在很小的房子里，他们的女儿嫁给了一位康特斯（Cotance）先生，而康特斯女士为我的父母工作——修复挂毯。罗格朗夫妇以制作马具为生，住的房子非常小，以至于卫生部门都没有注意到。这只是一个疏忽，而且我父母从来没有向市政举报他们。由于官方的疏忽，罗格朗夫妇继续向比埃夫勒河排放废水，尽管这是违法的，他们也不顾公民义务。为什么我的房间有着极强烈的下水道气味，因为它毗邻着罗格朗家的房子。

奥布里斯特：这种气味是什么时候重现的？

布尔乔亚：再次闻到这种味道有点惊到我了，那是在1990年，我在里昂当代艺术博物馆（Musée d'Art Contemporain）的一个展览刚刚结束，然后回到了夏纳。我们再度来到勒卡内（Le Cannet），回到了大不列塔尼酒店（Hôtel de la Grande-Bretagne），它让我感受到建筑和地点也可以是外围的。当我还是小孩子的时候，大不列塔尼酒店是个三星级酒店。到 40 年代，我感觉它已经没什么生意了。所以你在旧明信片上看到的大不列塔尼酒店完全被拆毁了，被一家不那么清爽的旅店所取代。我们只是偶然到了那里。反正，信不信由你，那里浴室的下水系统不太让人满意。窗户一直得开着。我再次闻到那个气味的时候，觉得简直太不可思议了。

奥布里斯特：一样的气味？

布尔乔亚：一直追赶着我的同样的气味。就在那个时候，我意识到，和外围人物一样，外围建筑也是存在的。

在所有的元素中，水是最吸引我的。一切总是与水相关。水的危险方面是冰和洪灾，而水的益处在于生命本身。所有的建筑都要考虑水的流动，屋顶、阴沟、滴水嘴兽，它们都和水管相连。冰也非常重要。我给你看我们即将出版的一本书《失眠》（Insomnia），其中收录了超过两百张画，很多是关于水和恐惧的，恐惧水可能造成的伤害、冰冻，以及能够让你口渴至死的厌腻。

奥布里斯特：我们一直把水看作一种可以无限取用的资源，但现在水资源越来越稀有了。

布尔乔亚：缺水或水资源过剩都是有危害的，每每想到水在灾害中的"角色"，总觉得很惋惜。当你听说加利福尼亚发生洪灾的时候，会发现那些被洪水淹没的人绝不是生活在山上的人。山是属于富人的，那里没有危险。发大水的地方总是穷人生活的住宅区。

奥布里斯特：我们的对话现在要将近尾声了，你能再给我概括一下外围人物吗？

布尔乔亚：在我的想象中，外围人物一直在等待登场，或等待属于她的时刻。对我来说，这是一个女性人格的隐喻。她等待，就像世上的箴言说的"谋事在男人，成事在女人"。事实上是相反的，女人谋事，男人成事。这就是为什么外围人物通常是女人，他们等待着发育，等待着男性隐喻的到来。所有女人都在等待被即将发现她们的历史学家滋养。正如眼下，我为了约翰·拉塞尔 [5] 的书，正重新发现让·格哈德·马蒂斯 [6] 的模糊形象。

奥布里斯特：一直与外围人物相伴随，是隐藏的潜能，你会这么觉得吗？

布尔乔亚：潜能，没错！也许会起作用，也许不会，一切都取决于潜能。所以等待的女人是一种象征："女士们在等待着"。

奥布里斯特：你描述了第三种外围角色。

布尔乔亚：拉乌尔是另一种外围角色。拉乌尔·卡努伊（Raoul Kanoui）生活在巴黎十六区的拉内勒夫街（Ranelagh），是我一个同学的兄弟。他是一位极为重要的外围人物，但他因为结核病很快就被送走了。这等于被判了死刑，因为结核病在当时是难以治愈的。他去了瑞士莱森（Leysin）的一个疗养院。

奥布里斯特：你定期去那里。

5　约翰·拉塞尔（John Russell，1919—2008）：艺术评论家，曾于1982—1990年间担任《纽约时报》的首席艺术评论员，并出版过多本艺术史研究著作。此处所指的是《马蒂斯：父与子》（*Matisse, Father & Son*）一书。

6　让·格哈德·马蒂斯（Jean Gérard Matisse）：亨利·马蒂斯之子。

布尔乔亚：我只是去拜访他。他过去常常跟我聊雷内·克维尔[7]。他告诉我，访客们一离开，病人们就鬼鬼祟祟地开启非常激烈的性生活。结核病人性欲极为强烈。

奥布里斯特：拉乌尔·卡努伊是一位艺术家？

布尔乔亚：不是，他是一位作家。他说自己命不久矣，所以我非常珍惜他最后那些书信。我至今还保留着它们。

最后的访谈

奥布里斯特：能告诉我你现在在创作什么吗？

布尔乔亚：我在和作家盖里·印第安纳[8]合作一本书，也和翠西·艾敏[9]合作创作一些版画。当然，我每天都在画画。

奥布里斯特：你的座右铭是什么？

布尔乔亚："你爱多少人？"

奥布里斯特：偶然性起到了什么作用？

布尔乔亚：我不相信运气。我感兴趣的是自己能够控制的事情。

奥布里斯特：你最喜欢的美术馆是哪个？

7　雷内·克维尔（René Crevel, 1900—1935）：法国作家，参与过现实主义运动。

8　盖里·印第安纳（Gary Indiana, 1950—）：美国作家、电影制作人和视觉艺术家。

9　翠西·艾敏（Tracey Emin, 1963—）：英国当代艺术家，以其自传体和自白式艺术作品而知名，使用媒介极为广泛，包括绘画、录像、行为、摄影、版画、装置和刺绣等。

布尔乔亚：卢浮宫，30 年代的时候我在那里工作。

奥布里斯特：昨天，4 月 6 日，你创作的新作品是什么？

布尔乔亚：

奥布里斯特：过去始终是现在的一种先决条件吗？

布尔乔亚：是的。

奥布里斯特：能聊聊你和彼得·卒姆托 [10] 的项目（女巫审判案受害者纪念馆 [Steilneset Memorial]，挪威瓦尔德，2011）吗？

布尔乔亚：我的装置作品是为了纪念 17 世纪挪威那些被当作女巫而烧死的人。他们恰好几乎都是女性。彼得·卒姆托设计了两个建筑。

奥布里斯特：你还能想到其他什么建筑项目吗？

10　彼得·卒姆托（Peter Zumthor，1943—）：瑞士建筑设计师，2009 年获得普利兹克建筑奖。

布尔乔亚：我在为维也纳地铁站做一个挂起来的作品。

奥布里斯特：你最喜欢的画是哪一幅？

布尔乔亚：

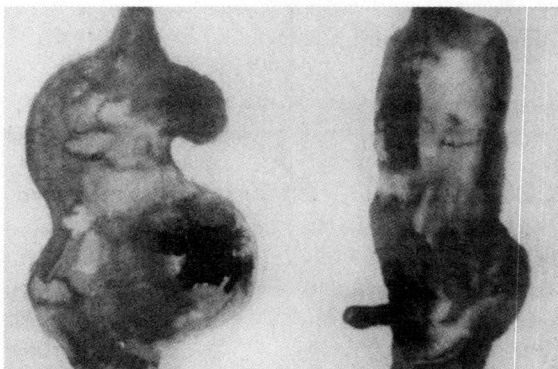

奥布里斯特：一个伟大艺术家需要掌握的技能有哪些？

布尔乔亚：他要一点一点地补足技能。

10

玛丽娜·阿布拉莫维奇
Marina Abramović

我在汉堡和卡斯帕·科尼什（Kasper König）做一个油画展时遇见了玛丽娜·阿布拉莫维奇。一天晚上，已经是深夜了，在阿迪米拉酒店（Hotel Admiral）的酒吧里，我被介绍给了她，这实在是一次激动人心的爆炸性邂逅。不过我们之间的联系零零星星，对彼此也不是很了解，直到1996年，我们都参加了一次前往日本的旅行。我们和一大群艺术家、策展人一起，受邀参加九州的一个新艺术中心——北九州当代艺术中心（CCA Kitakyushu）开幕的会议。各种活动遍及全日本，这是一次很不同寻常的经历。这里的第一个采访就是在这次旅途中记录下来的。我们乘着子弹式列车，在多种意义上，这都是一次高速访谈。

无物品的想象美术馆

汉斯·乌尔里希·奥布里斯特（以下简称奥布里斯特）：我觉得跟你聊聊关于收藏的问题会很不错。也许我们不仅可以聊物品的收藏，还可以聊各种不同形式的收藏。现在的许多艺术家也是收藏家。你没有积攒物品，但你有另一种形式的藏品，一种无物品的想象美术馆。能讲讲这个想象美术馆是如何运作的吗？

玛丽娜·阿布拉莫维奇（以下简称阿布拉莫维奇）：这个时候，必须先解释一下我为什么不收藏。我并不是要跟藏家作对。如果没人收藏我的作品，我就活不下去了。但我确实喜欢空无一物的空间，因为我的脑袋里塞满了各种东西，而如果我的周围或者墙上还有那些物品，就太让我无法承受了。所以我更偏好一个极小的纯白空间，光线在墙上变化，这就已经有足够多的信息了。我对那些不可能被收藏的作品很感兴趣。当然，行为艺术是一个例子，除非你收藏的是详细记录作品的文件，或者视频装置，或者视频文件。我可以给你讲几个例子。

有一位艺术家叫吉诺·德·多米尼西斯[1]，这个例子比较有名。他将一幅隐形的作品卖给了一位严肃的收藏家。这位收藏家为这幅隐形的作品付了钱，买了一纸证明，对他而言，这更像是某种乐趣："让我们买一件隐形的作品！"然而三周后，当接到电话说这件隐形的作品将会运到他家时，他非常吃惊。然后，非常准时，早上十点的时候，送货人开着一辆货车来了，六个戴着白手套的人将这件隐形的作品搬了进来。他们进来后非常严肃地询问应该放在哪儿。于是他说"窗户旁边"，他们说，"不不不，那里光线太强烈了。这件物品非常敏感"。他们放置好隐形作品后就离开了。这位艺术家还做了另一个展览，只对狗开放。他关闭了美术馆，只开了一个小门，你知道，非常低矮的小门，只有狗能进去。没有人见过里面是什么样子的，但各处的狗就这么来来去去，进进出出。

另一位有趣的人是詹姆斯·李·拜尔斯[2]，他创作了非常美丽又很难收藏的作品。有一件作品是在伯尔尼完成的，他站在美术馆前面，然后就那么将灵感吹进美术馆里。所以，这件作品是：呼吸。一个呼吸着灵感的艺术家。

然后还有提诺·赛格尔（Tino Sehgal）的作品，刚好最近

1　吉诺·德·多米尼西斯（Gino De Dominicis，1947—1998）：意大利艺术家。

2　詹姆斯·李·拜尔斯（James Lee Byars，1932—1997）：美国艺术家，专注于雕塑和行为艺术。

卖给了泰特现代美术馆。甚至都没有合同，什么都没有，他拿到了钱，而卖出的作品是在馆长耳边的低语。这是一组说明，描述作品将会是什么样子，悄悄耳语，仅此而已。所以如果这个馆长死了——但愿不会——或者说如果他换了工作，他必须耳语告诉下一任馆长，否则对于泰特来说，这件作品就丢失了。

所以有趣之处在于，某些东西并没有因为其不可收藏，就不那么有价值。真正重要的在于那个想法。当然，最著名的例子是伊夫·克莱因 [3]：他把作品卖给了藏家，藏家给了他支票，而他烧了支票，然后从桥上撒到了塞纳河里。除了大家所记住的这个行为，没有人获得任何东西。

奥布里斯特：你还提到过的一件事，是查理曼·巴勒斯坦 [4] 一直给你启发，特别是他那不可控制的能量，我想知道这种能量是否以某种方式进入了你想象中的藏品。

阿布拉莫维奇：你看，对于已逝之物，我总是格外感伤。因为存在着某个世界、某种个性、某些人，它们确实对艺术产生了这样的影响。这只是一种纯粹的存在，你无法真的触及。它是隐形的，却长久地留存在你的脑海中。查理曼·巴勒斯坦那时和纽约的索纳班画廊（Sonnabend Gallery）合作，他的作品大多数是行为，但他会给空间注入如此多的能量，以至于你会在里面待上很久很久。这段时间你会感受到某种爆发，某种让公

3　伊夫·克莱因（Yves Klein，1928—1962）：艺术家，新现实主义的推动者，被视为波普艺术最重要的代表人物之一，是"克莱因蓝"（IKB）的创造者。

4　查理曼·巴勒斯坦（Charlemagne Palestine，1947—）：美国艺术家。

众产生肾上腺素的东西。而行为艺术确实就是那么一回事：一个好的行为是一次能量的对话，而一次不好的行为却什么都没有。许多人因为看了很多不好的行为艺术而渐渐失望，完全不喜欢行为艺术了，但世间还是有为数不多的好的行为艺术作品。事实的确如此：你必须经历这么多的曲折，才能看到好东西。这到哪儿都是适用的。

奥布里斯特：我有些好奇，或许讨论一下具体派（Gutai）也会很有意思。我们已经聊了伊夫·克莱因和他的所作所为，但关于具体派我们还没聊太多。

阿布拉莫维奇：你先说明一下具体派的历史背景，我再举一个实例。

奥布里斯特：具体派是一场先锋运动，这个名字的意思是"具体化"。很早之前，在50年代，他们从油画拓展到了行为艺术。他们是这类作品的先驱，在西方相对而言还是不太为人所知。但现在许多年轻艺术家在重新讨论具体派，90年代初，在日本，我们第一次见面的时候，你提到了具体派。

阿布拉莫维奇：在伊夫·克莱因那时候，具体派是一个非常激进的艺术家团体，他们的理念是非常概念化的。其中一件让人震撼的作品不知为何从艺术书籍中消失了，它几乎不可能从道德上进行讨论。有个艺术家试图创作他的终极油画，他把一块白色画布放在地上，爬到五层楼跳下来，正掉在白色画布上，他以这种方式自杀了。这太沉重了，我想这个例子大概很难理解，因为我真的觉得一个艺术家的生命比这个更有价值。

奥布里斯特：我们提到过詹姆斯·李·拜尔斯，他曾经非常激动地告诉我，他以五万美金的价格卖出了一分钟。出卖时间就是他的点子。除了交易物品，还存在着各种各样的经济类型，提出这种想法也是挺有意思的。

阿布拉莫维奇：是的，很有意思。你知道的，一个艺术家真正的成功是由他的作品能卖出去多少钱来衡量的，在美国更是如此。这让我非常震惊。他们谈起某个人会说，"他值五百万，他值多少多少"。怎么能这样衡量一个人？艺术也是一样。有那么多的艺术家生前没有卖出去任何作品，但他们去世后，他们的作品卖了几百万。而他们却几乎吃不上饭。没有卖出去什么，不能说明任何事情，并不意味着你不是一个好的艺术家。我最近在读德·库宁的传记。太不可思议了，40年代的时候，他要在早上决定是应该买食物还是买一包烟。他总是选香烟。这是他的问题，但我自己也有过为钱而苦恼的经历，有点怀念那个时候。做行为艺术，特别是在70年代，几乎很难获得报酬。但我是一个激进分子，我不想做其他事情。我不想在餐馆打工，或者做其他工作，后来就成了一个艺术家。我只想做艺术家。因而，为了尽可能缩减开支，我和我的搭档乌雷（Ulay）住在一辆车里。那是一辆法国雪铁龙，像一个沙丁鱼罐头，不是那种豪华的带浴室或其他设备的房车，它什么都没有：就是一个盒子，毫不夸张。我们就那样生活了五年……

奥布里斯特：从1976年到1981年。

阿布拉莫维奇：是的。我们不用付电费，没有电话，不需要付房租，那时我们身处自然，而且就待在那里。我们会给各种不同的地方打电话，看是否有机会做行为艺术。有就去做。我记得有一次很特别，我们待在撒丁岛的某个地方，不知身在何处，每天早上四点醒来，给羊挤奶，帮农民做佩科里诺（pecorino）奶酪——我现在还知道如何做出很好的奶酪。他们给我们食物，我们在那里住了一两个月。然后，汽油快用完的时候，我们去了博洛尼亚当代艺术博物馆（Museum of Modern Art in Bologna），那里有一个盛大的行为艺术节。他们应该给我们支付报酬，比方说大概三百美元吧。三百美元是很大一笔钱，按照我们那种活法，够生活两个月了。但我们也知道，在意大利，如果你不提前拿到钱，就永远都拿不到了。你在那里一直玩得很开心，然后他们说会给你寄支票。我们知道这一点。实际上那儿有一群艺术家，也是美国人，包括劳瑞·安德森[5]、维托·阿肯锡[6]、丹尼斯·奥本海姆[7]、特里·福克斯[8]、查理曼·巴勒斯坦。我们当时的行为艺术作品是《无量之物》（*Imponderabilia*），后来变得很知名。它的概念是，我们成为美术馆的门。我们实际上重建了一个更小版本的美术馆入口，我们赤身裸体，彼此站得很近。所以你想要进入美术馆的话，没办法正面通过，必须侧着身子。你必须面朝着乌雷，或面朝着我，穿过那道门。所以我们，也就是艺术家，

5　劳瑞·安德森（Laurie Anderson, 1947—）：美国先锋艺术家、作曲家、音乐家和电影导演，作品涉及行为艺术、流行音乐和多媒体项目。

6　维托·阿肯锡（Vito Acconci, 1940—2017）：美国设计师，景观建筑师，行为和装置艺术家。

7　丹尼斯·奥本海姆（Dennis Oppenheim, 1938—2011）：美国观念艺术家、行为艺术家、大地艺术家、雕塑家和摄影师。

8　特里·福克斯（Terry Fox, 1943—2008）：美国影像、观念、声音和行为艺术家。

有三个小时是美术馆的大门。每一天,从充当入口前一周到接下来的时间,我们都去办公室找他们要钱。我们说:"你能把钱给我们吗?""不行,今天有罢工。"前一天是钥匙不见了。后一天,他们出去吃午饭,不能过来了。就这样一直到最后一分钟。在开场前的十分钟,观众已经到了,表演将在绝望中进行,因为在那之后我们就无以维生了。所以,乌雷,完全赤裸着,去了办公室,对秘书说:"我现在能拿到钱吗?"她被吓到了,拼命尖叫。一个一丝不挂的男人站在她面前。当然,钥匙在那里,保险柜在那里,她马上给了我们钱。但三百美金换算成里拉是一大摞纸币,所以我们拿到了这沓钱却不知道该放在哪里。表演必须要开始了。我们能把钱放在哪儿?那里的每一个人我们都不信任。乌雷找到了垃圾桶里的一个塑料袋,就用塑料袋把钱裹起来,然后我们去了美术馆的公共厕所,他爬上去把钱放进水箱。我们就去表演了,心里暗暗希望钱不会被冲走。实际上,我们是唯一拿到报酬的。其他人都未拿到他们的支票。这都是过去的好时光。

奥布里斯特:所以,这是过去的好时光,但现在呢?在经济方面,你怎么看待现在的情况?在艺博会的环境下,你如何看待自己的创作?现在有一些作品是特别为艺博会创作的。

阿布拉莫维奇:对一名艺术家而言,艺博会是一个乌烟瘴气的场合。看到自己的作品在这种情况下被出售,感觉不是很好。这就是市场。你看,我出现在迈阿密是有原因的,比如进行我们现在的这个对话,或者参加后天关于女性艺术的讨论小组。我是有目的的,如果我没有一个目的,就不会在这里。但我认为这是必要的。这是让画廊主得以存活，让艺术家能够靠自己的作品生活的基础设施。我觉得这真的很重要。在我那个年代，70年代的时候，水管工的报酬要比艺术家多。那不公平。我们的作品旨在提升人们的精神生活。70年代的时候，艺术家甚至都羞于要钱，连提及自己因为作品而拿到了报酬，也是很不好意思的事情。我甚至都没有要求过从贝尔格莱德到米兰的三等座票。现在确实是变了，我觉得这一点很重要。想想约瑟夫·博伊斯，他始终是一个很好的例子：他有三辆劳斯莱斯，他有三辆劳斯莱斯是因为他做了很棒的作品。他在生前获得了回报，我认为这是公平的。我再也不会像过去那样羞于谈钱了。

奥布里斯特：你如何看待未来的艺术？在1990年的一次采访中，你说你相信21世纪会是一个没有艺术的世界。那个世界将不再有实体，人类会处于高度意识化的层面，在一个如此强的精神状态之下，他不需要实体作为介质，就能够将想法传送给其他人。现在我们就处在21世纪，第一个十年已经快结束了。

阿布拉莫维奇：我要让你失望了。这个过程有些缓慢，依然有实体环绕在我们身边。但在21世纪初发生了一件很奇怪的事情。有一个美国的流派，我不知道他们的名字，但他们将自己视为"电脑学派"，他们打算集体自杀，因为想要登上宇宙飞船，而该飞船隐藏在经过地球的彗星后面。有趣之处在于，他们发现自己的肉身太重了，而精神、灵魂的传播则快得多。对我来说，那就是21世纪真正的开端。就所有的交流形式和我们生活的方式来说，一切都变得越来越电子化，越来越非物质化。身体几乎变成了一个障碍。现在依然还存在着实体，并且很有可能以后也一直会有，但我觉得在我所追寻的这种艺术概念之中，存在着某种纯粹性。艺术家必须与公众合作，才能达到一种启发精神的境界。直到现在，公众一直是很被动的，他们只是艺术作品的偷窥者：你在美术馆里学习，却无法触摸作品，你不能这样，不能那样。存在着各种限制，而你从来不曾进行真正的交流。我觉得这必须改变。公众必须采取一种更加互动的立场，必须更深入地成为一个体验者，并且必须和艺术家一起，增进精神状态的启发。这样的话，在艺术家和公众之间，实体就不再是必要的。传递纯粹能量和某种福祉才是唯一所需的。这是一个非常抽象的概念，但我相信确实如此。美洲原住民、非洲人有那么多各不相同的文化和习俗，他们通过重复和仪式化来实现这一点，艺术家也可以实现。并且对我来说，行为艺术正是实现这一点的工具。当然，你必须花时间，必须有持续很长时间的作品。现在，一切都很短暂。我们必须回到长期作品，像拉·蒙特·扬 [9] 那时候一样。

奥布里斯特：长期作品的想法在你未来的项目中变得越来越重要。美术馆的未来会是如何？你将美术馆视为庙堂，未来的美术馆会更像一座庙堂吗？

阿布拉莫维奇：我们越是不再信仰某物，来美术馆寻找某种艺术灵性的人就会越多。可是再一次的，美术馆没有接纳很多艺术家的新创意。现在艺术领域有那么多有趣的想法无法在美

9　拉·蒙特·扬（La Monte Young, 1935—）：美国先锋作曲家、音乐家和艺术家，以极简主义音乐风格而知名。

术馆执行。存在着太多的限制，尤其是美国的美术馆，它们是全世界做得最差的。真是难以置信：在这里一切都被禁止。美术馆必须调整，并且必须大力建设，以真正成为一个实验空间，一种实验室，一个充满实验性的世界，而不只是展示已经完工、不许任何人触碰的产品。对一个艺术家而言，至关重要的在于，将失败视为创作过程的一部分，因为发现一个艺术家的风格是非常容易的，但如果美术馆开始出售这种风格，如果这种风格被公众认可、赏识，他就再也不会有所改变。他害怕实验，害怕转换其他方向，因为他可能会失败。而就在这么做的时候，他到死都在重复自己。当他一遍又一遍地一直在做同样的事情时，创造的进程就停止了。我认为你必须诚实面对自己，真的必须接受失败，因为如果进行实验，就必然会失败。你绝不会知道实验结果如何，有可能很棒，有可能确实很糟。但失败太重要了，因为它包含着学习的过程，让你得以用全新的方式来看待自己的作品。

奥布里斯特：这让我想起著名的"世界问题中心"（World Question Center，1968），在其中，詹姆斯·李·拜尔斯邀请了许多人问他一个问题。塞德里克·普莱斯的问题是："在发达的西方工业国家，为什么很难利用所犯的错误？"然而谈到美术馆的困境和禁令，很有意思的是，通常出于对美术馆的这种看法，艺术家成立了他们自己的机构，他们成立了空间，甚至成立了美术馆。你在11月13日生日那天宣布要成立阿布拉莫维奇研究所（Abramović Institute）。根据你对于美术馆的批评，你想象自己的机构会是什么样子的呢？它将在何种程度上再现亚历山大·杜尔纳关于美术馆应该成为某种发电站的观点呢？

阿布拉莫维奇：我受够了抱怨的态度。艺术家是最爱抱怨的群体。我们总是抱怨一切，而我觉得抱怨是没用的。你必须亲手处理这些事情。我告诫过很多次。这是艺术家非常重要的一个作用，是对社会的职责。

我们的存在是为了服务社会，就像氧气一样，带来新的认知。我真的很希望切实地考虑公众。我们总是忘记了公众，但公众才是那些完成作品的人。公众确实非常非常重要。美国伟大的编舞和舞者玛莎·葛兰姆[10]曾经说："舞者所在之地即为圣地。"我想改用这个说法，我会说："观众观看艺术作品之地即为圣地。"没有观众，艺术就不存在。艺术是为观众创作的，我们创作艺术是为了服务社会，我们在此是为了建造一种桥梁。这是我的表态。艺术家是社会的仆人，他们必须传播知识，慷慨对待年青一代的艺术家，帮助他们致力于自身的研究。这非常重要。比如，罗伯特·劳申伯格有一家银行，如果艺术家遇到经济困难，并且有两个人为他的境遇提供担保，就可以拿到一笔无息贷款。也有许多艺术家为了帮助年轻艺术家，会买他们的作品；或者给公立艺术院校提供帮助。有很多这方面的工作可以去做。但因为我在教书，所以对我而言，成立我自己的机构非常重要。首先，在学校里，行为艺术无法作为一种媒介单独存在。你可以使用装置、摄影、舞蹈，搭配行为艺术；或者绘制空间的概念，

10　玛莎·葛兰姆（Martha Graham，1894—1991）：美国舞蹈家和编舞家，也是现代舞蹈最早的创始人之一。

再搭配行为艺术。行为艺术始终是附加到其他东西上的。我在巴黎和日本的城市教过书，也在德国乃至世界许多不同的地方教过书，每个地方的机构都极为庞大、复杂，有臃肿的官僚系统，它们都停滞不前。所以，为了不再抱怨，我决定成立自己的机构，这样我就可以做我想做的任何事。这个机构将非常明确：它会是我自己的一个机构，致力于保存行为艺术，不是我们通常在美国看到的那种表演行为，比如舞蹈、戏剧或脱口秀，而是纯粹的行为。它会重点关注长期作品，从一个小时到十个小时、十五个小时、三天、数月。有一位艺术家，一位生活在美国的中国台湾人，他是迄今为止最优秀的行为艺术家之一：谢德庆[11]。他至今只做过五个作品，但每一个都长达一年。几乎没有人知道他，因为他是非商业的，是不可售的。但长期作品是极为重要的，我想教会年青一代的艺术家如何做到这一点，因为这需要巨大的控制力，以及身体和心理上的准备。你的身体需要经过训练，像是要去参加奥运会一样。如果你想进行一个行为艺术，想将自己的极限推至长期作品所需要的程度，你必须具备这种意志力。这种意志力是必不可少的。我讲过许多课程，像是我过去做的那些，比如《内部清洁》（*Cleaning the House*，1996）。我们唯一必须清洁的房子就是我们自己的身体。我们总是清洁外部的东西，那我们自己呢？清洁身体这个房屋意味着你走进自然——五天不吃东西，五天不说话，进行高强度的身体和精神活动。这会磨炼你的感知，你以自己的意志力做尝试，

11　谢德庆（Tehching Hsieh，1950—）：美籍华裔行为艺术家。

准备好自己的身体和意识来展开这种表演。但这并不仅仅和艺术家有关——我希望告诉公众。我想要一个对公众开放的机构，能够教会人们如何看待这些持续很长时间的行为艺术。如果我们对于如何看待这些东西一无所知，就会很快厌倦。什么也没有发生，然后你就会离开。约翰·凯奇说，我们必须越过边界；我们必须经历无聊的过程，才能明白到底是怎么一回事。我们总是觉得某个东西必须在面前移动,才能激起我们的兴趣。然而，不要移动，静下来，屏住自己的呼吸，然后进行观察，你会体验到截然不同的东西。你的意识会以一种完全不同的方式运转。

奥布里斯特：你说的这个新空间，某种程度上是一个实验室吗？它也与记忆有关吗？一种对于遗忘的抵抗？

阿布拉莫维奇：还有培育公众！

奥布里斯特：你曾经告诉我，你觉得只有螺旋形空间和锥形空间才能产生能量。这个空间会如何运转？

阿布拉莫维奇：（笑）这个空间很高，大概有三十米。是休斯顿的一个老剧场，建于 20 世纪 30 年代。它曾经被改造成电影院，然后是网球场，后来被用作古玩店的储藏室，现在我会将这个空间改造成一个实验室,成为一个行为艺术空间。你说得对，三角形的空间能聚集能量。有一些书籍写到过这一点。我们应该和建筑师聊聊这个。确实，所有三角形空间和所有高的空间都有效果。

奥布里斯特：我们都期待很快能在阿布拉莫维奇研究所见面。你也在做一些西藏的编舞工作，还有接下来几个月要在老挝做一个大型项目，能跟我们聊聊这些项目吗？

阿布拉莫维奇：老挝是一个非常特别的地方，它刚好处于柬埔寨、中国和越南之间。越南战争期间，在老挝发生了一场秘密的战争。美国人极其残忍地轰炸了这里。去年我去了老挝。准备这个项目耗费了大概两年的时间。在那里发生的事情让人觉得非常不可思议，看到了遗留在丛林和森林中的巨大炸弹，极为触动。

一些炸弹被清理了，切成两半，做成寺庙里的钟。炸弹变成了钟，一天五次提醒人们冥想。这种具有杀伤性的武器变成了如此和平宁静的东西。还有些小的炸弹被切开，用作花盆。在老挝，你会看到共产主义和佛教结合的政府，另外，萨满教也很普遍。我和老挝一位很厉害的萨满联系过，他会带我去那四个不同的空间，那是自然精神所在之地——一个是瀑布，一个是山巅，然后是河流，还有稻田。我们会用固定镜头拍摄这些地方，从日出到日落。所以这个项目最后会以影像装置呈现。在装置中将有五个投影，两个投影在左边，两个在右边，中间的屏幕上放映其他内容。目前我们正在老挝建一个房子，只是一个很普通简单的木房子。我会让一支童子军在这个房子里引发一次"战争"。一共有三十个孩子，十五个一派，十五个另一派，用的是塑料武器和大型遥控直升机。孩子用来打仗的每件工具都会用于这个作品，并且他们真的会烧掉房子，毁了它。这会投影在装置中间的屏幕上，那些非常宁静的风景则会放在左右两边。项目名字叫"大地的宁静"（The Quiet in the Land）。这是关于未来的一则让人悲伤的消息。地球上在发生着什么？这些孩子身上又会发生什么事？你知道，我到了那里，看到孩子们不断地接触电视上最暴力的电影，而那就是之后他们会做的事情——在十五座寺庙之间，在这些只有三条街道的小村庄里进行战争。这是两种截然对立之物的混合，我想借此制作和呈现一个装置作品。

奥布里斯特：这是绝妙的结论，但我还有最后一个问题。莱内·马利亚·里尔克向年轻诗人提出了自己的建议，在2007年，你给年轻艺术家的建议是什么？

阿布拉莫维奇：如果你想做艺术家是为了成名，为了有钱，那你努力的方向错了。成名和有钱并不是艺术的目的，只是在你生命中有时可以幸运获得的副产品。在很多情况下，艺术家都是不幸的，他们终其一生，一无所获，而且作品在后来也是如此。这种情况以不同的方式发生。有时，只是因为你创作了糟糕的艺术作品；有时，是因为你的作品太超前于这个时代，你所生活的社会无法理解，它在未来是如此重要，以至于在被理解之前，社会还需要更多的准备。所以对一个年轻艺术家，我会给出的建议是：放松一点！要相信好作品是会留下来的。

培育公众

奥布里斯特：你如何定义这个游戏规则"随便你什么时候来，但不要离开！"？

阿布拉莫维奇：……但不要离开。是的。

奥布里斯特：那是你唯一一次要求人们签署文件。

阿布拉莫维奇：是的，那是唯一一次。而且确实挺有效的。

奥布里斯特：那是什么时候的事情？在哪儿？

阿布拉莫维奇：1994年，在美国达拉斯的一个美术馆。让人们那样排成一队很有意思。限制越多，人们越感兴趣。所以我觉得我们应该有三个分类：A类、B类和C类。我们有"一晚"这样的分类，但也应该根据难度和花费时间对作品进行分类。我们应该把作品定下次序，然后观众到了那儿，就无法再离开。

奥布里斯特：我们深入聊一下游戏规则。

阿布拉莫维奇：公众要先经历一个准备阶段。人们在某个空间接受指示，必须进行一些特定的练习，以便为下一个阶段做好准备。

奥布里斯特：就像踏上旅程之前一样。

阿布拉莫维奇：没错。我们应该展示这些类型的训练，然后进行一次真正的演习。就像是潜水或跳伞一样。我们会使用这些元素，以便让人们准备好挨过一个持续很长时间的作品。

奥布里斯特：所以是有备而来！

阿布拉莫维奇：我们必须给参观者提供穿衣指南——舒适，不要穿高跟鞋，不要戴首饰，让他们觉得训练要开始了。

奥布里斯特：着装要求也是演习的一部分！

阿布拉莫维奇：实时作品的基本原则是与公众对话。公众让作品完整，他们与艺术家的创作同样重要。我们必须明确地把注意力放在公众上。这是一个非常重要的部分。

奥布里斯特：这是故事的一半。就像杜尚说的，"公众完成了作品的一半"。

阿布拉莫维奇：是的。但艺术家的训练和公众的训练都是很重要的。艺术家的训练较容易，因为公众的训练之前没有做过。如何观看作品也很重要。我当时想到的是沙滩椅，如果你想打个盹，可以直接躺上面睡一会儿，而作品仍在进行。出于本能，你仍然在以某种形式继续接收。我告诉你一个非常有意思的故事，它虽然让我沮丧了一段时间，但现在我认为这是一个伟大的时刻。最近去世的印度哲人哈里什·乔哈里[12]曾和我见面，我和乌雷当时已经完成了《天使之城》(*City of Angels*)这件作品，这是一个非常缓慢的作品，也是我第一件以亚洲为背景的作品。那是在1983年，哈里什·乔哈里来到阿姆斯特丹。我急着想给他看这个作品，因为它的很多灵感来自东方，我想听听他的意见。为了我们的会面，我准备了两天，找了所有的印度菜谱书，想做恰巴提[13]、酸辣酱，做一顿真正的印度午餐。等他到了，我们一起吃饭。在这顿印度午餐之后，我想给他看那个长约二十分钟的影像。他说，"好吧，我们看影像"，然后坐在了沙发上。就在我开始播放影像的同时，他酣然入睡，甚至还打起了鼾。他睡得很甜美，很安宁。二十二分钟后，影片结束的一刻，他醒过来说，"哦，这很棒。能喝点茶吗？"喝完茶后他就走了，而我陷入了深深的沮丧之中。为什么他明明没看却说很棒？过了很长时间，我在印度和他再次见面时，问了他这件事。他对我说：

---

12 哈里什·乔哈里（Harish Johari，1934—1999）：印度密宗修行者、学者。

13 恰巴提（chapati）：印度最普遍的全麦面饼之一，使用未经发酵的面团，在烫热的扁平烤盘或筒状泥炉上烤制而成，饼薄而香脆。

"我能睡着这一事实就说明你创造了一种不可思议的信赖感。那件作品真的很棒。"

奥布里斯特：这也是我在我们的那些马拉松中所观察到的情况。当人们进行某种马拉松的时候，像那种二十四小时的实验马拉松，或是一场采访马拉松，他们有时会睡着，而我相信那时传递的信息甚至更丰富。重要的在于你没有与这种体验脱节。

阿布拉莫维奇：的确是这样的。所以关键是不要离开这个空间。随后，你创造了一种信赖。如果你能睡着，意味着你信赖它。我觉得睡着和待在那里都是极其重要的。

奥布里斯特：这是另一个游戏规则：睡觉!

阿布拉莫维奇：对。像在夜晚一样睡觉和着装。

奥布里斯特：你也将其视为对谢德庆的致敬，他只做了五个行为艺术。你第一次是在哪里见到他的?

阿布拉莫维奇：对我来说，谢德庆是我的偶像。毫无疑问。因为，你知道，在艺术界和艺术史上，从来没有人做过长达五年的行为艺术——五个作品，每个作品一年。一年是一段很长的时间。我们现在这十七天微不足道，想想一年有多长。我第一次听说他的事情，是因为不知怎么被群发了邮件。我那时还住在贝尔格莱德，收到了他发送的写有文字的明信片。之后，当他和林达·蒙塔娜[14]切断那根将他们绑在一起一年的绳子时（《艺术／生活：一年行为表演 1983—1984》［*Art / Life: One Year Performance 1983—1984*]），我就在现场。我和他见了面，但他

14　林达·蒙塔娜（Linda Montano，1942—）：美国行为艺术家。

几乎不说英语。只是最近，五年前吧，我开始在纽约生活，就找了一位认识他的中国朋友，去了布鲁克林，到他住的地方跟他聊天。那里空空荡荡：只有一张桌子、两个水杯和我们俩。他是一位真正的大师。他对我而言太重要了，因为这些作品极为激进，如此疯狂，让人难以置信。他做过的最强有力的作品之一，是在一年里每过一个小时就打一次卡（《一年行为表演 1980—1981》[*One Year Performance 1980—1981*]）。那意味着，你一年都无法离开闹钟，你不能睡超过 55 分钟，你不能出去吃东西，甚至不能去买东西。

他完成了这个作品。对我来说，他的作品最重要的不是每年做一个作品，而是在这个五年的经历之后，他竟然停止做作品了。他说："现在我在做生活这件作品。"这让人难以置信：关于作品如何让你发生改变，他的作品是个典范。就是这样。作品和行为表演是一个工具，别的什么也不是，只是一个转变思考方式、观看方式的工具，一个提升灵魂的工具。事情就是这样，这就是这件作品如此可信的原因。也因此，我对整个美国极简主义有着很大的疑问。就说罗曼·欧帕卡[15]吧，他买了足够余生使用的画布和颜料，他说如果把它们都用完了，就停下来。他有两种画布尺寸，一种是便携尺寸，以便夹在胳膊下带走；一种是能够搬进他工作室的尺寸。他每天早上醒过来就拍一张自己的照片，然后写下当天的数字（*1965/1—∞*）。那些画布都是灰色

15　罗曼·欧帕卡（Roman Opałka，1931—2011）：在法国出生的波兰裔画家，作品主要风格为观念艺术。

的，而他只用白色的颜料。他一直在这么做，到现在大概超过四十年了，写下的数字应该有数十亿了吧，每张画布都写满数字。他在这上面真的花费了大量的时间，这是一件值得深思的作品。这一切我都理解。而我不理解的地方在于，如果你这么长时间一直在做这件事，这件作品怎么没有让你产生什么改变呢，你怎么没去别的地方呢。对我来说这就是问题所在。因为接下来就要面临市场的问题。当这类作品获得认可，一些画廊会展出它，有藏家会购买它。这实际上是一个复杂的整体，让艺术家无法实验，无法去别处，无法在别处。这就是为什么失败如此重要。因此，当艺术的转变之力把你带往别处，像谢德庆那样，你只是说"现在我在做生活这件作品"，这足以让我信服。这就是我崇拜他的原因。

奥布里斯特：他从没有失败过？

阿布拉莫维奇：没有。亚德里安·希斯菲尔德[16]采访谢德庆时，他说他不需要公众参与他的作品，他不在意公众。这完全是个悖论，因为潜意识里，他非常在意公众。每个小时记录得如此精确，他在向所有人证明他从来没有弄虚作假。这是绝对坦率而真实的。他经历过五次这样的体验：首先，一年不创作艺术，不观看艺术（《一年行为表演 1985—1986》[*One Year Performance 1985—1986*]）；然后，创作艺术十三年而不展出；现在他只是在

---

16 亚德里安·希斯菲尔德（Adrian Heathfield）：英国学者和策展人，著有《现在之外：谢德庆生命作品》（*Out of Now: The Lifeworks of Tehching Hsieh*，2009）。

生活。对我来说，这是完全符合逻辑的，在完成这些激进的作品后，他发生了改变，身体上的，以及近乎精神上的改变，不再需要什么了。我质疑的是其他一些东西。我相信谢德庆而不相信欧帕卡的地方，在于如果你这么激进地做这件作品，并且经历了这些变化的过程——因为精神上的变化一直在发生——那么你必须接受这种改变，继续前行，尝试别的事情。在艺术环境和市场中，欧帕卡可能会被认可，但他所做的不过是例行公事，就像工厂里给鸡蛋盖戳的那些人一样。改变并没有发生。所以我不相信这件作品。它变成了某种审美上的停滞。它不是发散性的。谢德庆在经历过这些之后就停止了创作，这是可信的。改变发生了。还有一位也非常激进，那就是斯坦利·布朗[17]，但他从不出行。他也不会坐飞机。他曾经从印度尼西亚坐船。他是最极简、最激进的。我不知道他现在怎么样了。你知道斯坦利·布朗适合干什么吗？训练。他在授课方面特别擅长。保罗·麦卡锡[18]怎么样？我挺喜欢他的。

奥布里斯特：还有古斯塔夫·梅茨格！

阿布拉莫维奇：古斯塔夫·梅茨格很棒。还有麦克·凯利[19]！

奥布里斯特：（小野）洋子[20]。

---

17 斯坦利·布朗（Stanley Brown，1935—2017）：荷兰观念艺术先驱。

18 保罗·麦卡锡（Paul McCarthy，1945—）：美国当代艺术家。

19 麦克·凯利（Mike Kelley，1954—2012）：美国艺术家，作品涉及现成品、纺织品横幅、绘画、装置艺术、拼贴、行为和影像等。

20 小野洋子（Yoko Ono，1933—）：日裔美籍多媒体艺术家、歌手、词曲作家、和平活动家，以行为艺术和电影制作而知名。

阿布拉莫维奇：我看了她的新作品，重做的《切片》（*Cut Piece*）。她身上有一些东西是你无法触及的。你能从作品中感受到这一点。它被过度保护了。就像是生命中任何有风险的事情都没有发生过。这和她在早期作品中所做的类似。

奥布里斯特：我策划她在巴黎的展览（"女人的房间" ［Women's Room］，巴黎现代艺术博物馆，2003）时，洋子重做了这件作品，但她不想邀请名单上的嘉宾，而是在报纸上发布通知。

阿布拉莫维奇：哦，真的吗？

奥布里斯特：所有人都可以来。

阿布拉莫维奇：那她没有保镖吗？

奥布里斯特：她一个人在舞台上。那是一次极具力量的体验！

阿布拉莫维奇：你认识意大利艺术家尼科·瓦切拉里[21]吗？我多年前在特伦托电影节（Trento Film Festival）上给他颁了首奖。他使用噪音和声响进行创作。你看过他在威尼斯的那件作品吗？意大利人非常喜欢他。

奥布里斯特：尼克·乔普拉[22]有一些持久性作品。但他多年来也一直在画画。作家日记怎么样？让因格·尼尔曼[23]写一本关于训练的书？

阿布拉莫维奇：但他不能离开这个空间，而且他必须写日记。

21　尼科·瓦切拉里（Nico Vascellari，1976—）：意大利艺术家。

22　尼克·乔普拉（Nikhil Chopra，1974—）：印度当代艺术家。

23　因格·尼尔曼（Ingo Niermann，1969—）：德国小说家、作家和艺术家。

我们还需要一个扩音器，很老旧、很劣质的那种。把预先录好的指示通过扩音器放出来。没有个性特征，非常军事化。

奥布里斯特：也许可以放在入口。

阿布拉莫维奇：一开始就创造出训练的气氛。

奥布里斯特：在外面就给出游戏规则。

阿布拉莫维奇：对！我们要让它成为真正的军营！你知道，我来自一个军事化的家庭，所以我着迷于制服。制服对这个项目极其重要，因为人们穿着他们自己的便服来，这是一回事；但当他们拿到简单统一的衣服，又是另一回事了。所有的衣服必须是相同的颜色，非常简单，可能是长裤和外套。我喜欢罗德钦科 [24] 的衣服，它们对我来说是艺术家服装的典范。

奥布里斯特：也许你可以设计这些衣服。

阿布拉莫维奇：我很愿意做这件事情。哦，制服设计！太棒了！鼠灰色，我喜欢鼠灰色。

奥布里斯特：所有的表演者和参观者一样，也都会穿着这些衣服吗？

阿布拉莫维奇：艺术家们会不一样，因为有些艺术家有为表演准备的特别服装。演习里的公众会穿。你知道这会带给我们什么？当你让公众参与到实验中，你达到了统一：每个人都是一样的，毫无差别。穿制服类似在脸上戴面具。相对于穿着你

24　亚历山大·罗德钦科（Alexander Rodchenko，1891—1956）：曾是著名的构成主义画家，后转向设计和绘制宣传招贴画，并采用集成照相的方法，为马雅可夫斯基的诗集制作插图。

自己的衣服，你能更好地放松，更有自我意识。制服对于演习是极为重要的。我很敬慕三类机构：疗养院、监狱和寺院。这三类机构对于身体都有其规则。穿着制服，身体循规蹈矩，而你的思想是自由的。在这些机构里，你的身体得到照顾。食物是固定的。你不需要担心自己的身体。这是非常必要的，绝对是必要的。

所以，我们有什么了？扩音器、制服……（笑）我们有演习。（挥舞着她的双臂）我们有演习，天！终于有了。

艺术家污染

奥布里斯特：我们来看看马丁·里斯[25]提出的一个问题，他问道："文明在下个世纪还会继续存在吗？"还有彼得·沃德[26]在《新科学家》（*New Scientist*）杂志上写的文章，与灭绝有关，实际上是从某种盖亚范式[27]走向了美狄亚范式[28]。我们能稍微深入

---

25 马丁·里斯（Martin Rees，1942—）：英国宇宙学家和天体物理学家。

26 彼得·沃德（Peter Ward，1949—）：美国古生物学家。

27 指由英国大气学家詹姆斯·洛夫洛克在 20 世纪 60 年代末提出的盖亚假说（Gaia hypothesis），将地球视为一个"超级有机体"（superorganism），在生命与环境的相互作用之下，它适合生命持续的生存与发展。

28 指由彼得·沃德提出的美狄亚假说（Medea hypothesis），认为生命的本质是自杀和自我毁灭，与盖亚假说对立。他指出，历史上大多数的大规模灭绝都由生命引起。

地谈谈灭绝这个话题吗？

阿布拉莫维奇：我只是想补充我自己关于灭绝的经历。我真的要跟你说，这篇论文太不可思议了。它探讨的观点是，事实上动植物将会自我灭绝，我们也是一样。我要告诉你一个故事，大概是半年前的事情了。我去了马尔代夫的可可拉岛（Cocoa Island）。这是马尔代夫群岛中一个非常小的岛屿，上面就只有八个小棚屋。我在那里待了一个月，四处闲逛。印象很深刻的是，岛上一个小贝壳都没有留下，因为游客们来了就会带走贝壳。有一些裸露在外的小螃蟹——你知道螃蟹总会钻进空贝壳，然后把它变成自己的房子（寄居蟹）——横冲直撞，但它们背在背上作为遮蔽物的，是类似妮维雅（Nivea）这种清洁用品的顶盖，而不是贝壳。所以那里红的、绿的、黄的，全是塑料，呈现出一片让人难以置信的场景，几乎是科幻小说的场景。这一幕让我印象深刻，太可悲了，以至于我竟然花了两个小时前往一个更大的岛，然后去市场上买了两袋贝壳，再回到可可拉岛，把这些贝壳放在海滩的各处。我在那里待了三个星期，但没有螃蟹进入那些空贝壳。它们更喜欢塑料。（笑声）这就是灭绝的开始。

奥布里斯特：这篇文章以非常无望的术语描述未来。它谈到进化史上米狄亚人的灭绝，这与当前让媒体疯狂的詹姆斯·洛夫洛克（James Lovelock）和盖亚假说有着强烈冲突，后者可以说是将世界描述为一个有机体。引述这篇文章中沃德所说的，当被问及"未来会怎么样？"时，他写道，"在这一点上我们也可以推翻盖亚假说，而这可能是探索过程中最有趣、最惊人的：

生命体似乎正在积极地寻求自己的死亡，推动地球走向无法避免的那一天，即回到其本原状态：无菌"。玛丽娜，这让我想起了那天我们谈到时间尽头这一概念时你所说的话，你引用了玛雅的说法，认为时间的尽头是 12 月 21 日。

阿布拉莫维奇：（笑）哦对，我们几个星期前讨论了这个话题。所以玛雅历法的故事——好吧，这是事实——是目前为止所发明的历法中，关于行星和时间测量最精确的之一，它预测时间将终结于并不遥远的 2012 年 12 月 21 日。在那一天，整个银河系的所有行星和地球形成一条直线，这每两万年发生一次。这不是世界末日，而是我们会一下子遭受来自太阳乃至所有行星的影响。据他们所说，这会实实在在地改变我们，玛雅历法就停在了那里。这个观点是说，因为这种巨大的影响和随之发生的事情，不可见的平行世界会向我们敞开——许多科学家在讨论这个——它们会敞开，我们会对事物变得很敏感，会看到我们从未见过的事物和超自然现象。你只要想想，我们人体有百分之七十的水，满月就能对我们产生那么大的影响——满月影响了世界，甚至影响潮汐变化，也会影响我们的身体——你能想象所有行星一下子给我们带来的影响吗？也许我们应该在那天做点大事？（笑声）

奥布里斯特：那最后，玛丽娜，你想就浪费这个话题发表一下你的看法吗？

阿布拉莫维奇：不想，我只对艺术家的污染感兴趣。我觉得如今的艺术家给世界造成了巨大的污染。在我看来，每个艺术家都真的应该回到他的工作室，看看那里发生了什么。你知道那个著名的广告宣传语吧："少即是多。"我的版本是，让我们多而又多地少而又少吧（let's have more and more of less and less）。我总是在想，我们进行艺术创作实际上所需要的东西有多少，我们能使用的东西有多少。我是说，尤其是在这种行为艺术事件中，我们几乎没有使用任何材料——两块石头，三盘索尼录像带，大量的白纸——用到的东西很少很少。为什么艺术家，尤其是我们这一代的艺术家，觉得为了做一个艺术作品，需要那些无比昂贵的材料呢？我觉得没必要。我认为我们真的应该先考察自身。我无法考察整个世界，只能从自己开始。我浪费了什么？我觉得艺术的污染非常非常明显。我想以一个小小的清单作为结束，它一直在我脑中提醒着我，也是藏传佛教信徒的指引：你生命中需要多少财产？你知道你全部人生需要多少财产吗？有九件东西。我告诉你都是什么。第一是夏袍，第二是冬衣，第三是一双鞋，第四是吃饭的碗，第五是一把伞——用来遮风挡雨，还有用来抵挡蚊虫的蚊帐、你必须阅读的经文，然后是睡觉的小毯子，第九件是一副眼镜——如果你需要用的话。

玛丽娜·阿布拉莫维奇在场

奥布里斯特：你对迈克尔·杰克逊有何看法？杰夫·昆斯[29]上次说，他觉得迈克尔·杰克逊的去世让整个世界少了一位伟

---

29 杰夫·昆斯（Jeff Koons, 1955—）：美国当代著名的波普艺术家。

大的艺术家。

阿布拉莫维奇：哦不，不。我不这么想。

事实上，我和"安东尼和约翰逊"[30]乐队就迈克尔·杰克逊聊过很长时间。乐队主唱安东尼觉得他所做的对自己的生活是一种耻辱：作为一个艺术家和音乐家，他本可以一种更好、更有成效的方式度过一生。而且，这对于他的孩子们来说并不公平，即使他们并不一定是他的孩子，但这无关紧要。如此抑郁且自虐只是在浪费时间，这就是我的想法。我痛恨这样。我痛恨以那种方式毁掉生活。我觉得，与此同时，成为一个殉难者，这是他唯一的出路，因为他无法完成这五十场演唱会。

奥布里斯特：这么说就好像到了穷途末路。

阿布拉莫维奇：正是穷途末路！你看，这其实是一个好的结局，因为一个艺术家必须知道他该如何生活，何时停止创作，以及如何死亡。我对于死亡的最大期许是不要带着愤怒和不满死去：要有意识地死去。有意识，带着巨大的满足感，因为我完成了自己应该做的事情。

奥布里斯特：你今天在曼彻斯特惠特沃思画廊（Whitworth Art Gallery）说，你已经开始创作一个超长期项目，那就是你的死亡。

30　安东尼和约翰逊（Antony and The Johnsons）：美国乐队，成员包括九人，主唱为安东尼·赫加蒂（Antony Hegarty）。

阿布拉莫维奇：就像莱昂纳德·科恩[31]在昨天的《卫报》上提出的，存在着第三幕[32]。他说第三幕的开头都很好，但结局总是某种悲剧！（笑）我觉得这是个挺好的事情。之所以说是悲剧，因为在第三幕主角死了，而且无路可走。这真是一件很有意思的事情。我觉得某种程度上，这种"无路可走"是积极的。我们实际上不得不往前走。很多年前，我在埃因霍温目睹了一位凡纳贝美术馆（Van Abbemuseum）年轻策展人的葬礼。你知道，荷兰人是新教徒，那是我这辈子见过的最让人惊奇的葬礼之一，因为你不应该哭泣，你不应该悲伤，这只是生命在死亡之后的延续，是一个新的开端。苏非派信徒说，生命是一次梦境，死亡则是醒来。这个观点太棒了。这个年轻策展人留下了两个孩子，一个六岁，一个五岁。他们坐在第一排，灵柩打开着，人们告诉他们，他们的母亲是一位天使，她只是睡着了，他要去到天使中间。孩子们很开心，没有人哭泣。外祖母前来发表了一次让人觉得很不可思议的悼词，她说她的女儿所做的有多好，并且她的死亡有多好。然后他们演奏了一些音乐。神父前来做了最让人难以置信的事情——他带来了两个巨大的螺丝，然后交给了两个孩子，让他们拧紧灵柩。这样，孩子们会认为他们的母亲就要去往天堂，她是一位善良的天使。每个人都很高兴，

31　莱昂纳德·科恩（Leonard Cohen，1934—2016）：加拿大音乐家、歌手、编剧、小说家、艺术家、诗人。

32　三幕剧是所有剧本结构中最常用也是最传统的一种戏剧性结构，三个部分分别为：交代、危机和高潮。

音乐继续演奏着，一切都很美妙。随后，我们出门，走入荷兰糟糕的阴雨天气，走到小径，灵柩要在这里葬入地下。当孩子们发现他们的母亲要被埋到地下，而不是去往天空时，他们尖叫了起来，让人觉得难以接受。说实话，真的是让人难以接受。然后我们回去稍微喝了点东西。荷兰人对任何事物都很小气，所以就只提供了咖啡。胡安·姆诺斯[33]当时和我在一起，他说，"怎么回事，竟然给我咖啡！我要双份苏格兰威士忌、伏特加或其他什么"，因为实在是无法承受。我设想了一下自己的葬礼。我想要三个葬礼，两个是假的尸体，还有一个是真的尸体，这样我就能同时葬在我生命中生活时间最长的三个城市：贝尔格莱德、纽约和阿姆斯特丹。

奥布里斯特：大体上是你生命中的三个城市。

阿布拉莫维奇：对。这些葬礼必须同时进行，不穿黑衣服，每个人都穿得色彩鲜艳——绿色、亮黄色、黄色、红色、橘色——只要欢快的颜色。我还需要为此写歌，或改编法兰克·辛纳屈[34]的歌《我的路》（*My Way*）。不仅要唱这首歌，还会有一场对于死亡的庆祝。我想要一场非常欢乐的庆祝，有很多玩笑，很多乐趣。

奥布里斯特：你真正的尸体会葬在哪儿？

阿布拉莫维奇：你不会知道的。没人知道我真正的尸体在哪儿，因为我会让三个人合上灵柩，他们会守口如瓶。我希望

33　胡安·姆诺斯（Juan Muñoz，1953—2001）：西班牙雕塑家。

34　法兰克·辛纳屈（Frank Sinatra，1915—1998）：美国歌手、影视演员、主持人。

不会像卡夫卡那样。卡夫卡把所有的手稿都给了他最好的朋友，他的朋友却没有烧掉！

奥布里斯特：它们起死回生了。

阿布拉莫维奇：……而且到处出版。所以我希望他们不会打开灵柩，不让人发现我真正的尸体，搞砸我所有的想法。但谁知道呢！

奥布里斯特：安东尼·赫加蒂来做原声音乐的话，也会很有趣。他是一个幻想家。

阿布拉莫维奇：我太喜欢他了。我甚至问过他的母亲，能不能签一个领养协议，让我领养他，但她拒绝了！

奥布里斯特：你要领养他做什么？

阿布拉莫维奇：所有的事情。我爱安东尼！我想跟他提议，请他为鲍勃·威尔逊[35]执导的行为表演《玛丽娜·阿布拉莫奇的生命和死亡》（*Life and Death of Marina Abramović*）献唱，就在下一届曼彻斯特文化艺术节（Manchester International Festival），这本不应该在9月份之前说出来的！

奥布里斯特：当然！所以我在今天的访谈里得到了一个秘密！同样有趣的是，我们的项目"玛丽娜·阿布拉莫维奇在场"（Marina Abramović Presents…）开幕一周后，你来了这边，而惠特沃思那边似乎一切都很顺利。

阿布拉莫维奇：真是难以置信：他们表演得越多，越能更好

---

35 即罗伯特·威尔逊（Robert Wilson，1941—），美国实验戏剧舞台导演和剧作家，被媒体评论为"美国乃至全世界最先锋的戏剧艺术家"。

地获得能量。你做得越多，他们就越想做。这是一个数理问题：你投入越多能量，就能收回越多。无论你做什么，都是这个道理：这是宇宙秩序。有点不可思议，但我们还要继续七天！

奥布里斯特：什么启发了"玛丽娜·阿布拉莫维奇在场"这个想法？

阿布拉莫维奇：你说做这个项目？我觉得关于这个，你一定会很失望的。我并不认为那是一次启发。它是四十年行为表演发展、演进的结果。实际上，对我来说，只有持续很长时间的作品才能推动变革，而这事实上来自经验和长期的工作。

奥布里斯特：我们上回聊的时候，你说这个想法来自更遥远的过去。

阿布拉莫维奇：事实上，我第一次产生这个想法，希望做点持续时间更长的事情，是在 1979 年，那时我和搭档乌雷花了一整年的时间与澳大利亚原住民一起在失望湖（Lake Disappointment）西边的沙漠中生活。为什么它叫失望湖呢？因为那里没有任何降水，或者说每七年才有一次降水。出于种种原因，我们去那里和原住民住在一起。对我们来说，这是一种真正的游牧文化，作为一种生活方式，它完全基于行为表演。这是一种没有任何财产的文化：他们活在当下，此时此地。所有与时间有关的故事都是在这一刻被写下的，这就是史歌（songlines）。那里充满了不可思议的事情。比如在他们的语言里，只会数到四，再往后就是"很多"。他们不像其他文化那样按照手指的数目使用数字五或者十。他们的语言里没有"是"和"否"，因为他们从不怀疑，因为他们对于正在发生的事情总是一清二楚。这确实很吸引人。但待在那里基本上意味着置身于巨大的热浪之中。所以你没法走路，一天内很长的时间里，你只能坐在那里，而且只能在日出之前和日落之后准备食物。大多数时候连一块阴凉处都没有，因为树上没有叶子，你只能把一块布铺在树上，然后坐在下面。你的身体被迫保持着这种坐姿，从而体会到时间的意义，以及长时间的持续代表着什么；或者体会当你保持不动，你的意识会发生什么。我们后来制作的持续很长时间的作品，实际上想法就是从这里产生的。

奥布里斯特：这的确是《海上夜航》（*Nightsea Crossing*，1981—1987）和其他同类作品的起点。但我们之前聊天的时候，你也提到，在你的作品之中，还有另一个起因，可以追溯到你非常早期的指示作品，它与我们这里讨论的"训练"有关。我觉得早期的指示作品与这个是极为相关的。

阿布拉莫维奇：但你知道，你总是不得不回望童年时期。这是我的观念、我的中心思想：你童年时代过得越糟，越能成为一位优秀的艺术家，（笑声）因为你得到了更多的创作素材。我童年确实过得不太好，所以有很多素材。不过大体上，指示都来自我的父母，他俩都是伟大的民族英雄和游击队员，所以一切都与纪律有关。他们整天都那么说，"学习十个法语句子，做这个，做那个"。甚至在晚上，如果我的床铺不完美，她还会因为我睡得一团乱而在半夜把我叫醒！只有不可思议的纪律和控制。然后，我完全违抗了所有这些指示并且憎恨他们。但后来，在我自己的生活和工作中，我开始为自己建构指示，每件作品实际上都是基于特定的指示和纪律，在具体的时间和地点，这些指示和纪律必须在公众面前得到执行。所以指示变得极为重要，它成了我创作作品的某种框架。

奥布里斯特：随后，在 1975 年，带着这种指示框架和早期的"训练"，你去了阿姆斯特丹。会有这个想法显然是因为阿姆斯特丹在某种程度上是主张自由的，但你在那里做的第一个项目被禁止了。

阿布拉莫维奇：完全与之相对立。我去阿姆斯特丹参加一个叫《身体艺术》（*Body Art*）的电视节目。我是唯一一位来自东欧的，这正是事情的起因。我在贝尔格莱德做了这件作品，用剃须刀刀片在我的腹部割出一个五角星——共产主义之星，两个角朝上。因为这件事，整个项目都被禁止了，因为每个人都觉得这是一颗犹太星星。其实那只是共产主义的五角星。没关系。我来到了这个国家，这里一切都很好，甚至连妓女都有养老金，毒品可以自由获取，这是一个毫无限制的地方。然后，我做的第一件事就被禁止了。实在太不可思议了。但同时，因为这件事的公共影响，我开始获得补助，可以做自己的作品，就留在阿姆斯特丹了。不过这对我来说是地狱，它太自由，什么都无关紧要，之前的那些指示在阿姆斯特丹不起作用了。为了能够创作，我不得不真正地重新思考，构建更多的限制。这种自由让我无所适从。对于很多东欧艺术家来说，这都是一个很大的问题，因为他们作品的基础就是限制，以及如何克服、如何反抗这些限制。一旦你去了其他国家，作品就不再有效了。这真的是一个难题。

奥布里斯特：这很有意思，因为存在着游戏规则。比如，这次展览展出的是持续性的作品，艺术家以艺术世界为大本营，而展览实际上发生在一个空的美术馆里。然后，其他并不在这个定义下的项目也很有趣，比如，你和里卡多·提西[36]合作，和安东尼合作，那完全是另一回事了。

阿布拉莫维奇：是的，合作能让你涉猎其他领域，然后回到自己的领域。做事情的语境是非常重要的。如果一个人在面包房做面包，那就是一个面包师；但如果一个人在美术馆做面包，那他就是一个艺术家。

奥布里斯特：是一种绕道吗？我那天去拜访大卫·霍克尼的时候，他说他需要绕点远路，然后回到绘画。所以他在 iPhone 上创作，这让他回到绘画。他拍了一部电影，这也让他回到绘画。他写了一篇艺术史的文章……对你来说，这是一种绕道吗？

阿布拉莫维奇：我觉得是这样的，确实是很能激发灵感的绕道。你必须绕点远路。比如丽贝卡·合恩[37]的早期作品——我以前常常跟丽贝卡聊天。她拍的电影没有人喜欢，因为好莱坞说太艺术了，艺术家又说太好莱坞了，所以被夹在中间。但她从那部电影所衍生的想法变为了实体的创作。所以涉猎其他领域的确非常重要。尝试不同的东西很重要，在这种尝试中失败也很重要，因为失败是重要的学习途径。实际上失败越多，就会变得越好。

36　里卡多·提西（Riccardo Tisci，1974—）：意大利时装设计师。

37　丽贝卡·合恩（Rebecca Horn，1944—）：德国视觉艺术家，作品包括绘画、装置、行为艺术、电影等。

奥布里斯特：我还有最后一个问题。我想问你的是，投入这个项目九天了，你感觉如何？有没有什么惊喜？有没有什么你没有预料到的事情？还是一切都在按计划进行？

阿布拉莫维奇：不，实在让人惊叹。我觉得这个过程诱发了太多新的想法，关于我们如何看待新的藏品，关于如今应该如何解决美术馆的问题，关于公众的角色。你看，这真的是一个纯粹的实验，从来没有人做过，我们不知道一切是如何运作的。我们只知道某些行为表演看起来是在兜圈子，而有些则是革新的。有些存在着方法和观念，而有些则没有，它们只是每时每刻地重复和循环。在做这个的过程中，你会慢慢形成一种很特别的心态。想想尼科·瓦切拉里在楼下与风暴有关的行为表演，几乎能与某种萨满教活动相提并论，你能在其中一遍又一遍地听到相同的声音，然后整个建筑物都在振动，任何人在这个空间里待得足够久，都能感受到某种正在发生的能量。所以我的确有点担心这件作品，也有点担心我自己，在这个一天、两天、五天、十天的过程中，它将会如何影响他呢？十七天，每天四个小时，你可以看到，他一直在表演，完全没有停下来过。我每天去到那里，就开始请观众离开，然后让他停下来。还有一件事非常重要。如果你不看开头和结尾，只是关注事情的发生，那么表演就一直在脑海中继续。因而当所有人都出去了，我走向他，只是为了看看他是怎么做的。他的头脑处在一种难以置信的兴奋状态，变得越来越好，但直到最后一天，你仍无法探知真正的答案。对于机构、策展人、艺术家来说，这是一次我们必须经历的真实体验。我从来没这么担心过我自己，做策展人太难了，天哪。（笑声）我彻底精疲力尽：担心自己很容易，但要替十四个人操心就没那么简单了。

但最主要的还是艺术家的体验，因为他们每一次都在变得更好，都在获得更高精神层面的体验。最初的五天，阿曼达[38]不太专注，她无法以一种可信的方式实现这种转变。现在她正凝视着光环，看着无处不在的蓝光，她就像一种喷射出的能量。所有这些人都达到了某种意识状态，而这只能随着时间的推移而实现。这的确是他们没有预想到的。我一早就知道，但他们不知道，因为他们从来没有经历过这种体验。所以现在，我们必须进行一次全新的讨论。

38　阿曼达·库根（Amanda Coogan，1971—）：爱尔兰行为艺术家，是玛丽娜的学生。

11

莫妮尔·沙鲁迪·法曼法玛恩
Monir Shahroudy Farmanfarmaian

自从 2007 年我在迪拜看到莫妮尔·沙鲁迪·法曼法玛恩的作品之后，就一直对她深感兴趣。我希望了解伊朗的艺术家和机构，就去问我在那儿遇到的艺术家，影响了他们的人是谁，他们的偶像是谁，以及谁启发了他们的偶像。有一个名字不断出现：莫妮尔·沙鲁迪·法曼法玛恩。

　　我渐渐地对她非常好奇，为了能够有更多的了解，阅读了她的自传《镜子花园》(A Mirror Garden)。她经历了多次流亡，20 世纪 40 年代从伊朗搬到美国，十年后回到伊朗，在革命时期再次离开，2003 年又回到伊朗。法曼法玛恩和我如今常在酒店见面，一起共进早餐。她带了很多画和笔记，我们坐在那里，看着食物上方的作品。见面的时候，她还没有出版过一本关于她作品的专著，我们记录下的这些对话发生于准备那本书的过程中。目前我和凯伦·马尔塔 (Karen Marta) 正在一起编辑这本书。

记忆盒子

汉斯·乌尔里希·奥布里斯特（以下简称奥布里斯特）：稍微聊聊一切是怎么开始的吧。你是如何成为一位艺术家的？

莫妮尔·沙鲁迪·法曼法玛恩（以下简称法曼法玛恩）：我出生在伊朗加兹温（Qazvin），我们家的房子里饰满了夜莺和鸟图案。在萨非王朝时期（1501—1736），人们用伊斯兰图样装饰房屋，木头上有美丽的绘画，墙上则是石膏装饰。在我每天下午睡午觉的房间里，整个天花板都是木质的，上面绘制了图案：夜莺、花朵，还有围绕着中央水晶吊灯的花边纹样。所有的窗户都是彩色玻璃。比起睡觉，我更喜欢去数有几只鸟、几朵花。后来，在我七岁的时候，我父亲在议会里担任一个官职，于是全家搬到了德黑兰（Tehran）。我们租了一间房子，里面全是老国王、伟大诗人们的石膏像和肖像。他们让我们每天睡午觉，但我还是从来都不睡，因为我总是在看天花板。

毕业后，我去了德黑兰大学（Tehran University）的美术学院学习，在那里待了六个月，随之下定决心，我必须离开德黑兰去学习艺术。那是在第二次世界大战期间，我想去巴黎，但大使之类的人不让我去。1944年，我决定转而去美国。我有一个朋友，他和考古学家唐纳德·威尔伯[1]一起在伊朗进行建筑研究，他帮我获得了签证。在前往美国的路上，我花了三个月时间，从德黑兰到洛杉矶，最后到了纽约。最终抵达曼哈顿的时候，我感到万分失望。我说："无论我在电影里看到的是什么样子，反正不是这样的！"——然而是我预期过高了。他们先把我送到高中学英语，很不幸，我从来没学过。（笑）然后有一小段时间，我去了康奈尔大学（Cornell University）。最后我来到纽约，去了帕森斯设计学院（Parsons School of Design）学习时装设计和修复。然后开始工作。我在纽约生活了十二年。

奥布里斯特：弗兰克·斯特拉[2]从1974年就和你成了朋友，他说你在对的时间来了对的地方。那正是纽约最不可思议的时期，像是杰克逊·波洛克、威廉·德·库宁、琼·米切尔[3]和弗

1　唐纳德·威尔伯（Donald Wilber，1907—1997）：美国作家，美国中情局间谍。

2　弗兰克·斯特拉（Frank Stella，1936—）：美国画家，以抽象作品而闻名。他凭借朴素的几何画成为20世纪60年代极简抽象艺术运动的领导者。

3　琼·米切尔（Joan Mitchell，1925—1992）：美国"第二代"抽象表现主义画家、版画家。

雷德里克·基斯勒[4]这些最杰出的人，他们同一时间在同一个地方进行着创作。

法曼法玛恩：我有些朋友当时也在学习艺术，包括作家、艺术家、教育工作者阿比·查宁[5]，他们邀请我们在第八街俱乐部（Eighth Street Club）做讲座，我们聚在雪松酒馆（Cedar Tavern），所有的先锋艺术家都来了。我那时不喝酒，但我还是去了，然后遇到了波洛克、德·库宁、菲利普·约翰逊、马克·罗斯科、巴尼特·纽曼，还有许多艺术家。

我见到了路易丝·内维尔森[6]，她成了我很好的朋友。她不会来俱乐部，但我们过去在纽约艺术学生联盟（Art Students League）经常见面，因为都要去那里上课。我们也常在小型聚会上偶然碰到。后来，（1979年）伊斯兰革命之后，我在纽约又见到她，我们会一起吃饭，但她不太参加重大活动了。她只会跟罗伯特·劳申伯格、约翰·凯奇一起共进晚餐。我跟凯奇也很熟。我有一头黑发，而且长得不丑（笑），因而每个人都邀请我去参加他们的聚会。贝基（Becky）和伯纳德·莱斯（Bernard Reis）夫妇收藏了很多艺术品，常常举办这类大型聚会。我在那

4　弗雷德里克·基斯勒（Frederick John Kiesler, 1890—1965）：奥地利裔美国建筑师、理论家、剧场设计师和雕塑家。

5　阿比·查宁（Abe Chanin, 1922—2014）：美国体育记者、作家、教师。

6　路易丝·内维尔森（Louise Nevelson, 1899—1988）：美国雕塑家，以纪念碑式的单色木质结构的户外雕塑而知名。

里遇到了亚历山大·考尔德、拉里·里弗斯[7]，还遇到了杜尚——他在玩国际象棋。

奥布里斯特：你见过杜尚下棋？

法曼法玛恩：对，我见过。每个人都想邀请这个从远东来纽约学艺术的不同寻常的女孩，这就是我与他们大多数人的联结。

奥布里斯特：你在那个时候遇到了弗兰克·斯特拉？

法曼法玛恩：不是，那是后来的事情了。我第一次见到弗兰克是在德黑兰，在1974年初一个驻德黑兰美国大使的聚会上，那时他来看伊朗的历史古迹。但我完全没注意到他，我不知道他是谁！那年稍后，我去了纽约，研究引进伟大的西方艺术，供我们的学生学习，有人告诉我，我必须去见见弗兰克·斯特拉。所以我找到他，然后成了很好的朋友。

奥布里斯特：你通过平面设计的工作，又认识了安迪·沃霍尔。

法曼法玛恩：是的。当时我是从事时装绘画的自由职业者，我画了一些花，我们称其为伊朗紫罗兰，然后以一百五十美元卖给了一个代理机构。后来它成了邦维特·特勒（Bonwit Teller）百货公司的设计图样，出现在各种购物袋、便服和鞋子上，到处都能见到我的紫罗兰。后来我在邦维特·特勒全职做设计，常常给一些艺术家做版式，安迪是其中一位。他非常擅长画鞋子。我会设计一张《纽约时报》页面大小的版式，上面有八双或十双

7　拉里·里弗斯（Larry Rivers，1923—2002）：美国音乐家、电影制作人，偶尔也担任特约演员。

鞋子给他画。我们常在周末见面，你知道，那种和其他员工一起参加的晚餐聚会或野餐，我就是那样跟安迪慢慢变熟的。后来，在 70 年代后期，再次见到他的时候，我揶揄他因为汤罐头等作品而变得炙手可热，我问他："你还记得你以前给邦维特·特勒画鞋子吗？每双赚二十五美元。"他说："莫妮尔，那个时候那可是很大一笔钱！"这倒是真的。不管怎样，伊斯兰革命之后，我跟安迪常常见面。

奥布里斯特：另一位你定期见面的重要艺术家朋友是米尔顿·埃弗里[8]。你画过花园中的花，你告诉我是埃弗里让你接触到了版画，而那是你创作生涯中很重要的节点。

法曼法玛恩：我以前常在伍德斯托克附近的一个艺术家庄园避暑，我和一个朋友在山上租了一间农舍，农舍的主人是彼得·怀特黑德[9]，他父亲是个乌托邦理想家，在伍德斯托克买下了很多山，建了农舍出租给艺术家。埃弗里一家的农舍离我最近，步行大约只需要十分钟，因而我们常常见面。我和他妻子萨利（Sally）、女儿玛驰（March）成了朋友，他女儿也是一位艺术家。米尔顿每天都来我的农舍画画。那个时候，我刚生了第一个女儿。他总是会说："别管我，莫妮尔，你做自己的事情就好。我就是坐在这儿看看。"的确如此。他会跟着我到处转悠，画些草图。后来他教会了我如何制作版画，如何在一块油布上着色，然后把

8　米尔顿·埃弗里（Milton Avery，1885—1965）：美国现代画家。

9　彼得·怀特黑德（Peter Whitehead，1937—）：英国作家、电影制作人，记录了 20 世纪 60 年代伦敦和纽约的反主流文化。

画布放在上面，让颜料印上去。1963 年在德黑兰，我的第一个展览展出的版画花卉，使用的就是米尔顿·埃弗里教我的技术。

奥布里斯特：什么原因促使你 1957 年回到伊朗？当时你已经融入了纽约艺术界，但你却决定回去？

法曼法玛恩：一位名叫阿布巴沙尔·法曼法玛恩（Abolbashar Farmanfarmaian）的优雅绅士向我求婚。他是一位国际法学者，在芝加哥大学（University of Chicago）念书。只有他相信我的确是一位艺术家。我的家人、我的朋友，包括我的艺术家朋友们，从未有人对我说过我有什么才能。我现在都不觉得自己有什么才能，他们那时当然不信。

奥布里斯特：从 30 年代开始，你每天都在画画，但当你回到德黑兰的时候，你才第一次搭建了一个像样的工作室。

法曼法玛恩：是的，整个学生时代，还有后来在伍德斯托克，我持续地画了很多的画。我向来很擅长钢笔画。到了德黑兰之后，我一直在制作版画。我有一个花园，有一个女儿，我一直待在家里照顾她。我会摘一朵花，带到我家的小房间里画它。有一次，我去巴黎度假，我走之后，我丈夫给我建造了一个工作室。回到家他才告诉我："你再也不需要在卧室里画画了。"所以，我就是从那时候开始画画的。

奥布里斯特：你带回了 50 年代在纽约艺术界所经历的一切，不仅在创作油画和版画，也开始频繁地进行遍及整个伊朗的本土研究。

法曼法玛恩：我回德黑兰后，一直在工作室努力工作，也在继续着忙碌的社交生活，打理花园，操持家务，照顾我的女儿。

所以时不时的，我会对丈夫说："我准备出发前往沙漠。"我们有一辆沃尔沃，我会带着睡袋和一些食物，到伊朗各处去旅行。我去了古老的城市和遗迹，发现了部落民族，卡什加人（Qashqai）、土库曼人（Turkomans）、鲁尔人（Lurs），还有库尔德人（Kurds），他们都是非常好的人。那个时候，旅馆并不多，所以我常常睡在他们的帐篷里，或者睡在路边的咖啡馆里。我常常旅行。我看到了萨珊王朝（Sassanian）的皇宫和波斯波利斯（Persepolis）的遗迹，还有伊斯法罕（Isfahan）和小城镇里的那些清真寺。我对建筑产生了非常强烈的兴趣。我读书，和人们交流，还和现场的工人们见面。我很喜欢这些。我的灵感始终来自那些部落的公共艺术。我想我在尝试着将其转存到我自己的心里。

奥布里斯特：你在伊朗旅行的过程中，积累了上千的物品，帐篷，咖啡馆油画，一个接一个，有时还置身于充满危险的环境中。

法曼法玛恩：是的，我积累了大量的收藏。1958年在伊朗北部旅行的时候，我发现了第一张咖啡馆画。那是一幅很美丽的画作，非常原始，画的是一个骑在马上的男子，周围是很美丽的风景，我透过一个二楼阳台注意到了它。在那个年代，咖啡馆只对男人开放。但那天是在早上十点，里面没有男人，所以我上楼询问是不是可以买下它。那个人拒绝了。我问他："为什么不行？"他说："因为我的顾客们喜欢这幅画。"我说："我去哪里还可以买到这样的画？"他说："另一个咖啡馆，他们可能会卖。"所以我去那家咖啡馆打听。绘画向来是这些咖啡馆说书表演的一部分，但后来收音机出现了，人们会坐着听收音机，而不围坐在一起讨论画了。我去不同的城市收集咖啡馆绘画，最后积累了一百多幅，它们的尺寸都非常大。那真是一段超现实主义时期。我以前说过，萨尔瓦多·达利[10]应该来这里，学学他们如何创作各式各样的主题，绘制这么多美丽的场景。

我也收集了土库曼人的珠宝，那是伊朗西北部的一个部落，在阿富汗和俄罗斯也有分布。他们是成吉思汗的后裔，有着美丽的手工艺品，包括珠宝、地毯和织物。我去了一家古董店，看到柜台上有一大堆银制品，我问那个人是什么东西，他说："这是土库曼珠宝。他们不再使用了，所以我们买下来准备化成银子。"我很失落地说："天哪，它们多美啊，我必须保全并且收藏它。"所以我开始收藏土库曼物品，后来数量变得很多。大都会艺术博物馆问过我能不能展出它们。我有一吨的金银。

奥布里斯特：你近乎拥有了一个自己的博物馆。

法曼法玛恩：需要有人留存我们文化中的艺术品，使它们免于消失。我曾经在一个古董店里发现了一幅画，是一幅非常便宜的油画，玻璃镜框，来自伊朗南部。太好看了，像马蒂斯画的。我去了一个偏僻的地方和那个艺术家见面。他住在一个帐篷里，双目已经失明。最后我大概收藏了几百幅画。但现在都没有了，革命爆发的时候一切都被没收了。

奥布里斯特：你告诉过我，在你旅行中有一个近乎顿悟的时

10　萨尔瓦多·达利（Salvador Dalí, 1904—1989）：西班牙超现实主义画家。

刻：你和罗伯特·莫里斯 [11]、玛西亚·哈希弗 [12] 一起去看某个神殿，随之有了一项重大的发现。

法曼法玛恩：我在伊朗四处旅行的过程中，看到了很多旧式王宫和神庙，天花板和墙上装饰着镜面，灰泥建筑上装饰着彩色玻璃。1966 年，我和罗伯特、玛西亚去了光明王之墓（查拉库圣庙）。其内部有着很高的天花板和穹顶，还有会反射出奇妙图案的镜面马赛克。我们在那里待了半个小时，就像是在观看一场生动的戏剧：人们穿着不同的装束鱼贯而入，对着神殿痛哭哀号，而所有的哭泣都通过天花板和其他各处映照出来。看着这些美丽的镜面，我也哭了。我对自己说，我必须做这样的作品，让人们可以把它挂在家里。从那时起，我会去看不同神殿里的镜面作品。

奥布里斯特：所以那是你用镜子和玻璃进行创作的开端?

法曼法玛恩：哦，那时我已经开始在玻璃上画了，大多数都是抽象画，也有花，像是玫瑰，还有一些肖像画。我最初用油布印刷，后来觉得油布很脏，就开始用玻璃制作版画。有一天我拿起一块用过的玻璃板，看到玻璃上残留的颜料，觉得很好看，所以就决定在玻璃上画画。这个灵感部分也来源于我收藏的恺加王朝（1779—1921）的绘画，画的内容基本上都是花鸟。但当我看到那些镜面马赛克后，我想要创作马赛克镶嵌和几何图形构成的玻璃画，就像神殿里的那样。我丈夫非常配合我，

11　罗伯特·莫里斯（Robert Morris，1931—）：美国雕塑家、观念艺术家和作家。
12　玛西亚·哈希弗（Marcia Hafif，1929—）：美国画家。

他提议做一个铸铁框架和钢丝网，铺上石膏，再把玻璃图案嵌入。我用那种方式制作了四五件作品，都非常重。最后，我从我们家族经营的一家塑料厂拿到了一些材料，并且与手工艺大师哈吉·奥斯塔德·穆罕默德·纳维德（Haji Ostad Mohammad Navid）和一位木匠合作，用木头和塑料制作了更轻的框架。

奥布里斯特：这些神殿里的镜子作品使用了很多的碎片，它们都是些破损的镜子。你曾跟我讲过伊朗长久以来使用镜子碎片的传统。

法曼法玛恩：在萨非王朝时期，也就是几百年前，伊朗国王希望在布置房间时装上一些大镜子。因为皇宫里面住着二三十位妻子，镜子是给女人们自我欣赏的，让她们看到自己有多美丽，也让她们感觉到自由，而不是觉得被囚禁在皇宫之中。但镜子在丝绸之路上运送的过程中会破碎，为了避免浪费，工匠们把这些碎片做成几何图形，就像他们用瓷砖和石膏所做的那样。他们用很小的碎片，有时是半英尺大小的，有三角形、正方形、六边形等各种各样的形状，把这些拼到一起，就创造了很美丽的镜像。

奥布里斯特：你把这种传统运用到了自己的作品中。

法曼法玛恩：发现这些镜子马赛克时，我意识到没有任何东西是随意完成的，它完全是几何和图形的计算。圆形代表着宇宙；数字十二，代表着一年的月份，还代表着黄道十二宫。数字的象征意义极为深奥，从造物主（1）一直到太阳日（360）。这些在纳德·阿德兰（Nader Ardalan）和拉莱·巴赫蒂亚尔（Laleh Bakhtiar）的著作《统一感：建筑中的苏非传统》（*The Sense of*

Unity: The Sufi Tradition in Architecture，1971）中都有所阐述。如果你在圆上取三个点，就会形成一个三角形。在伊斯兰图样中，三角形代表着智慧之人。如果你在圆上取四个点，会出现一个方形，可以代表东、南、西、北。在伊斯兰图样中，每一个元素都有其含义。五边形的五边是五感。六边形的六边则是方向：前、后、右、左、上、下。六边形也表明六种美德：慷慨、自律、耐心、决心、见解和同情心。伊朗的所有清真寺，所有的花朵、叶子和曲线等等，都是基于六边形的。甚至伊斯兰毛毯也是基于六边形的。

索尔·勒维特[13]创造了他自己的方形式样，他对方形的拓展真的很了不起。对我来说，所有事物都与六边形紧密相连。六边形是最有可能用于三维雕塑和建筑形式的。我试着做过六边形雕塑的小模型。这种雕塑既能大到成为地景，也可以小到放到屋子里。

奥布里斯特：启发你的镜子属于建筑元素，所以你是被建筑影响的。

法曼法玛恩：我一直都深深地被建筑和建筑师所影响。我们一位共同的朋友詹姆斯·英格·弗里德[14]曾经跟我说，他可以根据我在 1974 年学习几何图样时画的一张画，为我建造一座别墅。我请教合作的工匠："你如何把这个形状和别的形状连接起来？"

13　索尔·勒维特（Sol LeWitt, 1928—2007）：美国艺术家，主要从事观念艺术和极简艺术。

14　詹姆斯·英格·弗里德（James Ingo Freed, 1930—2005）：德裔美国建筑师。

他解释道:"女士,你可以用这种六边形创造很多东西。你可以把它拿起来,然后让六边形与五边形相连,就像足球表面那样,一个六边形在中间,许多五边形在周围。使用这些形状可以创造出无穷的变化。"

奥布里斯特:几乎就像是分形[15]。而且这些图样显然和伊斯兰教教义有关,它不仅仅是几何学,还是神秘主义的。

法曼法玛恩:是的。20世纪70年代中期那个时候,出过一些关于几何图样含义的书。其中一本是伊萨姆·阿–萨德[16]写的,他是伊拉克总理的孙子。我的确研究过这些书,然后创作了许多新作品。我在伊美协会(Iran-America Society)展出过我的几何图形(无题个展,1976),那里是一个文化中心,我就是这么遇到了丹妮丝·雷内[17]。

奥布里斯特:丹妮丝·雷内,巴黎关注先锋艺术的画廊主,她举办了很多动态艺术家的展览。

法曼法玛恩:看了我在纽约雅克·卡普兰[18]画廊里的作品后,丹妮丝来德黑兰看了那个展览,我想应该是在1976年。她说希望和我见面。我就去了,然后我们一起看作品。我向她说明作品表达的是什么或诸如此类的问题,她邀请我去巴黎举办一个

---

15 分形(fractal):指部分与整体以某种方式相似的形体,如海岸线、山脉、浮云等。

16 伊萨姆·阿–萨德 (Issam el-Said, 1938—1988):伊拉克艺术家,从事绘画、雕塑、版画、书法、设计和建筑等,对几何图形尤为迷恋。

17 丹妮丝·雷内 (Denise René, 1913—2012):法国画廊主,主要关注动态艺术和欧普艺术。

18 雅克·卡普兰 (Jacques Kaplan, 1924—2008):纽约皮草商、画廊主。

展览。我不认识她是谁，也完全没听说过那个画廊，但我高兴得把她抱在怀里手舞足蹈。她是个非常娇小的女士。

巴黎的展览结束后，她又在纽约为我举办了一个展览。我把所有没卖出去的作品都放在了纽约的仓库里。后来，革命期间，我的很多作品丢失了，但那些保留了下来。

奥布里斯特：我很好奇，在当时，你的作品和抽象艺术是怎样的关系？

法曼法玛恩：我确信我的美国艺术家朋友在某种程度上影响了我，即便我并没有意识到。

奥布里斯特：你常常聊到自己和伊斯兰几何图像之间的联系，但你的几何秩序和结构仅仅来源于伊斯兰图像吗？

法曼法玛恩：弗兰克·斯特拉是我的偶像，德·库宁也是，劳申伯格也是，而且他也使用玻璃创作过作品。我一直记得第一次看到劳申伯格的作品是 1958 年在威尼斯双年展上，后来在斯德哥尔摩再次看到了它们——山羊在轮胎中间的那件《字母组合》，还有他的综合材料作品。这些作品对我触动很大。我说："天哪，艺术将会如何发展？看看有多少可能性！"但对我来说，我的创作灵感始终来自伊朗，来自我的历史，来自我的童年，不管这让我变得更好或更坏。我始终跟随我眼睛的感觉，跟随我的内心，那是我最主要的灵感。

奥布里斯特：说到这里，我们可以聊聊记忆这个话题。目前，你正在创作《我所敬重之人的光亮》（*Hejleh*）。这是为纪念伊朗诗人，为纪念那些咖啡馆大师而制作的一座纪念碑，也是为了纪念你已故的丈夫。

法曼法玛恩:在伊朗,镜子象征着水。水是明亮的,能反射光,因而它是光和生命的象征。如果某个人——一个男人,而非女人——英年早逝,他们会用镜子、灯光、羽毛和花朵建造一座纪念碑,然后放置在街角。我很喜欢这些纪念碑,因而1973年我第一次在伊美协会展出几何镜子作品的时候,我在画廊前放置了一座。两三天之后,馆长问我能否把它拆掉,因为所有人都在问,是不是美国大使或文化中心的负责人去世了。纪念碑是一种公共艺术,制作它们的人很有才华,非常自然天真。

奥布里斯特:你作品中记忆的概念影响了你从新世纪初开始创作的名叫《记忆盒子》(*Memory Boxes*)的小体量作品。它们完全不同于约瑟夫·康奈尔[19]的盒子,唯一的共同点在于它们都是记忆的小盒子。

法曼法玛恩:我制作了很多这种小盒子。在其中一个里面,我放入了我母亲过去常抽的水烟筒。盒子的背部是黑色的,意味着我已经失去了她。并且,那也是六边形的。另一个盒子是关于村庄的。那里有我的一些家人,有一只玩具小狗,还有一张照片,拍摄的是我曾拥有的一幅画作,它有一百五十年的历史,现在已经丢失了。任何我能够找到的和伊朗或我的家庭有关的东西,我都放进了这些盒子里。我对伊朗的确怀抱着这种渴望,我希望回到伊朗。我把这些东西放了进去,它们能让我回想起我所错失的一切。

---

19 约瑟夫·康奈尔(Joseph Cornell, 1903—1972):美国艺术家、电影制作人,集合艺术的先锋和代表人物之一。

当代艺术的十九副面孔

奥布里斯特：你一直坚持写日志或日记吗？

法曼法玛恩：我在德黑兰的时候写过，但从 1979 年开始，我就只写日程表了。我每天都把做过的事情记录下来——谁打电话给我，我去哪里购物了，或者我参观了什么美术馆，这不费什么脑力。我还保留着用电话本的习惯，上面记录着所有我认识的人的电话号码。我每年都会制作一本。

奥布里斯特：我对你的手稿很感兴趣，它们就像是词汇构成的图画。你的书法太让人惊叹了，而且它们是你复杂绘图实践的一个重要组成部分，其中还包括了建筑草图、几何绘画、肖像画，花卉和植物绘画。

法曼法玛恩：我喜欢写字，不过我并不擅长书法，也不是很精通文学。我想到什么，就用记号笔写在一张纸上。革命爆发的时候，听到来自伊朗的消息，我完全无能为力。人们说着，霍梅尼（Khomeini）来了，霍梅尼来了，而我只能坐在电视机前用记号笔练书法。后来我们在汉普顿（Hamptons）有了一所房子，花园里有花，有鸟，有只狗，还有松鼠，我把它们都画了下来。

奥布里斯特：你那些关于花卉和植物的创作都很有意思。我们正面临着生态危机，就像古斯塔夫·梅茨格所说，因为气候变化，越来越多的植物在灭绝，你在这个时候制作了这个植物图录。

法曼法玛恩：我是一个很优秀的园艺师。我喜欢园艺，真的很喜欢。在德黑兰，我拥有一个很大的花园，三千平方米，种植着柏树和松树，受到了日本风格的影响。我有两个园丁，但我常常还是自己打理，而且说实话，比起艺术创作，我甚至更享受这件事。

奥布里斯特：或许对你来说，你的园艺也是一种艺术作品。

法曼法玛恩：园艺太让人放松了。革命之后，我住在第五大道的公寓，现在看来那确实是段很不寻常的经历。那个房子的风格是装饰艺术和新艺术。拉利克[20]做的门，玻璃有这么厚（手势）。房子的主人从德国请来了一位工匠，所有的门都镶嵌着各式各样的木头。

奥布里斯特：和你自己的作品有点类似是吗？

法曼法玛恩：天花板肯定有十八英尺高，穹顶，饰以金箔。露台有七十五英尺长，可以俯瞰中央公园，而且你往下可以看到一个水库，周围种着盛开的樱花。我在那儿做了一个空中花园，有喷泉、铁艺门，还有很多植物。我买了一个花架，把它弄得就像是一片森林。那个露台非常重要，因为它促使我创作了我的第一件大幅拼贴作品（无题委托壁画，贵宾接待室，阿卜杜勒-阿齐兹国王国际机场［King Abdulaziz International Airport］，沙特阿拉伯吉达［Jeddah］）。那会儿是 1979 年，也可能是 1980 年。有一天，工人在露台上做防水。他们有一种覆盖沥青的网，我问他们要了一块。除了观察这些人工作，我待在家里无事可做，就用报纸和布料做了一小块拼贴，也可能是两块。这第一块网非常重要，后来我把网用到了我所有的拼贴作品上。对我来说，

20　雷内·朱尔斯·拉利克（René Jules Lalique，1860—1945）：法国玻璃设计师，以玻璃艺术、香水瓶、花瓶、珠宝、吊灯、钟表和汽车引擎盖装饰品的制作而知名。

这又是一次神秘主义的体验，我觉得自己身处监狱，被什么东西裹住。然后有一个人从波士顿打来电话，说沙特阿拉伯想要做一个大型的委托项目，我说我没什么可以展出的，我的作品都在仓库里。但她坚持要来和我见面。她来之后看到了这些小拼贴，说想要我做一个三米长的。但我没有工作室可以做那么大的作品。我告诉朋友卢卡斯·萨马拉斯[21]我接受了这个委托项目，但不知道如何才能完成。他说："别傻了，你公寓里不是有一个餐厅吗？"所以我订购了一些木材，做了一张桌子，还订购了拉伸机，在婚庆店找到了天鹅绒、亮片和金粉，还有他们为新娘制作的各种好看的东西，开始在餐厅里做拼贴。我在那个"工作室"接着完成了很多的拼贴作品。

奥布里斯特：这将我们带到你作品的神秘篇章：一系列的结婚证书。

法曼法玛恩：在过去的伊朗，你结婚的时候，他们会制作一张结婚契约，很漂亮，有这么大（手势），上面装饰着花卉、黄金和几何图案，伴郎用花体字写下结婚契约。我母亲的结婚契约是一本天鹅绒封面的小册子；姨妈的是由鹿皮制成的，非常珍贵。我女儿在纽约结婚，她的结婚契约只是一张纸，影印后用订书钉订到一起，这对我来说简直就是侮辱。所以我为我的女儿制作了一个皮革封面的结婚契约。后来我又做了很多，都免费送给了别人。

奥布里斯特：当你回到伊朗的时候，发生了一个很大的改变，

21　卢卡斯·萨马拉斯（Lucas Samaras, 1936—）：希腊裔美国艺术家。

在那里你真的拥有了一个工厂，有一批工匠在你的工作室里为你工作。其中的一些人是这个行业中仅有的掌握你所使用的这个技术的专家。你正在将你掌握的各个方面的语言汇集到一起。在过去的十年里，你极其多产，仅仅去年，你就完成了难以置信的工作。

法曼法玛恩：谢谢你。然而现在，我还有更多关于未来作品的计划。你已经看到我最新的一组连续几何雕塑了，那脱胎于我 2009 年为迈阿密的巴塞尔艺术展（Art Basel）制作的作品。我把它做成了一整个系列——大约有十件作品。我准备将我的作品应用到挂毯上，我现在在德黑兰做的就是这件事。之后我也要把这些形式运用到珠宝上，还是使用六边形、五边形、方形和三角形，用黄金和宝石制作。我喜欢工作！如果我不工作，就会变得特别无聊。而且不管怎样，我得让我的工匠们保持忙碌。（笑声）

奥布里斯特：昨天你向我展示了一系列用镜子制作的作品，这些镜子可以根据你的图形组合成不同的样式。因为可以合上和展开，它们几乎就像是巴克敏斯特·富勒 [22] 的戴马克松地图 [23]。这种多变的方式让其变得非常超现实。

法曼法玛恩：是的，那些是《敞篷车》（*Convertibles*，2010）。

---

22 巴克敏斯特·富勒（Buckminster Fuller，1895—1983）：美国建筑师、设计师和发明家。

23 戴马克松地图（Dymaxion Map）：第一张世界视像图，该图在一个平面上向人类展示了各个大陆而无明显变形。这张世界视像图试图证明，世界就是海洋上的一座岛屿。

我决定做点不一样的事情，将商业和艺术融合，因为这些作品都是实用性的。如果一个作品有六个部分，像拼图一样，你能根据空间以多种不同的方式安排它们，可以是在住宅里，也可以是在墙面上，或者就把每一块放在不同的房间里。我喜欢玩无限的概念。我已经草拟了四五种，甚至是七种方式把它们挂起来——有些是根据老式图样，有些是我刚创造的。

奥布里斯特：它们是重复、变化和连续的，非常漂亮。

法曼法玛恩：是的，让整个构图完整的还是几何形状。其中一部分是传统的镜子作品，另一部分是我自己的图样，是我自己设计，然后制作出来的。

奥布里斯特：它们也很像地图，因为看上去像是展开的一样。

法曼法玛恩：没错。其中一个看上去像一把日本扇子，你可以把它延伸得很长，在中间有一个三角结构。

奥布里斯特：你也向我展示过一件很大的镜子作品，上面有一个伊朗花园。它就像是一幅大花园的地图，蜿蜒着一条小径。伊朗花园和英国或法国的花园有什么不同之处吗？

法曼法玛恩：伊朗花园有着一种古典美。柏树和水是伊朗花园的象征。

奥布里斯特：他们是对称的吗？

法曼法玛恩：是的，而且是一个方形的样式，像所有的清真寺建筑一样，一切都是方形的。你那天看到的那件作品，是夏哈扎德花园（Shazdeh Garden），也就是王子的花园，是一百五十年前在克尔曼（Kerman）的沙漠中为艾哈迈迪·米尔扎·纳瑟罗多列（Abdolhamid Mirza Naserodolleh）建造的。实际上，关于伊斯兰花园，德黑兰当代艺术博物馆（Tehran Museum of Contemporary Art）出版了一本非常棒的书（《伊朗花园：古代智慧，全新视野》[*Gardens of Iran: Ancient Wisdom, New Vision*]，2004），我以前研究过。这件作品属于一个基于花园的系列，该系列一共四件。这件重点表现了中央喷泉、层层的树、流水、小径、几何式样，以及花卉元素。它们不同于我用玻璃创作的其他作品（《波斯花园》[*Persian Garden*]，2009）。其他三件中有几何样式的喷泉——三角形的外围，围绕着八边形、六边形、五边形和正方形。

奥布里斯特：花园作品里的喷泉图形和你打算在大都会艺术博物馆做的装置作品类似。我在你纽约的家里看到过这个小模型。

法曼法玛恩：没错，而且他们接受了我的提案！展览会在2012年3月开幕，正值伊朗的新年，作品的尺寸大概会有两点五米长。

奥布里斯特：你曾经说过，你一生中最引以为傲的作品是《内达之光》（*Lightening for Neda*，2009），也就是那件昆士兰美术馆（Queensland Art Gallery）里的装置，是你受第六届亚太三年展（Asia Pacific Triennial of Contemporary Art）的委托而制作的，同样也是由六块面板的镶嵌元素构成。这个作品对你来说太大了，你工作室里最多只能同时放下两块面板。你说过，第一次看到它们被安装起来的时候，你深受感动。

法曼法玛恩：华安雅[24] 当时是昆士兰美术馆的策展人与藏品开发副总监，也是该美术馆的亚太艺术策展经理、第六届亚太三年展的首席策展人。她看到我们 2008 年 3 月在迪拜艺术博览会（Art Dubai）的对谈后，从澳大利亚打电话给我，告诉我她很喜欢，而且她想委托我做一个项目。我们就尺寸和预算来来回回沟通了很多次，因为要做这么大的作品，材料和工人的费用是很高昂的。最后我说："如果你答应我，为了纪念我的丈夫，这件作品会永远放在那里，我甚至可以不要钱。"我为了这件作品真的付出了巨大的艰辛，花费了九个月的时间。

奥布里斯特：一件十二米长的装置，就像是一座建筑。在这件作品中，你使用了同样的形式，但又以不同的方式进行了重复。你用镜子和玻璃彩绘，近乎融化了这些非常坚硬的材料。

法曼法玛恩：而且通过反射的倒影，你们也成了作品的一部分。你自己的形像，你自己的脸庞，你自己的衣服……你动一下，都是艺术的一部分。它是人类、倒影和艺术品的混合物，而你就是这一切的联结。

奥布里斯特：2006 年，你受委托为维多利亚与阿尔伯特博物馆的贾米尔藏品展（Jameel Collection）开幕创作的镜子马赛克作品（《无题壁画》[*Untitled Mural*]，2006），也和这种观看者的浸入有关。

法曼法玛恩：是的。那件作品也很大，而且也使用了六边

24　华安雅（Suhanya Raffel）：现任香港"M+ 视觉文化博物馆"馆长，澳大利亚新南威尔士美术馆副总监及藏品总监。

形。维多利亚与阿尔伯特博物馆希望我做一件作品，放在主入口处的墙上，大概长十米、宽五米。我测量了尺寸，做了六块面板，然后送到了伦敦。我去现场安装作品，到了之后发现查尔斯王子来了，警戒森严。他们只给了我二十张邀请函。我有很多亲戚在伦敦，很多是革命后移民过来的，所以参与这件作品的有我、我的亲戚和查尔斯王子。

奥布里斯特：能聊聊你有关织物的作品吗？

法曼法玛恩：好。我现在做的是可以挂在墙上或铺在地上的毯子。它们和波斯地毯的织法完全相同。到目前为止，我制作了其中的两件，分别设计了两种图样。一个是非常复杂多彩的；另外的很简单，只是几何图形。

奥布里斯特：是谁启发了你做这个项目？很明显，21 世纪有很多利用织物进行创作的艺术家，像是索尼亚·德劳内[25]、安妮·艾伯斯[26]……

法曼法玛恩：我记得亚历山大·考尔德曾经对我说，"莫妮尔，我要给你介绍一位巴黎的女士，她正在制作我的挂毯，你应该去她那里做挂毯"——但那时我没去。

奥布里斯特：考尔德提议你和她见面？

法曼法玛恩：考尔德对我很好，非常好。他邀请我去他康涅

25　索尼亚·德劳内（Sonia Delaunay，1885—1979）：乌克兰裔法国艺术家，以强烈的色彩和几何造型而闻名，创作延伸到绘画、纺织品设计和舞台设计等领域。

26　安妮·艾伯斯（Anni Albers，1899—1994）：德国织物艺术家、版画家。

狄格州的工作室，还给了我一件小作品作为礼物。

奥布里斯特：你收藏了很多艺术品？

法曼法玛恩：没错，都放在德黑兰。我有两件克拉斯·奥尔登堡的，三四件汤姆·韦塞尔曼[27]的，一件劳申伯格的，两件弗兰克·斯特拉的，一件沃霍尔的玛丽莲·梦露。

奥布里斯特：这些收藏现在在哪里？

法曼法玛恩：我把这些作品带去了伊朗，革命爆发的时候，都被没收了，被他们拿走了，然后瓜分掉了。德黑兰当代艺术博物馆有十五件我收藏的作品。政府保留了一些，后来出现在拍卖会上。我的那张玛丽莲就在苏富比，安迪在上面写了"致我爱的莫妮尔"，使用的依然是我的画框，背面写着我的地址。然而我能做什么呢？我可以起诉他们，把它们拿回来，但谁知道政府会做什么。

奥布里斯特：我听说，在革命之前，你在德黑兰有一个沙龙。你知道，我们现在在伦敦做一个叫"残酷早鸟俱乐部"（Brutally Early Club）的沙龙。我认为 21 世纪我们需要沙龙。

法曼法玛恩：是的，我们举办了一个面向艺术家的沙龙。每月的第一个周二是我们的开放日，欢迎诗人、作家、画家和雕塑家们晚上来我家。那时来的都是伊朗人，没有任何外国人。卡姆兰·迪巴[28]过去常来，和他一起来的还有一群艺术家。我只

27　汤姆·韦塞尔曼（Tom Wesselmann, 1931—2004）：美国艺术家，主要创作绘画、拼贴和雕塑。

28　卡姆兰·迪巴（Kamran Diba, 1937—）：伊朗建筑师。

供应一道菜，是很简单的波斯浓汤（abgosht），贫民食物，大体上就是把一整只羊切碎，加入土豆、豆子等炖汤。

奥布里斯特：在沙龙里，食物和音乐始终都很重要。

法曼法玛恩：不过，食物很简单。沙龙主要就是为了让大家互相认识，并没有正式的仪式、晚宴之类的事情。他们纯粹为了放松。诗人会朗诵他们的诗歌，建筑师会谈论他们的建筑，等等。一些人弹吉他，好嗓子的女士会唱歌，大家会坐在花园里的地毯上聊天。

奥布里斯特：那么参加你沙龙的诗人都有谁？

法曼法玛恩：纳德普尔[29]、沙赫鲁迪[30]，还有苏赫拉布·塞佩赫里[31]——他既是画家，也是诗人。塞佩赫里写了很多现代诗，他把哈菲兹[32]非常经典的诗歌进行了简化。我爱现代诗，我女儿尼玛（Nima）的名字就来自我所知道的第一位伊朗现代诗人尼玛·尤什吉[33]。

奥布里斯特：阿巴斯·基阿鲁斯达米[34]跟我聊过很多他和诗

---

29 纳德·纳德普尔（Nader Naderpoor, 1929—2000）：伊朗裔美国诗人。

30 伊斯梅尔·沙赫鲁迪（Esmail Shahroudi, 1925—1960）：伊朗诗人。

31 苏赫拉布·塞佩赫里（Sohrab Sepehri, 1928—1980）：伊朗诗人、画家。

32 沙姆思丁·穆罕默德·哈菲兹（Shamsoddin Mohammad Hafiz, 1320—1389）：14世纪波斯伟大的抒情诗人。

33 尼玛·尤什吉（Nima Yushij, 1897—1960）：伊朗诗人，自由体诗歌的创始人，其名著《传奇故事》是伊朗新诗的奠基之作。

34 阿巴斯·基阿鲁斯达米（Abbas Kiarostami, 1940—）：伊朗电影导演、编剧、制片人。

歌之间的关联。你的另一位好朋友西阿·阿玛雅尼[35]也告诉过我，伊朗诗歌影响了他的创作。他生活在美国，经常创作一些政治性的作品。

法曼法玛恩：是的，他确实是一位伟大的艺术家，对我启发很大。他在明尼苏达建了一座桥，上面刻着一首约翰·阿什伯里[36]的诗。针对伊朗去年夏天的暴乱，他创作了一件作品，借鉴了艾哈迈德·沙姆鲁[37]的诗句。艾哈迈德是一位写诗反对"沙"（Shah，旧时伊朗国王的称号）政权的伊朗诗人，而现在西阿用这首诗反对现存的政体。

奥布里斯特：你的鲁米[38]书项目也围绕着一首诗。

法曼法玛恩：是的，纽约一个很小的出版社邀请我做一本关于诗人鲁米的书，我想做点别人没做过的事情。我买了几块钢板，然后用盐和酸性物质创作。我想应该画圆圈、圆点、三角形、六边形、方形和锥形，就像这样，直到完成整个宇宙。其中也有一个地图。这个想法来自我的一个愿景，我希望有一天他们会禁止枪支，停止全宇宙正在进行的所有杀戮。有钱人制造了枪支，然后把它们送到巴勒斯坦或者南美、南非，而这必须停止。书做得不错，但他们说做钢的太贵了，我们应该用蚀刻版画替代，做一本布面的书。所以我去了新罕布什尔州学习如何制作蚀刻

35　西阿·阿玛雅尼（Siah Armajani，1939—）：伊朗裔美国雕塑家，以公共艺术而知名。

36　约翰·阿什伯里（John Ashbery，1927—2017）：美国诗人。

37　艾哈迈德·沙姆鲁（Ahmad Shamlou，1925—2000）：伊朗诗人、作家、记者。

38　鲁米（Rumi，1207—1273）：伊斯兰教苏非派诗人。

版画。这一版会做五十本,但我到现在只做了一本。还不太完美。我做了一个波斯版本的,现在我要做一个英文版的。目前已经完成翻译了。

奥布里斯特：书法也是你写的吗?

法曼法玛恩：不是,一个叫格尔纳兹·法蒂（Golnaz Fathi）的伊朗艺术家写的,她非常出色。我把东西给她,请她写,她写得就像是我的画一样。她是用笔尖分叉的钢笔写的,每条线都有阴影,看上去就像是镜像。文本是鲁米的诗,长度大概是十八行,内容也是跟镜子有关。"如果你想成为一个优秀的人,你必须打磨,打磨,再打磨。"

12

南希·斯佩罗
Nancy Spero

我第一次见南希·斯佩罗是在她和搭档里昂·格鲁布（Leon Golub）共用的工作室里。他们在生活和工作中彼此相互影响着：用一堵墙将一层楼分成两个工作室，尽管身处不同的空间，他们仍能隔着墙交谈。他们俩都是非常关心政治的艺术家，非常积极地参加游行，而这对于拥护他们的同辈艺术家来说同样是一种激励。我第一次去见南希·斯佩罗的时候，真的被她正在画的组画惊艳到了，那是一幅壁画，重构了跨越各个时间段的女性之表征。首次会面就仿佛打开了二十年的话匣子。她曾经谈到流浪风——以衣服作为无家可归时的避难所。在 20 世纪 90 年代早期，我们围绕着"时尚不是奢侈品"这个想法展开了一个项目。纽约大都会艺术博物馆的时装学院（Costume Institute）考虑举办一个我们合作的展览。负责人要求我们在早上八点提交构思。南希·斯佩罗从没在中午之前起床过（她晚上工作），无法想象她这次居然起来了。最后，我们如期到了那儿，但大都会还是拒绝了我们的想法。

创造性偷窃

汉斯·乌尔里希·奥布里斯特（以下简称奥布里斯特）：几个星期后，在瑞典马尔默（Malmö），你会首次展出新创作的巨幅组画《黑与红 Ⅲ》（*Black and the Red Ⅲ*，1994）。"黑与红"这个系列的起源是什么？

南希·斯佩罗（以下简称斯佩罗）：我之前在做一个系列，通称"致革命"（To the Revolution，1981）。其中有一些受阿拉斯加的印第安部落启发的生殖形象，我将它们进行了重新演绎。我使用了一个女性生殖符号——只是一个躯干，从胸部上方到大腿——这个形象则取材于古希腊陶器，是一个戴着假阳具的舞者。我把这两个图像放在一起，考虑到古希腊元素，就用黑色和红色画出来，这幅双联画的标题就是这么来的。

它是由两块九英尺的板组成的，可以上下并列，也可以横向组合，扩展至十八英尺。巧合的是，这次我也想到了希腊，以及司汤达关于革命时代的小说《红与黑》(*The Red and the Black*)。做完这个几年之后，我又用了五块板，表现了四个图像——两个不同的生殖形象，还有两个其他的形象。其中一个来自古希腊，她在跳舞。我对外观做了一些改变。我在作品里使用的形象不是照搬原来的，一般都会有所变化，但又能够辨认出它们取自哪里。

奥布里斯特：在其他的作品中，你也对原始材料进行了变动。比如，你使用了男性形象，然后把他们变成了女性。

斯佩罗：对，其中一个形象我这么处理了。她在跳舞，尽管是一个很具有侵略性的姿势，但依然很优雅。她的头伸向前方。这是从男性形象变换过来的。整个动作极具力量。另一个形象也来自古希腊，不过也有所变动。我将两个女性形象拼到了一起，并且合并了她们的裙子。然后其中一个生殖形象来自骷髅，像是沙漠里那种已经风干的公羊头骨。我想它应该很古老，对我来说，看起来像是一个远古的生殖形象。我赋予它四个乳房：耳朵和眼睛也变成了乳房。然后在乳房下面添加了手臂，跟这些远古的生殖形象类似——你知道，手会托着乳房，就像是如今你在色情杂志上看到的那样。

奥布里斯特：你在作品中以一种可变的方式使用了这些神话元素，这是不是在给神话注入活力，让其进入当下呢？

斯佩罗：是的，就是这样。事实上，我自认为是野路子，我希望这是一个可变、持续、开放的过程。而那大概就是我现在完成《黑与红 Ⅲ》的原因所在。让我想想：我 1983 年完成这个系列的第一件作品，现在是 1994 年，这中间已经有十一年了。我希望从一个系列到下一个系列、从一件作品到另一件作品之间存在着连续性，存在着关联，即使这些年来，我的作品一直在转移和改变，从油画，到纸上绘画，到纸上手工印染，到拼贴……20 世纪 70 年代初期的某一年，我还做过一些仅仅使用了语言的作品。

奥布里斯特：你的许多临时装置，还有你在维也纳罗纳赫剧院（Ronacher Theatre）里的永久性作品（《首映》[*Premiere*]，1993），其中的人物基本上都从纸面或画布上浮现出来，并且在漂浮或迁移。

斯佩罗：没错——它们简直要舞出纸面。罗纳赫剧院里没有纸本作品，但尽管如此，剧院是创作这件作品的原动力，并且之后他们会沿着墙壁进行表演。这是罗纳赫里的一件欢庆式作品。毕竟它是一个 19 世纪的歌剧院，各式各样的演出和马戏等等还在上演，所以作品应是轻松愉悦的，我考虑到了这一点。这回不是要处理悲剧，或者描绘生命中严峻的现实，所以我选择了罗纳赫各时期的一些女演员的图像，将其和某些我常用的角色穿插在一起，我把这些角色叫作我的"人物"（personnage）。其中有古埃及的长笛和里拉琴演奏者，音乐家，杂技演员，以及看起来像是昆虫的原住民形象，还有约瑟芬·贝克[1]。我使用金

1　约瑟芬·贝克（Josephine Baker, 1906—1975）：美国黑人舞蹈家、歌唱家。曾以性感大胆的舞蹈和柔美歌声红遍法国，也是世界上第一个"黑人超级女明星"。

箔创作了她。她穿着白色短袜，挥着手，带着约瑟芬·贝克式笑容。我还根据图卢兹-劳特累克[2]的画创作了一个很年轻的伊维特·吉尔伯特[3]。她的目光穿过房间，看向楼下年老的伊维特·吉尔伯特——年老的那个是亮粉色的，靠在一个画出来的假圆柱上。

奥布里斯特：所以这些浮动的形象仿佛浸润其中。

斯佩罗：是的，很像是渗进去的。剧院的建筑师路易吉·布劳（Luigi Blau）有着明确的意图。那是19世纪，马车经常驶入，我猜那时门厅里只有这些石柱。人们坐着四轮马车到售票处，买票，再驱车出去。但到了20世纪末，我们就不坐四轮马车了，所以建筑师填补了墙壁，将其变成一个简洁漂亮的房间。他让油漆工将墙面漆成蓝色。那里过去是石柱，在对待建筑的游戏心态上，油漆工与建筑师一致，在那里画了一些假的石柱，它们以浅浮雕的形式得到了修复。后来，轮到我来玩这个石柱和建筑的游戏时，我让人物从石柱后面进出，女演员们仿佛在与远古形象和其他现代形象嬉戏玩耍。比如，我使用了密斯丹盖[4]一张扭捏害羞的照片。是一张签名照，她在上面写了"我的友人。密斯丹盖"（Mes amitiés. Mistinguette）。她看起来好像生在半边贝壳上，但实际上是在一位古埃及杂技艺人手中。这是一幅非

2　图卢兹-劳特累克（Toulouse-Lautrec，1864—1901）：法国后印象派画家，以创作巴黎的广告招贴画而闻名。

3　伊维特·吉尔伯特（Yvette Gilbert，1865—1944）：法国夜总会歌手、舞台演员、默片电影演员。

4　密斯丹盖（Mistinguette）：红磨坊的第四位舞后。

常轻松愉快的作品。

　　奥布里斯特：完全不是丰碑式作品，却是永恒的。

　　斯佩罗：是的，而且气势没有盖过建筑。这是我对墙壁装置的一个基本理念——建筑应该得到表现。我把形象印上去，在上面创作，但它们相对较小。它们所占的空间——它们能占据非常多的空间，但也能局限在一个小范围内，或者围绕着一个像售票处这样的小房间。然而建筑的确透过作品显露出来。这不是传统意义上的壁画。

　　奥布里斯特：无论是你的临时作品，还是多数的永久性作品，除了这种空间的渗透，几乎都存在着"异轨"（détournement）这样一种情境主义的想法，也就是偏离现存事物的想法。似乎你一直在质疑已存在的所有成分和元素。

　　斯佩罗：我试着那么做。我试着吸收现存元素，让其与地点或情境产生关联。我没法总是进行很明确的转换，或者像在罗纳赫剧院中那样做。比如在马尔默，我一开始想试着使用一些瑞典女性的诗歌和神话里的图像，但不知为何，在瑞典那么做没有效果——总之，我有了别的想法。但在其他情况下，我能让这些女性角色产生关联。70 年代中期，我加入了纽约一个全部是女性的合作画廊，作为驻地艺术家，而在那之前我也加入了一些女性艺术家的政治团体。

　　奥布里斯特：革命中的女性艺术家（Women Artists in Revolution）。

　　斯佩罗：没错，简称 WAR——革命中的女性艺术家。

　　奥布里斯特：这是从巴黎回到纽约时的事？

斯佩罗：是的，几年之后。后来成立了女性艺术家特别委员会，露西·利帕德[5]在其中起到了很大的作用。60 年代后期，有一个叫艺术工人联盟（Art Workers' Coalition）的群体，有男有女，其中一些人极度疯狂！同时期还有一些激进的女性团体，我不是非常了解，只知道一些大概。他们在分析研究艺术界。怎么说好呢？有很多钱。那时正值越战，有资金投入到艺术和新空间等方面。艺术得到了蓬勃发展，也一如既往地受到了各种限制。然而即使是某些非常知名的艺术家也加入了艺术工人联盟。一些女性认为，既然男性没有满足女性艺术家的特殊需求，不如自己成立 WAR。不过，我没有在 WAR 初期加入，我当时还在艺术工人联盟。

奥布里斯特：你在巴黎的时候，后来也出现了很多法国女权主义理论。

斯佩罗：那是后来出现的，并且我必须承认，我是在它们被翻译过来之后才知道的。

奥布里斯特：但同样是以野路子的方式，你处理文本如同在处理图像——使用截取的片段。吉尔·德勒兹曾经称之为"创造性偷窃"（vol créateur）。

斯佩罗：是的，没错。我就是那样，一个当代和过去的创造性偷窃者。而且，在 70 年代早期《战争系列》（*War Series*，1966—1970）之后，开始做女性系列（《女性的酷刑》[*Torture*

5　露西·利帕德（Lucy Lippard）：美国作家、艺术评论家、活动家和策展人，是最早提出观念艺术作品"去物质化"的作家之一。

of Women]，1974—1976）之前，我截取了安托南·阿尔托[6]的一些话。那么做是因为，我觉得对我来说，它是一种载体——嗯，我创作《战争系列》时感到很愤怒，它蜻蜓点水或直截了当地探讨了……

奥布里斯特：炸弹。

斯佩罗：是的，炸弹和直升机。如你所知，在那个五年系列里有两个主题：炸弹和直升机。这是一个极为愤怒的系列。《阿尔托画》（*Artaud Paintings*，1969—1970）和《阿尔托手稿》（*Codex Artaud*，1971—1972 年）也非常愤怒。我使用了语言，使用了阿尔托的著作。我把它们打碎，以表明我对艺术界乃至整个世界的愤怒和失望。这的确是一个存在主义的立场。我找不到其他类似的作家，而且我仍然不习惯将女性作为主题。不过回想起来，在使用阿尔托的语言时，我意识到了，他当时正在做的很多事，正是以一种负面的方式指控女性，但这对他来说近乎神圣。他成了被法国知识分子极度偶像化的局外人。他歇斯底里，他被判精神错乱，他保持沉默——而这些是我使用其文字的主要原因。他常常谈到自己被禁言，被阉割。你看，作为一个艺术家，我觉得自己无法完成作品。我感到如此沮丧，不知为何，找不到入口——我无法取得立足之处。我是说，我在巴黎，在我出生的芝加哥办过展览。我在芝加哥遇到了里昂·格鲁布。但尽管如此，作为一个艺术家，我始终感到沮丧。

6　安托南·阿尔托（Antonin Artaud，1896—1948）：法国戏剧理论家、演员、诗人。法国反戏剧理论的创始人。

奥布里斯特：所以这关乎寻找一种新的语言。

斯佩罗：没错！所以我创造了一种。

奥布里斯特：最初是绘画——

斯佩罗：对。它们很小。我开始拼贴图像，我制作了《阿尔托画》，并且将其拼贴在长十九英寸、宽二十五英寸或长二十五英寸、宽十九英寸的纸上——在上面拼贴出一个人的头像或画像。从《阿尔托画》开始，我还使用经典图像，混入当代图形，然后用左手在上面写字。我会从阿尔托那里摘一句非常简略的话写上去。用左手草草写下，可以使其看上去更为疯狂。在完成那个的两年后，我下决心要在空间中有所拓展，并且试着再次画画——我讨厌画画。我从 1996 年决定做《战争系列》时开始，就不画油画了。这是我个人对艺术界的某种反叛，反对做任何"重要的"、有利可图的作品。我不贩卖任何东西，而是进行一种挑衅——伸出我的舌头，阿尔托系列中有很多这类表达。我真的做了很多伸出的舌头：它们是生殖崇拜，它们充满愤怒，它们是反抗的舌头。它们也是利刃，是阿尔托所说的那被割的舌头。通过艺术作品，我在象征意义上攻击了艺术界。我甚至在《战争系列》里就开始挑衅了。我在白色的布上，用白色的颜料绘制了作品——受难者们围绕在火葬场的烟囱周围，只用了一点黑色和红色来表现形象。

奥布里斯特：你创作《阿尔托手稿》的时候也是如此。在《阿尔托画》之后，你的很多作品是在处理文本和图像之间的关系——这不仅预示了你现在做的作品，也预示了在使用超文本的计算机世界会变得极为重要的东西。

斯佩罗：是的，确实是这样。现在，我租了布勒汀（Bulletin）打字机，而且我引用的阿尔托的话比用左手写的涂鸦式文字还长。我也引用了一些他写给雅克·里维埃尔[7]的信，那会儿他还是个非常年轻的艺术家，在《新法兰西杂志》（*La Nouvelle revue française*）工作。那些信是在恳求——我觉得是很典型的艺术家恳请展示机会的信件。他想出版他的诗作。雅克回信道："你这个年轻人好像还挺有意思的。"终于他说："来我办公室。我想见见你。"很讽刺的是，最后发表的是这些信件，不是阿尔托的诗。我记不起那本杂志的名字了。不管怎样，伴随着《阿尔托手稿》和想要拓展空间方面的渴望，我开始把散落在工作室的一些画纸粘在一起，因为我不想再回去画画了。这种在长度方面有所拓展的形式就是从 1971 年创作《阿尔托手稿》开始的。

奥布里斯特：还有卷轴。

斯佩罗：对，都有。大部分是水平的，但也有些是垂直的。然后在 1972 年，我做了一幅二十五英尺长的《阿尔托手稿》。

奥布里斯特：在将文本和图像以逐渐交织的方式运用于《阿尔托手稿》之后，你创作了《时间中关于女性的记录》（*Notes in Time on Women*，1976—1979），这几乎也是一件百科全书式的作品，使用了纷杂的资料和语录。这些资料是如何汇集到一起的？它是始于一个开放的档案，还是你偶然遇到的？

斯佩罗：更像是一个开放档案。特别是，像一些朋友一样，

7　雅克·里维埃尔（Jacques Rivière，1886—1925）：法国作家、评论家和编辑，第一次世界大战后法国知识界的中坚力量。

里昂注意到了我在做的事情。他有时候会从一些我没见过的读物里找到些东西，因为我房间里的书和杂志与他的不太一样。那确实是一个非常费劲的过程，不过同样抛却了任何学术上的严谨。我必须贯穿整个历史时代，展现女性的境况和地位，因此标题是《时间中关于女性的记录》。我想呈现很多方面，但结果却发现，从古至今，总是那些厌恶和诋毁女性的哲学家在谈论女性的境况，他们大多数是男性。我不停地问自己："我能做什么来对抗这种情况？"我不是哲学家，也不是什么学者，但我有强烈的愿望，想要表达某些凸显女性价值的东西，无论她们是为人所知，抑或籍籍无名。女性在整个历史中被极度削弱了，无论是在政治方面，还是在艺术方面。所以我开始绘制和表现有力的运动女性形象，她们穿行、越过这些引用的话语。比如，我画了一个裸体女运动员，两腿张开，然后拼贴到德里达[8]的话上面，她就像身处一个喷泉里。德里达的文字一行行排列形成半圆，谈论的是女性本质上无关紧要，还说提倡女权的女性是男人。所以我让这个强硬的女性运动员越过了他的话。我还画了一个形象，她穿行于一些厌恶女性的言论之间，这些言论来自尼采和其他一些法国当代哲学家。

奥布里斯特：在《时间中关于女性的记录》中，我不仅感受到不同的空间概念，还有不同的时间概念。在线性的男性历史书写中，存在着某种断裂。

---

8 雅克·德里达（Jacques Derrida，1930—2004）：20 世纪下半叶最重要的法国思想家之一，西方解构主义的代表人物，法国著名的哲学家。

斯佩罗：对，这不是一种线性的方法。线性意味着将事物以合适的顺序排列，或者试着以某种方式将其分类。然而我把一切打乱了，比如，将古赫梯女神和一位当代的女性运动员，或者一位古埃及杂技艺人，或者古埃及神话中的女神努特，或者现代人的"女神"玛琳·黛德丽[9]并置。不知道这是不是回答了你的问题。

奥布里斯特：可以称之为"重写羊皮纸"（palimpsest）吗？具有很多的层次。

斯佩罗：是的，绝对是。并且这给了我很大的自由。

奥布里斯特：你曾经将女性绘画（peinture féminine）这个概念加入女性写作（écriture féminine）的概念中。如果站在今天的视角，你是如何看待这一点的？

斯佩罗：当我阅读有关女性写作的内容时，我对于自己作为视觉艺术家所要尝试的事情感到兴奋，我跟约翰·伯德（John Bird）开玩笑说，我在做女性绘画，因为这与身体写作有关。我在各种伪装之下使用女性的身体。我想展示女性的与众不同之处，而非聚焦于她们的相似点。我想展现时间和文化上的差异，而不是成为一个中心主义者。我想研究从过去到现在的女性图像。我不是一个女神崇拜者或类似什么的，但当我看到一些女神的图像，就会有所触动，因为她们是如此美丽而强大。我们都是复杂的，蕴藏着各个面向，男女众神似乎也是——他们有着各自的积极面和黑暗面。我曾经使用了女神希拉纳吉（Sheela

---

9　玛琳·黛德丽（Marlene Dietrich，1901—1992）：德裔美国演员兼歌手。

na Gig）——一个来自英国北部群岛的古代异教徒的图像。他们对她所知不多：这是一个极为天真的形象，她没有耳朵，通常也没有乳房。她被描绘成一种蹲坐的姿势，双腿分开，正打开她的阴道。这既是一个可怕的形象——代表着死亡和毁灭，是埋葬之地——同时又是相反的形象，意味着诞生和繁殖。

奥布里斯特：在这种背景下，这种双重符号非常有趣。恰好伊丽莎白·布隆芬[10]出版了一本书，内容是在依然由男性主导的艺术史中，女性是如何表现的。书名叫《跨过她的尸体》（*Over Her Dead Body*，1992），它揭示了在许多表达中，女性通常被描绘为死去的他者。

斯佩罗：这很有趣。许多当代或不那么当代的法国作家的作品中，也提到过这一点。其中有人谈及当代男性哲学家通过与那些妓女尚未冰凉的尸体性交，以获得自己的哲学思想。某种程度上，这和你说的类似，不是吗？

奥布里斯特：是的。这启发了你基于贝尔托·布莱希特而创作的装置作品（《犹太妓女玛丽·桑德斯之歌》[*The Ballad of Marie Sanders, the Jew's Whore*]，史密斯学院美术馆［Smith College Museum of Art］，1990；同样见于《女人／战争／受难者图像／抵抗》，正在美术馆进行的项目，1994—1995）。

斯佩罗：对，这个装置使用了贝尔托·布莱希特在纳粹时期，大概是1934年或1936年写的诗歌，或者说民谣。这是关

10　伊丽莎白·布隆芬（Elisabeth Bronfen，1958—）：瑞士、德国、美国文学和文化评论家，学者。

于一个年轻女人的故事，她与一个犹太人同床共枕，被迫屈辱地走在街上。她的头发被剪掉了，衣衫不整，也许正在走向死亡。这显然经常发生。一年前我发现了布莱希特的这首诗，里昂则在一本杂志里偶然发现一个被绑着的女人的照片，除了长筒袜和鞋子，她一丝不挂。长筒袜乱成一团，而她被紧紧地绑着。她嘴里塞着布，脖子上系着一根绳子，即将被处以绞刑。如果只是粗粗一瞥，这看上去就像是一幅色情图片。在照片下面，写着一行法语："抓获一名盖世太保成员"。这就意味着有位士兵或官员拍摄了这个即将被绞死的女人的照片。它让人感觉太凄凉了。我做了一块这张照片的图版，不知道能拿来干什么，直到读了布莱希特的诗，而且因为它们出自同一个时代，主题也类似，所以我把它们拼到了一起。我第一次做这个装置是在史密斯学院，它远离纽约，是一所建在东海岸的女子学校。

奥布里斯特：还有其他被你描述为"受难者图像"的作品，比如关于越南的。这是一个开放的系列，你现在依然在创作它？

斯佩罗：是的。我让它处于未完结的状态。越南那些，60年代的时候我是直接在纸上画的。现在，我使用了一些从战争时代保存下来的照片，并且复制了它们。我画了一位越南老妇人，对我而言，她是幸存者的象征。我让她从成堆的尸体中走出来，嘴里叼着烟。还有母亲和孩子们。这些形象出现在了巴黎的墙上。你知道，在美国人涉足之前，法国已密切地参与到了越南事务中。展览的题目叫"战争与记忆"（"战争与记忆：南希·斯佩罗和里昂·格鲁布回顾展"［War and Memory: Nancy Spero and Leon Golub Retrospective Exhibition］，美国中心［The American

Center]，巴黎，1994）。

奥布里斯特：你最近的另一件作品是在北爱尔兰的公共空间所做的"四城项目"（Four Cities Project，女性健康中心和韦斯特兰/布赫街交叉口，德里，北爱尔兰，1990）。

斯佩罗：是的，在北爱尔兰的德里。

奥布里斯特：那是你第一次在户外空间使用移植的图像吗？

斯佩罗：是的，是第一次。最后产生了很大的争议。当然，德里高度政治化——它是一个战区。英国部队在那里，而且士兵们很年轻——天哪，在那些坦克里的都是十八九岁的孩子。整个城市遍布着政治壁画，其中有一些是非常临时的。乌节画廊（Orchard Gallery）的馆长戴克兰·麦克格纳吉尔（Declan McGonagle）和其他一些人已经达成了协议，为不同的艺术家找到六个地点进行临时展览。我也是被邀者之一。他们给了我这面墙，希望我在上面画壁画，然而让一个美国人——或者这个城市之外的别的什么人——借用这面非常珍贵的墙，这个想法引发了很大的争论，因为德里的展览空间太有限了。所以我和这群艺术家的代表进行了很深入的讨论。我最后完成了壁画，但这群大多是年轻工人阶级的爱尔兰女性不知为何误解了我的意图，声称这不是一件共同完成的作品——即使有三个年轻德里艺术家在协助我们。

奥布里斯特：在 70 年代，内容和政治局势息息相关。

斯佩罗：在 90 年代，出于对德里女性政治行动的尊敬，我做了一个希腊女神的长条横幅画——雅典娜和一个象征性的希腊人物形象，还有当代运动员，围绕着德里妇女的图像，就像

1971 年英国军队抵达时那些猛敲垃圾桶盖的人。我那时创作这个作品是为了致敬她们的政治活动。但在最近的项目中，关于这幅壁画又引发了一场大讨论，我被半数的观众攻击了两个半小时，但也得到了其他人的支持。终于，在结束之际，我说："不行的话就把它涂掉吧。"我的确理解他们的失望感，因为公共艺术是一个敏感的问题。你到某处创作你的作品，离开的时候，你自问："我所做的和当地市民想要的有关系吗？"我后来很明显地感觉到，这些事情可能会多么微妙而冒失。但在某些情况下，仍然存在着对话的可能。创作那幅壁画很棒的一点在于，爱尔兰人并不害羞——那是一种非常喜欢交流的文化，所以当我们投入工作的时候，所有人都会过来跟我们交谈，这挺不错的。

奥布里斯特：我想问的最后一个问题是，你近期的作品中使用了特别强烈的色彩，这和情绪有关吗？

斯佩罗：是的。可以说我想延续这种形式以及对空间的思考。毕竟，我也借用了我的空间——不是传统意义上的画布空间，不是我面前的一个矩形，而是外围空间。我在思考色彩。我们在西班牙看到了一些很棒的美术馆，那里有些纹章旗。某种程度上，我想把《黑与红Ⅲ》也做成纹章，像一面旗子。而且纪念性作品是具有政治意图的——为了将女性展现为一种强大的实体存在。它几乎是乌托邦，也就是说可以感觉到一些可能性。它事关女性对自己身体的控制——女性是主角。

朋友之间

斯佩罗：不是所有的科学家都心系人民的利益。如果机器太过智慧，所有这些都可以变成控制力极强且邪恶的东西。开个玩笑，我记得我在作品中为了引语使用那些老式的电动打字机，我向上帝发誓，我真的以为突然之间，它们有了自己的生命。我真的有那种感觉。

莫莉·奈斯比特[11]（以下简称奈斯比特）：你用电脑不会有这种感觉吗？

斯佩罗：我不用电脑，那是给小孩子们用的！（笑）

里昂·格鲁布（以下简称格鲁布）：有一个瞬间，也可能是一些瞬间，有机体以某种方式发展出一种原始意识。化学物质变成了意识！将来也会有一个瞬间，无论是一百年还是两百年以后，我们会失去对机器人的控制，因为他们会发展出意识并且对彼此说："忘记这些对乌托邦怀有虚无信念的人类吧——我们将建立一个真正的乌托邦！"

奈斯比特：里昂，那是《银翼杀手》（*Blade Runner*）！

格鲁布：并且不止于此！我觉得未来真的就是那样。

奥布里斯特：苏联作家叶甫盖尼·扎米亚京（Yevgeny Zamyatin）在 1920 年至 1921 年写了《我们》（*We*），第一次出版英文版是在 1924 年，并且影响了奥威尔的《1984》和赫

11　莫莉·奈斯比特（Molly Nesbit）：美国瓦萨学院艺术教授，与汉斯·乌尔里希·奥布里斯特等共同策划了"乌托邦站"（Utopia Station）项目。

胥黎[12]的《美丽新世界》(*Brave New World*)。这些都是反乌托邦的。

斯佩罗：乌托邦，就像是天堂一样，某种程度上有点无聊。在一些斯堪的纳维亚国家里存在的，其实并非乌托邦，而更像是平等主义。人们没有遭受苦难，但就人们的快乐，或者说幸福感而言，他们仍然意识到有些东西缺失了。我个人觉得这归根于人性。我们得以拥有乌托邦的唯一办法是永生长存，并且始终保持健康。但那可能会造就一个可怕的反乌托邦——一切都被毁灭。想一想，要是所有人都永生的话，那意味着什么，无论他们是谁，无论他们是好人、坏人还是中立的人，我觉得世界将会停止。甚至因为现在的人口老龄化，在某种程度上，世界也有些停滞不前。亚洲仍然年轻，但欧洲正在衰老。

格鲁布：其中的一个困境在于，如果我们要解决这一切，那也就意味着要解决心灵上的问题。但所有起因，所有问题的来源，所有烦恼，所有这些我们总是会面对的糟糕情况——如果你可以把它们都消除，那么诚如南希所说：生活就太无聊了。每个人都有最佳的性生活，最佳的经济生活，最佳的饮食生活。每个人都和其他所有人毫无二致。

奈斯比特：听上去跟南加州有点像，不是吗？

斯佩罗：没错。跟纽约不同，南加州一切都顺顺当当的。在加州，我怎么可能创作出作品呢？

---

12 阿道司·赫胥黎（Aldous Huxley, 1894—1963）：英国作家，被认为是现代思想的领导者，位列当时最杰出的知识分子行列。

奥布里斯特：所以你刚才提到的很有意思：有些东西缺失了。

奈斯比特：是的。乌托邦的概念可以从布莱希特的这句话中总结出来，那就是有些东西缺失了。

斯佩罗：我觉得有些人太过自满。我无法理解，人类不应这样。总有一些东西会出现，也总有一些东西会缺失。还能怎么样呢？即使是取得了巨大成就的人，也会失去一些东西。也许这就是你说的艺术家存在的匮乏感……但我觉得每个人都有。而这是无法满足的。

格鲁布：乌托邦是什么？伊甸园就是乌托邦，当然后来女人毁了它！这是《圣经》说的！（笑声）

奈斯比特：我觉得《圣经》是被编辑过的，个人观点。

格鲁布：我当然是开玩笑，但重点在于乌托邦这个概念是可以往古追溯的，可能每个宗教和文明都包含着乌托邦的元素——在某个理想的地点，你日常生活里经历的所有焦虑都将不复存在。但问题来了——魔鬼开始出现。

奥布里斯特：我很想继续探讨与布莱希特的这种联系。是什么触发了你使用布莱希特的诗歌进行创作？

斯佩罗：我觉得布莱希特的作品绝对是不朽的。很早之前我听收音机的时候，有一个节目读到了布莱希特的诗歌，是美国的翻译版。我听到《犹太妓女玛丽·桑德斯之歌》，觉得太美妙了。探究女性地位是我永远都感兴趣的，所以我弄到一本收录了这首民谣的书。拿它来做什么呢，它的主题刚好适合我准备专注探索的领域，也就是探讨女性的性行为与她们的地位。而且这不仅仅是关于美国中产阶级女性和女权主义，对我而言，远不

当代艺术的十九副面孔

只如此。

格鲁布：你准备如何探讨乌托邦这个概念，汉斯·乌尔里希？你有什么计划吗？

奥布里斯特：我们会寄一封信给艺术家们，是和《未建之路》（*Unbuilt Roads*）类似的一种调查问卷。我们也在记录谈话，考虑将折页和地图汇编成书，还会在下一届威尼斯双年展和里克力·提拉瓦尼[13]合作策展（南希·斯佩罗的展览，五朔节花柱 / 赶尽杀绝［Maypole/Take No Prisoners］，2007）。

斯佩罗：我喜欢这个。今天下午我们一直在谈的就是寄出一封信，将很多不同的字符串发往一台中央电脑。我们认为尝试并开发一条沟通的链条，让人们知道别人在做什么，是有意义的。这有利于开发有层次的艺术项目，而不是各做各的。

奥布里斯特：询问政客们的意见会很有趣。

格鲁布：我建议给一些右翼美国政客写信。

奥布里斯特：你具体想到的是谁？

格鲁布：比如，汤姆·迪莱[14]，他要对美国国会现在的党争负最大责任。不过还有一大批这种人。在美国有一个很棒的律师群体，叫作宪法权利中心（Center for Constitutional Rights），他们在民权领域非常活跃。我们可以给你介绍其中的几个人，关于这种丑陋的现实，关于这种乌托邦式的解决之道，或者说部

13　里克力·提拉瓦尼（Rirkrit Tiravanija）：当代艺术家，出生于布宜诺斯艾利斯，现生活并工作于纽约、柏林及清迈。

14　汤姆·迪莱（Tom Delay，1947—）：曾任美国众议院多数党（共和党）领袖，自 2005 年起深陷政治丑闻。

分解决之道，可以问问他们的看法。不只是艺术家喜欢，人们也都喜欢这样。

斯佩罗：我觉得这个主意很棒。

格鲁布：你可能必须寄出去五十封信，才能收到一封回信。

斯佩罗：说说埃塞俄比亚那个人的趣事！

格鲁布：海尔·塞拉西（Haile Selassie）？

斯佩罗：海尔·塞拉西。这是一个关于权力和控制的寓言。

格鲁布：在 20 世纪 30 年代，海尔·塞拉西是埃塞俄比亚皇帝，意大利人入侵并占领了这个国家。第二次世界大战后，埃塞俄比亚重获自由。波兰记者里萨德·卡普辛斯基（Ryszard Kapuściński）就此写过一本书，他是个聪明的家伙。书中涉及很多这个国家的故事。比如，意大利人入侵埃塞俄比亚时，海尔·塞拉西杀掉了所有的皇家狮子，因为它们没有保护王国。它们都在笼子里，所以很难说它们应该如何保卫王国，但因为塞拉西的思维非常原始，他把它们视为力量的象征。他每天都上朝，所有的朝臣排成一排，站在那里。他带着一只小狗穿行其中，小狗会走到他们的鞋子上，然后在上面尿尿——狗被训练着朝他们尿尿，以显示谁才是那里的老大！会有一个人跟着狗，擦拭朝臣的鞋子，他已经这么做了二十年。美国和其他政府对塞拉西说，你的国家必须允许一些更民主的自由。他不想这么做，但他被施加了压力，并最终屈服。他的首相或首席朝臣告诉他，他在犯一个很严重的错误，"你把门打开一点点的时候，就再也无法关上了"。而打开那扇门导致了王国的覆灭——一些军官领导了起义，接管了政府。

奥布里斯特：雷姆·库哈斯也提到，我们应该和卡普辛斯基聊聊。

格鲁布：另一个应该聊聊的人是詹姆斯·纳赫特韦[15]——他是一个满世界飞的摄影师，见识了各种恐怖的事物。应该问问这样一个一周里的每一天都在跟这类事情打交道的家伙。我还读了一个叫沃勒斯坦[16]的家伙写的一些文章。他写了很多社会和政治方面的问题。你应该问问他。

奈斯比特：他和艾蒂安·巴利巴尔[17]合作。

斯佩罗：我们这一桌真聒噪！

格鲁布：有比我们更聒噪的。

奈斯比特：拜托，我们甚至都没有争论呢！

斯佩罗：这倒是真的。

格鲁布：这么大声地讨论这个太危险了——这是个危险的主题。

奥布里斯特：我喜欢你和莉娅娜·斯特潘内克（Liljana Stepančič）共进晚餐的那个故事，你们一起吃晚餐，因为你说了反对布什的话，她真的害怕自己在纽约被捕，周围所有桌子的客人都开始注意你们。

斯佩罗：很有趣不是吗！

---

15 詹姆斯·纳赫特韦（James Nachtwey，1948—）：美国著名战地摄影师。

16 伊曼纽尔·沃勒斯坦（Immanuel Wallerstein，1930—）：美国著名历史学家、社会学家、国际政治经济学家，新马克思主义的重要代表人物，世界体系理论的主要创始人。

17 艾蒂安·巴利巴尔（Étienne Balibar，1942—）：法国哲学家。

格鲁布：想必有点夸张了。我相信她会那么认为，但是并没有她想的那样糟糕。

斯佩罗：看起来非常保守的丹·拉瑟[18]，他不久之前对公众说，批评政府并不意味着我们不爱国……

格鲁布：那是因为布什当局试图把一切都包住，不让人看到。

斯佩罗：说的就是这个。

奥布里斯特：我们上次聊天的时候，你提到了另一个项目——可能和这个有些关系，也可能没有——关于出错了的东西。你们都提到了犯有用的错误这个观念。

格鲁布：哦是的，我们谈到了那个。那会是一本很棒的书。有点像《未建之路》——那些在艺术领域曾让你惊奇或震撼的体验。

奥布里斯特：《未建之路》着眼于明确那些还不太可能，或者还无法由现存结构所促成的领域。所以尽管《未建之路》中存在着批评的方面，但我觉得这本关于失败的书远不只如此，因为《未建之路》最终仍然是关于希望的——这些项目仍然有可能实现。任何一个美术馆的人都可以读这本书，然后邀请艺术家完成其中一个未实现的项目，所以它定位于一种务实且乐观的方法。然而，关于那些失败的项目，由于出了某些差错，它们不再可能发生了。

格鲁布：某种程度上，这比制度的失败更重要。一个艺术家

18　丹·拉瑟（Dan Rather，1931—）：美国记者，哥伦比亚广播公司《晚间新闻》前任主播。

试图做点什么的时候，存在着他或她没有预料到的结果。去了解他们愿意对此说些什么，以及最终发生了什么，会很有意思。比方说，你们在一个城市做一个装置，期待着某种回应，然而事与愿违，你完全被骗了——类似这样的事情。

奥布里斯特：你遇到过这种情况吗？

格鲁布：问题就在这里：我不记得有没有这样的例子！

奈斯比特：也有可能是你不想记住！

斯佩罗：我肯定经历过，但我不记得了。有时候我会特别沮丧，非常生气，极其暴躁，但我一时半会儿想不起来具体的例子。围坐在餐桌边说说笑笑时，就会出现这样的问题——你记不得那些沮丧的时刻了。

格鲁布：说到那种你已经完成，但结果不尽如人意的事情，那种一塌糊涂但你仍不知道问题出在哪儿，或者你现在依然感到失望的事情——这真的很有意思。艺术家总是对这些事情直言不讳。他们总是在处理有问题的状况，像作家一样，他们自己也接受这一点。

奥布里斯特：政客呢？

格鲁布：并非如此——他们遮遮掩掩的。

奈斯比特：哦，艺术家也会遮掩，特别是针对他们的早期作品！

奥布里斯特：在"做"（Do It）这个项目里，汉斯-彼得·费尔德曼[19]说你可以从随便哪个报纸里选一张喜欢的照片，装

19　汉斯-彼得·费尔德曼（Hans-Peter Feldmann, 1941—）：德国视觉艺术家，主要的创作方法是收集、排序和重现。

框，然后在旁边放上花束，这样它就变成了一件致敬之作（hommage）。这必须在展览开幕前一天进行，必须来自一份日报，而且不能是一张政客的照片。

奈斯比特：这还挺难的，不是吗？

斯佩罗：有点像波尔坦斯基[20]用他的纪念物所做的事情，你觉得呢？他的那些装置展出时所营造的氛围，使其看起来仿佛是祭品。

格鲁布：是那种你知道会给你带来麻烦的项目。

奈斯比特：你深有体会啊！

格鲁布：（笑）如果你准备去做，它就会变得非常困难——你知道这种项目一旦开始实施，就会招致敌意。这是最关键的：构思某件你不打算做的事情，但如果你去做了，麻烦就大了。

奥布里斯特："艺术家绝不敢做的项目"——这可能是我们得到最少响应的一本书！

格鲁布：比如，我曾经想炸了现代艺术博物馆，但我当然没有那么做。（笑）我控制住了！我决定再给他们一次机会。

斯佩罗：实际上，很多美术馆最近一直在做一些挺让人反感的事情，像是布鲁克林博物馆和犹太人博物馆。布鲁克林博物馆和他们处理"感觉"（Sensation，1999—2000）展览的方式，很让人讨厌。犹太人博物馆有一个展览的主题是关于年轻艺术家对大屠杀的看法（"邪恶的镜像：纳粹意象／近期艺术"［Mirroring

---

20　克里斯蒂安·波尔坦斯基（Christian Boltanski，1944—）：法国雕塑家、摄影师、画家和电影制作人。

Evil: Nazi Imagery/Recent Art］，2002）。我还没看过这个展览，但谁知道策展人或艺术家做这个的意图何在呢？无论如何，打着极为真诚的幌子，他们做的事情却是可耻的。

格鲁布：出一本讲这个的书怎么样，你在书里问一堆艺术家，艺术界到底出了什么问题。也可以问问策展人和评论家。并且告诉他们，"如果你不打算实话实话，那就闭嘴"。如果你把问题寄给两百个人，会得到一百二十五个好的答案。

斯佩罗：会有两千五百万个答案。

奥布里斯特：这和乌托邦有关吗？

格鲁布：这意味着，你可以让人们对乌托邦的幻想破灭。

珠宝盒

奥布里斯特：你现在方便采访吗？

斯佩罗：没问题。这些天我真是把自己整得一团糟，完全颠三倒四：晚上不睡，白天在床上躺一天。

奥布里斯特：你整夜工作吗？

斯佩罗：嗯，我再也不晚上工作了，因为我工作的时候需要有人帮忙协助。我需要图像和材料。因而整个就乱成一团。我不知道要做什么。关于我自己，现在聊得够多了。先生，说说你吧。

奥布里斯特：我在参与一本为威尼斯双年展而出版的杂志。不过我看到你的这个作品已经开始做了，还挺让人兴奋的，大体上是一个空中的移动装置。能说一下它是怎么操作的吗？

斯佩罗：这个装置是一个五朔节花柱。我不仅使用了很多配件，也参考了我自己的作品《杀死共产主义者／五朔节花柱》(*Kill Commies / Maypole*，1967)——来自《战争系列》画作。在丝带末端，不再是漂亮女人，而是一些脑袋——正在滴血的、残忍的头颅。这个新装置是那件绘画的雕塑化呈现。《五朔节花柱／赶尽杀绝》(*Maypole / Take No Prisoners*，2007)主体是一根三十五英尺高的柱子，伸向天窗，附带着很长的彩色丝带和链条，上面挂着血腥的"头颅"。

奥布里斯特：这个意象源自哪里？

斯佩罗：这些头颅来自我在 60 年代绘制的一批极小的素描，我将它们扫描放大了。几年来，这批画作中的很多都被我拼贴到其他作品中，如《女性的酷刑》《阿尔托手稿》，当然还有《战争系列》。在这个五朔节花柱上，丝带非常漂亮——我其实不太喜欢这个词，"美丽""帅气""迷人"都可以，但"漂亮"不是很好。我将其变成了暴力的感觉。我们把头颅印到铝上面，大多数是两面印刷，不过有一些我们保持了原样，以便反射光线。我希望它们会相互碰撞，发出叮叮当当的声音。在工作室里，那些丝带垂到了地板，然后延伸向舞者，这部分正好是那些头颅。

我促成了这一切。某种程度上它存在着欺骗性：我会告诉你，其中有"五朔节花柱"，有"头颅"，还有"美丽的丝带"，但等你看到它，才发现它是这样的。它是很冷酷的。事实上，它混合了喜庆感和恐惧感——很像是我们自己的世界中常常发生的那些事情。你会听到伊拉克的现状，还有那些让人恐惧的事情，正是我们的总统让我们落入这般境地。我们置身的并不是一个美好的世界。我感到很忧虑，也觉得很愤怒。《战争系列》是在四十年前完成的。

奥布里斯特：当前的作品和你在越战时期完成的《战争系列》存在着关联，这一点非常有意思。

斯佩罗：的确。没什么区别。这是一种糟糕的延续，不是吗？都怪我们这里糟糕的领导者们。你能想象人们是如何允许这一切发生的吗？很难相信美国人能允许他蒙混过去。太不可思议了。

奥布里斯特：你在另一个展览（"萦绕的遗迹：来自美越战争的写生"［Persistent Vestiges: Drawing from the American-Vietnam War］,2005—2006）中对战争提出了抗议，这让我们想起了关于越南的那些作品。这个展览是由凯瑟琳·德·泽赫尔[21]组织策划的。你能再聊聊最近的这件作品吗？

斯佩罗：我再次拆用了《战争系列》，但不再是女性或女神围绕墙跳舞的图像，而是首次使用了绘画中心（Drawing Center）墙上《战争系列》的图像。

奥布里斯特：你回顾了关于炸弹和直升机的绘画。

斯佩罗：是的。这是对《越南系列》（*Vietnam Series*，1966—1969）的重温，并将其带到当下，关注伊拉克以及我们在那里所做的一切。因此我认为这是一种延续。看在老天的份上，太可怕了！想想就觉得太恐怖了。战争很容易陷入这种境况。

奥布里斯特：尽管再次使用《越南系列》里的炸弹和直升机

21　凯瑟琳·德·泽赫尔（Catherine de Zegher）：国际策展人，当代艺术评论家和美术史家。

图像可能会被视为重复，但你所做的与 60 年代的绘画截然不同。也许你可以讲讲关于重复和差异的主题，我感觉这在你的创作中反复出现。

斯佩罗：我再一次使用了在其他墙面装置里使用过的手法——只是这次我变换了图像，用高分子打印技术把《战争系列》的图像制成了平板。这实在太让人激动了。我使用了"男性炸弹"和"女性炸弹"，还有那些对受害者胡作非为的直升机。和以前一样疯狂，地上的受害者们在挣扎着。

不过也有用越南文字写下的一首诗，来自 18 世纪的一位女性诗人（胡春香）。诗很有性别倾向，但也是关于战争的。

对于五朔节花柱来说，存在着又一次从《战争系列》到重新绘制以及制造新图像的转变。所以观看它的时候，似乎能感到某种庆祝的意味。就像我说的，它是喜庆和恐怖的诡异结合体——然而它在庆祝什么呢？它在庆祝美国人再一次为世界带来的死亡和毁灭。并且，我对于这种延续性再次感到非常沮丧——这居然会在我们的眼皮底下再次发生。人类，尤其是美国人，到底出了什么问题？我不明白，这完全超出了我的理解范围。而我唯一真正拥有的工具就是我的艺术作品，这很大程度上归功于和里昂·格鲁布的合作。他总是充满了力量，有话直说，因而给了我勇气继续从事我在做的事情。我一直在做这些事，但在某种程度上，我学会了他直接的态度和表态方式。

奥布里斯特：这种观念给人以勇气。我和电影导演让·鲁什 [22] 见过面，他启发了法国新浪潮电影。我采访他的时候他已经

22　让·鲁什（Jean Rouch，1917—2004）：法国纪录片大师、人类学家。

快九十岁了，在巴黎人类博物馆（ Musée de l'Homme ）的办公室里，他对我说，最重要的就是拥有巨大的勇气。

斯佩罗：最终的确需要里昂所拥有的那种巨大的勇气。

奥布里斯特：我想聊一下你的工作室。这些桌子上放满了各种角色，构成一个特别的复调式组合，我对此想了解更多。

斯佩罗：大概有五百个。我的小儿子保罗·格鲁布（Paul Golub）在剧院工作，他们有一个所谓的常驻剧团。一群演员，有男有女，他们一起表演。有时会有新人进来，也会有其他人离开。在常驻剧团里，这些演员的角色可以互换，他们中的很多人可以从悲剧角色演到喜剧角色，再演回悲剧角色——在任何地方、任何形式的作品中。某种程度上，我也有一个常驻剧团，但我的演员数量极为庞大，有五百个！我把它们当作剧院里的演员来使用，它们是作品中的明星。那些演员、那些图像就是明星——我频繁地召唤他们，在各种情景中反复使用他们。

奥布里斯特：其中的每一个都是一幅独立的绘画。

斯佩罗：的确。这些独立的角色构成了整个戏剧作品。它们不是来自设计的草稿，而是来自我不断更新的图像库，它们会一次又一次地出现。可能大多数我都不会使用，但我会反复地使用其中十五个左右的图像。

奥布里斯特：哪一个用得最多？

斯佩罗：有一个运动的女性，她正往前跑，准备起跳。启发我绘制这个的原始形象是一位奥林匹克女运动员。她在往前跑，一只手臂举起来，好像被往后拽一样：如果她是在水里，她会往后划水；而在空气中，她则通过往后划空气来前行。她是个很迷人、帅气的女性，腿很长，体格强健。我曾对她进行过一些修改，让她一丝不挂，然后用葡萄藤盖在她身体上。她可以在喜剧模式中抽身而退，也可以迅速进入一种悲剧情境。这是一个令人信服的图像。

奥布里斯特：这是一种反复出现的、近似永恒的回归。不过，有一些女神形象也是反复出现的。

斯佩罗：当然，阿尔忒弥斯（Artemis）。阿尔忒弥斯的"A"在按字母顺序排列的图像列表里是第一个。女神和众神一样，拥有着许多对她们来说是永恒的方面，这些方面涵盖了从悲惨到喜悦甚至是极端兴奋、幸福状态的转换。我最初画的阿尔忒弥斯来自卢浮宫的一座雕塑，那个阿尔忒弥斯有一只手举起来——又是一只手，也许这意味着什么？——就像那个奥林匹克女运动员的手；另一只手放在一头雄鹿头上。她其实是在狩猎，一只手正准备从背后的箭囊里拿箭，另一只手则非常温柔地放在那只动物的头上，正在抚摸它。

另一个我重复使用的图像是一具躯干，来自阿拉斯加的女神。它曾被用作生殖形象，但被切断了，所以只有一个上到颈部下到胯部的躯干，没有手脚。这使它成为一具抽象的身体，尽管仍然是女性。这具身体显得很沉重——一个结实的、女神般的角色，可以被雕刻出来。它是一个可以握住、抓住甚至把玩的雕塑，还可以是一座大型雕塑，人们得从远处站在桌子或架子上观看。还有一个我早期画过的女性侧面像，她在奔跑，跑得非常快。我们从一侧看到她，看到的是平面形象，如一个剪影，一位在空间中漫步或奔跑的女性。此外还有长着卷曲蛇发的女神美杜莎（Medusa）。

奥布里斯特：关于你作品中文本和图像的关系，我想知道得更多一点。回想 70 年代的《时间中关于女性的记录》和《阿尔托手稿》，它们都是文本主导的作品。近年来，也有一些文本，然而对我来说，这几百个主人公似乎已经变成类似字母表的存在。某种程度上，这是另一种形式的语言——更多地使用图像语言而不是字母。我这么描述恰当吗？

斯佩罗：你解释得很完美，它就像是一种语言，那些女神则像是语言的诞生之地。在很早之前的《黑色绘画》（*Black Paintings*，1961—1965）中，我做了一个有翅膀却没有手臂的躯干。那是一幅很高的画作，画的是从大腿根到脖子，她有四个乳房和翅膀，头在侧面。我把她的嘴画成张开着的，然后在嘴里嵌入一个形象，仿佛这个有翅膀的女神正在孕育语言，准备演说。你提起这个真是太好了。通过这些图像，孕育人类特性的女神基本上是在创造人类身体及其存之于世的意义——就像那个我将其作为语言使用的女神，那具奔跑的身体。在某种意义上，这种反思型艺术是一种面对自我的现实主义方式。它可能是语言或行为的重复。而这些女神，她们会做什么，或者她们如何变得有力，其中存在着很大的空间。她们可以诞生，可以死亡，我做了一些她们躺着的形象，仿若那就是终结。

我不知道为什么女神绝大多数是丰满的形象，某种程度上，她们强壮、笨重，并不瘦弱，尽管我也有一个瘦小的女神——非常高，瘦长，她变成了那个奔跑的形象，是很多画作的主题。这些图像中的很多都是语言的前身，符号变成了一种语言——

如果你愿意的话可以称之为字母表——这些图像在空间中游移，然后以一种抽象的方式，开始产生意义。

奥布里斯特：我记得我们刚完成《反讽点》（*Point d'ironie*，2005）的设计时，你突然拿出那些装了几千个附加素材的盒子，把它们放在桌子上，那是——

斯佩罗：我的珠宝盒。

奥布里斯特：没错，你的珠宝盒。这些珠宝盒里有好几百个角色。它们的身份都是不固定的。你将这些人添加到《反讽点》的底部。能不能谈谈这一大批人物是什么状况？

斯佩罗：某种意义上，我的珠宝盒——我称它为我的珠宝盒——里的人是其他人的缩影。我将其缩小，它们的确变得像是宝贝一样，因为裁剪和准备它们比切割和处理大的作品更耗费时间。切割更大的图像，动作可以更大，而处理较小的图像，我们不得不用更小的剪刀。就像是一个小手术，你要精心地把它剪下来。我看着它们的时候，有点吹毛求疵，其中一些比我想象的更粗糙一些。它们需要进一步修剪。太粗糙了。

奥布里斯特：有些是站着的，也有一些是奔跑着的。

斯佩罗：这个类别涵盖了古今，我还不知道未来的情况，因为一切都处在当下。这些图像被使用，然后又被丢回珠宝盒里。我不会把它们锁起来——它们不是那种必须放在银行金库里保护的宝贝。它们在外面被公开观看，或者可能偶尔被添加到更大的图像上。我不太记得为什么开始做这个，创造了这些经历如此多手术的小图像。这是我做的挺特别的一件事，但我不记得为什么了。

奥布里斯特：你的很多作品都是易损毁的：画在墙上，印到墙上，或者更像是拼贴而成的。然而有时这些作品又以一种极其反宏大叙事的方式变得更为永恒。过去几年里，你在纽约地铁站做了一个非同凡响的项目。能聊聊你的地铁站项目吗？你的这些角色变得更为永恒了。

斯佩罗：是的，确实是那样，因为那些角色是地铁里的马赛克。它们代表了创造力。其中有一个穿着金色长裙、举着手臂在唱歌的歌剧明星，当列车驶过，她的手臂会移向一边，然后上下挥动。另一方面，市中心也是以同样的方式起起落落。那是速度的声音，如同林肯中心地下深处的那股力量一样持久。我很开心我的地铁马赛克项目位于那里，因为歌剧院在那里——音乐就在那里。

奥布里斯特：南希，有一个问题我们今天还没有讨论，那就是尚未实现的项目。这个问题我以前问过你很多次，但关于你尚未实现的项目——你的"未建之路"，我还想知道更多。

斯佩罗：让我想想有什么大的计划。好吧，告诉你，我尚未实现的项目规模宏大。我已经在各个地方做了二十多个墙面装置，所以有段时间我主要的工作是这种墙面手绘。这种形式非常短暂，近乎游牧式，因为一旦展览结束，它就会被覆盖掉。除了归档的文件，什么都没有了。现在我很想做大规模和永久性的作品。

奥布里斯特：而这才刚刚开始。

艺术家和策展人

奥布里斯特：我在巴黎勒隆画廊（Lelong Gallery）看了你的展览，非常精彩，展出的是 50 年代以来的《黑色绘画》。我们从来没聊过 50 年代以来的这些重要画作。它们看上去像是今天创作的。

斯佩罗：你看看那些画的表面就不会这么认为了，因为很多都破裂了。但听到你说它们看上去很当代，我觉得很开心。

奥布里斯特：你创作它们的时候，正值存在主义的全盛时期。它们属于存在主义绘画吗？

斯佩罗：它们和里昂的画作存在着联系。人们指责我受里昂·格鲁布的影响。我当然被里昂影响了，我们一起工作，一起聊天，我在做事情的方法上变得更加直接。但我有自己的特点。我的作品更抒情，但也更死寂。里昂的作品不是那样的，他更具对抗性。我以那种哲学的方式描绘女性处境，就像西蒙娜·德·波伏娃 [23] 说的：并非平行，而是形成一个角度。男人的艺术更有对抗性，像是一记猛击。

奥布里斯特：这些《黑色绘画》不是对立的，它是另一种反抗的方式。

斯佩罗：它属于萨特的时代，是存在主义的。这些人物被黏合在一起。他们通常是男性和女性，但他们的内涵可以更丰富：

23　西蒙娜·德·波伏娃（Simone de Beauvoir，1908—1986）：法国存在主义作家，女权运动的创始人之一。

从男性到女性，从女性到男性。

奥布里斯特：他们是雌雄同体的画作。

斯佩罗：当然。约翰·沃特斯的一部电影里，有一个年轻女人就是这样。风呼呼吹着，一个非常漂亮——我不觉得是美丽——非常迷人的女人走上山。她穿着一件居家服，风一直在吹，但这时她敞开衣服又合上，我们看到她是一个长着女人面孔的男人。你以为会是个裸体女性，但他完全是个男性。我和里昂一起看了这个电影，它美好得让人震撼。我由衷地被感动了。

奥布里斯特：你说《黑色绘画》是在晚上完成的，还说了一个关于里昂的玩笑。

斯佩罗：里昂也是晚上才开始画画。他被夜间工作的魔力和自由所吸引。所以我取笑他说："你的画在黑暗中看起来更好。"这是在开玩笑。但实际上你作为旁观者可以看到这些巨大的侵略性形象，它们是很生猛的。

奥布里斯特：能多讲讲《黑色绘画》的创作吗？你在非常明亮的颜色上使用了深色颜料。

斯佩罗：起初是用漂亮的干颜料。那是我使用湿婆形象创作的早期阶段，所以我用了最好、最美丽的颜色。我一遍遍地画，然后又擦掉，它们就变得很灰很黑。随着擦掉的越来越多，图像就会显现。它是先着色，然后再擦出来的。

奥布里斯特：这是一种擦除法。今年（2007）在巴黎勒隆画廊举办的展览，展出了很多幅《黑色绘画》。

斯佩罗：你看过画册吗？非常狂野，只有黑色。唯独封面上的作品不一样，那是唯一的一幅，画册内页的作品就都是全黑的了。

奥布里斯特：能讲讲封面上的那幅作品吗？

斯佩罗：这是我在创作《黑色绘画》时做的，我估计是被激怒了。有时我的确会对艺术界乃至整个世界都很生气。《致敬纽约（我不挑战）》（*Homage to New York*［*I Do Not Challenge*］，1958）的意思，就是在挑战致敬纽约的观念。画中有一个墓碑，墓碑旁边放了三个头颅，它们伸出舌头——鄙夷和奚落之舌，然后我在下面签上了"南希·斯佩罗"和来自《艺术新闻》（*Art News*）的一些缩写字母。《艺术新闻》是当时纽约非常重要的杂志，我把文章里出现的名字的首字母放在画里，代表艺术界出现过的人物。我非常生气，感觉沮丧。我的信息没有传递出去，我被忽视了。

奥布里斯特：没有任何反响？

斯佩罗：没有，几乎没有。我在芝加哥的文艺复兴协会（Renaissance Society）举办了一个关于《黑色绘画》的展览。有一个美国式的说法叫"左外野"（left field），我和里昂一直就在左外野。确实有违主流。

我想跟你聊聊劳伦斯·阿洛韦[24]。你让我想起了他，因为你们都有很大的影响力。并且，跟你一样，他没有屈从于时髦的东西或是最有权势的时尚画廊。我是说，你一定是和志同道合的人合作，他也是这样。

奥布里斯特：你在哪儿遇到他的？

斯佩罗：他在美国做策展人，在……

24　劳伦斯·阿洛韦（Lawrence Alloway, 1926—1990）：英国艺术评论家、策展人。

奥布里斯特：……纽约现代艺术博物馆？

斯佩罗：在古根海姆。他在那里待了一年，然后遇到了里昂，里昂当时正好有一个展览。后来劳伦斯得到了南伊利诺伊大学（Southern Illinois University）的教职，就离开纽约了。

奥布里斯特：所以他不在美术馆工作了？

斯佩罗：对。这样安心多了。不管怎么说，我们渐渐熟悉起来，因为他和里昂那一年一直在合作。里昂向劳伦斯说起我。我在巴黎有一个展览，劳伦斯去看了。他为我的作品给里昂写了一封很有爱的信——现在还在我的档案里，很可爱，而且他是即兴写的——跟你太像了，你以你自己的方式做事，他也有他自己的方式。

奥布里斯特：你还留着那封信——这很棒。

斯佩罗：我放在某个地方了。因而劳伦斯几乎马上就答应为我做一个展览。这太棒了，除了你还没有人会那么做。我真的觉得你和劳伦斯在这一点上是一样的——当你想要对某些事情作出回应的时候，你就直接做了，不会多加废话。所以，无论如何，他答应我在伦敦当代艺术学会做一个展览。我就是那样渐渐和他们熟悉起来的——他和他的妻子兼艺术家西尔维娅·斯蕾（Sylvia Sleigh）。我们渐渐成了朋友，他们认识很多年轻的评论家，劳伦斯对他们影响很大。

西尔维娅画了一群人的裸体肖像画，她一直在做这类事情。他们张罗了很多次晚餐聚会，西尔维娅做饭非常棒，所以这类聚会总是在她家举办。而且有人给她洗碗，让她得以准备晚餐。当然，我也得礼尚往来。所以早年那段时间，我们很多时候忙于和阿洛韦一家社交。很有意思吧？

奥布里斯特：我们能聊聊露西·利帕德吗？

斯佩罗：我刚见过她。

奥布里斯特：她来这儿见你？

斯佩罗：我太没规矩了。她不久前被授予了一个奖，但她来这里的时候我身体不舒服，都是因为我的怪癖，我那天觉得很累，没办法见她，所以我取消见面。但后来我想，"哦糟了"，所以我给她打电话，没意识到那会儿已经很晚了。我是在跟她聊了几分钟之后才发现的，因为她说得很简洁。然后我意识到了原因：已经是午夜了！我以为她再也不会搭理我了。不过，大概一周之前吧，她居然打电话给我。她来了这里，我们的会面很棒，很愉快。她是一个热情洋溢的人，真的很聪明。

奥布里斯特：她是一位非常具有独创性的策展人。

斯佩罗：的确如此，而且她写了一大堆书。有一本关于伊娃·海瑟（Eva Hesse）的书，很棒。

奥布里斯特：你和她合作过吗？

斯佩罗：有过，不多。我在做关于"女性的酷刑"的展览时，她写了介绍文字。内容关于我，也关于里昂，她写得非常好。我觉得她在纽约已经受够了，所以去了西南部，那里有一个艺术家生活工作的小社群。她在那里待了几年。她从来不靠教书挣钱，而是靠受邀进行演讲或去看艺术家的创作。她总是忙忙碌碌的。

奥布里斯特：南希，环顾你的工作室，真是让人特别兴奋，因为它再次以最让人意想不到的方式发生了彻底的改变。聊聊你提到过的档案吧？

斯佩罗：哦对，就放在那里。上面有一面美国国旗，写着"杀死共产主义者！"，来自《战争系列》。

奥布里斯特：这是 60 年代的绘画，现在正在塑造现实。

斯佩罗：的确。那时，美国对共产主义者极其恐惧。一旦有谁做了什么，或者以某种方式谈论到了，就会被指责为同情共产主义。汉斯·乌尔里希，这太疯狂了。所以，在《战争系列》里，我也常在这一块打转。但说到我近期在纽约的两个展览，我误解了凯瑟琳·德·泽赫尔的意思，我以为在绘画中心的那个是我的个展，而且选了准备展出的作品，但最后发现我只是那个越南展的四位参展艺术家之一。

奥布里斯特：这个展览是在绘画中心？

斯佩罗：对。我当时非常紧张不安，我想，我必须和凯瑟琳联系，因为还有其他三位艺术家，我不准备展出原本计划参展的作品了。我本来计划的是纯当代作品，但后来我想到了做墙面装置，拆用《战争系列》里的作品。我把这个想法告诉了凯瑟琳。起初她是抗拒的，但经历了一番说服之后，她让步了。她说："南希，我会给你两面大墙。"我说那我就不客气了。不过这也意味着我们没法索要报酬了。通常我做墙面装置的时候，会请机构支付费用给负责印制的人，价格很贵。我答应给他们的钱很多，因为我必须做很多块板子。最后，我自掏腰包，花了很多钱才完成这个展览，不过一切都是非常值得的。所以我感觉我开启了自己的职业生涯，就像在做艺术家驻地项目一样，我为自己的展览支付费用；同时我也结束了自己的职业生涯，结束了过去那种给展览支付费用的方式。

奥布里斯特：是的，但这次是属于你自己的空间。

斯佩罗：那是凯瑟琳的空间。她真的很宽容，不只是宽容，而且很慷慨。我很开心能有那两面大墙。

奥布里斯特：不只是你现在的作品和早期驻地项目之间存在着关联，越南战争的主题和现在的伊拉克战争也有着联系。

斯佩罗：当然。人们总在问我有没有做和伊拉克战争有关的作品，我说："没有，我觉得我为越南做的作品跟今天是存在着关联的。"

奥布里斯特：总是存在着很多的解读。你的艺术不是解释性的，而是暧昧含糊的。在威尼斯的作品也是这样，因为它吸引人的地方在于，它最开始描绘的是越南战争中的一面旗帜，但也可以轻易被当作一幅表现今天伊拉克的图像。

斯佩罗：是的，我希望是这样。它本来是具有普遍意义的。

奥布里斯特：所以在绘画中心的展览结束之后，你重新思考了那六十幅图像，不过其中进行了一些变动，因为这次不是从一幅图像转变成另一幅，而是从平面转为立体。你是怎么想到创作这个非同凡响的装置的？

斯佩罗：嗯，就是刚好想到了。我想做一个五朔节花柱，也想使用这些图像——这些切掉的头。而且，天哪，看看这场战争里那些可怕的手、手臂和头，这些切掉的头更像是伊拉克战争的标志。想想可爱的记者丹尼 [25]。

25　指丹尼尔·珀尔（Daniel Pearl），2002 年被基地组织绑架并杀害的记者。

奥布里斯特：其中非常有力的一点是，当你制作这些元素时，它们看起来像是私人作品。这与《阿尔托手稿》以及你其他重要作品在二维层面产生的效果类似：非常私人、小规模的东西构成了所谓的"群岛式纪念碑"。不是连续的纪念碑，更像是群岛式的纪念碑。不是那种堂皇壮观的。

斯佩罗：的确很有意思。这个作品几乎是实物尺寸，是一个想要将截肢、斩首乃至战争的恐怖展现出来的纪念碑，想要表现的是这次入侵伊拉克的可怕和不正义。这一切都太荒唐了。你看，五朔节花柱其实是有关美丽的事物——美丽的年轻女子穿着长袍，围绕着它舞蹈、编织、设计花柱的图案。但我彻底扭转了这一点，让它变得残酷，通过把它制作成立体的形式来赋予其生命。好吧，作品看上去还是挺平面的，但在很多情况下，你能看到它的前面和后面。

奥布里斯特：作品中为什么会使用金属呢？你已经使用了许多易损的材料，比如拼贴，还有非常薄的纸，所以看到这里出现了一种较耐用的材料，我觉得非常有趣。

斯佩罗：确实是那样——它更为长久。在为威尼斯的展览进行策划的时候，我们一度聊到了做一个户外作品。很明显，我不能使用纸张了，所以我们开始研究将图案印刷在铝上面。就是这么开始的。

奥布里斯特：有趣的是，你以前也使用过金属，比如曾经用锌做过印章，但这次没用它。其中存在联系吗？

斯佩罗：当然，是有关联——我当时完全没想到！当然是有联系的——印出文字，甚至图像。天哪，谢谢你，你说得太对了。

有这样的联系。

奥布里斯特：那些印章你用了很长时间。你是从什么时候开始用印章的？

斯佩罗：是从做《阿尔托手稿》的时候开始的。我买了那些字母印章。因为我有很多东西想要印，但我没有全套的字母印章，为此我甚至还委托皇后区的一个木雕工人帮我做一些新的字母，他是少数仍以此维生的人之一。就是这样在工作室里开始的，已经是很久之前的事情了。

奥布里斯特：在 70 年代？

斯佩罗：是的，60 年代后期到 70 年代初期。但我觉得那些东西现在也是可以用的，因为我那会儿创作的时候，把它们泡在了橄榄油里。事情就是这样。唯一的转变就是从平面变成了立体。五朔节花柱是立体的，但其实我并没有做到逼真的感觉，其中很多不是实物尺寸，而且是平面的。我是说，它们其实只是一块块平板，上面画着被切掉的头颅。

13

奥斯卡·尼迈耶和诺曼·福斯特
Oscar Niemeyer&Norman Foster

1999 年，我第一次在里约热内卢见到了奥斯卡·尼迈耶，当时在场的还有建筑师斯蒂凡诺·博埃里和费南多·罗梅罗[1]。我一直希望能和他见面，然而会面却以极度的尴尬开场。尼迈耶不想说英语，也不想说法语，这两种语言我都可以，而他想说葡萄牙语。我问他一个问题，他用葡萄牙语回答，然后我再问另一个问题，却完全不知道他刚刚说了什么。因此，这里的第二次对谈内容感觉跳来跳去的。

很多年后，我和诺曼·福斯特、埃琳娜·福斯特（Elena Foster）一起去了巴西。诺曼·福斯特说他从未见过尼迈耶，我们成功为他们安排了一次会面，并且进行了一次三方会谈。

我有一个档案，记录了和百岁老人们的对谈，这个想法源于艺术家罗斯玛丽·特洛柯尔的鼓励。尼迈耶 2012 年去世的时候是一百零四岁，对我们来说，刚好能在一年之前和他见面、对谈，实在是莫大的幸运。

1　费南多·罗梅罗（Fernando Romero，1971—）：墨西哥建筑师。

如何创造一个城市

诺曼·福斯特（以下简称福斯特）：我昨天看到了那个小教堂，位于潘普利亚（Pampulha）的礼拜堂。

奥斯卡·尼迈耶（以下简称尼迈耶）：潘普利亚非常古老，但它已经不是过去的样子了。那里发生了很多变化，经历了很多改造。

福斯特：我二十一岁的时候，这个建筑对我来说意义重大，那还是我学习建筑之前……

尼迈耶：那是我的第一个项目……

福斯特：那时它也是第一个对我产生巨大影响的项目。昨天我开车路过，很偶然地发现了它，简直难以置信。我是从机场过来的路上看到它的。然后，今早我第一次看到了巴西教育与卫生部大楼（现为古斯塔沃·卡帕内马宫［Gustavo Capanema

Palace])。

尼迈耶：很多事情改变了潘普利亚。像巴西利亚一样，这座城市是匆忙建立起来的。对我而言，潘普利亚非常重要，因为这是我的第一个项目。哦对了，很高兴你来这里，我真的很欣赏你的建筑。

福斯特：我忍不住想说，我今早看到教育大楼的时候有多么激动，我被眼前的一切震撼到了。

尼迈耶：那是勒·柯布西耶设计的，我们只是负责了项目的实施，不过我们改动了一些东西。有些地方有所变更，比如，我们将它建在了那个地区的中心位置，不过最初的设计还是他的。

福斯特：这我理解，不过有两件事让我很感兴趣，它们是出版物无法呈现的。在建筑之外，我觉得这也是城市规划方面的杰作。底层的捷径和城市的空间都设计得非常巧妙，但出版物上没有表现出这一点，只有实地参观的时候才能领会。另一点是，我感觉那些曲线，所有流动的曲线并非来自勒·柯布西耶，而是对勒·柯布西耶的示意图进行的转译，而这反过来又影响了勒·柯布西耶后来的创作。我想这是我今早发现的另一件事。

尼迈耶：我们修改了很多地方，但原始设计是他的。

福斯特：是，是，我明白，但我认为远不只修改这么简单。我感觉那是一种转化，而不仅仅是修改，不知道你是否理解我说的这种差别。我认为转化的意义可能更为深远。

汉斯·乌尔里希·奥布里斯特（以下简称奥布里斯特）：我们觉得这种曲线越来越多地出现在勒·柯布西耶后来的创作中，

所以实际上勒·柯布西耶的确从他在巴西的经验中得到了启发。要是你能再聊聊建筑的曲线，那就太棒了。我记得 2000 年第一次采访你的时候，你说这曲线来自巴西的自然风景，来自山川河流。能再多讲讲吗？

尼迈耶：我认为建筑即创造。项目可以完成得不错，但创造完全是另一回事。建筑不只是设计一个效果不错的房子，它也可以是美的，可以与众不同，可以出人意料，不是吗？事实上，出人意料是一件艺术品中最主要的元素。

奥布里斯特：这就是佳吉列夫[2]和让·谷克多[3]合作时所说的名言："让我感到意外！"（Étonnez-moi！）我们今天早些时候实际上聊到过佳吉列夫和俄罗斯芭蕾舞团，因为我觉得他们也来过里约。

福斯特：我想我们在尼泰罗伊当代艺术博物馆（Niterói Contemporary Art Museum）体验到了一些这种出人意料。

尼迈耶：它让建筑更接近一件艺术品，不是吗？出人意料是精华所在。

福斯特：还有就是，我认为这些流动的曲线和坡道连接的方式，是不可能通过二维图像领会到的。今天最让我兴奋的也正在于此。

2　谢尔盖·佳吉列夫（Sergei Diaghilev, 1872—1929）：俄国艺术评论家、赞助人、芭蕾舞演员，俄罗斯芭蕾舞团的创始人。

3　让·谷克多（Jean Cocteau, 1889—1963）：法国著名导演兼编剧，也是文学评论家和赞助人。

尼迈耶：我们尝试开发一种超前的结构。我们决定舍弃小的入口，取而代之的是一个很大的开放空间，这给人更多的自由。

奥布里斯特：你完成了太多作品，在所有的作品中，就出乎意料这一方面，你最喜欢的意外是什么？在你所有的建筑中，你最喜欢的是哪个？

尼迈耶：说不上来。小型作品的话是"独木舟之家"（Casa das Canoas），大型作品的话是学校的建筑。我们现在在建造一个新的学校，是一个与之前完全不一样的建筑。

福斯特：我们准备明天去那里看看。

尼迈耶：我刚在西班牙的阿维莱斯（Avilés）做了一个带礼堂的建筑，很受欢迎，因为它最后呈现出来的效果很好。

奥布里斯特：能多讲讲西班牙的这个项目吗？

尼迈耶：这是一个很大的广场，旁边有一个礼堂，另一边是一个美术馆。人们似乎很喜欢那两个建筑，喜欢它们所创造的留白空间和填充空间。我还没亲眼见到那个作品，但他们说它很受欢迎。

我们有一本关于建筑的杂志……

福斯特：我知道有些建筑与城市无关，但很多建筑是关于城市的，作为一个花了很多精力在城市上的人，我对任何关于未来城市和城市可能走向的思考都很感兴趣。

尼迈耶：我们和结构工程师合作无间。现任结构工程师是何塞·苏塞金德（José Sussekind），一个非常聪明的年轻人，他让我们得以用各种方式使用混凝土。我们在贝洛奥里藏特市（Belo Horizonte）建造了一座宅邸，它仅由三根立柱支撑，所以是被架在地面之上的，但效果很好，没有破坏建筑逻辑。这让我们得以最大限度地发挥我们的潜力。

福斯特：我们昨天开车经过时看到了那个建筑，非常激动。这又是一次偶然的惊奇发现。它是悬空的，建筑下方的整个空间完全不受限制。它很不可思议地飘浮着，看起来好像要飘往天空似的。

尼迈耶：现在我们有多种选择。古时候，在文艺复兴时期，做一个穹顶的话，不能超过四十米。如今，你可以做到两百米。我们在西班牙阿维莱斯做了一个四十米高的穹顶（奥斯卡·尼迈耶国际文化中心［Oscar Niemeyer International Cultural Centre］），他们用新的技术，只花了十天时间就完成了。

奥布里斯特：诺曼也提出了城市的问题。今年1月1日，我们在瑞士恩加丁（Engadin）讨论了采访奥斯卡并且进行这次对话的想法。进行这次对话有很多理由，其中一点在于奥斯卡和诺曼都创造了城市。显然，巴西利亚是个先例，后来诺曼创造了阿联酋马斯达尔（Masdar）这个21世纪的生态城市。

尼迈耶：巴西利亚出自卢西奥·科斯塔（Lúcio Costa）之手，我只负责建筑部分。人们和我聊起这个问题的时候，通常是建筑师和我聊，我会强调它的社会面向。我觉得建筑固然重要，但生活更重要。

福斯特：我本想说，我发现自己不断强调的理念是基础建设、公共空间、联系、城市风格等等，这些大概比单独的建筑物更加重要。它们是社会空间，是公共空间，如广场、道路、公园……可能是它们把建筑物组合到了一起。

尼迈耶：在巴西，年轻人很少读书，所以五年前，就在这里，在办公室里，我们开始教授哲学和宇宙学。

福斯特：我觉得可以这么说，我喜欢奥斯卡·尼迈耶作品的地方在于，即使是单个建筑物，也与步道等公共层面息息相关。某种程度上，它几乎就是城市的缩影，它所表达的是公共空间。

奥布里斯特：上次采访的时候，奥斯卡·尼迈耶告诉我们，巴西利亚不仅仅是一个乌托邦，也是一种必要。我们就马斯达尔进行采访的时候，诺曼也说过类似的话：马斯达尔是一种必要。所以我觉得，诺曼，如果你能跟我们、跟奥斯卡聊聊马斯达尔的话，那就太好了。

福斯特：马斯达尔借鉴沙漠里的传统空间，以及传统建筑使用的遮阳方式，创造了很窄的街道，非常方便行人，这些都有益于一个可持续的未来。马斯达尔试图赋予行人优先权和重要性，汽车让位于行人。它尝试借鉴过去传统建筑的遮阳方式，有荫蔽的街道和入口……它还与年轻人有关，因为第一部分就是一所大学。所以说，它与年轻人如何创造可再生能源有关，与未来有关。

如果奥斯卡今天再来建造巴西利亚的话，会采取什么不一样的方式吗？聊聊的话应该还挺有趣的。我知道，相较于规划，他在建筑方面参与更多，不过设想一下这种情况应该很有意思：如果他在今天规划这个城市，他的方式会是……

尼迈耶：我对巴西利亚无比尊敬，它是由一位非常优秀的巴西建筑师完成的。但对于特定事物，每个人都有不同的想法。我想稍微改变一下城市中心，赋予首都一个更不朽的形象。但他们决定不采用这个想法，你们所看到的巴西利亚是一个简洁理性的城市。你们是如何看待巴西利亚的城市性的？

福斯特：我准备周日去看，充满了期待。我热爱我所看到的关于建筑的一切，我觉得它很有启发性，因而迫不及待地想实地观看。创造一个新的城市，我觉得这始终是一次有趣的挑战。除非亲眼看到，不然很难（发表意见）。将城市作为一个全新的存在来创造，这始终是一个有趣的挑战。我觉得这是一个极为艰巨的任务。

奥布里斯特：几百年来，大多数城市都是自然成长的，很少有城市像巴西利亚和马斯达尔一样是短时间形成的。

福斯特：但我发自内心地觉得巴西利亚是有机成长的。

尼迈耶：人们喜欢巴西利亚。它是理性的，保持着一些都市面貌。我觉得巴西利亚有其非常好的一面。它建成的时候，就注定成为一个具有某种重要意义的城市。我始终坚称巴西利亚不是我的作品，而是卢西奥的。他是一位极具才华的建筑师，并且全身心地投入到这个项目中。进度有点赶，他在十五天内提出了方案。这座城市很好客，你去那里的话，会发现它满是植物和生命，有点像丰富多彩、充满魅力的巴西。

福斯特：看过这些之后，我印象最深的，是建筑能够以这样的方式创造这么多不同的特性。某种程度上，运用建筑的词汇创造宗教建筑物，或者关于法律的建筑，这很不同寻常……我觉得这是一个了不起的成就。

尼迈耶：我们尽己所能，用自己的想法塑造每一个建筑。巴西利亚好的一面在于，它让自己适应所处的位置，所以巴西人都喜欢巴西利亚。这是一个停留、休息的地方。我觉得巴西利亚非常美妙，有森林，有山丘……巴西是一个非常美好的国家，不是吗？

福斯特：我看过这些图像，那些宽广的空间，还有那些带柱廊的建筑物——城市空间在其中发现了公共空间……但我会拭目以待。我对单体建筑的思考越多，越意识到公共空间的重要性，这些公共空间由单体建筑所创造，这和城市创造公共空间是一样的。今天漫步于（尼泰罗伊当代艺术博物馆的）坡道是一次非常棒的体验。在进入建筑物之前，就经历了一个如此精彩的仪式……那个坡道仿佛在空间中舞蹈，让你在真正进入其中之前，得以从各个不同的角度观看这个建筑。正是这个让我感受到了魔力。绝对是魔力。

尼迈耶：那是我的目标。

福斯特：非常精彩。

尼迈耶：曲线和坡道提供了美妙的解决方案。你去过巴西利亚的黎明宫（Alvorada Palace）吗？你会看到我颠覆了立柱的常规形式，它们演变成了曲线，就此与露台保持了距离。我们可以不带成见地设计建筑，使其功能得到更好的发挥，这正是一个实例。这个建筑没有窗台，只有一组曲线式的立柱。

福斯特：我对此非常期待。

奥布里斯特：我们谈到了众多不同的项目，但我们还没有聊到此时此刻。奥斯卡，我对你现在或最近几天在做的事情很好奇。能否稍微吐露一点，你最近在描绘和思考什么呢？

尼迈耶：我有很多工作：建筑、建筑群……我刚完成了西班牙的项目。大家真的很喜欢那个项目：两座建筑在一个巨大广场中，很容易处理填充空间和留白空间的关系，以及这两座建筑之间的联系。我还在做德国的一个非常有趣的项目。他们委托我做一个"现代的房子"（Modern House），不是建给人住的，而是为了引起人们的关注，让他们意识到如今的住宅可以成为什么样子。这个房子源自我的想象，他们让我随便发挥。我觉得很有趣，因为这个项目会对观者有所启发。

奥布里斯特：那这些新项目中，哪个是最新的？

尼迈耶：是个宗教建筑，跟我建过的教堂、寺庙有关。那里有很多教堂，大概有二十三座，我很吃惊。现在我要在贝洛奥里藏特做一个巨大的、漂亮的天主教堂。我是一个无神论者，但建造天主教堂的挑战太美好、太诱人了，能让你发挥诸多的想法。

福斯特：回到你第一个委托项目的所在地，这太棒了，而且这个项目也是一座教堂。

尼迈耶：没错，确实是这样。我要建一个小礼拜堂，或者说一个小教堂。准备开始设计的时候，我决定不使用铅笔绘图，而是运用想象。我想象的画面是一个很大的十字架，教堂的建筑会从十字臂延伸出来。美丽且简洁。十字架代表了宗教，教堂从中显现。我们花费了很多的时间用于想象，而非实际操作。当我开始一个项目的时候，我已经有了主意。我们能想象一切，甚至包括建筑内部。

福斯特：十字架变成建筑，这太美了！有意思的在于，无论是一个很小的礼拜堂，还是巨大的天主教堂，它们都是吸引你进入室内的公共空间。

尼迈耶：这个想法很简单，仅仅是基于十字架。

福斯特：这两个都是城市项目。

尼迈耶：刚开始做巴西亚大教堂的时候，我本想做成一个圆形，然后我把立柱进行拉伸，最后就变成了那样！后来出现了光线和其他方面的问题。我得以创造更宽敞、更大的空间，天花板更高了。所以我能对建筑进行更多的改动。我们想要一定的跨度。你要去巴西利亚是吗？你会看到那个混凝土塔楼，一百七十米高，和城市相得益彰。在黎明宫这个项目上，我选择了曲线式的立柱，而不是传统的垂直式。安德烈·马尔罗[4]来这儿的时候说，那些曲线非常美，像希腊立柱。你去过希腊帕特农神庙吗？它的立柱就非常巨大。

奥布里斯特：你有尚未实现的梦想吗？有什么想要实现的梦想中的项目吗？

尼迈耶：我想建一个体育场，一个完全与众不同的体育场。在我的构思中，它有一个两百米的穹顶，看台从其中显现，这个项目会很有意思。我还想盖一座清真寺，使用一个前所未有的、结构精巧的方案。能带给建筑师乐趣的就是工作，不过有时候过程很艰难。我花了很多时间进行思考，思考项目，思考其中存在的问题，思考能带来启发的情况。建筑是迷人的。我见过的福斯特的作品都很美丽。我们始终在学习！

福斯特：分享是一种美妙的激情。我们都非常幸运。

4　安德烈·马尔罗（André Malraux，1901—1976），法国小说家、评论家。

奥布里斯特：也许最后一个问题应该是莱内·马利亚·里尔克问题：现在你给年轻建筑师的建议是什么？

尼迈耶：最重要的是，建筑并不仅有功能性的一面，它还必须是美的，必须与众不同，必须出人意料，因为它是一件艺术品。混凝土可以让我们做任何事情！我为一个朋友在他自家的花园里建了一个礼拜堂，着重处理了光线，完工的时候，我被震撼到了！这个建筑看起来是飘浮着的！能拥有一个这样的礼拜堂，他感到特别兴奋。

奥布里斯特：你能再跟我们聊聊《我们的路》（Revista Nosso Caminho）那本建筑杂志吗？

尼迈耶：我们在准备第七期。做这件事，建筑只是一个托词。我们旨在提升年轻人的知识水平。他们不太读书，我们要鼓励他们读。我们的杂志涵盖了方方面面：文学、诗歌、宇宙……这是一本以非常慷慨的方式分享知识的杂志。最近的一期收入了对一颗彗星的研究，它会在距离地球很近的地方经过。它已经来过一次了，现在又将再次经过这里。很多对这个领域不是很了解的人对此有些顾虑。专家认为它对我们不会有什么影响，但它的确会从离我们很近的地方经过。

奥布里斯特：这种跨学科的方法也是你们俩的一个共同点。我发现诺曼这么说过："建筑是一门包罗万象的学科，而不是一门艺术学科。"

尼迈耶：当我们学完有关宇宙的课程时，我们会发现宇宙是如此奇妙，它让我们觉得自己无比渺小。我们想要了解我们的世界是如何出现的，我们想要知晓是否真的存在宇宙大爆炸。

他们正在欧洲构建一次大爆炸，以确认是否存在最初的爆炸。不过这很难让人相信，我们必须等待最后的结果。但是，这是一个奇妙的实验，我们上了一条梦幻之船！我们用一支铅笔思考。（转向诺曼·福斯特）我们都用铅笔，不是吗？

福斯特：没错！

奥布里斯特：不可能有比这更好的结束语了。非常感谢你们。

新形式

尼迈耶：我始终觉得，建筑事关发明。你总是需要做点不一样的东西。你去过巴西利亚吗？

斯蒂凡诺·博埃里（以下简称博埃里）：还没有。

尼迈耶：你要是去的话，好好看看那里的建筑物。你可能在世界各地看到过更好的，甚至更美的，但你绝没有见过和它们一样的。我们始终在寻找新颖的、不一样的形式，努力在建筑中发明些新的东西。而今天我要做同样的事情，让这些柱廊以不同跨度形成某种律动。

博埃里：你的意思是要让观看者感到惊奇。

尼迈耶：我要重新创造原本同样的空间，因为空间是结构的一部分。我要让柱廊有所创新，局部有所变化，各个立柱间隔的距离不同——有时是十五米，有时是三米，有时是九米。其中有着某种音乐性。想想蒙达多利总部[5]，那个混凝土空间。是的，我的客户希望所有的空间都一样，但我不可能让它们都是对称的。我拒绝那样，而是按我自己想的做了。这种方式能让观者产生一种惊奇感。

博埃里：你和乔治·蒙达多利长期合作，然后成了朋友，是吗？

尼迈耶：是的，我们成了朋友，他很尊重我的想法。我第一次见他的时候，他带我参观他的房子，又带我去踢足球。他是一个很好的人。

奥布里斯特：我们和门德斯·达·洛查[6]在他圣保罗的工作室时，看到了他（尼迈耶）在科帕（Copa）的富丽堂皇的房屋。

尼迈耶：那是我四十年前设计的。当时做了那个"非洲菊"（gerbera puera）的柱体。穹顶是我做的，但我从未进去过，即便他们现在翻新了那个空间，我也没进去过。那是一个从外面看非常有意思的空间。我知道他们嵌入了夹层楼面，创造出了一个围绕着穹顶的开放空间。看到这个改动的时候，我其实还挺喜欢的。

奥布里斯特：这个柱体本来是要做什么的？

尼迈耶：它原本是一个展览空间，属于一个配有礼堂和展览区域的文化中心。但巴西做事就是这样：他们只建了规划的一半，

5　蒙达多利总部（Mondadori），即意大利阿诺多·蒙达多利出版公司的总部，1968 年由董事长乔治·蒙达多利（Georgio Mondadori）委托尼迈耶设计，位于意大利。

6　门德斯·达·洛查（Mendes da Rocha，1928—）：巴西著名建筑师，是继奥斯卡·尼迈耶之后，第二位荣获普利兹克建筑奖的巴西建筑师。

建了穹顶，却没有建礼堂，而且到现在入口还是那样。你到了那里会发现只有一个穹顶，而且，它已经关闭好多年了。

奥布里斯特：关于这个项目还有一点：它有各种大小不同的公寓，因而生活着各种社会阶层的人。在一般的建筑中，是不会看到这种情况的。

尼迈耶：在当时，设计那样的房子需要很大的勇气。我设计了这个方案，然后我的一个朋友负责建造了它。我喜欢曲线的立面。但所有盖在街上的建筑物都无法有自己的特色——街道太杂乱了，充斥着广告牌。我们看到的是立面的一部分，有时挺让人满意的，但其余部分很糟糕。无论是在里约还是圣保罗，或者任何其他现代城市，要看一个建筑的好坏，你必须看它所在的区域。大多数建筑物都品位不佳。我不喜欢设计公寓或办公大楼。如果你看一下我已完成的建筑图册，你会发现我几乎只做博物馆和剧院，我只做我喜欢的，并且能让我发现不同解决方案的事情。公寓建筑无法激发我太多的兴趣，即使它们最终的完成度很好，即使它们最后能存在很多年，这些项目从来没有让我产生太多的充实感。现代城市就是那样，比如巴黎，早在过去，他们就已经想出了一个办法——不建高层建筑，把屋檐、楼层和窗户分别固定在同一高度，因而城市保持了其自身的个性。在巴西，或者巴西之外的很多城市，就不是这样。

奥布里斯特：在贝洛奥里藏特有一座刀锋形状的建筑。

尼迈耶：那是一个公寓楼，我对它没什么兴趣。

（场景换到了设计区域）

尼迈耶：我做任何项目，都会考虑它的功能，让功能与形式相符合。这两样是同源的。我做的第一个项目，我是说我认可的第一个项目，是潘普利亚的教堂。我想要建得比当时常见的同类建筑更为轻盈。我知道我没有影响任何人。在我设计贝洛奥里藏特附近的潘普利亚的教堂时，其构架与他们在巴西所做的任何建筑都截然不同。如果非要说我受勒·柯布西耶影响的话，我只能说他给了我这条建议："建筑是创造。"我设计潘普利亚建筑群的时候，首要关心的就是如何使用曲线。实际上我用曲面把那个教堂覆盖了！在潘普利亚，我想要做点更轻盈的东西，那是我的第一个项目。对我来说，它比巴西利亚更为重要。就是在那里，我开始让自己的建筑有了生命。

费南多·罗梅罗：我们刚参观了"独木舟之家"，你能跟我们聊聊这个项目是如何实施的吗？

尼迈耶：你看到了，那里有一片土地向下倾斜。我希望让自己沉浸在自然之中。我将卧室放在这里（底部），上面是生活区。我用这种形式（画了一个曲线型的悬臂式屋顶）来保护它们，设计成了这样。直至今天，它依然是一个很现代的房子。你要是参观它的话，会觉得虽然已历经四十年了，但很简洁，现在也没什么问题，还能住。这个房子远在巴西利亚之前。

奥布里斯特：今早我们看到了尼泰罗伊当代艺术博物馆，那里有很多你正在做的项目。（描述博物馆现场）博物馆和基础设施之间隔了一百米。这里有一条路，有一个教堂，然后是另一个教堂。

尼迈耶：在这个项目上，我遇到的难题在于空间之间的统一。这里有一个教堂，它的穹顶悬在空中，大概有四十米，孤零零地在半空中。这里还有一个建筑。我希望室内的墙面是全白的；也许，可能的话，展出一幅油画，一座雕塑。我不想做一个为现代材料背书的建筑，我想做的是能让不同艺术和谐共生的建筑。我从建筑物的功能（画一个巨大的穹顶，然后分成两半）出发。在这个建筑里，有一个两米高的舞台，有正厅观众席和入口处。一切清晰明了：其形式和立面与项目严格契合，并且显然还有所发挥。

博埃里：当你考虑一个项目的时候，你会用这种方法来画草图，从而想象这个项目。

尼迈耶：不一定，视具体情况。有一次在阿尔及利亚，我要做一个清真寺项目，然后我开始思考清真寺，思考它应该是什么样子的，然后一点一点把它画出来。它像是这样（画了清真寺的轮廓）。我决定立柱必须在这里，然后我画了一个这样的步行桥。在其他时候，我必须思考更长时间。最近我设计了一个项目，现在正在建造中，是巴西南部巴拉那州（Paraná）的一个大型博物馆[7]。设计很有意思——四十年前我已经在巴拉那盖了一个建筑，一个像这样的建筑（画了一个底层架空的长长的拼装式建筑）。

奥布里斯特：这是在哪里？

尼迈耶：在巴拉那。这是一座独立的建筑，有两百米长，非

7　即奥斯卡·尼迈耶博物馆（Oscar Niemeyer Museum），其 2002 年开放时的名称为"新美术馆"（Novo Museu），由于该建筑独特的外形，它也被称为"眼睛博物馆"（Museu do Olho）。

常美，是全封闭的，从上方照明。因为之前给巴拉那设计过建筑，我觉得这次可以做一个博物馆。想象一下，我已经做了一个这样的建筑（指着拼装式建筑），他们又让我在这里设计一个博物馆，所以我决定把大厅规划在这里（指拼装式建筑）。巴拉那的居民非常喜欢这个建筑，所以我在这里把博物馆悬浮了起来（在拼装式建筑旁边画了一个蘑菇）。它们之间的联系就在这里（指着蘑菇的底座）。我把一个大型博物馆的大厅建在这里。当这个建筑完工的时候，你会觉得这两个建筑是同时建造起来的。因为在这个有着四十年历史的建筑中，立柱的间距是六十米和三十米，如果今天结构工程师要重新计算这个建筑，他也会这么做，我们四十年前就展现出这种魄力。这完全是一个现代建筑（展示模型照片）。

这就是那个旧大楼，但绝对现代。跨度是二十米、六十米、三十米。即将建造的那个项目会是八十米高，并且会依靠自己的力量站立，以强调其具有的现代性，因为一个博物馆必须有博物馆氛围，它确实做到了这一点，它看上去就是个博物馆。这是它应该成为的样子。相反，有很多博物馆，甚至在纽约也有这种情况，你径直走过，除非它们写着"博物馆"，不然你也搞不清楚它们到底是什么地方。那可不行——一个博物馆必须让你觉得它的的确确就是个博物馆。

奥布里斯特：这个博物馆在你目前的作品中重要吗？

尼迈耶：博物馆可以非常不一样。它如何运作取决于各种各样的因素。杰尼塔·洛查博物馆（Genita Rocha Museum）很容易实现。它的这里需要有一个支撑（画了出来），我把它设计出来，然后——瞧！——建筑诞生了。我不能掩盖周围的景观。为了保护景观，我把建筑提高了，让眼睛能够不受束缚地远眺。建筑中的一切都不是无来由的。博物馆大致是这样，在它周围，我设置了一个坡道，紧接着是另一个坡道，又增加了一些房间。

博埃里：你画的图是一个综合体。通常只有一幅立面图，就很难从草图中理解具体的方案。

尼迈耶：建筑师必须适时地学习和领会方案。他必须感受空间，像阅读一本书一样对待它。这正是这个博物馆所蕴含的观念，这里的地势就是这样的。我必须保护景观。

奥布里斯特：你现在在做什么？

尼迈耶：一个新建筑，只有一个中心支撑点，独自高耸在空中。它是司法部办公室，在巴西利亚，有一个中心支柱，由顶上的支撑臂悬挂。这是一个公共建筑，我认为公共建筑应该唤起观众的惊奇感，展示技术的发展，主要为公众着想。是的，因为在巴西，公众几乎没有从任何事情中获益。他们需要停下来欣赏它，为所有这些而惊叹。这个建筑快完工了。

博埃里：你拿到一个项目的委托时，是先画草图吗？还是先形成明确的想法？

尼迈耶：我得先思考一下，然后开始画图，我要探寻合适的形式。我尝试以各种可能的形式使用混凝土，尽其所能，也尽我所能。我们并不是将技术应用于我们周围的建筑，而是将其用于思考整个周围的空间，不是去毁坏它，而是去改善它。

博埃里：使用混凝土的观念，也就是使用一种通用的语言的观念。

尼迈耶：我觉得每个建筑师都应该有自己的建筑学。我谨慎地按自己的建筑学行事，自由地做自己喜欢的项目。我没有将建筑学重视到作为一门学科的程度。我曾经把生命耗费在画板上，但这个世界上重要的并不是建筑，而是帮助人们为了一个更美好的世界而奋斗，帮助穷人，这才是真正重要的事情。建筑学只是一个消遣。你不能用建筑学改变任何事情。

博埃里：你和政治之间的联系依然重要吗？建筑和政治之间存在着什么样的关系？

尼迈耶：你来之前，我刚刚接受完一个采访。由于我曾经在独裁时期流亡法国，他们问我对政治和戴高乐的看法。我到法国的时候，戴高乐颁布了一项法令，允许我和其他人以建筑师的身份在这里工作，所以他们问我对政治和戴高乐的看法。我回答说，政治很重要，身处无人抗议的污秽混乱之中时更是如此。

尼迈耶：勒·柯布西耶不重要，但菲德尔·卡斯特罗很重要。

奥布里斯特：我看了你在巴黎的展览，展出了很多你做的雕塑和与政治有关的纪念碑式作品。你始终与艺术家、作家及其他艺术形式保持着对话。你和不同艺术形式之间存在的这种联系，其作用何在？

尼迈耶：不久之前，我在里约热内卢开设了一门建筑课。我和学生们聊天的时候，总是对他们说，要成为伟大的建筑师，完成学校的课程远远不够。重要的是完成课程的同时，成为一个了解生活、了解世界性问题、了解贫穷的人。而且他们必须做好准备，能够对生活敞开心胸。我们设立的这个课程持续了两个月。它是一门建筑学的课程，但同时我们组织了文学、哲学和历史学讲座。事实上，我们建筑师需要对世界上发生的事情具备大致的了解。建筑师必须能够阅读、书写。比如，我做一个项目，当我感觉完成得差不多了，我会写文章，但如果我感觉才思枯竭，就会回到画板。因为相对于这些建筑本身，我的作品被接受和理解，更多的是依靠与之相伴的文本。没有人理解建筑。如果你走进教育与卫生部的大楼，你会看到一个房间，那里有一个朝向室内的大窗户。没有人发现它，但内维尔（Nervi）——一位了不起的意大利工程师——的儿子来的时候，他在那个地方停下了，说他正在意大利做一座一千米的大桥，也使用了类似的系统。这些就是建筑极为神秘的微妙之处，没人能够真正领会。

在我的公司里，每个人都必须了解哲学。我们必须明白，宇宙是最先被创造出来的，人当然没有宇宙重要，人类的进化史也没有宇宙漫长。

奥布里斯特：一个关于跨学科方法的问题，在你的创作历程中，始终存在与各种和建筑相关的艺术学科进行的对话。这是有意为之，还是仅仅出于偶然？

尼迈耶：这部分归功于我的那些知识分子朋友。我在共产党中非常活跃，我的朋友会和我讨论那些惯常的问题，我们抗议……

奥布里斯特：聊聊你是怎么设计巴西利亚的吧。

尼迈耶：我当时正在为勒·柯布西耶做教育部的项目，卡帕内马（Capanema）是当时的部长，他让我的同事卡洛斯（Carlos）设计一所大学，而让我设计一家医院。这个项目的负责人本应是苏萨·坎波斯（Sousa Campos），他真的是一个很不错的人。有一天他到了，看着设计，问道："这是什么？"这是一个医院，但有别于人们通常会想到的那种医院。最后，我们为此产生了争论，然后我提出辞职。但他不接受我的辞呈，还把我叫到他的办公室。我很担心，但我也准备好了与他争辩。最后一切都妥善解决，一直到他去世，我们都是很亲密的朋友。

不过在建造巴西利亚的想法萌生之时，是卡帕内马推荐了我，将我作为可能的建筑师人选。如果我当时没有争辩，没有提出辞职，如果苏萨·坎波斯没有拒绝我的辞呈，如果我们没有继续做朋友……那我们后来不会做潘普利亚的项目。这就是人生，充满着不可预期，我们永远不知道会发生什么。

奥布里斯特：潘普利亚的问题非常重要。它诞生于一次和政治家的对话，这位政治家后来成了总统。而潘普利亚是巴西利亚的先导。

尼迈耶：我已经说过很多了。潘普利亚是巴西利亚的开端。同样的工程问题，同样的技术问题，后来在巴西利亚成倍增加。情况是一样的，只不过巴西利亚在规模上不同，它要大很多。巴西利亚是世界尽头的一次冒险。那里与外界没有联系，没有道路，什么都没有。这对于国家来说是很重要的一件事情，靠某种乐观主义推进。在四年内建设一座城市并不容易。简单地说，我们必须建造楼房、街道、广场，建造整个城市。它给人的感觉是，在巴西我们什么都能做好。

奥布里斯特：贯穿你全部经历的还有另一条脉络：旅行……

尼迈耶：我以前一直是结伴旅行。我会停下来，开个玩笑，召唤大伙儿。我曾经进行过一次你都无法想象的旅行。当时我身在罗马，必须去阿尔及利亚。我只能坐火车，行李已经托运了，我眼前一片混乱，到处是人们的喧哗吵闹声。我决定不赶火车了，但我要怎么到阿尔及利亚呢？我去了汽车租赁公司，但他们只提供周末租车。我租到了一辆车，一路开到阿尔及利亚，途径意大利、摩洛哥，然后在阿尔及利亚工作了三个月。三个月之后，我才想起那辆租来度周末的车。我们回到巴黎，想着他们可能会逮捕我们。我待在酒店里，我的侄子去还那辆车。汽车租赁公司说保险公司已经为此埋单了。总之，整个过程我都很平静。为了让自己开心，为了有人陪伴——我很自然地愿意为这一切付出代价。这些都是真正让人愉悦的事情。

博埃里：混凝土适合现代建筑，或许适合某种地域，适合巴西和南美现代城市的历史，这得益于你对这种材料的驾驭能力。

尼迈耶：我不太有兴趣探讨巴西或法国的建筑。在过去，让建筑保持统一性要相对容易，今天的情况则完全不同。有一天，阿尔瓦·阿尔托说，没有所谓的古代建筑或现代建筑，只有好的建筑和坏的建筑。我同意他的观点。坏建筑：密斯·凡·德·罗。法国建筑：勒·柯布西耶。就是这样。每个建筑师都做他自己的建筑。我喜欢钢筋混凝土。没有必要考虑过去。如果你有一个这样的空间（草草画了一个大穹顶），比如我正在巴西利亚做的博物馆：这是一个跨度八十米的穹顶，它有一个像这样上升的坡道，预计有三十米，连接上下两层；还有一个悬臂屋顶，屋顶的周围全是窗户。你看这个穹顶，它是钢筋混凝土结构。回到意大利文艺复兴时期的话，它们会被希腊立柱所取代：他们过去常常讨论如何设计一个首都，都快觉得自己能够像在古罗马时期一样做建筑了。

奥布里斯特：意大利文艺复兴最重要的是各种艺术之间的结合。

尼迈耶：建筑根本毫无影响力。世界变得更美好的那一天，我们会面临不同的问题，比现在更大也更为重要的问题。人们会立即处理那些问题。你认为我们有经历过比现在更糟糕的时候吗？世界在变得越来越暗淡，不是吗？建筑没有改变世界，只是改变了街道。就像法国大革命期间，他们常说状况正在恶化，但平等、自由和博爱的价值观依然存在，在不断传播。

奥布里斯特：能再多聊聊关于有机、身体的内容吗？这也许和你使用的曲线存在类似之处？

尼迈耶：我信奉创造。十岁的孩子能画出一幅美丽的绘画，伟大艺术家的作品则会轻易堕入任性的重复游戏，失去创造的力量，变得千篇一律。你必须抗拒这一点。比如，我有很多关于我的建筑的书籍，但我不读。不是我看不上它们，而是我想做点别的。我喜欢古埃及人，他们没有什么想法，但他们对于纪念碑性具有与生俱来的意识。勒·柯布西耶曾经告诉我，他并不害怕纪念碑性。

奥布里斯特：你的著作与你的建筑作品是一致的。你设计了很多建筑，也出版了大量理论著作。

尼迈耶：我的确很喜欢写作。这是一项业余爱好。建筑师的专业要求很高，要面对上千个难题……很疯狂。我喜欢若热·阿马多 [8]，他写了一些书，是一个很了不起的人，典型的超现实主义

---

8   若热·阿马多（Jorge Amado，1912—2001）：巴西现代派作家。

者。我也很喜欢葡萄牙作家萨拉马戈[9]，他也特别棒，是一位伟大的作家。我和他共进过午餐，他给我看了他所居住的岛屿的照片，还有他的家。他很重要。

阿拉法特（Arafat）也很重要，他秉持自身立场，明确表达他所坚守的观点。我一生认识了很多人。我知道人们是什么样子的，就再也见怪不怪了。我认识萨特，他让人敬畏。我是在巴黎的一次抗议游行时和他见面的。我记得那时的巴黎，我们和知识分子，和我流亡中的朋友们混在一起，思念着我们正在遭受酷刑的朋友们。

我要做一个纪念碑（转身指着一幅草图，上面画着某种方尖碑），它有二十五米高，上面会刻上一句铭文："土地是我们的。"土地对巴西而言非常重要。（指向一幅画，是一幅三十米长的壁画，画的是他的一个建筑作品：尼泰罗伊基金会）这幅画讲的就是土地，描绘了为征服土地而进行的斗争。那些没有自己土地的人民，为获得土地而斗争。它应该被送去巴黎。

奥布里斯特：你和墨西哥建筑师路易斯·巴拉甘见过面吗？

尼迈耶：没有，我没见过他，只是读过他的书。他的建筑是粉色的，他非常棒。我对我的同行们没什么意见。

博埃里：有哪位当代建筑师特别吸引你吗？

尼迈耶：有的，但我不想提他们的名字，即便是巴西人。

9　若泽·萨拉马戈（José Saramago，1922—2010）：葡萄牙作家，1998 年诺贝尔文学奖获得者。

14

菲利普·帕雷诺
Philippe Parreno

一切始于 20 世纪 90 年代，始于阿尔松别墅 [1]——尼斯的艺术中心，菲利普·帕雷诺就居住于此，在那里我第一次看到他的作品。但他不想见我，因为他正在隐居，把所有的时间都用来阅读和写作，所以我们事实上直到 90 年代末才见面。当时我正在为他策划一个展览，在巴黎的现代艺术博物馆，我是那里的策展人。帕雷诺是一位协作型艺术家（从他学生时代开始就是），他喜欢把重心放在对话和创作实践上。巴黎的这个展览是为了致敬劳申伯格，我们与科学家、发明家杰伦·拉尼尔（Jaron Lanier）一起做了一个关于虚拟现实和头足类动物（属海洋动物）的庞大项目。我们一起旅行了很多次，共同策展，也一起看演出，以下是我们所有对话中的一小部分。我们一直记录着这些对话，无论是在去伊斯坦布尔的飞机上，在公园漫步，在爱尔兰旅行，抑或在瑞士山区散步，也许最常待的还是巴黎的花神咖啡馆（Café de Flore）。

1　阿尔松别墅（Villa Arson）：一个隶属于法国文化部的独具特色的综合艺术机构，下属四个部门：阿尔松别墅国立高等艺术学院、国家当代艺术中心、国际艺术家驻村中心和媒体中心。机构在 1972 年创办，其任务是传播当代艺术、支持艺术创作和教育。

一个伟大的乌托邦

汉斯·乌尔里希·奥布里斯特（以下简称奥布里斯特）：我们上次聊的时候，你说这些对话的出版应该采用一种与众不同的形式。

菲利普·帕雷诺（以下简称帕雷诺）：是的，应该别具一格地呈现。你已经能够把它直接出版了，但也可以将其作为一部很棒的小说呈现——我觉得你是很优秀的小说家！不是说像福楼拜或其他作家那样，他们创造小说角色来描绘现实世界，而你相反，你用真实人物描绘虚拟的世界。通过这些讨论，你描绘了一个伟大的乌托邦。

奥布里斯特：你提到过唐·德里罗[2]。

2　唐·德里罗（Don DeLillo，1936—）：美国小说家。

帕雷诺：是的，要是请他写"小说"的前言，那会很棒。我在想杰伦·拉尼尔所描述的发明创造和虚拟现实，以及他是如何对定义一种后象征的交流方式——不是使用一种符号来谈论它代表的事物，而是用事物本身说话感兴趣的。我和弗朗索瓦·罗奇[3]一起做的第一件事就是制作一条消息，它既不是文字也不是文本，而是一个建筑。为了扩展讨论，我们不断地把东西放到桌面上。这个对话可以基于图片或物体，而不使用词语。想象一个房间，人们在里面进行严肃的讨论，而不使用任何词语，只是互相扔东西：猴子、猎犬或罐子等。

奥布里斯特：你曾说准备拍一部电影，让建筑师在设计建筑之前看这部电影，而不是进行实地考察。或许电影中还可以加上原声音轨或某个人的讲话。

帕雷诺：是的，我觉得那样会很不错。

这有点像保持了展览的形式，可能相对于物体本身，展览才是更大的问题。要展出什么，如何在一个空间内明确表达，大多数艺术家都有这个概念。

几天前我们和马蒂亚斯[4]进行了一次讨论。他也想朝着这个方向进行创作。我和多米尼克·冈萨雷斯-弗尔斯特想买下唐纳

3　弗朗索瓦·罗奇（François Roche, 1961—）：法国建筑师。

4　马蒂亚斯·奥古斯提尼亚克（Mathias Augustyniak, 1967—）：法国艺术组合 M/M（Paris）成员之一，与诸多著名音乐人、时尚设计师、杂志和当代艺术家合作。

德森"缝隙"系列[5]的版权，由不同的人来制作六集可能会很不错，就像有六座"高原"。可以从该系列小说的第一本《真实的故事》(*The Real Story*)开始，然后是《被禁止的知识》(*The Forbidden Knowledge*)。

奥布里斯特："缝隙"系列好像挺复杂的，很难把它们拍成电影。

帕雷诺：其中有很多细节。一切都建立在语言之上，乐趣在于描绘场景和环境。这是关键所在。"我从来没见过谁打开这本书，没看到结尾就停下来的"——我的朋友布鲁斯·斯特林[6]如此评价"缝隙"系列。其中有非常吸引人的元素，让你迫不及待地加快阅读速度，沉迷其中。某种程度上，有点像莱姆[7]的书。

而且内容很黑暗，非常黑暗，像是一场宏大的棋局。

语言和欲望

奥布里斯特：你同时在做不同的项目：尝试拍一部剧情片，还有举办一系列回顾展。

5　史蒂芬·R.唐纳德森（Stephen Reeder Donaldson，1947—）是美国作家，主要创作科幻小说、推理小说等。"缝隙"系列（Gap series）是史蒂芬20世纪90年代出版的科幻小说系列，一共五本。

6　布鲁斯·斯特林（Bruce Sterling，1954—）：美国科幻作家，"赛伯朋克"科幻流派的定义者，"蒸汽朋克"科幻流派创始人之一，未来主义学者。

7　史坦尼斯拉夫·莱姆（Stanisław Lem，1921—2006）：波兰科幻、哲学、讽刺作家。

帕雷诺：在纪录片《齐达内：21世纪的肖像》（*Zidane: A 21st Century Portrait*，2006）里，道格拉斯·戈登和我实时记录了齐达内的比赛过程。而这个新项目则呈现的是另一种肖像——一个非法移民的肖像。电影讲述了一个虚构的故事，这个非法移民在影片的最后成为一个公民。

奥布里斯特：电影的背景设置在纽约。它会如何反映城市的特征？纽约的白天是大都会，夜晚则是哥谭市。

帕雷诺：这座城市制造的所有迹象都在威胁着这个男孩，城市开始对他说话。这次试镜是在唐人街的移民社区拍摄的。

奥布里斯特：所以它成为一个城市的肖像。

帕雷诺：是的，最后会变成一个城市的肖像。而电影的故事可以变成一幅地图——由城市在无数层面上制造的种种迹象构成的地图。唐人街是城中之城。像《爱丽丝梦游仙境》（*Alice in Wonderland*）一样，这是个在感知方面有一些幻想的角色。

奥布里斯特：我看到了你接下来在苏黎世、巴黎、都柏林、纽约等地的系列展览的一些模型。

帕雷诺：我不想遵循那种所谓"职业生涯中期回顾展"的特定类型。目前正在考虑举办展览的三个地方各不同，就像是我和这些机构的负责人之间的关系，本质上也不太一样。因而我在为每个空间准备完全不同的展览。在苏黎世，那个美术馆里有一连串房间，所以我们在这些房间的门口做文章，在每个入口和出口搭一个篷，就是古根海姆的展览"随便什么空间"（theanyspacewhatever）前面搭的那种篷子。这些篷实质上与我早年玩的那种明亮的说明板是一样的。没有什么东西在美术馆展出时不附带说明板和文字的。在这个案例中，篷是派生出来的，它们入侵了展览空间。就像盗尸者一样，它们取代了本该由他们来命名的对象。它们是虚无的、空洞的，如幽灵一般。在第一个房间里，有我和里克力·提拉瓦一起做的口技玩偶，以我合作过的每一个艺术家为原型。还有我在威尼斯双年展展出的《对话泡泡》（*Speech Bubbles*，1997）和红外线摄影《与企鹅说话》（*Speaking to the Penguins*，2007）。所以语言和声音是在场的，但展览本身是沉默的。

奥布里斯特：你给巴黎的展览打多少分？

帕雷诺：在巴黎，蓬皮杜中心的建筑由叠加的平台组成，我想要重新开发这种平台建筑。我不但没有增设任何墙面，还舍弃了覆盖在上面的滤光玻璃，让空间向街道开放，向丁格力／圣佛莉喷泉（Tinguely/Saint-Phalle fountain）开放。因此，这次修改的首要任务就是提供一次时光之旅，而不是回顾展。1977年1月31日[8]是蓬皮杜中心开幕的日子。我扩大了这个空间。这里的展览是一次回顾展，也是一次穿越日期、物品和图像的时光旅程。一块很大的红色地毯强调了这个开放空间。现场有一个长十六英尺四英寸、宽四十英尺的屏幕，放映着七十毫米胶片电影。我们可以看到投影室，它就像是观景窗派生出来的，连接着蓬皮杜的通风系统。幕布升起降下。当幕布打开时，你就身处街道上，安装在室外的麦克风会收集人行道和街上的声音，

8　菲利普·帕雷诺在巴黎蓬皮杜中心回顾展中的一件作品即被命名为《1977年1月31日》（*January 31, 1977*，2009）。

然后传输到室内。

放映的这部影片叫《1968》(2009)，长度大概七分钟，跟我之前做的《信用》(Credits, 1999)有些类似：《信用》是对20世纪70年代城市景观的还原，而《1968》则是对60年代后期事件的还原。1968年罗伯特·肯尼迪(Robert Kennedy)被暗杀后，他的遗体被放上火车，从纽约运到华盛顿。一路上，人们——大多数是工人或中产阶级，或者称之为人民——聚集在铁路旁边，致以他们最后的敬意。那是铁路沿线的一个特别时刻。这些人就像活死人一样沿着铁路一侧排开。这个被忘却的新闻，被以七十毫米胶片拍摄、放映，再度萦绕于我们的脑际。这个图像就像展览观众一样真实，或者像幕布升起时街上漫步的行人一样真实。

在巴德学院(Bard College)的话[9]，我想要重现《雪舞》(Snow Dancing, 1995)。你记得《雪舞》吗？这是一本讲述促销派对的书。一些人在某个空间为了某件事庆祝，但我们不知道是为了什么。它的结构像是一出剧目，描写了一场持续一小时三十分钟的派对。阅读这本书大概也需要一小时三十分钟。我们用同样的时间再现了派对。派对结束时，展览开幕。派对衍生出一次展览。我希望再现这个空间，在里面再进行一次派对。这就是我现在做的事情。不过可能会有变化。都柏林的展览，我现在还没确定要怎么做。

奥布里斯特：就像亚历山大·杜尔纳说的，"方法超越对象"，

9　指在纽约巴德学院赫塞尔美术馆(Hessel Museum of Art)举办的回顾展览。

你能再聊聊你是怎么看待展览作为一种媒介的吗？

帕雷诺：没有展览，就没有对象。某种程度上，一切都始于准确的表述，在此之后，你可以往其中添加……我命该如此，我的下一个项目总是要比前一个更有趣。我想我始终有点害怕自己成为研究的对象，那些回顾展让你成为研究的对象，甚至是一个极其可笑的对象，你不觉得吗？记住皮埃尔·布列兹的宣言："作品，如我们所了解的那样，是一个名副其实的整体，还是庞大的未完成项目在某段时间中的片段？没有这个庞大的未完成项目，这个片段就不可能存在，也不可能给人以整体的幻觉。"

奥布里斯特：你现在在读什么书？

帕雷诺：我现在喜欢读关于魔法的书——白魔法，也是关于幻觉艺术的。我没开玩笑。魔法过去就被当作"艺术"。艾伦·摩尔[10]说过，艺术就像是魔法，它是操纵符号、文字和图像以改变人的意识的科学。

奥布里斯特：我俩联合策划那个歌剧《邮差时间》（2007年7月）距今已经两年时间了，现在我们要在巴塞尔再度呈现它，回顾这段经历，它有着不同寻常的意义：它既是在庆祝我们完成了一件耗时很长的事情，也是一个阶段的结束和一个新的开始。

帕雷诺：我仍然很喜欢这个项目，因为，在许多方面，它概括了我们很多的理念，关于展览作为一个连续对象，关于基于时限性的对象、没有边界的对象，关于作为一个集合的群展……不过它也和欲望以及欲望的表达有关。

10　艾伦·摩尔（Alan Moore，1953—）：英国著名漫画家。

奥布里斯特：《邮差时间》是献给我们的朋友，已故英国建筑师塞德里克·普莱斯的，自 1960 年他在伦敦的工作室成立，他成了建筑界最有影响力的人物之一。受邀请参加此次展览的艺术家都还没有出生时，他就开始设计玩乐宫（Fun Palace，1960—1974）这个作品了，那是一个跨学科、多用途、复合型的戏剧和文化建筑。《邮差时间》这样的歌剧本来应在这样的建筑物里举行。他专注于那种会在特定期限后消失的时限性建筑，而非一成不变的建筑，这让他享有盛名。他深信建筑应该足够灵活，使居住者得以根据当下的需求进行调整。这反映了他的信念，即：时间是设计的第四维度。玩乐宫应该是一个巨大船坞中的可变建筑，可以根据情况的变化在上面进行建造。据说，"从外面看，它不像是地球上的任何一样东西"。

帕雷诺：《邮差时间》是一个时限性展览。受邀艺术家需要提交一件艺术作品，一个场景，也就是说，只在有限的时间内可见。这是一批时限性作品的集合。我们可以将《邮差时间》看作一次以时间编码的实验。在《未来学大会》（*Futurological Congress*，1971）里，关于未来，斯坦尼斯拉夫·莱姆写道："这是一个知识构成的流动愿景，全球选民聚合、分散，即刻分享信息，发展出后符号交流的新模型。"《邮差时间》是"邮差的时间"（Postman's Time）的意大利语翻译。postman 在法语中有两个意思：facteur，是"因数"（factor）的意思，常见于数学运算或者电脑编程；factor 也有"邮差"（postman）的意思，邮差是传递信息的人。所以我们就取了这个意思。这个方案让人无须移动就可以参观一个展览空间——一段不需要走动的美术馆之旅。

根据分时的古老理念，每一个艺术家轮流出现，而不是一起出现，但他们仍然构成一个主题——再次提出集合体的问题，以声音的复调作为一个主题。

如果？

奥布里斯特：这次的所有展品都是首次面世，但它生发于在苏黎世美术馆、蓬皮杜中心和蛇形画廊举办的整个系列展览。每一个展览都以不同的方式呼应回顾展的概念，所以我想知道，关于这些展览的前身，你能否稍微谈一下？

帕雷诺：我喜欢做展览，其中一个原因在于我真的讨厌做现在做的事情，那就是和一大群人聊天，我更喜欢用展览的方式交流。我觉得这个中年回顾系列其实停在了蛇形画廊，而这次会是它的最后一个阶段。我在蛇形画廊所做的即是找到一种让图像在空间中显现的方式，以及将观众从一个图像引导到另一个图像的方式，不带任何脚本。我相信在贝耶勒基金会（Foundation Beyeler）的展览是最后的编排，可以这么说。

奥布里斯特：展览是一种刻痕，与它在时间中展开的方式有关，我觉得这一观念基本上适用于你在蛇形画廊的展览，也适用于你之前的很多展览，当然也包括这里的展览。

（狗开始吠叫）

帕雷诺：这也是原声之一。（笑声）

奥布里斯特：吠叫的狗也和展览模糊的内外部空间存在着关

联。蛇形画廊的展览期间，当外面突然开始下雪，内部的展览甚至也在渗水，室内和室外同时发生，这也是刻痕之一部分。

帕雷诺：我想可以从做这些展览的方式说起。从开始着手推进到现在，已经有两年时间了。第一件作品我考虑的是建立起图像和主题之间的联系，即图像和现实的真实维度之间的联系。多年前，我已经进行了尝试，那时我和建筑师弗朗索瓦·罗奇做了一个叫《来自火星的男孩》（*The Boy from Mars*，2003）的项目。这个项目基本上是在尝试建造一个由电影生产出来的建筑，电影会制造出其自身的现实，我希望在此之上更进一步，也就意味着图像可以制造生活，这就是我尝试去做的——通过拍电影来制造生活。更进一步还意味着看到生活如何比它的创造者活得更久。它是类似弗兰肯斯坦[11]的故事。

这得需要长篇大论才能说清楚，汉斯！（笑）

所以我一开始的想法是让图像与生活建立起联系。我有一次和朋友巴斯·斯梅特（Bas Smets）去酒吧喝酒，他是一个景观建筑师，然后我们开始聊景观建筑，我觉得电影也许可以制造一个景观，景观反过来也能制造电影。所以我们开始讨论，在哪里创造这个景观。随后戴姆勒基金会（Daimler Foundation）来找我，委托我做一个作品。我说，"好吧，好主意"。然后贝耶勒基金会对那个作品很感兴趣，最后葡萄牙的一个朋友给了我一块土地，一切就绪，可以开始做这个"野兽"了。

11　弗兰肯斯坦（Frankenstein）：英国作家玛丽·雪莱同名小说中的主要人物，也指"一个最终毁了它的创造者的东西"。

所以，好了，用图像或电影来制造生活。我决定开始写"如果？"式的脚本，这在研究中非常重要。和巴斯·斯梅特一起，我们尝试建立一种方式，来创造一个只能通过摄影机的运动而产生的花园，摄影机穿行其中，代表着小径，特写则代表着修剪成形的灌木，等等。我们最后设计出一种怪异的地形景观，你只能通过相机的视角才能观看——有点接近文艺复兴绘画中的失真变形。

所以我们现在做出了这个只能从相机的精确视角才能看到的景观。现在美术馆里放映的就是那个影片，它很快就会有它自己的历史。有趣的是，电影制造出了电影所排斥的某些东西：生活在葡萄牙的这堆怪异的垃圾，将会再存活四十年。植物会按照它自己的意志而非我们的意志生长。乔治·巴塔耶[12]有一句很有意思的话，说得很抽象，他说头脑制造了某些其本身并不想认知的东西。所以资本主义排斥无产阶级，诸如此类；行动总会带来排斥。那么艺术这种形式所带来的排斥是什么呢？那将是被悬置的生活。

奥布里斯特：这无疑将我们带回现实的生产这个话题。你谈到了这个花园，但我想听你聊聊标题——《连续宜居带》(*CHZ, Continuously Habitable Zones*)。那天我和著名的天文学家迪米塔尔·萨塞洛夫（Dimitar Sasselov）交谈的时候，他说，假设在一百年或者两百年的时间里，地球不再适合人类生存，那么绝

---

12 乔治·巴塔耶（Georges Bataille，1897—1962）：法国评论家、思想家、小说家，被誉为"后现代的思想策源地之一"。

对有必要在太阳系以外找到能够让人类生命延续的星球。在我看来，你也在思考其他星球的潜在生存条件，所以，我想请你就这个标题讲一讲。

帕雷诺：这来自天体物理学研究。我们一直在寻找类地条件下的生命，如果有一个像我们的太阳一样的恒星照耀，如果有所谓的矮星，事实上生命是可能存在的——或者至少是可能进行光合作用的。电影以此作为标题，听上去像科幻小说，我觉得很好，根据图像制造现实的概念，图像必须存在于我的头脑中，或在我的想象中，就像是某种元图像——图像之图像。而这座像怪异星球的黑色花园，在我看来确实挺酷的。所以，没错，标题就是这样的。

奥布里斯特：我想跟你聊聊电影《玛丽莲》(*Marilyn*，2012)，我们谈话时一直在播放它的原声带。我很好奇是什么促使你开始做这个作品，是什么触发了它？

帕雷诺：我从一个朋友那里收到一本书，内容是在一本笔记本中发现的笔记，我被那些文字深深打动了。我以前从没想到过玛丽莲，直到完成《连续宜居带》。这部电影其实讲的是图像制造生命，我觉得去探索相反的概念会很有意思，即图像也能抑制生命。我想聊聊死亡和临终状态，就像让-弗朗索瓦·利奥塔[13] 在 20 世纪 80 年代的一次采访中所说的，我想这是历史上第一次，我们清楚地看到无意识能杀人，就好像我们以前从来不

13　让-弗朗索瓦·利奥塔 (Jean-François Lyotard，1924—1998)：当代法国著名哲学家，后现代思潮理论家，解构主义哲学的杰出代表。

知道似的。玛丽莲是被她自己的图像杀死的，我很有兴趣探索这个概念。所以一方面我做了制造生命的图像，另一方面我做了抑制生命的图像。我觉得这是一个非常好的辩证。

我开始投入到这个上面，这个肖像的概念是，它并不真的是她本人的肖像，而是这个图像的肖像，就像菲利普·K.迪克[14]的书中说的，是"凶手"——杀人的图像。

我决定参与这个过程，就像 19 世纪的幻术中那样：一个牧师上台对观众讲话，通过光线射在烟雾上的投影来召唤一个死者，会有人用口技配音，让死者说话。这种马戏节目在 19 世纪非常受欢迎。我觉得一方面我有个即将埋葬在美术馆里的"野兽"，然后我想展示这个天使，这就像一出马戏——美女与野兽。

所以《玛丽莲》就是那么开始的，以一种招魂术士讲习会的方式来拍电影——我怎么才能模拟活人，我怎么才能欺骗观众？有三种方法可以做到，他们称之为生物测定学（biometry）：通过眼睛识别、语音识别和签名。就像我所做的那样，我们现在可以神秘地模拟或重建玛丽莲的声音和笔迹。她的眼睛将会是相机的视点。三种方式我都使用了，所以我得开发笔迹和机器人的程序，用以欺骗观众，就像 19 世纪的传教者做的那样。最后，我们会揭穿这个把戏。

奥布里斯特：这也是你正在进行的对画像调研的一部分；你和道格拉斯·戈登完成了齐达内的肖像，蛇形画廊的展览再一次专注于肖像，这已经有很多很多年了。

---

14 菲利普·K.迪克（Philip K. Dick，1928—1982）：美国科幻小说作家。

帕雷诺：是的，我做了很多肖像，甚至《连续宜居带》也是一幅肖像；不知为何，肖像的说法是我们与道格拉斯合作《齐达内》时才出现的，因为在拍摄之前，我们去了普拉多博物馆（Prado Museum）观察肖像画。让观众花一个半小时只看一张脸，这个简单的概念无疑和肖像画有关。我甚至都没花一个半小时看过我妈。说实话，我之前真的从未对肖像感兴趣，然而不知道为什么，我发现它变成了我创作实践的主题，而《齐达内》是我第一次意识到自己其实对这个很着迷。

我一直坚信自己不是一个艺术家，最奇怪的是，为了意识到其实自己是一个艺术家，意识到自己对肖像感兴趣，我走遍了所有的路。有点可悲，我用了三十年才意识到这一点。

奥布里斯特：那么《隐形男孩》（*Invisibleboy*，2010）呢，那是另一种形式的肖像，不是吗？

帕雷诺：对，还有《隐形男孩》，这是一个在纽约的中国移民的肖像；还有安丽（Annlee），一个日本动漫人物；《1968 年 6 月 8 日》也是罗伯特·肯尼迪的肖像。所以，是的，有很多肖像。

奥布里斯特：还会有吗？

帕雷诺：我想《玛丽莲》这部影片会是我在展览语境中做的最后一部，我想是这样，没错。

你想听这个展览的过程吗，有兴趣听吗？

奥布里斯特：好啊，我想会挺有趣的。

帕雷诺：你知道，我们现在置身于这个走廊，听到的是《玛丽莲》的原声，有雨声，或者河水流动声，它们正从空间中渗出来。我试图在一个展览空间里展示这两部电影（《玛丽莲》和《连续宜居带》），我总是认为，如果你所呈现的作品看起来好像一直都在那里，那这个展览就是成功的。

所以我想找到在空间中将它们融为一体的方法。我在美术馆里找到两个房间，开始考虑使用自动装置。你知道，作品和展览就像是灵与肉一般，我得试着找到一种方式让自动装置贯穿整个展览，连接整个空间。所以我们有了在外部设置篷的想法。然后我想，"好，这样的话，当你待在《连续宜居带》的房间里，却没有在看《玛丽莲》的时候，会发生什么呢？"我开始混合你听到的声音，不是观看图像时的声音，而是在图像的近旁听到的声音。然后我们穿过走廊到了篷下的冬日花园这里，再次混合来自房间里的声音。你不会一直看图片，但你会坐在展览空间的外面。然后你继续往外走，池塘里的睡莲会随着电影配乐而移动，所以当你离开了美术馆，你与图像之间仍然存在着关联。然后你可以带一张 DVD 回家，就会拥有另一种图像体验。所以我相信，最终，展出或展览是与一个图像的所有这种相对距离的总和，你可以靠近它，站在它前面，甚至远离它，但你仍然与之存在着联系。我说明白了吗？

奥布里斯特：是的，完全说明白了。说到 DVD，还有一件事情也非常奇怪。在播放 DVD 的时候，因为刚刚看过电影，你会产生一种很熟悉的感觉，但也会有一种再次观看后的恍然大悟，这很奇怪。有些地方是不一样的，但需要一段时间才能弄明白到底是哪里不同。很明显，不同之处在于原声，原声中存在着这种转变。你能否聊聊这个？

帕雷诺：都是在试图提供一种针对图像的全新体验。所以当然，你播放 DVD 的时候，会发现是不一样的，你听不到玛丽莲的声音，但你可以在 DVD 上听到由我的朋友阿托·林赛完成的两部电影的原声，与展览现场听到的一样，这是另一种影响你已有的关于图像或展览的记忆的方式。你在家观看 DVD，可能都忘了你第一次看展时的体验，图像开始以某种方式变得生动——图像穿过你的身体，萦绕于你的脑际，因而变得生动。比如，由于玛丽莲的这个图像很伤感，引起我们共鸣，所以连悲伤都可以成为编排的一部分。但你也带着这张 DVD。一个是情绪，一个是技术的产物，但它们也是展览产生的效果，或者说展览编排的一部分。

奥布里斯特：最后一个重要问题，你很简略地提到了外面池塘的睡莲。你说，睡莲和原声音乐是相通的——它们只在电影放映时才运转，所以展览开放期间，它们突然出现在外面的池塘里。我觉得这个想法是在你参观这里，看到莫奈作品之后产生的，能讲讲这个作品的缘起吗？

帕雷诺：是的，这得再提到我想放的第一部电影《连续宜居带》。如果你看过那个电影，会发现它的原声都是低音。因为我们录制这部电影的声音时，并非通过空气录制，而是通过地面。我们把一个话筒插进了地里，使用一个接触式传声器和地动仪，让声音通过身体而不是耳朵被感知。我想试着找到一种方式，让怪兽的声音从美术馆渗透出来，所以现在你才可以听到它。低音穿过这个结构，让篷振动。它要怎么出来？就像艺术试图找到一种方式进入又挣脱阐释的框架一样，它又是如何以自己的方式脱离展览的？这样，便有了池塘反映出电影原声的想法。

奥布里斯特：而且到处都是幽灵。我是说，不仅《玛丽莲》这部电影里呈现了幽灵的问题，池塘也与幽灵有关——它移植了电影的幽灵。

帕雷诺：你现在听到的是从那个空间传出来的声音，对。

奥布里斯特：我们之前聊过很多关于幽灵的话题，而且幽灵曾经出现在你早期的作品中，比如，你创作了这些发光的海报，你让某种幽灵存在于此。你曾在一次采访中说过："这些图片像幽灵一样再现。并不是它们所表现的无法存活，而是它们不希望死亡，它们尚未完成任务。它们一定要被处理、被摧毁或被实体化吗？'捉鬼敢死队'！"

所以我想也许我们应该再聊聊幽灵。

帕雷诺：我觉得幽灵是一种比喻，我只是用它来表达某些似乎显而易见的事情——但有时重复显见之事也许是很有趣的——对我来说，显而易见的当然是艺术离不开展览。其次，我年轻的时候——更年轻的时候（笑）——和多米尼克·冈萨雷斯-弗尔斯特、里克力·提拉瓦尼，还有很多我们这一代的艺术家，对我们来说，这一点是如此的显而易见，以至于我们甚至跳过了作品，直接举办了没有作品的展览，我们只是展出展览，用展览替代了物品，觉得这是一种很酷的生产艺术的方式。我仍然深信，举办展览是一种创造行为，对我来说很明显，没有展览就没有艺术品。你知道，你可以将它们储藏在美术馆多年，但总有那么一个时刻，它们得以现身，这时你就必须重新审视它们了。所以要么它们自带痕迹，要么你就必须将痕迹施加于它们。你可以得到历史的帮助，但某种程度上，事物要么死亡，要么必须被重新创造。

奥布里斯特：这不禁让人想到，在我们今天聊到的所有展览中，你使用展览作为一种媒介的方式，特别是在贝耶勒基金会这里的展览；也自然联想到你在费城美术馆（Philadelphia Museum）的下一个项目，这个项目和杜尚有关，由卡洛斯·巴索阿多策展，你在其中会使用某种有特色的展示方式。

帕雷诺：好吧，费城——卡洛斯·巴索阿多邀请我……不是策展，要我说的话……没有合适的英文单词，我必须用一个法语词——做一个展览的编排（mise en scène）。那是一个非常酷的展览，叫"围着新娘跳舞"（Dancing around the Bride），定格于美国 20 世纪五六十年代的某个时刻。对我来说，这是一个非常敏感的主题，那时有一群艺术家——杜尚、约翰·凯奇、罗伯特·劳申伯格、贾思培·琼斯、摩斯·肯宁汉 [15]——他们有一段时间的想法观念和主题非常具有挑战性，非常自由，一个艺术家可以直接挪用既有的图形，事物在流转、移动。对于当时还是学生的我来说，这种情况像是我所见过的最美妙的华尔兹。这正是你决定成为一名艺术家的时刻，你想要进入舞厅，参与这个舞蹈。

所以在展览中，卡洛斯要求我围绕这个进行编排。实际上我不会去创造任何作品，而是想要试试如何用这些已被创造出来二十年之久的形式重塑生命的感觉。我要和摩斯·肯宁汉的

---

15 摩斯·肯宁汉（Merce Cunningham, 1919—2009）：美国舞蹈家、编导，是很有影响力但又饱受争议的当代舞领袖。

舞者们合作，要和一些钢琴家合作，他们会演奏约翰·凯奇的音乐，还要和里里外外的光线合作。至少在我看来，他们这段友谊是艺术上的一种力量，它留下了某种痕迹，我则试图在这之上再留下一道痕迹。

奥布里斯特：唯一一个我会反复提出的问题，我已经问过你很多次了，你有什么尚未实现的项目，比如太庞大而没有实现的项目、梦想或乌托邦？

帕雷诺：回答这个问题的时候，人们往往为了让自己显得聪明而绞尽脑汁。

我们本打算做《邮差时间Ⅱ》的——这个还没有实现。就是它吧。

奥布里斯特：托尼·本尼特[16]说："给我一个美术馆，我就会改变社会。"所以我想问你：你对这样的一个机构如何运行有什么想法吗？你想象中的美术馆是什么样子的？或者说，你想象中的21世纪的公共机构是怎样的？

帕雷诺：好吧，围绕这个话题，我们聊过很多次，但这说来话长，我要怎么回答……

就我来说，我其实是在艺术中心而不是美术馆长大的。在格勒诺布尔，我猜那些来自20世纪60年代的家伙——你知道，他们很酷的——更倾向于把孩子带到艺术中心或剧院，现场表演能够对事物进行激烈的讨论。我长大的过程中很少接触美术馆，所以艺术中心才是关键。格勒诺布尔的马加辛（Magasin）

---

16 托尼·本尼特（Tony Bennett，1947— ）：英国著名文化理论家、历史学家。

当代艺术中心对我影响很大，而且我打心底里相信这些地方甚至比艺术学校更能催生艺术家，就像电影院催生电影人，艺术中心催生艺术家，或者说艺术中心创造的环境可以催生艺术家。

在许多方面，我都是格勒诺布尔所造就的。某种程度上你也是一样，多年前我们见面时，你所收到的邀请造就了你——你被一些人请来进行驻地创作，因而驻地项目也造就了你。我相信，一个美术馆或艺术中心，或者随便你叫它什么，一个未来的新艺术中心，它可以催生出艺术家。如果你能改变两三个孩子的命运，那就已经足够了，已经很多了。

第一个制作垃圾邮件的艺术家

奥布里斯特：今天，我们打算探索一种新的采访方式。我们会读一些你的文字，然后穿插一些问题。

帕雷诺：好的！（大声读）"艺术图录的问题在于它们是没有作者的书籍。"

奥布里斯特：图录是答案，但什么是问题？

帕雷诺：你喜欢图录吗？也许……这里确实写了些有趣的东西。我不知道我为什么写这些。

奥布里斯特：你什么时候写的？

帕雷诺：一直在写！喝醉了的时候！（笑）大多数时候都在写。一些人会画画，我大部分时候会写下我的想法。画画是另一回事。我写了一些很有趣的话，像是，"一个健谈的外星人：我们为什么不能想象一个喋喋不休的外星人？ E.T. 不怎么说话"。怎么看起来这么自相矛盾？

奥布里斯特：这是个问题。

帕雷诺：一个问题配一个答案。

奥布里斯特：像是一个相衔创作 [17]……

帕雷诺：我已经这么做很多年了。

奥布里斯特："健全的下水道系统创造了现代化的城市。"

帕雷诺："……随着教堂中焚香祭拜的废止，人们可以闻到穷人和富人的味道……/……今天，二氧化碳的排放会引发一场城市革命吗？"这段很怪异。

奥布里斯特：这段和冰雪节的想法有关。

帕雷诺：是的！

奥布里斯特：所以这些是尚未实现的项目吗？

帕雷诺：它们是非常有趣的想法，其实更多的是关于我大脑工作的方式。偶尔重读会觉得很有趣。"模糊的艺术杂志"仍然是一个很不错的点子。我应该多写点……

奥布里斯特："视频游戏可以产生对话——玩家的对话。如果玩游戏的时候，你把游戏画面及随之产生的对话剪下来，就有了一部不需要拍摄任何画面的剧情片。"

17　相衔创作（cadavre exquis）：超现实主义者发明的创作方法，包含许多合作者，一位艺术家完成后再把作品传给另一位艺术家。——作者注

帕雷诺："一连串的叙事云。"听上去像安伯托·艾柯[18]说的。

奥布里斯特："20 世纪 50 年代，即使在发达的工业区，工人家庭仍然会自己制作必需的食物。"

帕雷诺：没错，工人们的花园里种着土豆，养着鸡，诸如此类。"衣服是女人用'歌手'做的。"

奥布里斯特：这个我不太懂。

帕雷诺："歌手"是一个缝纫机品牌。

奥布里斯特："生产工具变成了消费对象。"托马斯·品钦呢？你从来没聊过他。

帕雷诺：对，我知道。我很喜欢他的一句话。"作为企业家的创作者……在 1970 年，有一个令人愉快的想法和一个令人恐惧的想法……家乐福像迪士尼一样……是个有名的创作者，但是个糟糕的艺术家。"我喜欢把家乐福视为一个糟糕的艺术家。

奥布里斯特："对电影发展的怀旧式控诉可以归因于两种现象"——你能说说这两种现象吗？

帕雷诺："剪辑和对白，这两种现象把电影创作者降格为以商业获利为目的的雇佣插画师……"

奥布里斯特："我清楚记得的最后一件事是下雨——雨和雨的气味。我喜欢那个味道。一直都喜欢。我穿着一身绿色的军装裤和夹克，潮湿中散发着浓烈的狗的气味。这些气味让我想起生命中那些寒冷的日子——雨天和阴天；那些在家里晃荡、

---

18 安伯托·艾柯（Umberto Eco，1932—2016）：意大利哲学家、符号学家、历史学家、文学批评家和小说家。

吃甜食、看电视的日子。这已经是十年前的事情了，我那会儿有五六岁。"这是谁写的？

帕雷诺：也是我。

奥布里斯特：所以这一段话也是你写的？"布达佩斯当局不想和我们有任何关系。即使在东欧，也没有一个城市需要我们。当有传闻说我们在城里时，当局都吓坏了。"

帕雷诺：这个叫"地下人"，是个短篇小说。

奥布里斯特："我们需要低调行事，他们没办法阻止我们。我们从来没有随身携带自己的装备。只有那些被授权举办音乐会的人才随身携带装备。我们从来没有被授权，他们绝不会希望我们拥有这项权利，但我们与那种垃圾不一样。"

帕雷诺：继续往下读……

奥布里斯特："老实说，如果你今天问我，我不认为我们的音乐比大多数人在听的垃圾更有意思。我很久没有那么沉迷音乐了。我上一次为一首歌而呐喊恐怕还是十二岁的时候。那是麦当娜的一张黑色的专辑。总的来说，我避免谈论音乐。如果我的朋友们谈起，我向来闭嘴，以避免争论。没什么好聊的。无论如何都没人会理解。我不想向任何人作任何解释。我不想解释或试图说服——我们看待事物的方式不尽相同，就是那样。这样很棒。我体会到了某些东西，它们让我与众不同。你明白的，这种感觉很不错，它能让你看到有些事情即将来临。"了不起。

帕雷诺：谢谢你。

奥布里斯特：这段文字很长。

帕雷诺：是的，到最后会更好。

奥布里斯特：接下来又是你和音乐的关系了。"我真正享受其中的其实是举行音乐会。看它产生的化学反应，看它起作用的方式——这是一次旅程。你必须选择好地方，弄到设备，插上电源，不断调试，直到最后一刻，你开始感到恐惧来临。人们站在一起，他们看着彼此，却什么也看不见，他们在等待。不知道怎样才是纯粹的魔力，你感受到了压力。没有两场音乐会是相同的。我是演出的编排者。每一场音乐会都是纯粹的魔力，没有两场相同的音乐会。能量绝不相同，狂热独一无二。每一晚都不一样，后果也不一样。那晚，警察立即包围了舞台；我们还没接上声音、键盘和电脑，就被孤立于人群之外；功放声太响了。一团电磁波从扬声器和我们周围逸出，你可以感受到它。夜晚很快降临，一切变得阴郁。舞台仅仅被旋转着的治安光束和闪电照亮，然后下起了雨。就是那个时候，我产生了这个想法；一切就绪。我开始给我的朋友们接上无线麦克风，在设置之前检查了无线电频率。DJ 正在唱盘前等待；我们大概有三十个人装了麦克风。我们一起指责警察，用尽全力拳打脚踢。一开始他们不知道发生了什么，所以有一段时间我们冲在前面。但后来，他们的人多了起来，并且开始抓捕我们。我蜷成一团，开始倾听。真是难以置信。我们受到的每一次击打都经由电脑处理，发送到功放，制造出纯粹的节拍。DJ 混合这些节奏；人群开始沉浸其中，跳舞，随着音乐互相殴打。雨下得真大啊。

我看见我的血混合着雨水流到地面上。我转过头，想看得更多，听得更清楚，刚看到雨中夹杂着的一些雪花，棍棒就落到了我的头上。"

真是难以置信。标题是"地下人"。你能说说这段文字吗?

帕雷诺:我想写一段文字描写一个事件。故事很短,但对你来说,足以让在你阅读的时候,脑中看到某种合成的小图像了。

奥布里斯特:这是否跟你想要拍十分钟电影的想法有关?

帕雷诺:是的。开始一个新的系列需要时间,但它并不像是语言——某种程度上,更像是后符号;你开个头,然后其他人继续。你们不是在交流信号,而是在交换事物本身。我把这段文字发给过很多人,安利·萨拉[19]、道格·阿提肯[20]、马蒂亚斯·奥古斯提尼亚克和你见过的詹姆斯·齐兰德[21]。幸好它很短。我不知道它会引发什么,但对于展览来说,这是一个很好的开始——不是从一个复杂的结构开始,仅仅从你发送的一个文本开始。

奥布里斯特:你想发给不同的人?

帕雷诺:是的。就像是用电子邮件给人直接发文本一样。这就是你们所说的直接数据库和网络营销,或者说"垃圾邮件"。我大概是第一个制作垃圾邮件的艺术家。(笑)我应该不断地发,毕竟垃圾邮件总是会被打回来……你还记得我们和杰伦·拉尼尔一起进行的那次讨论吗?他谈到了虚拟现实,他说虚拟现实让人们以一种后符号的方式进行交流。某种程度上,听上去挺平淡无奇的,但你仔细思考的话,会发现这的确是一个很了不

---

19 安利·萨拉(Anri Sala, 1974—):阿尔巴尼亚当代艺术家,主要创作媒介为影像。

20 道格·阿提肯(Doug Aitken, 1968—):美国多媒体艺术家。

21 詹姆斯·齐兰德(James Chinlund, 1971—):美国艺术指导,主要活跃在电影领域。

起的想法。不使用符号，而是使用某个事物。这就是利亚姆·吉利克[22]自打开始做展览就一直在做的事情，他邀请人们参与到各个不同的层面。超现实主义的合作绘画法（Cadavre Exquis）也是基于同样的概念——它会引发一些预想不到的东西。

奥布里斯特：（大声读）"我在这里以相当简洁的方式介绍了几年的研究成果。"不得不说这是一本很薄的书！"这些对哲学秩序的研究是在既没有道德利益，也没有政治和社会利益的前提下进行的。当今，哲学和历史经常被混淆，而从前者到后者也存在着惯常的消解，因而这种前提设定的精确性是有必要的。在我的主题中，在'真实'的历史性的现代利益中，这种混淆并不鲜见。"

帕雷诺：这就像是一个犯罪故事里的线索。

奥布里斯特："此外，由于对'真实'本身的考虑，人会控诉他所感受到的困境。人身处万物之中，感受着自身的独特构成，当他开始思考关于'真实'的问题时，痛苦是他最初体验到的形式，而这种无来由的痛苦，或者困境，是'真实'存在的。"

帕雷诺：它总是围绕着同样的关于真实的问题。

不要再提真实了！

22　利亚姆·吉利克（Liam Gillick, 1964—）：英国艺术家、评论家、策划人、设计师、作家。

图像链

奥布里斯特：我觉得有一句话可以总结你和你现在的作品之间的关系。你说过，"在今天，再也没有美丽的图像，有的是图像链"。我觉得我们也可以从这个句子开始，进行这次的对话。

帕雷诺：是的，我所说的"链"，指的是一个生产形式的动态结构，包括预生产、生产和生产后，这些叙事阶段彼此依赖。在这些序列的链接过程中，叙述逐渐展开。图像、建筑或电影都来自一个更为广阔的叙述结构，它们都属于这个结构，都是其中的元素。在机器人技术中，有一个非常准确的术语，但我想不起来了。不过我们可以用容限阈值或线性调整来描述这个时间框架和增量，其中可以发生一系列的事件，这是一个符号学链条。我喜欢元故事，也就是故事的故事。物质总是意味着某件事的终结吗？一切真的都始于设想而终于物质吗？凡事都应该有一个完满的结局吗？为什么不能赋予故事更多的结局呢？

奥布里斯特：所以你想要摆脱这种宿命？

帕雷诺：一个想法能解决多大的问题，取决于经济选择，这种选择要么是你自己做出的，要么是外界强加于你的。我对过程的兴趣常常大于最后的结果。在斯坦利·库布里克的《闪灵》（*The Shining*，1980）中，有一个场景是厨师在向小男孩解释——"你知道么，道格，只要事情发生了，都会遗留下可寻的线索，就像你烤煳了吐司的时候一样。"

奥布里斯特：的确是这样。在我看来，研究一个项目的最初设想和最终实现之间的区别，促成了大多数艺术家和建筑师的合作，你和弗朗索瓦·罗奇合作的项目也是一样。鉴于展览和实验的模式不同，形式又具有暂时性和不确定性，你认为建筑师和艺术家共同的兴趣是从何而来的呢？

帕雷诺：合作的实践由游戏和渴望构成，首先是好玩。游戏建立在互助的基础上，它通过盘根错节、相互交织的关系，优势和权威的转移，跨越空间的接触，彼此的支持，双方的意图，在成为现实之前，以语言的形式赋予这个世界以活力。用漫画作家艾伦·摩尔的话说，"太初有道"（In the beginning there was the word）。

当然还有伊夫·克莱因和克劳德·帕朗在非物质建筑（immaterial architecture）方面的合作。还有其他形式的合作，像是摩斯·肯宁汉将电影投射在劳申伯格的《白色绘画》（White Paintings，1951）上，而约翰·凯奇为这个事件写下了一曲沉默。但在 1972 年的威尼斯双年展之后，激进的建筑消失了。建筑史就是一部建筑物的历史。当然有一些例外，比如帕朗和克莱因（自 50 年代后期，伊夫·克莱因和克劳德·帕朗合作，发展了非物质的"空气建筑"［air architecture］的概念）。不过视觉艺术也是一样。没有艺术书籍会追溯展览的历史。

奥布里斯特：是的，艺术史是对象之一，也大致算得上是一种展览。展览是不可收藏的，因此不会被存档。随着时间的推移，它们往往就被遗忘了。这种失忆影响了展览的历史，而且这种影响是有害的，并且非常深远。

帕雷诺：如果失忆是一种症状，我很好奇引起它的疾病会是什么？

奥布里斯特：我们惊奇地发现，艺术家对于对象的质疑到了何种程度，这是一个反复消失和重现的问题。20世纪90年代早期非常明确地回到了质疑对象的形式。与60年代和70年代艺术家们采取的方式相比，面对这个问题，你会采取什么样的方式呢？

帕雷诺：自80年代起，索尼（Sony）和汤普森（Thompson）一直致力于分辨率的问题。关键不是制造图像，而是制造高分辨率的图像。这个观念就像是一个病毒。20世纪六七十年代，当一些艺术家在贩卖虚无的时候，这个问题得到了广泛讨论。那时，对象问题的争论围绕着非常宏大的政治和美学问题进行。如果今天我和劳伦斯·韦尔[23]或丹尼尔·布伦[24]一起探讨这些问题，人们很快就会觉得我是一个无知的人，一个无脑的新自由主义者。

奥布里斯特：这些问题之所以一再出现，是不是可以解释为仍然存在着某种推动变化的力量？

帕雷诺：艺术学校要求学生使用一种形式来解释他们的想法。而对我来说，当内容无法承载形式，或形式无法承载内容的时候，才是让人兴奋的。这种无定见很有趣。液体的动力学很有意思，因为它们不相信均衡。

奥布里斯特：让-弗朗索瓦·利奥塔在1985年的展览"非物质"（Les Immatériaux，蓬皮杜中心，巴黎）中提出了这些疑问。那个展览对你而言重要吗？

23　劳伦斯·韦尔（Lawrence Weiner, 1942—）：美国当代艺术家，60年代观念艺术开创人物之一。

24　丹尼尔·布伦（Daniel Buren, 1938—）：法国观念艺术家。

帕雷诺:那是一个杰出的展览。它提供了一种阅读体验。"非物质"的展览图录印在了小纸片上。它是由一段时间内不同人之间的一系列交流构成的。某种内部网络得以建立，这是内部网络第一次作为工具而不是作为象征物被使用。就其本身而言，展览在策展人选择，以及对象和体验的安排方式上非常惊人，完全是一流的。

奥布里斯特:这是一个哲学展吗？当时有人有过这样的抱怨。

帕雷诺:"非物质"是一个通过展示空间中的对象来制造概念的展览。它完全不同于写一本书或阐释一个哲学概念。那恰恰是我喜欢那个展览的地方，它不是一个观念展。后来，我得知利奥塔想做另一个展览，名为"抵抗"（Resistance）。"抵抗"这个标题不太好。你会随即联想到一系列的道德议题。不过见到他时，我才领会到其实他说的抵抗是另一个意思。你在学校学习物理的时候，老师告诉你摩擦力并不重要——两个平面接触产生的力量使得某些公理变得不确定。我觉得他的"抵抗"应该指的是这种阻力。

奥布里斯特:为什么没有尝试实现这第二个展览？那可能真的是一种对展览史普遍失忆的对抗。

帕雷诺:应该去找找他写的笔记。遗著可以出版，遗留下的展览为什么不可以？

奥布里斯特:这也是一个时机，让展览界重新恢复某种缓慢的趋势。就展览的数量而言，展览界始终是忙忙碌碌的。因而，这会是另一种形式的抵抗。

帕雷诺:我觉得这是艺术家或你肩负的责任。但我喜欢尝试各种不同的事情，某种程度上我喜欢三心二意。我很难把自己分散的兴趣整合起来。

奥布里斯特：你和其他艺术家们聊到这种选择性的时候，你会想象什么样的项目？你会考虑展览、作品和出版物吗？

帕雷诺：书籍是很好的展览，展示了……也许阅读经验会再次成为最重要的经验。阅读也是一种身体状态，它需要特别的注意力，一种流动的注意力。当你从阅读中抽离，开始进入梦境，这种时刻是非常愉悦的。在与人交流的同时，你随即在脑海中产生了某些想象。对于书我有些很傻的想法。我想做一本图画书，内容是历史上的医学画像。从达·芬奇到虚拟现实和合成图像，所有的表现技法都是由医学发明的。追溯这样的历史会是一件很有趣的事情。在拍摄《终结者2》（*Terminator 2*）之前，已经有了3D制作的肝脏模型。我还想做一本书，内容是人们如何理性地处理自身与创造废弃物之间的关系。现在有民族学家在研究各国控制温室效应的方式，研究各国之间如何谈判，以及新诞生的非政府组织。就像管道重新设计了城市一样，如何对待温室效应也将改变我们所看到的风景。设计凡尔赛宫（The Palace of Versailles）是为了解决臭味问题……那将会成为一本很美的书，一本景观之书，一本关于奇异空间的书。我还想做一本关于动物园的书。动物园准确地反映了我们在城市中看待自己的方式。动物园是城市的潜意识，我喜欢这个概念。

奥布里斯特：杂志呢？

帕雷诺：我喜欢看杂志。杂志的碎片化提供了开放式阅读的可能性，而无须连贯，也无须经典叙事结构。

奥布里斯特：说到书籍，你正在做的这个项目，就是关于版权和著作权历史的。同时，"安丽"（2000—2003）这个项目也可以看作是在质疑版权问题。由此引发了很多问题。

帕雷诺：版权的历史是与个人主义和自由主义的历史并行的。这段历史始于英国的《安妮法令》（Statute of Anne）。这段历史事关这样一种权利，它先是被掌权者所扣留，后来授权给了印刷商，印刷商又转给编辑，编辑再给到作者。今天的作者滋养着资本。这些奥斯卡式的团体开始成倍递增。甚至在艺术展览中，我们看到了越来越长的工作人员名单。"安丽"这个项目给了作者签署自己名字的权利，他们拥有了自主权。但"安丽"也是《邻家》（*Vicinato I*，与卡斯特·奥莱[25]和里克力·提拉瓦尼合作，1995；*Vicinato II*，与利亚姆·吉利克、道格拉斯·戈登、卡斯特·奥莱、皮埃尔·于热和里克力·提拉瓦尼合作，2000）的后续。几位艺术家如何置身同一个图像之中，并且共用这个图像？安丽是一些人短暂共用的一个形象——一个小小的漫画人物，一个忧郁的符号。你知道莫里斯·皮安佐拉（Maurice Pianzola）写的《画家与恶棍》（*Painters and Villains*）这本书吗？

他描绘了16世纪初期由农奴和农民领导的前马克思主义革命尝试。这是一场来自德国的暴动。这本书写到了一个农民穿越欧洲的旅程，他要找寻一位画家，请他设计他们的旗帜，它代表着即将到来的革命。安丽也是一个在图像中找到自身所在团体的故事，那是一个临时的集体。

25　卡斯特·奥莱（Carsten Höller，1961—）：德国艺术家。

奥布里斯特：那"临时学校"（Temporary School，与多米尼克·冈萨雷斯-弗尔斯特和皮埃尔·于热合作，1997）项目呢？这也是艺术世界里的一种另类的介入形式，但这次与学校和机构关系更密切，而不是美术馆体系。

帕雷诺：这个"临时学校"被临时关闭了。基本上，我们想创造一所没有固定地点的学校，直接召唤学校中真实的部分。这是一个寄生性质的学校。但我们只做了一个学期。

奥布里斯特：能聊聊你在巴黎现代艺术博物馆的展览图录吗？你的想法是把图录设计成一本立体书？

帕雷诺：立体书是那个专题性展览的第一个想法，但要谈论它的话，我能聊的内容还不够多。我努力一下，希望能说明白这本书的理念。我想从这本书出发去准备一个展览。我们打算去鹿特丹和雷姆·库哈斯见面，看看他能否在这本书中担任建筑师的角色。我在寻找一个人，让他帮助我走出传统书的模式，就像立体书那样，创造一个纸上的空间。邀请卡、海报、图录——一切都在其中。你能很轻易地烧掉……

奥布里斯特：这和我们现在常看到的"画廊范儿"完全相反，或者说截然不同。在我们之前的讨论中，你排除了大量假设，因为你说，在现实中一切都是"画廊范儿"的。

帕雷诺："画廊范儿"很容易简化为它字面上的意思。我不知道对于这个想法，我能否一直这么笃定。

奥布里斯特：大卫·林奇在关于《穆赫兰道》（*Mulholland Drive*，2001）的一个采访中说，除非坚持到最后，否则他不会知道结局。

帕雷诺：是的，他说他知道电影从被车头灯照亮的路牌"穆赫兰道"开场，那之后会有很多他希望彼此联结的故事。这些小故事的整体构成了一个叙事云。这些点的积累或多或少制造出了一个明显的结构。我把一本书看作一个专题空间，而这本立体书则是一个展览空间。

奥布里斯特：有点像是一本小孩子看的书……

帕雷诺：许多面向孩子的历险故事，开头要么是我们走进一本打开的书，要么是一个隐藏在衣橱里的空间。这是历险故事的结构。

奥布里斯特：也许接下来我们可以聊聊格勒诺布尔，还有乌托邦的问题，以及 70 年代你生活在格勒诺布尔时所经历的实验——在那个时候，这个城市是一个新城市的"实验室"。或许，你可以谈谈这些年来，格勒诺布尔如何发挥了类似工具箱的作用。我想听你讲讲在那里的经历。

帕雷诺：你瞧，一切都有赖于具有足够勇气和政治信仰的老师们，而当这批人离开的时候，一切就都停止了。那是一个非常特殊的时刻。我们既受益于这种激情，也受益于激情的破灭。

奥布里斯特：这些学校有真正的良师，而且很少有守旧派，是吗？

帕雷诺：是的，非常让人信服的激进分子。终于上高中了，学校里有吉尔·利波维茨基[26]，他教法语和哲学；还有一位绘画

---

26 吉尔·利波维茨基（Gilles Lipovetsky，1944—）：法国哲学家、作家和社会学家，格勒诺布尔大学教授。

教授。还有个文化中心，学校带我们去那里观看了卡洛琳·卡尔森[27]和皮娜·鲍什[28]的作品。你可能会时不时地摔个狗吃屎，但这是具有教育意义的。

奥布里斯特：这一切是何时结束的，尤其是，它是如何结束的？

帕雷诺：随着德高（Decaux）标志牌的增加……

奥布里斯特：你是说那个户外广告公司？

帕雷诺：是的，德高。接着是后现代主义，政治干预的结束，萤火虫和红罂粟的消失，婴儿潮一代的道德问题，米歇尔·普拉蒂尼[29]来到尤文图斯。

奥布里斯特：在某些方面，这也是你的影片《信任》（*Credits*）所探讨的内容吗？

帕雷诺：是的，这也来自童年时在"城市优先区"（Zones Urbaines Prioritaires）看到的那些兴建又衰败的房子。没有任何关于这些区域的图像。一个文本充当了《信任》的样本，它是皮埃尔·保罗·帕索里尼[30]的《异端经验主义》（*Heretical*

27　卡洛琳·卡尔森（Carolyn Carlson，1943—）：芬兰裔美国当代舞蹈家、表演者和诗人。

28　皮娜·鲍什（Pina Bausch，1940—2009）：德国现代舞表演家、编舞家，欧洲艺术界影响深远的"舞蹈剧场"确立者，被誉为"德国现代舞第一夫人"。

29　米歇尔·普拉蒂尼（Michel Platini，1955—）：前法国职业足球运动员，在1982年世界杯之后，转会到意大利的尤文图斯队。

30　皮埃尔·保罗·帕索里尼（Pier Paolo Pasolini，1922—1975）：意大利著名电影导演。

Empiricism）中一段文字的结尾，提到了观察事件的多重必要观点。事实上这就是全息图像。对于帕索里尼来说，只有达到主观视点的一致才能提供既定情况的精确形象。根据他的说法，要得出肯尼迪被暗杀的图像，必须播映暗杀过程中拍下的所有影片。播映所有电影的时候，就像全息图像一样，时间可以拉长和暂停。我采用了这一理念，然后探访了那些和我一起长大的孩子，还有米歇尔·波尼亚托夫斯基[31]——戴高乐的家庭秘书，还有那个时期的很多重要人物，像是我很喜欢的安格斯·扬（Angus Young, AC/DC 乐队的吉他手）。之后，我探访了直接参与到"城市优先区"和"调整发展区"（Zones d'Aménagement Concerté）问题的人们。和"大型社会住宅区"（Grands Ensembles）完全相反，"城市优先区"很少有什么能令人惊叹的规划。

奥布里斯特：让-吕克·戈达尔也拍摄了维伦纽夫，那是格勒诺布尔的实验性房屋和社会项目。他在那里成立了自己的制片和发行公司。

帕雷诺：是的，而且他和安妮-玛丽·米埃维尔[32]加入了维伦纽夫的有线频道。在那里，他们也一起拍摄了电影《两个少年环游法国》（*France/tour/détour/deux/enfants*，1977—1978），记录了对孩子们的采访。所以《信任》集合了很多有趣的视角，以构成或重构一个图像。有点像你做的这些采访，你是这些人

---

31 米歇尔·波尼亚托夫斯基（Michel Poniatowski，1922—2002）：法国政治家。

32 安妮-玛丽·米埃维尔（Anne-Marie Miéville，1945—）：瑞士电影制作人，戈达尔的妻子。

之间的交点，是一个不在场的图像。

奥布里斯特：你采用某种方式记录或保存了这些对话吗？

帕雷诺：没有。我什么也没记录。和每个人聊天的时候，我开始形成图像的概念。记录这些讨论的是那些有树的场景，树枝上挂着塑料袋。市长在城市的空地上种了树，孩子们则会把塑料袋挂到这些树上，因为市长的绿化规划毁掉了他们的操场，他们通过这种方式来挽回损失。"城市优先区"从来就没有完成过。

奥布里斯特：所以在《信任》中，采访不同人物的过程和这部持续六分钟左右的影片一样重要。

还有一件我们昨天聊过，却没有记录的事情：你对灰尘过敏，而这影响了你和物质之间的关系。

帕雷诺：我对灰尘过敏，所以我实在没办法囤东西。当东西积压起来的时候，它们仿佛啃噬着我，这个情况已经持续很多年了，而且越来越糟。我从来不保存书籍，买的 DVD 后来都送人了，我拥有的最大件的东西就是这个电脑。

奥布里斯特：这很极端，你不仅不会生产物品，也不可能使用甚至保留物品。

帕雷诺：我把所有东西放到盒子里，然后扔掉。这让一切变得简单。

奥布里斯特：所以你不可能有工作室。

帕雷诺：没错。不过现在很多人都在自己家里工作。没有，我没有工作室。我甚至都不能有办公室。早上的时候，我告诉自己必须去办公室。不行，我没法那样管理我的时间。甚至在我的家里，都没有专门的办公区域。

奥布里斯特：这和你的布尔乔亚时间理论，以及你对于弗朗西斯·皮卡比亚[33]的思考有关。你最后写了这方面的文章吗？

帕雷诺：是的，我试着写下来。让-克劳德·米尔纳[34]有本书叫《理想的代价》（*Le Salaire de l'idéal*），他在其中定义了"有闲"（otium）的概念，即有自己的时间，在规定工作时间之外，能够得到额外的工资。这是历史上属于布尔乔亚的时间……这个时间越来越多地被休闲时间和娱乐取代。这本书提出的问题是，民主并没有给人们带来能够自由支配的时间。

奥布里斯特：谈到书，还有一本道格拉斯·柯普兰[35]写的，我们越来越频繁地谈到这本书。在他的小说里，最吸引你的是什么？

帕雷诺：有点像阿里杰罗·波堤每年点亮一次的灯，柯普兰写了很多场景，在你的脑海里久久无法散去，还有很多让你长时间感到共鸣，就像费利克斯·冈萨雷斯-托雷斯的作品一样。

奥布里斯特：你最喜欢柯普兰的哪本书？

帕雷诺：《昏迷中的女友》（*Girlfriend in a Coma*）。

奥布里斯特：这也是史密斯乐队（The Smiths）的一首歌，费利克斯·冈萨雷斯-托雷斯用其作为他在巴黎现代艺术博物馆的展览标题。

33　弗朗西斯·皮卡比亚（Francis Picabia, 1879—1953）：法国前卫画家、诗人。

34　让-克劳德·米尔纳（Jean-Claude Milner, 1941—）：法国语言学家、哲学家和散文家。

35　道格拉斯·柯普兰（Douglas Coupland, 1961—）：加拿大小说家、艺术家。

帕雷诺：这是一本很有趣的书。

奥布里斯特：你还对哪些作家感兴趣？尼尔·斯蒂芬森[36] 呢？

帕雷诺：尼尔·斯蒂芬森是一位超级科幻小说作者，格雷格·伊根[37] 也是……我读了很多科幻文学。

阅读科幻小说就像是观看很美妙的电影。

奥布里斯特：斯坦尼斯拉夫·莱姆呢？似乎现在很多艺术家都对他很着迷……

帕雷诺：他对于语言的使用太奇妙了。他写的也是十足的分子科学小说，关于药理学。《未来学大会》（*The Futurological Congress*）将你带到平行时空，各种现实互相追逐。每个现实都包含在一颗药丸中。每个现实都是一个化学结构。

奥布里斯特：每一个都有其短暂的定义，每一个都生活在自己的乌托邦里。

帕雷诺：现在提到乌托邦有点像是使用盖革计数器（Geiger counter）来探测电离辐射。很像是《浩劫后》（*The Day After*，1983）……

奥布里斯特：除了《未来学大会》，莱姆还有什么书让你感兴趣？

帕雷诺：《面具》（*The Mask*）和《索拉里斯星》（*Solaris*）。

奥布里斯特：你知道，我采访莱姆的时候，提到了塔可夫斯

36　尼尔·斯蒂芬森（Neal Stephenson，1959—）：美国著名的幻想文学家、游戏设计师。

37　格雷格·伊根（Greg Egan，1961—）：澳大利亚科幻小说作家。

基，那是唯一一次我不得不在结束之前就中止采访。他一点都不喜欢他。

帕雷诺：很正常。他在书里用词汇勾勒出了画面。索拉里斯星的海洋唤醒了每个人的欲望……

奥布里斯特：采访的悖论之一在于，转录的文本忽略了讨论中的沉默，而这通常是最重要的元素。

帕雷诺：你可以在采访稿里插入空白页……

奥布里斯特：我们聊到过塞尔日·达内[38]和你对于电影的爱好，能再多讲讲吗？

帕雷诺：我提到达内的时候，不是在谈他的电影理论。这也是我不喜欢雅克·朗西埃[39]的原因……像所有希望自己很酷的青少年一样，我一直阅读《电影手册》（*Cahiers du Cinéma*）杂志。让我感兴趣的，既不是《电影手册》的道德准则，也不是里维特和那句"平移镜头是道德问题"，而是达内关于符号的谈话构成了今日之我。我记得他在《解放报》（*Libération*）的一篇论文中追溯了贝纳通运动、吕克·贝松[40]的《碧海蓝天》（*Le Grand Bleu*，1988）和南尼·莫雷蒂[41]的《红色木鸽》（*Palombella rossa*，1989）。我谈到达内和朗西埃之间的区别时，并不是在批判。只是我不喜欢朗西埃对我进行道德说教。

38　塞尔日·达内（Serge Daney，1944—）：法国影评人。

39　雅克·朗西埃（Jacques Rancière，1940 年—）：法国哲学家，主要领域为知识论、伦理学、美学、艺术哲学、政治哲学。

40　吕克·贝松（Luc Besson，1959—）：法国导演，兼任制片人、编剧、演员和剪辑。

41　南尼·莫雷蒂（Nanni Moretti，1953—）：意大利电影导演、编剧、制片人、演员。

奥布里斯特：但你应该读朗西埃的书《无产者之夜》(*La Nuit des Prolétaires*)。

帕雷诺：读过，只是我不知道该怎么理解这种文本，而达内的大部分文字我都知道如何理解。一方面，越来越多的符号被生产出来；而另一方面，又很难讨论它们。道格·阿提肯[42]给我写邮件说："没有时代编码，就很难编写你的生活。"这可能是"X一代"[43]的反思，但也是非常深刻的。他们与当下的关系非常忧郁，也非常间接。比方说，近四十年以来，从法国新浪潮到英国摇滚浪潮一直到今天——你能在各种网站上找到《吸血鬼猎人巴菲》(*Buffy the Vampire Slayer*)的不同个人版本，所有这一切都是由那些成长为媒体狂热粉丝的人创造出来的。

奥布里斯特：忧郁的概念在我们以前的讨论中从来没有出现过。它似乎是你今天思考的核心。

帕雷诺：是的，这是一种黑暗的情绪，很梅尔维尔[44]……我喜欢这些故事。忧郁也许可以提供一种政治选择。为什么我觉得忧郁在某种程度上是一种恰当的感觉呢？"恰当"在某种程度上是说，当你不得不为一个难题找寻解决方案的时候，某些工具比其他的更为恰当。黑色电影多少与此相关。你知道，典

42　道格·阿提肯 (Doug Aitken, 1968)：美国多媒体艺术家。

43　X一代 (Generation X)：指20世纪60年代初至70年代中期出生，缺乏人生目标并感到失落的人。

44　让-皮埃尔·梅尔维尔 (Jean-Pierre Melville)：法国电影导演、编剧、制片人、演员和剪辑。

型的黑色电影从一个长镜头开场，没有对话，阿兰·德龙[45]扮演的恶棍躺在床上没完没了地抽烟。角色在时间和历史中发展出一种很独特的关系，不过这又是另一个问题了。忧郁是一个怪异的人，他拥有欲望对象，却失去了欲望本身。也就是说，他失去了让他渴望得到某个欲望之物的东西——你欲望的源生物永远不会是欲望对象。

如何建造一个水族馆

奥布里斯特：你是从什么时候开始画画的，有没有一个标志性的时间点？

帕雷诺：就在不久前，大概有两年了吧。我是在生病的时候开始画画的，所以没错，是两年前。那时我正在做花园项目。

奥布里斯特：那时你开始变得沉迷画画，但在那之前你也一直画画。

帕雷诺：对，但我向来是一个将想法用文字写下来的艺术家。我真的是不太喜欢画草图记录想法，我更喜欢用文字勾画。当你开始做某些事情的时候，就像语法一样，可以说，你使用得越多，你掌握的语法就越多，你就越了解自己真正在做的事情。现在我很乐意做这件事。我在小小的A4纸上画画，跟写作有点像。

奥布里斯特：有时你也会画更大的画。

---

45 阿兰·德龙（Alain Delon，1935—）：法国演员。

帕雷诺：是的，现在我可以更自在地运用绘画技巧。上周我开始在他们用来放映的胶片上画画，墨和水改变了胶片上的化学物质，这种方式太美妙了。

我还想做另一个项目。我想在工作室里建一个水族馆，准备和圣奥古斯丁的水族馆合作，因为他们的专长是头足类动物。

奥布里斯特：这实际上就是开端，你最早画的就是头足类动物，远不止两年了。

帕雷诺：那是我们一起在纽约现代艺术博物馆做展览的时候。

奥布里斯特：没错，那会儿你开始画画。尽管它们算不上是真正的绘画，就像你说的，更像是概念草图。在巴黎现代艺术博物馆展览期间你依然只画草图。但在某个时刻，大概三年前，我们在蛇形画廊工作时，你开始画这些变色鱼，它们叫什么？

帕雷诺：头足类动物。

奥布里斯特：你画了一些大大小小的鱼，实际上那才是开端，对吧？

帕雷诺：是的，画得不太好，因为我不知道我在做什么。然后我停下来了。第一幅真正的绘画——其实我记得很清楚——是我在奥地利的一个类似诊所的疗养院画的。

我在那里无聊到要死，然后开始画画，因为我真的不知道还能干什么。我写了一点东西，但渐渐厌倦了自己的文章，所以开始画画。你知道，画得越多，就越喜欢画画，所以最后我花了很多时间画画。

我开始画树。

你知道吗，我在做《隐形男孩》的时候，也开始画画，因为我和朋友罗伯托（Roberto）待在一起，他是位动画师。罗伯托非常迷恋画画，我们聊了很长时间绘画和动画，那时我正在做《隐形男孩》——尝试不同的事情，画电影草图——就是这么开始画画的，我想这个经历给我打开了绘画之门。

那么，回到头足类动物的话题——我打算把这个水族馆建在工作室里，而且我准备画它们。它们会是我的合作伙伴，你知道的。

奥布里斯特：头足类动物吗？

帕雷诺：对。我会绘制、发展并展示这个主题，所以我想这会是一次我和它们或我和他之间的合作。我觉得和动物们合作还挺不错的。

我一开始是和艺术家合作，现在则和动物合作。

奥布里斯特：最初你和艺术家合作，然后是科学家、科幻小说家，等等，现在则是动物。

这挺有趣的——一开始画头足类动物，头足类动物没搞定，你画了《隐形男孩》的草图，然后去了奥地利的诊所，开始画树。为什么突然去了那儿？为什么是树？

帕雷诺：我当时正在做《连续宜居带》项目，开始画影片的分镜头脚本草图。我采纳了巴斯·斯梅特[46]的一些方案，开始不再用脚本说明，因为它有点落后了，而更多地使用图片来表现电影会是什么样子的。所以我开始在素描本上画树，然后画木头。

46　在《连续宜居带》中，他与帕雷诺合作设计了一个接近葡萄牙波尔图的外星景观。

因为我时间充裕，渐渐地，我做得越来越多，越来越多。

奥布里斯特：于是第一次出现了类似戈雅绘画的紧张感。你之前的绘画都相对松弛，看上去只是一些轮廓，但那是第一次它们变得非常紧张而黑暗。

帕雷诺：那是因为生病，绘画像是我正在经历之事的延伸。在那个时候，某种程度上它们依然非常明亮，即使是第一幅树也是明亮的。但之后，在化疗期间，我画得就越来越黑暗。因而它们变得更加神经质。当医生开始让我服用化学药物时，我画得越来越多，越来越多，显然那会儿我的情绪很糟。

奥布里斯特：所以它们变得更黑暗了。

帕雷诺：它开始变成一个我想要驱除出去的东西。那个花园基本上也是一样的。引用巴塔耶的一句话，这全都是关于大脑排斥的东西，大脑不想认知的东西。所以，我阅读巴塔耶的书，画画，思考《连续宜居带》项目，绘画开始变得不仅仅是一种存在，以至于我开始向你和朋友们展示它们。后来我们的朋友山姆（Sam）有了一个想法，他觉得可以在巴塞尔展出它们，但在那之前我完全没有想过这个。

很久之前和杰伦·拉尼尔的一次讨论启发了我关于头足类动物的想法。我们聊到了头足类动物改变皮肤颜色的能力，以及改变构造以适应环境的能力。杰伦觉得头足类动物称得上是终极的艺术家。我记得后来我和米盖尔·巴塞洛[47]也有过关于头足类动物的讨论。

---

47 米盖尔·巴塞洛（Miquel Barceló，1957—）：西班牙画家。

奥布里斯特：你想和米盖尔一起拍一部影片，那是一个合作项目？

帕雷诺：一直没做成。不是一部电影，我们想建一个让人类和头足类动物见面的地方。

奥布里斯特：所以这是你想做一个水族馆的源头。

帕雷诺：是的，一直没有进行，但我已经打算和米盖尔·巴塞洛一起去摄影棚了。那个时候，他画了很多头足类动物。

奥布里斯特：米盖尔也有这类笔记本，那的确是他所有作品的核心——就是这个架子，你看过这个架子吗？

奥布里斯特：放着所有的笔记本。

帕雷诺：对，很惊人。其中有他青少年时期在马略卡岛（Majorca）和西班牙使用的笔记本，里面都是草图和水彩画。它们经过了系统的整理，有一两百本，还有的整本都画满了鱼和头足类动物——这是《静观百兽》（*Bestiaire*），一本动物寓言集。我觉得这很有可能是他实践的核心，不是吗？

帕雷诺：是的，他是个非常有趣的家伙。

奥布里斯特：因此头足类动物让你和米盖尔·巴塞洛萌生了合作的想法，尽管还没有实现。所有这一切都在那些潦草的小画之前，但为《隐形男孩》所作的这些小画更像是脚本，可以那么说吗？

帕雷诺：是的，所有这些画都是脚本。它们也是一种和达瑞许 [48] 交流电影观念的方式，因为用德勒兹的术语说，达瑞许是我

---

48 达瑞许·迈赫尔朱伊（Dariush Mehrjui, 1939—）；伊朗电影导演、制片人和剪辑。

的调解者,他是这些画所表达信息的接收者。这些画是有受众的。我画画其实只是为了告诉别人我想做的事情,因此那些画具有功能性。某种程度上,它们变成了交流的工具。

奥布里斯特:正是在奥地利的诊所里,这种情况发生了变化,因为在那里,绘画变成了自发的,这时它成了……

帕雷诺:对,它慢慢变成自发行为。

奥布里斯特:聊聊有关奥地利的事情吧。你在奥地利的时候,已经有了拍摄影片的想法,还是说拍摄影片的想法来自那些绘画?先有的哪个?

帕雷诺:不是,先有的绘画……那时我已经有了拍摄影片的想法,但只有个大概,我开始画画正是因为关于这个项目我没写什么东西。

奥布里斯特:所以你当时已经有了要建这个花园的想法,之后这些绘画……是在想象这个花园吗,或者它如何……?

帕雷诺:是想象这片土地。我知道花园要建在葡萄牙的什么地方。我按照拍摄的照片画了桉树,它看起来就像是真实存在的,我在去维也纳的途中到过这个地方,所以当我开始画的时候,我知道它是怎样的。我也开始画我拍摄的照片。这些画作都和自然、动物有关,画的过程很不可思议,所以在某种程度上,它们与一种生命形式联系在一起。《隐形男孩》也可以说是通过绘画赋予其生命,因而在某种程度上,绘画始终与动画或连续镜头相关。一个引发了另一个,再到下一个。可以说,我绝不会画一幅孤零零的画。它们是整个系列的一部分。所有这些也都是重复。

奥布里斯特:重复与差异。

帕雷诺：双手能够了解和识别行为，所以如果你做过一次，第二次的时候，你的双手就会依照惯例这么做，就像是一句口头禅。

奥布里斯特：在奥地利诊所的经历之后，像是有什么被触发了，并且至今没有停止，这也很有意思。

帕雷诺：现在我已经着手做由绘画向外衍生的项目，这是一个新东西。像是"萤火虫"，它基本上是绘画的产物，但不是一个绘画项目。

奥布里斯特：我记得你很早之前跟我说过有关萤火虫的想法，那个项目是什么时候开始的？

帕雷诺：几年前我利用萤火虫在阿尔勒（Arles）做了一个项目，你记得吗，用了我在公园里布置的假萤火虫。

奥布里斯特：你能讲讲阿尔松别墅的萤火虫吗？

帕雷诺：这个项目基于普里戈金[49]那篇很著名的文章，其中提到，当人们开始相信一些思想和意识形态时，萤火虫就会开始消失。所以我在阿尔松别墅的公园里，做了这些假萤火虫，当然你只能在白天的展览结束后，也就是在晚上才能够看到。所以这是一件反展览的作品，因为你看不到它。展览开放时，你看到的只是墙上作为标签的普里戈金的文字，但什么作品也看

49　伊利亚·普里戈金（Ilya Prigogine，1917—2003）：比利时物理化学家和理论物理学家。此处原文如此，但根据菲利普·帕雷诺在其他访谈中的说法，萤火虫这个项目的灵感或许是基于帕索里尼的文章。帕索里尼发现，当人们开始对意识形态失去信念，萤火虫也同时开始消失。

不到。到了晚上，所有萤火虫开始发光。所以这真的是一个很低调的作品。

奥布里斯特：那时还没有画画，但后来，你将它们画到书里。我记得有一次，我们一起坐出租车，你在签书，也在书里画了萤火虫，它们像是拟人化的抽象概念。雷蒙·汉斯[50]大概会说，它们变成了你的签名。

帕雷诺：是的，没错。而且，你画得越多，就画得越好。我画了很多萤火虫作为礼物，有一些比其他的更加成熟。它们是用来送人的，它们应该被送给每一个人，我一直希望保持这样的观念。

奥布里斯特：所以"萤火虫"基本上会被送给你所有的朋友。

帕雷诺：是的。我可能需要一张地图，标明他们都在哪儿。

奥布里斯特：这是第一个由绘画主导的项目，因为在这之前总是有其他因素主导，绘画只是偶然起到辅助作用，但这次是绘画在主导。

帕雷诺：很有意思，不是吗？

奥布里斯特：非常有趣。不过显然这种情况可能会越来越多。

帕雷诺：不会，但现在这个新项目中，我想和头足类动物一起画画，所以它们会是我的合作者。我准备在工作室里搞一个水族馆，然后画它们，展示这些图案——

奥布里斯特：头足类动物能活多久？

帕雷诺：它们活不了太长时间，三四年之后就会死亡。

50　雷蒙·汉斯（Raymond Hains，1926—2005）：法国艺术家。

奥布里斯特：所以它们基本上都是很脆弱的。

帕雷诺：对，他们存活的时间不长，但挺聪明的。它们没有文化，因为父母没有让它们了解世界，所以必须非常快速地自己完成一切。它们非常快速地交流，非常快速地学习。我想我会养一些幼小的头足类动物，和他们一起玩……这是一个实验。

奥布里斯特：所以它们将是工作室里小小的存在，但同时也会是你的新助手。真令人兴奋。

帕雷诺：其实不仅仅是助手，它们是共同作者。

奥布里斯特：你会养多少？

帕雷诺：我准备先养两个，然后……你看，水族馆的事情相当庞大。可能最后我会有一个全是头足类动物的工作室，没有其他人，只有它们和我！（笑）

奥布里斯特：我还是没明白，在技术上，你会怎么和它们一起画画，你会使用纸或胶片吗？

帕雷诺：是一种可以过度曝光的胶片，某种与光发生反应的化学制品，当你把水放在它上面，效果会特别出众。这种技术会越来越专业的。

奥布里斯特：所以它是一种技术上的创造。

帕雷诺：是的，技术上的。会变得像是黑山 [51] 式的技术。

奥布里斯特：从来没有人使用过的新技术。

51　黑山：即美国黑山学院（Black Mountain College），1933—1957 年间汇聚了大量的前卫派先锋艺术家，在建筑、音乐、装置、绘画等方面进行了大胆革新，办学理念影响深远。

帕雷诺：你喜欢吗？

奥布里斯特：这很棒！

帕雷诺：我发现当我画画的时候，写作就变少了，这很有意思。所以我变成了一个用图片创作的头足类动物。触发点的确是这部电影。

奥布里斯特：一旦影片完成，公园，或者说花园，就建成了。

帕雷诺：然后我开始创作《玛丽莲》。

奥布里斯特：《玛丽莲》的第一幅画是什么，你还记得吗？

帕雷诺：我开始创作脚本的时候，没有写出任何关于《玛丽莲》的文字，就再也不写了。我会跟某个家伙说，"我设想这部影片是这样的，应该这么干"，他就开始画画，然后把画发给我，我会用画回复他。就像是一种显影的方式。我觉得这是一种简单的沟通或构建这部影片的方式，因为影片有一个有力的概念框架，却会以随机的方式进行拍摄。它没有任何边界，只有一些场景，我们其实不知道是会拍成长片还是短片。后来，在电影制作期间，当然就画得少了，因为忙着制作，没有时间画我想画的东西。

奥布里斯特：然后，在某个时刻引入了自动装置。

帕雷诺：是的，我也打算尝试和机器人及自动装置合作，因为我们现在用的和制作《玛丽莲》的是同一台机器，不过我让它变得……我们制作了一个机械臂，它是随机的，在纸上的运动基本上都不一样，所以当你画一个圆圈，机器人会画一个同样的圆圈，但如果你要求机器人重复，它就会画出不一样的圆圈，这个手臂是随机的。

这个想法起源于我跟一个律师商讨遗嘱事宜，以防我撑不过去。我想，如果死亡开启了有创造性的过程，那还挺好的。如果我死了，机器人开始画画，那么死亡就能够诱发一系列的画作。某种程度上，这一切都是有关联的：我开发了这个机器人，它会像我一样写作——现在我们打算开发更多的机器人。我打算和一个自动装置一起画画，然后是和头足类动物一起画画。我打算和机器及动物一起画画。

奥布里斯特：最后一个问题，现在工作室里放的是什么画？你在做萤火虫。

帕雷诺：对，萤火虫。

奥布里斯特：萤火虫的话，是打算做几百个？

帕雷诺：我打算做一百二十个。它们会散布到世界各地。我也在做机械臂。我打算用自动装置创作，得创作三千幅画。

奥布里斯特：为什么是三千幅？

帕雷诺：它们会随年度报告之类的东西发送给人们，所以我觉得，完成三千幅不同的画，这个任务挺适合交给自动装置来完成。我也喜欢这样，画作不应该是……我发现我现在更想做这类事情，我想要给予，只是觉得这样很好。

帕雷诺：它们是在进入世界。这一点和波堤有点像。

奥布里斯特：没错，它们不应该进入市场，那是另一码事。

15

雷姆·库哈斯
Rem Koolhaas

我第一次遇到雷姆·库哈斯的时候，已经读过好几遍他的书（《癫狂的纽约》[*Delirious New York*] 和《小、中、大、特大》[*S,M,L, XL*]）了。1995 年那会儿我正在研究策划"运动中的城市"这个展览。我和侯瀚如共同策展，将亚洲的艺术家和有关亚洲城市的讨论带到了欧洲。我和瀚如去鹿特丹和库哈斯见面，在他的工作室里等了一整天，但他实在是太忙了，没法见我们。那天晚上他跟我们道歉说："其实，我现在要去亚洲，我们为什么不明天在香港见呢？"于是，我和侯搭飞机去那里和他见面。从那以后，我们一直在持续着我们的对话。

后来，从 2005 年开始，我和雷姆合作了日本计划，那时斯蒂凡诺·博埃里，也就是后来 *Domus* 杂志的编辑，建议雷姆和我应该采访"新陈代谢派"（Metabolism）的建筑师们。

差不多同时，我想到了马拉松访谈的点子，一个二十四小时的事件，第一次是在 2005 年，在德国斯图加特。然后是在 2006 年，茱莉亚·佩顿-琼斯和我与雷姆合作，为蛇形画廊的夏季馆炮制了一个更为热闹的马拉松，这次邀请了七十二人进行历时二十四小时的对话。夏季展馆本身是由库哈斯和塞西尔·巴尔蒙德[1]设计的，合作方是奥雅纳（ARUP）工程公司。他们做了一个壮观的充气罩，笼罩在肯辛顿花园上方。

以下来自我们无尽对话中的一些细小片段，始于 2004 年。

1　塞西尔·巴尔蒙德（Cecil Balmond）：建筑设计师、结构工程师，现任奥雅纳工程公司副总裁。

作为一个文化项目的欧洲

    汉斯·乌尔里希·奥布里斯特（以下简称奥布里斯特）：很长时间以来，你一直专注于对欧洲的思考，巅峰似乎是你近期名为"欧洲图像"（The Image of Europe）的系列展览，及其展现的欧洲历史的浩瀚全景。这个项目是如何开始的？我想起来几年前，你跟我说参与过一个关于布鲁塞尔的智囊团，安伯托·艾柯也在其中……

    雷姆·库哈斯（以下简称库哈斯）：2000年12月欧盟首脑会议在法国尼斯举行，会议决定将布鲁塞尔作为欧盟总部。欧盟委员会（European Commission）主席罗马诺·普罗迪（Romano Prodi）和比利时总理伏思达（Guy Verhofstadt）都参与了，谁也不知道这一决定可能带来的影响。所以他们召集了一群人，进行了一天的头脑风暴会议，之后又进行了两次会议。那是一个很有意思的小组，尽管大多数人是男的。在这个小组中，有法国的电影人，斯沃琪（Swatch）的创始人，还有安伯托·艾柯。在第一天，我们尝试界定作为一个"总部"，需要什么样的元素或标志，并被要求创立一个"欧洲"机构，类似一个"欧洲"文明的博物馆。但是，我们觉得这些机构实在是沉闷、繁重且枯燥。我支持安伯托·艾柯的提议，他说，相对于真实的博物馆，我们大概可以构想一个虚拟的博物馆。由此让我产生的最深刻且痛苦的印象是，我，还有其他被邀请的人，我们对于欧盟是如何运行的这一问题，所知太少了。所以我回到了办公室，作为这个已经剧烈改变欧洲的机构里的一个欧洲知识分子，我对于自己的极端无知感到有点尴尬。我下定决心要纠正自己的无知。我们的欧洲项目就是以此为基准的。通过分析布鲁塞尔的"欧洲"性，我们开始观察布鲁塞尔，想知道在那个城市可以做些什么。这使得 AMO[2] 开始了欧洲图像学的研究，通过其中所暗含的内容，研究图像学在今天的作用。我们将这个方案提交给罗马诺·普罗迪和伏思达，而他们反过来问我们，能否将我们的工作作为头脑风暴的官方结果或产物。某种程度上，我们就是这么参与进来的。

奥布里斯特：我们以前聊到过隐形城市，特别是在你"变异"

---

2   AMO 成立于 1998 年，是从属于大都会建筑事务所（Offce for Metropolitan Architecture，OMA）的智库。OMA 是库哈斯和埃利亚·增西利斯（Elia Zenghelis）、佐伊·增西利斯（Zoe Zenghelis）、玛德隆·弗里森多普（Madelon Vriesendorp）1975 年于伦敦共同成立的，现在常驻鹿特丹。——作者注

（Mutations）这个项目的语境中，不过你在某种程度上描述的是一个隐形的大陆：欧洲。你能稍微聊聊这个吗？

库哈斯："欧洲图像"这个项目非常有趣，我们花了很长时间在这个项目上，分阶段进行工作，从而得出一些在开始的时候并不是那么显而易见的结论。实质上，我们发现表现欧洲的图像远远不够，我觉得，这种不够部分地导致了对于欧洲的轻视。在观察布鲁塞尔这座城市和欧盟历史的时候，在观察布鲁塞尔如何呈现自身的时候，我们意识到了这一点。创造一个统一欧洲的雄心是如此让人难以置信，必须克服重重障碍，所以在起步阶段，一定程度的隐形对于后续的进程来说是有效的。但之后就会在交流方面产生问题。我们自身的工作随着时间的推移而逐渐发展，并且呈现出了意想不到的维度。我们放弃了对图像的强调，开始关注欧盟已经取得的成就，其实现的方式，及其存在的根本原因，还有它是如何被精心打造出来的，它今后可能选择的方向。然后我们开始考虑这些成果应该以何种方式进行传达。

奥布里斯特：我记得你常常谈起你在政治方面的参与。雅克·德洛尔[3]谈到了再政治化的必要性，也谈到了欧洲建设的危机，这是一个悖论，因为欧洲以前从未如此有趣和活跃。几十个国家想加入欧盟……

库哈斯：有趣的是，当我们2001年初开始做这个项目时，

3　雅克·德洛尔（Jaques Delors, 1925—）：法国经济学家、政治家，第八任欧盟委员会主席。

没有任何一个政治机构对此感兴趣。这完全是一个空白。因而在这个意义上，四年之内，它变成了主题，这个过程还挺有意思的——在各个方面都是很有意思的进步。不过这也意味着我们的心境状态必须不断改变，因为最初的时候，我们不得不提请大家注意未知的问题，但现在所有人都知道它非常关键。

奥布里斯特：最初的研究是如何形成在慕尼黑和布鲁塞尔的展览的呢？在此过程中，欧盟彩色条形码旗帜的创造又是什么时候想到的？过去，你提到过宣传，以及旗帜、条码这些东西的宣传特点。这个旗帜也有着同样的意味吗？

库哈斯：这个旗帜反映着一个原始、有趣但不是特别严肃的想法。它表明除了通过现有的古板的标志，也许还有打造欧盟视觉形象的其他方式。当我们以更为基础的方式进行研究时，我们意识到，由于各个国家或政府实际上已不再对欧盟成立的理由做广告或宣传，所以欧洲需要开展与自身的对话，来解释和宣传其存在的原因。我们研究了一下宣传的历史。宣传通常被界定为简短引述或简化问题。欧洲的美丽是你无法简化的，因为这是一个极其复杂的过程。最后，我们把正在做的事情诠释为对复杂性的宣传——这是一个悖论。展览因此由两部分构成：欧洲历史和欧盟历史。在二战之后，第一次以欧洲作为叙事对象，不是通过谎言，而是通过协调欧洲所特有的矛盾来整合全部历史。这个特有的矛盾在于，一个国家的恶棍在另一个国家则是英雄。这的确是一个反复出现的课题。在我们的项目中，我们非常认真努力地研究出了适用于各方的叙述，讲述欧盟的历史，其中包含了所有的重大时刻、疾病、危机、争论，乃至某项改革的参与者和诱因。目前虽尚未完成，但都可以做到。我们当然有自己的疑虑，我们想知道这个项目在理智上是否足够严肃或值得尊敬，或者是否符合时宜。你可以更加认真，也可以更加民粹地看待此事，但我认为它终究提出了关于欧洲历史一些看似合理的维度。

奥布里斯特：对我而言，多重的维度让它变成了一个非常有趣的项目。我还想再听你聊聊其形成的历史全景。在项目中，雅克·德里达、本尼迪克·安德森[4] 等思想家的著作发挥了作用。我觉得这个项目不是在追寻欧洲已结束的过去，或无法预见的未来，而是一种动态的记忆形式——德里达称之为"双重记忆"。在欧洲，反动势力正在借鉴记忆的用途和其整体概念，让记忆保持静态。而神经科学证明记忆是动态的。但我认为欧洲有着某种记忆问题……

库哈斯：我觉得你说的完全正确，这也是这个项目尤其有趣的原因，因为你真的是行走于政治人物的过度敏感、普通欧洲人的茫然、艺术界的清教主义以及学术界的嫉妒心之间。这是一片极具争议的领土。对它思考得越多，我越发觉得我们的任务在于：尝试取消其中的一些边界，并对其中的一些分类提出质疑。我意识到我们生活在一个完全矛盾的现代化时期，在每个层面，所有的现代化都是由怀旧驱动的。然而，我们对于过去，对于历史，又完全意兴阑珊。比如，奥斯维辛已经变成了一种

4　本尼迪克·安德森（Benedict Anderson，1936—2015）：爱尔兰社会人类学家，民族问题研究专家，是著名的东南亚研究学者。

怀旧，出现了越来越多的记忆手段，却越来越少有真正的纪念。这是很反常的事情。怀旧意味着永远生活在否定之中，特别危险的是，它既操控左派也操控右派，既操控知识分子也操控普罗大众。隐藏在这一切之下的，是重新定义何谓"现代"，而这种基本的操作确实是必要的。

奥布里斯特：在你的项目中，有一点很令人惊奇，那就是很多东西实际上是可视化的。通过一张地图，就可以看出欧洲不是一个均质化的空间。你能聊聊这些视觉效果是如何与项目的多语种面向相结合的吗？你称之为"欧洲巴别塔"（Eurobabel），一种多语言的巴别塔维度……

库哈斯：欧盟项目最美的地方在于，抛开政治家和官僚机构的努力，完全独立于他们之外，有一种对欧洲的新理解正在发展和显现——也许我们现在正处于它表现得非常强烈的一刻。它不是在构建一个超级国家，而是让差异共存，从差异中构建美德。这是一件非常难得的事情。目前，很多人担心欧洲国家之间的差异会消失，欧盟就是在起这种作用。民族学家不断地计算着正在消失的语言、文化和物种。但事实上，对于那种扁平化，欧洲有着强大的抗拒力量，并且在保存地区差异方面进行了投入，尽管颇为讽刺的在于，这是以某种"低效率"作为代价的。

你可以说，这整个项目就是一个"后9·11"项目。在这个意义上，我们觉得欧洲有着令人信服的理由去做出某种程度的表达，这种表达足够有力，以至于布什的愿景也不会对它造成影响——布什对欧洲总是见缝插针。这是整个项目暗含的主题。但更本能的驱动在于，自"9·11事件"之后，我们意识到欧洲各国与中国和印度之间存在着联系，这意味着未来二十五年，在欧亚，创造力、生产力，所有这些独立方面的迭代，以及它们之间的关系，都将作为一个更大的整体得到认同。这是我的一个直觉，不过我对此坚信不疑。也许你还记得，我们发现这一点是因为，我们观察到，所有这些国家都在扩大它们的航空规模，而这是以牺牲北极圈为代价的。

奥布里斯特：我想知道你的项目和文化之间的关系。我重读了丹尼·德·鲁格蒙[5]的书，一直在思考他关于文化欧洲的理念。我想知道，作为一个 21 世纪的文化项目，你是如何看待"欧洲图像"的？

库哈斯：我觉得今天谈一个"文化项目"的话，就太狭隘了，在一定程度上是因为文化已经变成了市场经济的一部分。也许唯一没完全被市场吸收的领域就是政治。如果不涉及商业力量或严格限制的武力，只是纯粹想象的话，政治本身就是一种文化。这也是全球化的正面影响：我们生活在一个如此激进的时刻，参与全球化最好的方式是通过政治，而不是通过文化。尽管如此，赋予这个项目一个文化上的解读，并将其阐释为一种建筑政治化的努力，也是非常好的。

奥布里斯特：你是不是把它看作建筑基础上的更进一步？这个项目设置在一个现成的马戏团帐篷里，是布鲁塞尔的一个开放公共空间，然后又出现在一个艺术馆——慕尼黑的艺术之家

5　丹尼·德·鲁格蒙（Denis de Rougemont, 1906—1985）：瑞士作家、文化理论家，在第二次世界大战后，他提出了欧洲联邦主义。

（Haus der Kunst）中，实际上跟建造或者想象一个新建筑没什么关系，甚至和设计都没什么关系。

库哈斯：不依托任何明确的建筑相关元素，这是我们走得最远的一次，并且这个项目完全是被我们想要脱离建筑的雄心所驱动。对我们个人而言，非常重要的一点在于，随着建筑领域的人越来越关注去年的双年展，并且渐渐趋向于一种让人震惊的同质化进程——我们希望远离这一点，并声明我们对它缺乏兴趣。

奥布里斯特："欧洲图像"项目以展览的形式呈现。你认为展览有可能起到唤醒公众意识或激励变革的作用吗？之所以提出这个问题，是因为，越来越多的大型国际展览，如文献展、世界各地激增的双年展，甚至巡回的欧洲双年展、宣言展，都旨在成为呈现和讨论全球化、边境开放、移民甚至欧洲的政治影响的平台。

库哈斯："欧洲图像"这个展览强调的是欧洲在建设、运作以及未来方面的局限性，与其他议题无关，更不涉及我们对欧洲的"感受"。

奥布里斯特：可以说欧洲与其过去的关系在于，它依然沉湎于对其强力时期的怀旧，即使这些时刻已经过去很久了。你觉得欧洲的弱点和优势是什么？并不是因为我想宣扬它的优势，我感兴趣的是如何将欧洲的弱势逆转为优势。欧洲现在似乎正处于令人难以置信的弱势之中……

库哈斯：理论上，欧洲现在正重塑其权力。这种权力体现在"欧盟既成法规"（aquis communautaire）中，体现在层出不穷的规则中。在这种情况下，这些规则决定了食品的质量、沟通的质量、政治权力的质量、工人权利的质量，等等。这些规则也构成了一种比枪支更有效的新的权力形式。八万页的规则实际上代表着一种意识形态的构造，在某种程度上，从那一刻起，让任何遵守这些规则的人成为"欧洲人"。这些规则对整个世界有着很大的影响，例如，为了更好地与欧洲进行贸易往来，某些国家正在采纳欧盟的各项法规，它们称之为"辛迪加法规"（syndicated legislation），这个词儿还挺美妙的。欧盟在输出它的规则，并且不断与他国进行磋商。比如，第三世界国家表示，欧盟的卫生要求是一种间接歧视，所以现在欧盟正在考虑降低这方面的要求。当然现在，我觉得那些规则确实代表着未来权力交换的形态。你可以看到，乌克兰，还有一些尚未加入欧盟的国家，它们是如何大幅改善自身状况的。土耳其也是。所以它们已经产生了巨大的成效。这是我们内在的矛盾之处，信以为真的弱势和我们看不见的权力……

奥布里斯特：谈到欧洲，还有一点也很重要，那就是探讨公民身份的概念。以你的情况而言，可以说你完全代表了一种公民身份上的"拼贴"：你的工作室在鹿特丹，你在伦敦和阿姆斯特丹也有房子，几乎每周都会飞到其他国家。居住在德国鲁尔区埃森（Essen）的人和最初来自土耳其或摩洛哥的人也是如此。我想请你谈谈欧洲或全世界范围内，这种不同形式的公民身份。

库哈斯：我觉得目前有关移民问题的讨论是一条危险的思路，因为抵制移民所否认的，正是欧洲的潜力所在，我觉得这在根本上和无法把握当代有关。在接受某些积极的后果方面，我们还不够注意。举一个例子：在 20 世纪 60 年代的阿姆斯特丹，有一个糟糕的规划项目，即庇基莫米尔（Bijlmermeer）住宅区。1972 年的时候，白人搬了进去，因为项目没有完工，他们抱怨连连，然后立即回到了城里。这意味着那些建筑可以供来自土耳其、加纳等地的新移民使用。年轻的左派政治家和阿姆斯特丹学院派之间产生了让人难以置信的讨论，他们说着"处理掉这个，还有这个，还有这个"，这就是为什么我觉得学院派基本上没什么用。因为，实际上这些建筑极具创意，它们捕捉到了这些新公民的活力和多样性。这些移民规划了整个建筑群。他们自主规划，各民族的人形成了不同的街区。他们自主进口药物、商品，丰富着自己的超市。各种语言的人在其中生活交流，他们还创建了自己的广播电台。事实上，这一切极其不可思议。但没有人看到，没有人了解。即使在今天，它仍被视为一个灾难地带。我想，在世界的其他地方，也有着同样的事情。比如，德国标志性的比萨餐厅是由土耳其人经营的，而政客们讨论的是这些人应该了解德国历史，应该至少有一种身份的归属感。这完全是一种保守想法，只会适得其反，这也是怀旧的一部分。发现怀旧变成主导模式的那一刻，其实还挺有趣的。

我们可以具有颠覆性吗？

奥布里斯特：关于市场经济的压力如何影响建筑实践，你能举几个例子吗?

库哈斯:我们一直在研究购物及其发展的方式——最初是在市场里,然后聚集在拱廊中,后来有了商店,越来越大,但仍然是一种纯粹的购物。现在,这种情况正在改变,它也属于从公共向私人转变的一部分,已渗透到人类已知的每一种活动——无论是在机场、教堂,还是美术馆、教育机构、酒店,甚至是私人住宅——以至于如果没有商场的额外收入,这些活动就无法进行或不可持续,并且如果不与其他活动结合起来,购物也绝无可能。不论我们是否愿意,我们生活在一团迷雾之中,其中存在着各种问题,实体、机构和身份之间既有的区别已彻底改变,这对建筑产生了强烈的影响。比如,如果你用统计学的方法研究建筑评论文章,会发现建筑师不再研究购物了。结果表明,在最受欢迎的主题中,购物才位列第三十名,几乎没有任何关于它的文章,现在也还是看不到。

奥布里斯特:能聊聊"垃圾空间"(Junkspace,2002)吗?

库哈斯:后果之一是建筑物的一些部分不再处于同样的空间了,这不可避免地导致建筑物的某些部分在死去,而另一些部分在重生;有些部分已经毁掉,而另一些部分则还在使用。建筑过去存在于单一时间内,现在每个部分都有不同的时间框架,我们一半的施工计划正在转型过程中,而且我们已经完全习惯了这一事实(虽然这种情况还挺疯狂的)。如今,它只是由胶带、胶水构成,甚至都用不到锤子。因此,从最有名的到最普通的,每一个个体都得以露面,这种难以置信的共享已成为显著的力量(并且它只能与市场经济有关)。我记得安迪·沃霍尔说过,每个人都能当上十五分钟的名人。我觉得现实更惨，更接近地狱，因为每个人都将永远著名。

我们被判处集体成名！所以基本上，为了定义我们正在研究的建筑设计，我们称之为"垃圾空间"，它建立在著名的经济模型之上，这一模型在过去三十年里刺激了市场经济。你大概也知道，在许多理论中，"太空垃圾"是卫星和行星探险制造的残骸。某种程度上，全世界都倚赖着同样的垃圾状态——垃圾空间。这不是一个负面的词，它只是一个术语，定义了建筑在今天所能拥有的期许和特性。

奥布里斯特：雷姆，我有一个问题想问你，你对大型美术馆有什么看法——从你早期的美术馆项目一直到最近的惠特尼（Whitney）项目，以及你目前在洛杉矶做的项目？它们都是 XL 码和 XXL 码的建筑。在之前的讨论中，你常提到重新注入缓慢的必要性，也许还要将静默注入美术馆，就像需要将实验室条件重新注入大型结构一样。迄今为止，这个项目尚未实现。我很好奇，你能否跟我们聊聊美术馆的现状，以及这些想法是否切实可行？

库哈斯：我认为，某种程度上，一座教堂能带来庄严和肃穆的感觉，但建筑物无法为当代文化带来同样的效果。这只有在美术馆馆长或策展人和建筑师步调完全一致时才有可能发生。我觉得，人们多少期待建筑能够复兴失去的主张，让整个体系慢下来。讽刺的是，建筑除了能够反映那些想法，其他什么也做不了。但对我而言，这很有意思，因为我们做了一个明显基于加速路线和严肃路线的项目，所以你可以用两种步调参观这个地方，一种是游客式的参观，另一种是泰特式的参观。最后，他们选择了赫尔佐格和德梅隆（Herzog & de Meuron）的项目，因为它能够提供宁静和亲密性。除非有令人意想不到的亲密合作，否则建筑师永远不会停止。

奥布里斯特：这也和委托人有关，得看是谁委托建造美术馆。美术馆如果变成利益的象征，是否有可能陷入一种危险的境地？

库哈斯：或者成为牺牲的象征。无论如何都是某种象征。但事情并没有变得太糟，我觉得将整个讨论政治化是有好处的——我不介意使用"政治行动"这个词——也就是说，我觉得，这是"9·11事件"的后果之一，在那之后，一系列的进程都被迫停止。我认为"9·11事件"和古根海姆体系的即将破产有着直接联系。我不是说这是一件好事，但我们可以期待现状即将发生转变。我觉得作为意识形态的最根本观念，市场经济有着内在的危险性。

奥布里斯特：或许可以用不可预测性的概念来描述。目前，正在建设的主要是当代艺术博物馆，但矛盾的是，它们都是为了未来，为了还没出现的艺术而建设的，很大的问题在于如何不施加结构，而允许其进行自我组织。巴黎的城市主义者尤纳·弗莱德曼[6]写了一个很有趣的宣言，他尝试提出了针对21世纪美术馆的理念。

他把建设一座美术馆的想法比作这样一个问题，即不制定

6　尤纳·弗莱德曼（Yona Friedman，1923—）：匈牙利出生的法国建筑师、城市规划师和设计师，以移动建筑理论而知名。

总体规划，而是建设能够触发自我组织的事物。因此有了非规划的想法。塞德里克·普莱斯也用他的玩乐宫倡导过这一理念，建设一个允许高度即兴和自我组织的美术馆，这是自 1960 年就存在的远见卓识。所以，或许你可以谈谈对这些先例的看法——你觉得它们是怀旧吗？它们与今天存在关联吗？

库哈斯：这很困难。在自发性的整个观念之中，在建筑与日常的关系中，存在着一个问题。我想希腊神话中著名的米达斯王（King Midas）表明了一个很讽刺的状况，他把接触到的所有东西都变成了金子，但在观看日常生活里的真实之物时，建筑师与米达斯王恰恰相反。他们观察它的那一刻，它就失去了完整性，或者说至少失去了自发性和真实性。所以在这种意义上，我非常能理解所有的努力，但我们拥有的物品既是美好的，也是一种诅咒，诅咒我们永远无法让事物保持其本来的样子——我们总是必须改变他们。因而让某样东西自发改变且让人无法预测，这种想法变成了一种矫揉造作。当然，你无法预见行为所产生的效果，但将这种不可预测性作为行动的主要部分来规划，这是绝无可能的。所以如果你想要自发性或日常生活，你得离建筑师越远越好。

奥布里斯特：关于批判性和颠覆性的问题，以及你在工作中是如何处理的，能再讲讲吗？

库哈斯：我觉得尝试解决那些问题存在着两难。每个出于好意的人都希望具有颠覆性，因为没人喜欢一成不变。每个出于好意的人都想要具有批判性。在这种意义上，所有客户和委托人的问题就是批判性的，但我们却无法找到其颠覆性。我觉得在可以具有颠覆性的这种假定中，存在着巨大的伪善，因为建筑向来要耗费极其巨大的努力和花费。建筑通常会存在至少二十年——现在变得越来越短，不过普遍来说，仍然都不止二十年。所以，在你可以具有颠覆性的假象之下工作，这是另一种小说或童话。我觉得你可以用颠覆性的方式毁掉一个建筑，但作为建筑师，颠覆性不是必须的。这个问题我曾经和彼得·艾森曼[7]这样的人讨论过很长时间。他是具有颠覆性的，他使用过八十七度的角度！换句话说，颠覆性是一种风格，仅此而已。但这并不意味着你不能做具有颠覆性的事情——你可以写反对建筑学的文章，可以抨击其他建筑师的傲慢自大，等等。还有一种说法也很讨厌——拉斯维加斯的颠覆性建筑，这是什么意思？你颠覆了赌场？你如何能颠覆一个赌场？你让赌博更形而上学吗？让妓女受到更好的教育？在那种语境下，什么是颠覆？我必须说，我的想法可能仍然在变化。这个过程是很痛苦的——我不一定会变成一个更好的人，但必定会有更为广泛意义的理解。所以什么东西需要具有颠覆性？就建筑而言的话，这是多么让人困扰的词语和讨论啊。人们总是认为，具有颠覆性的东西比没有颠覆性的东西要更好。

奥布里斯特：你如何看待建筑和都市化之间的联系？

库哈斯：让我感到很惊讶的是，对建筑和城市化的讨论总是同时出现，但我觉得它们不仅完全不同，而且实际上是对立的。建筑是不顾一切地试图控制，而城市化则是这种尝试的失

---

7   彼得·艾森曼（Peter Eisenman, 1932—）：美国建筑师。

败。因此，我觉得，对于控制的向往几乎被带入禁区，才会把建筑和城市化这两个具有不同内核的词混为一谈。独特之处在于，我们不是在面对一种新的建筑学，因为显然没有新的建筑学，但在城市化的发展中，在城市化进程所带来的全新面貌之中，我们的确面临着前所未有的新情况。

奥布里斯特：OMA 和 AMO 作为一个工作室兼实验室，能聊聊与它们有关的组织和自我组织的问题吗？

库哈斯：某种程度上，你问错人了。只有我们以前的合作者才会聊到他们的方法论，这并不是巧合。我从来没有聊过，部分原因在于我无能为力，也因为我希望拥有在任何特定时间都可以改变这个方法的权利。当你知道我们是如何做到的时候，你必然会感到自鸣得意，即使这是被设计出来的意外，或者为了达到什么效果而故意让你得知的，那么别沾沾自喜了。所以如果我谈及自己最近的体会，我想大多数时候我也就是随便说说。如果你处于某种被孤立的境况，别人给你带来了一定的压力，那么对抗这个被孤立的事实是非常重要的。这种对抗可能非常有用，但也可能导致某种非常可怕的停滞。还有一些情况，可能需要采用非常专制的方式，或者树立典型，甚至通过某种暴力手段才能达到目的。所以我觉得你读过的版本都是粉饰过度的删改版本，你对自己期待的事物以一种自我审查的特殊方式进行了删改。

奥布里斯特：像大多数建筑师一样，你设计过的项目也有未实现的，其中哪些是你非常希望做成的？

库哈斯：就我们而言，非常难为情，因为有太多未实现的项目了！不过与此同时，我也实现了很多项目，所以这个状况也挺奇怪的。你可以将其视为一种失败，也可以把它看作一种成功。我向来都不喜欢考虑其中伤心的一面。

陷入困境的城市

奥布里斯特：你第一次去首尔是什么时候？

库哈斯：我第一次去首尔大概是在六年前。我们负责三星公司的一个项目，那是一次非常有趣的经历，因为，在项目的第一阶段，我们和一个极其妄自尊大的韩国财阀一起工作，对方自大得近乎疯狂。我觉得那会儿他们正在进行的有六百个建筑项目，这意味着那里有数量极其庞大的国际建筑师，他们彼此并不认识——他们在那里，为同一个客户工作，也不知道在做什么。所以这是一种典型的让人很不舒服的建筑竞赛。我们身边总是围绕着大批执行助理之类的人。最好笑的事情是做一个类似美术馆的项目，一起工作的建筑师有马里奥·博塔[8]、让·努维尔[9]，还有我们。这不是我们自己安排的组合，而是由会长身边的某个人安排的，会长和夫人对项目特别感兴趣，有时候需要我向他们阐述说明项目的相关内容。我在希尔顿酒店等着，那是一个很棒的酒店——它的整洁度真是让人觉得很不可思议，

8　马里奥·博塔（Mario Botta，1943—）：瑞士建筑师。

9　让·努维尔（Jean Nouvel，1945—）：法国建筑师。

准备到位的服务和舒适度让你觉得仿若身处梦境。但不管如何，我在那里等着，然后在凌晨四点，突然有人敲门，还是那位三星的主管，他说："你必须现在去见会长。"我说："为什么是这个时间？"这是我们的第一次见面。他说："你必须现在见他，因为他今天九点就会被捕！"所以我去了，然后在六点到八点见了他。现场非常安静。他向我坦诚了整件事情，那当然也是预示着将要发生某种改变的第一个信号。所有的地方性腐败都被处理了，某种程度上这是危机的开始，表明了整个经济结构的脆弱性，然后它就瓦解了。我们就这么做了这个项目——它实际上是一个非常有趣的项目。我们不得不将让·努维尔和马里奥·博塔已经着手的不同建筑连接起来。我们的项目几乎都在地下，有两大部分，在一座很美丽的山上，其中一个公园里全是别墅。因为不想要增加其他建筑物，我们做了一个水平放置的结构，一部分在山里，一部分露出来，因而许多设施都是在地下的。它也是一个美术馆和文化中心[10]。至今我们在首尔留下的唯一标记就是挖进花岗岩的深坑。某种程度上，这是最美的建筑物。我设法说服他们留下那个深坑，尝试一下那种让人觉得不可思议的裸露，也许我仍然能够说服他们：这是你所见过的最大的负空间[11]。

奥布里斯特：首尔有什么地方让你特别喜欢吗？

库哈斯：我觉得首尔真正美丽的地方在于，这个城市出现在

10　即首尔 Leeum 美术馆。

11　负空间（negative space）：指一张图画或照片中，画面主体之外的空间部分。

一个不可能成为城市的地方。对于城市来说，那里确实空间不足。似乎这个大都市是建在半山腰上的，必须与山脉和美丽的森林共存，有点像"阿尔卑斯山上的曼哈顿"。中产阶级生活在平坦的地方，而那些什么都买得起和什么都买不起的人则住在山上。整个城市都散落着新陈代谢派（20世纪60年代日本建筑先锋运动）建筑的影子。我真诚地喜欢其扩张的速度。我觉得在亚洲，韩国人是最直接的，他们非常自然，直来直往，不受礼数的束缚，而且非常幽默。

奥布里斯特：你提到经济危机后第一次去首尔时，那里突然之间变成了一个完全不一样的城市。在几天之内，城市彻底改变……

库哈斯：是的，某种程度上，未来看起来是可伸缩的，而这使得我更加无法将未来概念化为未来。未来是伸缩的，你不仅无法预见往后十年或五年，而且一切都在加速，这使得即使是下个月也难以捉摸、无法预料。这种加速最强烈的标志之一就是亚洲金融危机，以及亚洲危机对都市环境产生的直接冲击——在有些地方大概仅仅持续了三年，但那三年间孕育了焕然一新、闪闪发光的亚洲经济奇迹。飞速发展的城市，不断膨胀的城市，突然之间……然后，当这里的每个人正在书写这种崩溃之时，已经出现了某种复苏，而且如今形成了明显的强势增长。某种程度上，这个周期对西方人来说完全无法理解，因为在这里，没有人能掌控这速度，也没有人能解释到底发生了什么。我的理论是中国通过不宣告破产，不贬值货币，挽救了资本主义世界。这是你从来没读过的理论。最完美的示例就是首尔——一个以永不停止的交通而闻名的城市——置身于危机之中，突然之间变得有点恐怖，变成了一个没有交通的寂静城市，一个没有污染的城市。也许就在那时，我终于发现首尔有点像瑞士，真的很美。

奥布里斯特：在之前的采访和文本中，你总是说自己不屑于对未来城市进行预测，你说你更喜欢讨论现状。

库哈斯：我觉得任何一个正常人都应该放弃预测。你对于今天的所有希望，来自日常决策的智慧。再举一个例子，它不像亚洲那么极端。我参与西雅图的项目大概有一年，那一年间，城市动荡不安，毫无防御能力。西雅图从一个没有任何麻烦的完美城市，变成了一个混乱的忧虑之城。这也是自罗斯福新政以来第一次大型的反资本主义示威，整个行政部门都受到了创伤。事实上，甚至在九个月前，微软还完全是一个充满活力的强大的垄断实体，现在却被备受谴责，即将分崩离析。而比尔·盖茨曾经完全是一个神话，现在已经不是首席执行官了，只是董事长。诸如此类。这些事都是不可思议的示例，表明你所依赖的东西完全不具有确定性。有趣的是，客户在试图不断加速建筑的整个节奏，以期扭转这种状况。我们曾经必须在两年内建造出来的建筑物，现在不得不一年完工。从这个意义上来说，在我们的哈佛研究中，记录一般情况下建筑能多快被建造出来，直觉上应该还挺不错的。我发现深圳的一些建筑，使用一台家用电脑两个下午就能做出方案来，我当时完全无法想象两三年后我们可能会遇到同样的情况。但我们现在就是这样。即使如此，我们也意识到，我们还不够快，或者说建筑永远都不够快。

奥布里斯特：这是否会影响建筑物的使用寿命？

库哈斯：这实际上还挺有趣的。我们做了"巴黎拉德芳斯"（La Defense Paris）的规划项目，认为所有超过二十五年的东西理论上要废弃掉，要拆掉，才可以在旧址上建造一个新城。当时，这被认为是纯粹的空想和一场暴行。我最近在鹿特丹的车站发表演讲，那里会有一辆超快速的 TGV 火车开始运行，我再次提出了一个建议，即二十五年后，你完全可以宣布建筑物是多余的，因为它们如此平庸。这次，人们发出一种勉强压抑住的紧张笑声。在欧洲，建筑的有限寿命依然是一个绝对的盲区和真实的禁忌。

奥布里斯特：在美国呢？

库哈斯：在美国，只能说，回顾起来，很多案例都是这样的。但你绝不能一开始就把它作为建筑作品的基础。这太不幸了，因为我认为，如果可以不受寿命的限制，不受其暗含的语境的限制，建筑可以释放出一种巨大的能量。然而，当我们做一个公共建筑时，我们当然会自相矛盾，我们不会以它将在二十五年内消失为前提进行设计。不过，如果自动设定一个建筑最多只会存在二十五年的话，压力会小很多。

奥布里斯特：缓慢和速度之间是什么关系？

库哈斯：仍然存在着很强烈的对立。在这个意义上，看到建筑这种媒介现在这么受欢迎，但对于跟随当前趋于加速的潮流，它仍有着内在的阻力，这是一件非常有趣的事情。对于建筑来说，这可能是一个真正的未解之谜，它可以加速，但相比电视、电影或音乐，它也有着某种更强大的固有阻力，也许这就是现在它如此有趣的原因。不过，这也意味着我们现在已经发现，建筑永远无法达到特定的速度，而且这一发现将我们推至另一个境地，现在这种思考必须以更为概念化、理论化和抽象化的方式加以应用了。

奥布里斯特：你提到过 OMA 为西雅图做的图书馆项目（西雅图公共图书馆［Seattle Public Library］，2004）。我认为博物馆的概念与图书馆的概念之间有一定的联系，它们通常都是戒备很严的机构，并且具有严格的是非观念。说到赋予这些机构活力，让人想起 60 年代的例子，比如，塞德里克·普莱斯的玩乐宫（1960—1974），或威廉·桑德伯格 [12] 运营的阿姆斯特丹市立现代美术馆（Stedelijk Museum in Amsterdam）。这些对你也产生了一定的影响吗？

库哈斯：我作为一个独立个体去探寻艺术的时候，基本上还是个青少年，正处于桑德伯格运营美术馆的时代。每一次的展览设计都完全改变了美术馆。"动态迷宫"（A Dynamic Labyrinth，阿姆斯特丹市立现代美术馆，1962）现在仍是一个先知式的标题。那些展览都让我的想法比我的父母更加现代……所以某种程度上，我在其中耳濡目染。我觉得这一切都对我的博物馆项目有很大的影响。不过当然，与此同时，博物馆即使在 60 年代，也是一个要求非常严苛的地方，在某种意义上，它坚持参与性，并且提出大胆的质疑。如今与 60 年代的巨大差别不仅仅在于展示过程中这种大胆或那些要求的丢失，而且我觉得，唯数字论剧烈地改变了整个平衡，限制了你在美术馆里的所言所行。我

12　威廉·桑德伯格（Willem Sandberg, 1897—1984）：荷兰版画家、美术馆策展人。

们给泰特或者纽约现代艺术博物馆做的设计中，有一点不被任何策展人喜欢，那就是做一个快速游览轨道的概念，这也是一种能够恢复缓慢或强度的捷径。缺少了双轨系统，每个人的参观体验都加快了，你可以通过近期的泰特装置看到这一点，不再是基于渐进，而是基于"并置"——吉尔伯特和乔治的网格放在蒙德里安的旁边，人们短暂地发出一声"啊哈！"，就来到了下一句话的"韵脚"，完全是快车道的形式，这是与复杂性相悖的。

我认为图书馆也是如此。除了你可以获得、推出、重复或更新所有类型的意识形态之外，绝对的数据需要纳入每一个项目的概念之内。你经常提及纽约现代艺术博物馆的美好时代，那些"实验的年代"——那是一个美好的时代，但我不认为每年会有两百万人参观实验室。这就是为什么我们的图书馆和美术馆都在试着协调都市噪声的体验和人专注、缓慢的体验，让两者得以共存。对我来说，这就是现在最令我兴奋的思考方式——对轻浮无聊的妥协，以及它如何与专注、沉静的魅力兼容。既能够容纳大量观众，又能保持宁静的核心体验，让它们同时存在，这正是西雅图项目的焦点问题。

奥布里斯特：理查德·汉密尔顿最近做了一个文本作品，形式是把"给我复印件"（Give me hard copy）印在徽章上。这句话实际上摘自雷德利·斯科特[13]的电影《银翼杀手》。美术馆提供复印件，图书馆也是。所以我想知道，在互联网的环境下，你如何看待这些机构的作用？你如何看待实体和虚拟之间的关系？

13　雷德利·斯科特（Ridley Scott，1937—）：英国导演、电影制作人。

你如何避免实体图书馆和虚拟图书馆之间产生等级上的区分?

库哈斯:我觉得这很有意思,因为西雅图有一个图书馆系统,由二十四个图书馆构成,这个是总馆。所以这本身就已经是一种等级立场,那就是假定管理的主体是在总馆。因而就体现出中央集权制的历史和惯例。当然,它完全是网络化的,而且准备进一步网络化。我觉得其迷人之处在于,近来像麻省理工学院(MIT)的朱迪思·多纳特[14]这样的人做了很多工作,他们将网络,以及各种各样的数据库,视为制造新社群的潜在资源。讽刺的是,网络的环境总是被认为越来越民主,而以此为基础,你当然可以创造新的等级体系。当前一个呼之欲出的问题是:"网络是否意味着同质性?"或者"网络是否意味着民主?"或者"网络是否意味着隐私?"关于网络的论述始终会阻碍它的广泛扩散,但是我看不出这样做的根本原因何在,为什么不去研究它在其他方面的潜力。举例来说,当图书馆能够将读者产生的所有数据——像是谁读了哪些书——连接起来的时候,它也就拥有了走向现代化的一种不可思议的方式。

奥布里斯特:这时,图书馆变成了一个代理,指导人们要阅读什么……

库哈斯:是的,不过存在隐私的问题。美术馆也是一样。这就是我昨天说不仅仅是未来的终结,也是隐私的终结的原因。

---

14 朱迪思·多纳特(Judith Donath, 1962—):哈佛大学伯克曼中心(Berkman Center)研究员、麻省理工学院媒体实验室社交媒体集团(Sociable Media Group)创始人。

这是一体的，像是一个蓄水池。你感觉墙在开裂，你就会离开。关于扁平化、等级或价值的问题，互联网不一定将价值扁平化，它也能用来创造价值，因为你能传播百分之八十的信息，但要再传播百分之十就很艰难了，再之后的百分之五更难，然后还有核心的百分之二。这百分之二就像罕见的书籍，它们是罕见的信息。

东方和西方

奥布里斯特：在你的书《小、中、大、特大》（1995）中，有一段关于"作为建筑的柏林墙"的文字。可以聊聊70年代初你在柏林的第一个项目吗？

库哈斯：60年代末的时候，我还只是一个学生，以纯真的方式看待建筑的时期大体结束了。当时尤其存在着一种乐观主义，觉得建筑可以参与到人类的解放之中。

我对这种观点抱持着怀疑的态度，我没有去地中海的别墅或希腊渔村"学习"——那时候大多数人都是那么做的——我只是决定把柏林墙当作建筑来研究，去记录并解读它，去见识一下建筑的真正力量是什么。那是我第一次外出做实地考察。我对柏林和柏林墙一无所知，对于发现的诸多事物都充满了好奇。比如，我几乎没想象过西柏林实际上被隔离墙囚禁了。我从来没有思考过这种情况，而矛盾在于，西柏林被围墙环绕，却被称作是"自由的"，而隔离墙之外的更大区域却不被认为是自由的。第二个让我感到惊奇的地方是,隔离墙并不仅仅是一个物体,还是一个系统,包括修建隔离墙时被毁掉的东西,还有仍然坐落于此、被墙体吸收或融入隔离墙的部分建筑物,以及额外加建的墙壁,有些非常巨大且现代化,有些则是临时性的。所有这些构成了一个巨大的区域。那是最令人兴奋的事情之一:它是一面始终呈现不同状态的墙壁。

奥布里斯特:处于永久的变化之中。

库哈斯:处于永久的变化之中。它也是与语境密切相关的,因为柏林墙的两侧有不同的特性,它会适应不同的环境。它也象征着第一次直白的对抗,反对着建筑可怕而强大的一面。人们一直指责我采取了一种无关道德或不具批判性的立场,尽管就我个人而言,我觉得观看、解读本身就是迈向批判立场的重要一步。

奥布里斯特:对于柏林墙的消失,对于它被完全拆掉,你是如何看待的?

库哈斯:在80年代初,我们在柏林举办了很多竞赛,预见到了柏林墙的倒塌。我们提出一个"柏林墙的来生"方案,它可以创造一个新的开始,却不需要擦掉之前的所有痕迹……

奥布里斯特:柏林的 IBA 大厦?

库哈斯:是的,但不是现在那个建筑。在早期的竞赛中,是一个更有趣、更开放的状态,我们用墙壁来排除隔离墙的影响。只是通过增加墙壁,你就可以在柏林墙边生活。我们认为,隔离墙一带最后可以成为一个公园,作为整个城市里被保存下来的一个地方。让我感到震惊的是,隔离墙倒下后,首先消失的就是它存在过的所有痕迹。记忆中如此重要的部分被擦除了，不是由开发商或商业企业实施的，而只是以纯粹意识形态的名义，我觉得太疯狂了。真的很可悲。

奥布里斯特：是否类似希拉和伯恩·贝歇[15]记录下的消失了的工业建筑？

库哈斯：但至少那是意外消失的。柏林墙的消失是蓄意的，并且以历史之名。

奥布里斯特：你如何定义中国的城市？

库哈斯：我觉得，中国现代的城市是在很短时间内建成的，因此并不具备那种缓慢，也就是一个城市传统积淀的条件，而这缓慢对我们来说仍然是真实性的典范。一旦超过一定的施工速度，某种真实性就不可避免地被牺牲了，即使你都是用石材等真材实料建造的，这真是一种讽刺。举个例子，如果你观察新柏林石头的颜色，那是 60 年代东柏林生产的最糟糕的塑料的颜色，一种怪异的粉红色，怪异的浅黄色——是人造的。在新建筑中无法避免人造物，同一时期产生的大量建筑也是一样。

奥布里斯特：在上海，每个人都会说起这个故事：据说柏林市长吹嘘自己城市建设的速度，而上海市长却回答说，上海大概快了二十或二十五倍。在城市发展和建筑方面，德国似乎对

---

15 希拉（Hilla Becher，1934—2015）和伯恩·贝歇（Bernd Becher，1931—2001）：德国观念艺术家和摄影师，他们是夫妻，也是艺术合作搭档。他们详细记载了德国工业时期遗留下来的建筑物，并发展了新客观摄影（New Objectivity）的概念。

其他地方知之甚少。

库哈斯：要我说，那就是普鲁士风格的争议之处，因为普鲁士风格要么是一种天真的形式，要么只是一种战略的要求。德国对于德国之外的情况极度无知，而对于自身的关注却让人难以置信，因此很容易产生那种误读。与此同时，关于现代性、"必然性"、国家现代主义的主观设想，也非常烦人。比如，德国国会大厦的改建和对普鲁士建筑的强调一样奇怪，因为这是两种形式的天真。认为在国会大厦可以通过一种新的穹顶来驱除幽灵，这是客套话，也是审美上的一大妥协。这是一种同样缺乏智识的立场。

奥布里斯特：我还记得 1991 年有个非常奇怪的事件：马丁-格罗皮乌斯博物馆（Martin-GropiusBau）举办了"大都会"展览，紧接着在前国会大厦里有一场派对，它那个时候就已被废弃了。这让人觉得非常可怕。

库哈斯：这才是重点，柏林非常可怕。无论如何，一切都在试图掩盖，无论是通过仿造的过去，还是通过某种仿造的驱邪术——这就是现代化所做的事情——都一样难以令人信服。我也相信大量地建造纪念碑建筑不会有什么效果，因为那是"官方驱邪"的一部分。

奥布里斯特：那东西方关系和交流呢？在艺术上，柏林和华沙、布拉格之间的交流很少……交流的缺乏甚至在维也纳更为明显，它距离布拉迪斯拉发 [16] 只有半个小时的路程，但在人们头

---

16 布拉迪斯拉发（Bratislava）：斯洛伐克首都。

脑中依然存在着一堵隔离墙。

库哈斯：我觉得这和彻底的误读有关，这种误读伴随着很多细小的误读。关于东西方接触的概念依然基于差异。他们没有意识到其中并不存在差异。他们认为自己是一个先进的贸易站。我第一次来的时候完全无法理解，西柏林有点像民主德国中间的一颗卫星，他们仍然没有完全接受这种处于另一种状态中间的状态。如果你是研究这个的，并且是在建筑的语境中进行观察，有一组作品你应该去了解，那就是奥斯瓦尔德·马蒂亚斯·翁格尔斯 [17] 60 年代在柏林工业大学担任教授的时候所做的建筑。他看着柏林，说："这是城市的一种独特状况，它被整个切割，完全是人造的，呈现出一种新的状况，所以我会将其变成一个实验室。"他以非常乌托邦、非常未来派的维度，系统研究了柏林的情况，其中既有历史过往，也有当代现状。作为一位教授，他组织了一系列的设计研讨会，每次都提出历史和现代如何共存、新的数字、新的方案如何和历史共存这些问题。比如，他会用一年时间专门研究高速公路和广场，或者大众住宅和勃兰登堡门。就如何以完全现代的形式重建莱比锡广场，他做了一个非常美的方案。那有点像是隐蔽的区域。像施瓦德 [18]、克尔霍夫 [19] 这些当今"普鲁士"建筑的核心人物，也深度参与其中。所

17　奥斯瓦尔德·马蒂亚斯·翁格尔斯（Oswald Mathias Ungers, 1926—2007）：德国建筑师、建筑理论家。

18　尤尔根·施瓦德（Jürgen Sawade, 1937—）：德国建筑师。

19　汉斯·克尔霍夫（Hans Kollhoff, 1946—）：德国建筑师、教授，是后现代与新古典主义建筑的代表人物，也是新都市主义的倡导者。

以这个项目存在着一种很有趣的暧昧。

它有着一种潜在的现代性：建筑的语言是复古的，但建筑概念、城市化的概念是非常现代的。

奥布里斯特：你曾经写道，柏林到处都是记忆、消逝和空虚。这正是里伯斯金多次指出的观点，比如，他让他的建筑物中心保持空白。

库哈斯：对我来说，作为建筑的柏林墙第一次让我获得了建筑上的惊人启发，让我体会到不在场如何比在场更为有力。它不一定与形而上意义上的消逝有关，而是更多地与效率问题有关。我认为柏林伟大的地方在于，它表明了，尽管完全"丢失"了城市存在物，或者完全擦除了建筑实体，仍然会产生我们称之为城市环境的东西。这并非巧合，比如，深圳的中心不是一个建筑实体，而是高尔夫球场和主题公园的集合，基本上就是未建成或者说空白的状态。而那正是十年前柏林的美丽之处：它是最现代和最先锋的欧洲城市，因为它拥有这些重要的广阔的空白区域。

奥布里斯特：看着城市肌理之中那些缝隙和孔洞在柏林着陆，这种感觉很美。

库哈斯：不仅仅是美丽，而且具有规划的潜力，允许人们以不同的方式居住于一个城市，这种潜力代表了一种罕见而独特的力量。当然，讽刺之处不仅在于建设中的建筑并非合适的建筑，还在于它完全是被建造出来的。这是一个本可以接受空白的城市，也是第一个有系统地培育空白的欧洲城市。对里伯斯金来说，空白作为一种缺失，可以由建筑填满或取代。对我来说，

当代艺术的十九副面孔

重要的不在于取代它，而是培育它。这是一种后建筑城市，而现在它再次变成一个建筑城市。我觉得，这不是某种风格的错误，而是太戏剧化了。

奥布里斯特：所以这不是建筑的质量问题。

库哈斯：……也和审美无关。

奥布里斯特：我最近和长谷川逸子[20]进行了一次讨论，她认为，城市应该以一种人人参与的模式进行发展，让建筑物的使用者几乎可以说："这是我的想法。"这是在柏林经常听到的批评——这个城市本可以让人们参与它的建设。你怎么看待这个问题？

库哈斯：这是一个非常棘手的问题，因为如果你四处问问，并进行实际的调查，我想你会发现目前的重建非常受欢迎。回归到传统广场和街道，这种当代神话可能是一个非常民粹主义的计划。其他情况更难把握，比如居住在空白区域，或是与伤痕共处，接受东西方泛滥而喧闹的异议，以及坚持做旧美学。参与到建筑中的问题在于，这完全是模棱两可的。举个例子，波尔多住宅（Maison à Bordeaux，1996—1998），一方面你可以说它是极端的建筑，但另一方面它也是一种极端的参与。

奥布里斯特：因为这是一次强有力的对话。

库哈斯：是的，因此，关于参与，没必要让人们去说"这是我的想法，这是我的想法"。相反，可能会遇到这样的情况，那就是无法明确这到底是谁的想法，有可能是建筑师的，有可能

20　长谷川逸子（Itsuko Hasegawa，1941— ）：日本建筑师。

是用户的。

奥布里斯特：像是在打乒乓球？

库哈斯：不一定。不妨想象一下其他人的才智被调动起来的一个过程。但不是像现在这样，根据假定的偏好得出武断的结论。

奥布里斯特：你给勒莫因（Lemoine）一家在波尔多建了一个带电动升降平台的房子，能告诉我是什么让你产生了这个想法的吗？

库哈斯：这个房子是为一位在中年不幸残疾的人建造的，很有意思的是，他非常勇敢，没有在建筑上提出任何限制条件。虽然房子不是为了"解决"行动不便的问题，但大体上还是受到了那个问题的启发，想到这一点就觉得很有意思。所以基本上，对于残疾人持两种态度：帮助他们，但思考仍然留有的余地，在建造的过程中，更多地考虑其优势，远不止补偿之类的想法；或者是为了帮助他们，让整个建筑在总体上有所优化。这个建筑完全基于他能做到的，而非做不到的，它也允许整个家庭生在种逻辑之中。

运动中的城市

奥布里斯特：海沃德画廊第一次请你为我们的展览"运动中的城市"设计装置的时候，你的方案是重新利用其他建筑师新近做的画廊展览设计，而不是制作一个单独的标准方案。

库哈斯：我一直尝试"节约"我们的想象力。库尔特·施威特斯[21]的《梅兹堡》（*Merzbau*, 1925—1936）积聚了不断重组的（城市）碎片。在这里，奥雷·舍人和我首先试着收集了海沃德以前的设计，然后进行重组，近似一种城市主义的形式。我觉得，如果这个展览透露出很多海沃德的事情，那就很好了，尤其是在建筑物的存在意义目前正受到质疑的情况下。

奥布里斯特：1968 年，海沃德开幕，你搬到了伦敦。

库哈斯：是的，被彼得·库克[22]、塞德里克·普莱斯这些人所吸引，觉得伦敦的建筑景观是某种巨型俱乐部。

奥布里斯特：你还记得海沃德的开幕吗？

库哈斯：记得，当然记得。我是说，那是个大事件，现在我已经在此经历了它的衰败、倒下和复活。我觉得这是一个极其重要而丰富的空间，主要是因为它从来没有遵循任何人对展览空间应该是什么的期望，或者模型。尽管所有人一直在抱怨，但我觉得海沃德已经有我看过最好、已臻极致的展览了。

奥布里斯特：这个展览前往海沃德展出之前，曾在路易斯安娜现代艺术博物馆（Louisiana Museum of Modern Art）呈现。我们根据建筑物许许多多相互连通的空间，把展览规划成了许多不同类型的城市（"运动中的城市"，路易斯安娜现代艺术博物馆，1999）。

---

21 库尔特·施威特斯（Kurt Schwitters，1887—1948）：德国画家、雕刻家和作家，是德国达达主义的领袖之一。

22 彼得·库克（Peter Cook，1936—）：英国建筑师、学者、作家，先锋建筑团体建筑电讯学派的创始人。

库哈斯：我当时有点担心会不会太过分散。海沃德没有足够的区域允许将展览分成各种各样的城市类型，而且我希望能够突出某些要点。我觉得我们应该试试，看看是否可以将展览压缩成四个或五个城市，营造出要进入某个空间的感觉；并且在空间内加压，让你觉得自己即将进入一片充满动荡和混乱的大陆。因此，根据我们重新利用的之前海沃德的展览架构，我们所做的就是保留了之前帕特里克·考菲尔德[23]展览（1999）的基础结构，然后加入扎哈·哈迪德为"致敬世纪：艺术和时尚一百年"（Addressing the Century: 100 Years of Art & Fashion, 1999）设计的许多物件。我们沿用了和考菲尔德相同的展览动线，不过修改了一下，所以当你进入展厅的时候，有一个很大的箭头告诉你该走哪条路，但也有一个较小的通道指向了红灯区。我们会做一些新东西，像是机场建设，但我们也会做象征腐朽衰败的东西，比如性和毒品，就像真实的城市一样。

　　奥布里斯特：你觉得现在的展览不够性感？

　　库哈斯：是的，非常不性感。我是说，有些地方存在着庞大的性旅游业，并且性是城市人之间最重要的交易形式之一，这是事实。在这个展览之前，这一点几乎被人们忽略。难点在于如何抹去它所带有的异国情调，而让所有人都能够理解。因为亚洲在这方面的含蓄，探讨这个问题一直都很困难。我觉得这是一件非常重要的事情……

　　奥布里斯特：建筑师呢？

23　帕特里克·考菲尔德（Patrick Caulfield, 1936—2005）：英国画家、版画家。

库哈斯：对于建筑师来说，这是一个难题。如何应对这样一个看似抢了独立建筑师风头的爆炸性现象？如何与之产生关联？我们会将所有的建筑结合在一起，放入一个无菌的建筑空间……

奥布里斯特：一个建筑的拷问室？

库哈斯：那是我项目的方向……

奥布里斯特：其中没有价值判断？

库哈斯：没有，没有价值判断，而且我觉得这会让作品以一种很有趣的方式互相感染。

奥布里斯特：一楼的"考菲尔德"建筑还会有其他变化吗？

库哈斯：我们基于扎哈·哈迪德的设计做了一种私人街景，将它们变成视频建筑和有图像的玻璃橱窗，这样一个房间就变成某种不朽的小巷。我们将围绕着坡道做一个隧道走廊，在其中放一些视频，在墙上贴满亚明·林克[24]的摄影作品。天花板上会是陈箴的《早产》。

奥布里斯特：顶楼呢？

库哈斯：那里会是"商业区"——楼梯间里会有投影仪，我们会用扎哈的另一个大玻璃柜来做成一个电影院。然后我们会有一个售卖东西的区域，这也可以让我们将旁边的电影院看作商业性的。这个空间将以扔鸡蛋的政治抗议告终。

奥布里斯特：你提到过城市壁纸的概念。

库哈斯：整个楼的墙壁都应该覆盖壁纸，上面印着城市形象、

24　亚明·林克（Armin Linke，1966—）：德国摄影师、电影制作人。

城市现状的壁纸。壁纸中没有文字,除非是偶然出现的报纸头条。壁纸是背景,到处都是灰色,呈压倒之势。这就是城市所表达的,有点像是一个梦魇,让人难以忍受——在海沃德画廊内部营造了一个让人难以忍受的城市。

运动、色彩和声音

奥布里斯特:现在,葡萄牙的波尔图音乐厅项目已经完成了,能否讲讲这个项目委托给你们时的情况?

库哈斯:好吧,要聊这个音乐厅的话,我需要先说一个没有建成的房屋。我们一直喜欢做房屋项目,因为它完全不比其他的建筑简单:房屋建筑通常很费时,并且你总是和单独的个体而不是国家机构或商业集团合作。有一天,一个荷兰客户联系我们,希望我们设计他的房屋……但他有三个条件,我们觉得挺有意思的。首先,他讨厌混乱,所以他希望房子里有大量的存储空间。其次,他对于家庭生活没什么兴趣,所以他希望在房子里,每一个家庭成员都有自己的独立空间,不过也需要有一个空间用于他们偶尔的家庭聚会。最后,当时是在 2000 年之前,他对千禧年感到恐惧——科技恐惧症!

奥布里斯特:所以,这个项目实际上是诞生于他强烈的厌恶?

库哈斯:没错。我们做了很多实验,由此越来越明确这个“厌恶清单”,你必须去除掉标准的家居风格。我们最终设计出来的房屋形状,完全由负面的定义构成。它综合了所有不该有之事。

我们把这个方案提交给了客户。房子非常诡异地徘徊在丑陋和美丽的中间地带：它完全是由储藏空间构成的，数量多到他一辈子都不会填满。从储藏空间里，我们为他的每一个家庭成员挖出一种独立的洞室，然后钻出一条贯通屋子的通道，需要的时候他们可以聚在这里。为了让千禧年恐惧更加严重，我们建议房子应该安装在旋转盘上，那样他们就可以对准通道的方向，便于观赏到不同的风景。每当我们向那家伙和他的家人提交我们的方案时，他们都满腔热忱，但两天之后，我们收到一个传真，问说："能不能把我们老房子的部分结合进去，然后朝这个方面稍微调整一下……而且我希望在我的花园里有一面墙。"由于他没法说服自己同意这个方案，没多久，和他讨论就变得越来越让人受不了。

奥布里斯特：这个故事的有趣之处在于，它是与当代欧洲有关联的。荷兰是如今欧洲"创伤核心"的一部分——欧洲遭受恐惧、畏惧冒险、缺乏灵活机制的核心……

库哈斯：人们可能会觉得荷兰客户大体上都是很开明的，但我没法同意这一点！我们和客户的关系是建立在消极的基础上的，这太意外了。他害怕用完空间，并且不确定自己是否想要和家人们共同生活。

奥布里斯特：大约在同一时间，你也在为哈佛的"城市项目"（Project for the City）开展你的城市研究？

库哈斯：是的，那个时候，我在准备首次前往尼日利亚的拉各斯（Lagos），这是影响整个荷兰房屋方案意料之外的一个因素。作为一个建筑师，无论任何时候，你都会同时密集地处理多达二十个不同的问题。事实上，它们根本毫无关联，却能让你——既是随机地，又是系统地——找到交叉点。去拉各斯是我第一次到非洲的经历。其实，我没有在那个时候去，因为疫苗接种出了问题，我得了脑炎，导致我大概九个月没法行动。脑炎很古怪的地方在于，颜色、形状或气味能引发极其强烈的恶心。我是这样发现自己得病的：我在准备试驾一辆新跑车。车送到的时候，它的形状让我很不舒服，让我觉得恶心！颜色也是，让我觉得想吐。然后我对车内廉价的气味也非常反感……这些都是信号。无论如何，一年半之后我终于去了非洲。我料想会有某种让人郁闷的情况，那是每个人都得准备好的，但之后我完全惊到了，我发现为了确保生存和进步，他们在敏锐而直接的步伐中，投入了多么让人难以置信的才智和资本。在非洲，交易需要不断增加，才能仅仅保证生存。

奥布里斯特：非洲的经历对于你在欧洲的作品产生了什么影响吗？

库哈斯：从非洲回来之后，我马上从那个荷兰客户的身体语言中觉察到，他的房屋项目永远不会建成。同时，我们距离波尔图音乐厅的最终设计截止日还有三个礼拜。所有的事情都在刺眼的闪光中凑到了一起：我炒掉了那个客户，并且把房屋扩大了七倍，为音乐厅创造了一个完全新式的建筑。所有现代音乐厅的两难困境在于，考虑到操作和声学的原因，"鞋盒"是最好的形状。在音乐厅的建筑中，我们耗费了难以置信的努力让"鞋盒"变得更加有趣！我发现我们给他的房屋建的通道正好是一个鞋盒的形状。我们可以不把音乐厅做成鞋盒状，而是从奇怪的整体中去除掉"鞋盒"部分，使它变成一个"空的鞋盒"。三周后，我们提交了这个方案，并且赢了竞稿。

奥布里斯特：能谈谈你是如何了解当地葡萄牙文化的吗？

库哈斯：好吧，整个项目是一位名叫佩德罗·伯梅斯特[25]的波尔图钢琴家的创意。一开始，这是一个非常政治性的项目。在设计和实现的过程中，经历了五届政府：社会主义者、保守派、社会主义者、保守派，现在又是社会主义者。像这样的项目，无论是政治方面，还是经济方面，总是会遭受各种混乱的局面。这表明，在现代政治中，所谓的连续性几乎是不可能的，每个决策机构都通过破坏上一届委员会的决议来确认自身的合法性。拿建筑物来说，情况就变得异常复杂：一旦开始动工，你不可能真的一下子取消整个项目，因为这会被视为对于变革和机遇的拒绝。所以这个建筑从城市的音乐厅变成了关于本土政治的巨大象征。另一件事是，波尔图在本土建筑实践上有着非常深厚的传统，所以我们试图与之建立起互补的关系。

奥布里斯特：你也使用了一位本土设计师来制作所有的家具。

库哈斯：在一个并不完全现代化的国家，我们想要手艺。家具是这个项目中最困难的元素之一，因为它看起来总是很新。这也是我们和达西亚诺·达·科斯塔[26]合作的原因。自70年代以来，他一直是著名的家具设计师，因为他的家具看起来很漂亮，

25　佩德罗·伯梅斯特（Pedro Burmester，1963—）：葡萄牙钢琴家。

26　达西亚诺·达·科斯塔（Daciano da Costa，1930—2005）：葡萄牙建筑师、画家、设计师。

但又有点笨拙，不是那么急于取悦他人。这种 70 年代巴洛克式的现代性，非常美丽。他设计了红色的天鹅绒沙发、金色的铝质沙发，都是非常有趣的家具，既有时代风格，也有一种很强烈的个性。

奥布里斯特：能告诉我们你是如何对这个空间的声学进行科学探索的吗？

库哈斯：两边都有两个巨大窗户的音乐厅显然会让一切更加复杂！大平板的玻璃窗会损害音质。为了声音的效果，我们把玻璃折叠成了波浪形，也可以充当结构：一个没有垂直支撑的十五米的玻璃墙。这个建筑物并没有封闭住内部的活动，而是将其朝向城市投射出去。同时，所有内部的空间在视觉上都是连接起来的。所以，据我所知，这是唯一一个你可以同时看到并参与三场音乐会的音乐厅。

奥布里斯特：我觉得有趣之处在于作曲家和建筑师之间联系的缺失。我很想知道，经由这次经历，你与音乐、作曲世界的对话是以何种方式增进的？

库哈斯：嗯，对于各种得以在此表演的音乐，佩德罗·伯梅斯特有着一种精确而复杂的想象。所以这不是出于某种商业目的，不想要错过任何一个观众而采取的某种典型的现代圆滑做派，更多的是各式各样观众的聚合。这对于这个城市是很重要的，并且需要与企业产生关联。这是一个真正的社会项目，一个统一的实体。

奥布里斯特：你之前参与过什么项目是和作曲家或声音建筑师合作的吗？

库哈斯：嗯，三年前，我们在海牙做了一个俱乐部，叫作特洛伊木马（Trojan Horse）。对于流行音乐会来说，那是一个非常有活力且很受欢迎的场地。那种"真正的影响力"在今天来看，太不同寻常了。我不知道为什么，当你谈到与作曲家的交往，或者真正的跨学科对话时，在今天看来会显得这么怪异。我猜想所有人都被困在了他们各自的身份里，而与此同时，我们开始变得越来越相似——相同的品味，相同的信息，相同的问题。我觉得，关于进行跨学科的实践，我们也就是嘴上说得好听。建造音乐厅是一次工程上极致的整合，这种整合在团队内部发生，而不是一种偶然。

奥布里斯特：我们还没有聊过你和声音的关系。我想知道你是不是听过很多音乐，是不是听过很多音乐会。哪些有关音乐的时刻让你获得了启发，或者让你深受震撼？

库哈斯：我年轻的时候，常去阿姆斯特丹音乐厅看迈尔斯·戴维斯[27]、约翰·克特兰[28]和塞隆尼斯·蒙克[29]的演出。现在我听音乐，去音乐会，但完全无章可循。大体上，没有什么有趣的东西值得多聊。我听古典音乐，也听当代音乐。每个家庭的生活里都有音乐。

---

27 迈尔斯·戴维斯（Miles Davis，1926—1991）：美国指挥家和小号演奏家。

28 约翰·克特兰（John Coltrane，1926—1967）：美国萨克斯管演奏家、作曲家。

29 塞隆尼斯·蒙克（Thelonius Monk，1917—1982）：美国爵士乐钢琴家、作曲家。

16

理查德·汉密尔顿
Richard Hamilton

我是在 1999 年前后认识理查德·汉密尔顿的。那时我正在伦敦的约翰·索恩爵士博物馆筹备一个展览,名为"回溯你的脚步:记得明天"(Retrace Your Steps: Remember Tomorrow)(道格拉斯·戈登起的标题)。汉密尔顿参与了这个展览,他放了一个马塞尔·杜尚的装置,制作了一幅相关的画作,并且为展览设计了一张海报和明信片。后来,我们在牛津附近见面,一起的还有丽塔·罗纳[1]。我们的对话从来没有停止,并且由此进行了很多项目和展览上的合作。

1　丽塔·罗纳(Rita Donagh, 1939—):英国画家。

小即是美

汉斯·乌尔里希·奥布里斯特（以下简称奥布里斯特）：你曾经谈到过"将观众从单眼的禁锢中解放出来"。你觉得在哪个美术馆空间里实现了这一点？

理查德·汉密尔顿（以下简称汉密尔顿）：我发现自己对几乎所有的美术馆空间都很挑剔。我第一次参观理查德·迈耶（Richard Meier）设计的巴塞罗那当代美术馆（Museu d' Art Contemporani de Barcelona，简称 MACBA）时，感到极其震惊，一个建筑师竟然会给艺术界提供这样一个展览画作的地方。他所做的看起来违反常理。地板和墙面的底部置有玻璃，照明来自下方。三层楼里，每一层最大的空间都是圆形的。为什么他觉得艺术家希望看到他们的画挂在一个凹面的墙上，这对我来说真是百思不得其解。除了那些凹面的墙壁，在它们前面，还有柱子立在让人非常不舒服的位置。整个建筑就是一个灾难，我说我连碰都不想碰。现在我发现，我明年要在那里做一个展览（"内省"[Introspective]，2003）。但我会在那里办展，仅仅是因为维森特·托多利（Vicente Todoli）会担任策展人，而且馆长曼纽尔·博尔哈-比列尔[2]创造了奇迹，压制住了这个建筑。他做了很多事情，让这个建筑变得有用。但我觉得，恐怕只有重新设计建筑内部，替换掉圆形墙壁才行。美术馆要适合悬挂作品，很多建筑师都在建造美术馆的任务上遭遇了滑铁卢。

奥布里斯特：有什么美术馆建筑是你很赞赏的吗？

汉密尔顿：纽约古根海姆博物馆饱受批评，因为相比它所收藏的艺术，建筑占据了主导地位。但它是少数我欣赏的建筑之一。那是一个很棒的建筑。尽管后墙是凹的，它依然具有艺术展示的优势。那些凹进处让你必须以螺旋式行进，从而形成了一种年代排序的方式，一次看一幅或两幅画在我看来是一个极大的优点。

奥布里斯特：你曾经说过，你认为许多真正重要的绘画不一定是不朽的。

汉密尔顿：艺术一直受到巨人症的影响——一切都要大。据说在20世纪50年代，美国艺术家因为花费了太多时间在电影院，萌生了画大幅绘画的想法。新的画作占满了人的视野，让他们觉得理所应当。我承认那可能挺有意思的，但随着时间的流逝，大量的空间被这类事物占据，我开始感到忧虑，因为

2　曼纽尔·博尔哈-比列尔（Manuel Borja-Villel）：西班牙艺术史学家。

那些东西是抽象的，它们没有与人类息息相关的部分。这些作品仅仅是从内容上进行修饰，除了自身之外，就没有其他主题了。顺应作品的美术馆也是从这些角度进行设计的。它们吹捧建筑师，而填充于其中的绘画仅仅用来装饰那样的建筑幻想。

而现在，我们置身于一个巨人症的新阶段，凡是雕塑都必须很庞大。所以你看到了《北方天使》（*The Angel of the North*，安东尼·格姆雷[3]，1998），那个站在高速公路上无比骄傲的该死的北方天使，它的名声和价值所在主要就是它和波音747的翼展相同。难道我们应该相信，如果你以两百倍的比例放大一个孩子的玩具，一个解剖教育器具，艺术就必然会产生？我不赞同这一理论。你可以放大一个万能牌（Moulinex）的食品研磨机，并且期待同样的奇迹。这种趋势是从我的一个好朋友、雕塑家克拉斯·奥尔登堡开始的，他首先将此作为概念和想法，创作了类似的作品——一个巨大的浮球在泰晤士河里起起伏伏，并以此制作了一张珍贵的明信片，但将这个可爱的点子变成雕塑则并无必要。不过，有公司着手做了这个，不久之后你就可能会在任何一个地方的广场上看到一个被放大的普通物件。我很支持迪特尔·罗特[4]的理念，他说美国艺术是重量级的，像是拳击场上的乔·路易斯[5]。有适合羽量级的地方吗？罗特喜欢把自己

3　安东尼·格姆雷（Antony Gormley, 1950—）：英国雕塑家，制作了一些夸张的大型铸铁雕塑。

4　迪特尔·罗特（Dieter Roth, 1930—1998）：瑞士艺术家。

5　乔·路易斯（Joe Louis, 1914—1981）：美国职业拳击手，1937年到1949年世界重量级冠军头衔保持者，被认为是有史以来最伟大的重量级选手之一。

看作是羽量级的。

奥布里斯特：把这个理念和美术馆联系起来很有意思，是杜尚派的盒子和携带式美术馆的概念。

汉密尔顿：是的，我还没在这个语境下考虑过这个问题，不过确实是这样。

奥布里斯特：小的就可以了。

汉密尔顿：如果黑色是美的，小的也可以是美的。我乐于探索以实际尺寸利用物品的可能性。当我在创作一对夫妇的画作时，我以凡·艾克[6]的《阿尔诺芬尼夫妇像》（*The Arnolfini Marriage*）作为范例。我决定采用和这幅画一样的镶板尺寸。然后我发现凡·艾克使用的尺寸很小。这件不朽的作品，这件在人们心目中不朽的作品，居然惊人地小。

奥布里斯特：这似乎不仅仅出于一种对巨人症的偏好，也是对小幅作品的歧视。

汉密尔顿：如果小而密，会被认为比仅仅是小还要糟糕。如果其中有更多需要思考的内容，如果其中的文本和图像会使你的大脑运转起来，就会被认为是不好的。

奥布里斯特：那当你在泰特不列颠美术馆（Tate Britain）看到布莱克[7]的展览（"威廉·布莱克"，2000）时，你觉得如何？

6　扬·凡·艾克（Jan Van Eyck，1385—1441）：尼德兰文艺复兴美术的奠基者，油画形成时期的关键人物。

7　威廉·布莱克（William Blake，1757—1827）：英国重要的浪漫主义诗人、版画家。

汉密尔顿：我感觉有点应接不暇，因为它展出的作品远远超出我对威廉·布莱克的了解。我看到了我从来不知道居然存在的画。其中有一些我觉得美丽绝伦。他的画作有一个问题，那就是他不是一个非常优秀的化学家，因为在颜料本身的质量上，的确存在很严重的变质恶化。这是因为他没忍住，在颜料中使用了沥青。透纳[8]也一样。你没法解决这个问题。没有一个修复师能把布莱克的画恢复到它当初完成时的样子。我们必须接受这个事实，它们就只能这样了。某种程度上，它们已无法恢复原有的荣光。不过有一两幅展现了他创作天才的绝妙之处。

我发现这个展览还有一点很迷人，事实上布莱克是一个伟大的技术专家，一个了不起的印刷工，我对版画制作很感兴趣。赫库勒斯·谢哲斯[9]是伦勃朗时期最早一批伟大的蚀刻师之一。布莱克也是赫库勒斯·谢哲斯这个级别的，他们是第一批使用色彩的版画家，是在非常早的时候。伟大的艺术通常是由发明新技术的人创造出来的。凡·艾克也是如此，他的家族发明了油画颜料。这需要创造技术，需要足以激发伟大艺术的化学。二者常常是相伴出现的。

奥布里斯特：艺术家一定程度上也是工程师吗？

汉密尔顿：不，不一定。我觉得一个伟大的艺术家应该具有

8　威廉·透纳（William Turner，1775—1851）：19 世纪上半叶英国学院派画家的代表，著名风景画家。

9　赫库勒斯·谢哲斯（Hercules Seghers，1589—1638）：荷兰黄金年代的画家、版画家。

完成某件事的愿景，并且能够找到实现它的技术手段。如果技术手段尚不存在，他会像化学家或工程师一样发明它，但首要的是愿景，而不是实践技能或具有技术背景的教育。当然对于像达·芬奇这样的人，这两者没什么差别。我不知道他是不是出于对解剖学的兴趣，才创作了像《蒙娜丽莎》（*Mona Lisa*，约1503—1506）这样的画作。我更愿意认为艺术家引领了科学家。

奥布里斯特：能细聊一下你对装置的兴趣吗？

汉密尔顿：作为艺术创作过程的一部分，我一直在对装置进行思考。除了我自己的作品，我也经常参与到别人的装置作品中。我参加过商业展览，不是设计结构之类的工作，而是制作模型。我花了很多时间在每年的英国产业博览会（British Industries Fair）这样的地方。那是在战争结束后，当时我二十出头。我以前常常做模型，部分原因是为了赚钱完成学业。你只需要剃须刀刀片、轻木和一些胶水就够了。采用最简单的手段，你就可以建立一个产业。

奥布里斯特：你是说展览的模型？

汉密尔顿：既有展览的模型，也有展览里展出的模型。我曾经做过一个模型，是一块超大的肥皂！

奥布里斯特：那是在"生长和形态"（Growth and Form，当代艺术学会，伦敦，1951）这个展览之前吗？

汉密尔顿：对。我想那是1935年到1936年，始于赖曼工作室（赖曼工业和商业艺术学校兼工作室［The Reimann School and Studios of Industrial and Commercial Art］，伦敦）的陈列部门，我前往展台，然后将我在工作室里用脚踏式线锯切成的字粘上墙。我当然没有做任何设计工作，但我在和一些非常优秀的设计师接触。赖曼工作室是一个小型商业化版本的包豪斯，在30年代早期，它不得不从德国搬离，然后在伦敦重新成立。1935年，我很幸运地在那里得到了一份工作，那是我十六岁去皇家学院（Royal Academy Schools）的前一年。

奥布里斯特：这个包豪斯的流亡版本具有真正包豪斯的跨学科精神吗？

汉密尔顿：它基于的理念是，非常高素质的从业者在实践环境下进行工作，并且在合适的时候进行教学。也就是说，有负责展陈、时尚、平面设计和摄影等的商业工作室，其中有很优秀的人在从事委托项目。也有单独的教学工作室。老师可以同时教那些不在工作室里做商业作品的学生。我曾是一名雇员，基本上是负责端茶倒水的。我做了一些工作，学到了很多。然而对我来说，这个地方的主要特点在于，能让你遇到在各自的领域都非常优秀的人。

我给一个舞台布景师打下手，我称他为哈斯赫叶（Haas-Heye）教授。有一次，他给了我一先令，让我去伯灵顿美术馆（Burlington Gallery）看毕加索的展览（"毕加索的《格尔尼卡》，以及六十七幅画稿、素描和研究"[Picasso's *Guernica* with 67 Preparatory Paintings, Sketches and Studies]，新伯灵顿美术馆，伦敦，1938），那个展览是在皇家学院后面一个很大的空间举办的。《格尔尼卡》（1937）占满了一面墙，周围是许多关于《格尔尼卡》的研究和几十幅表现哭泣女人的画。那时我十六岁，这段经历改变了我的人生。和我一起工作的人都非常聪明有为，但都离开了德国，他们很有可能是左派，我所受到的政治教育也得益于此。

奥布里斯特：在一段文字里，你写了关于设计展的评论，列出了一个反例清单。你援引了 1851 年的世博会（Great Exhibition），在使用室内空间方面，它创造了一些具有历史意义的突破。你还列举了现代实验性展览史上最精彩的部分。你怎么那么早就熟悉这段历史？今天似乎已经没人记得这些了。

汉密尔顿：估计你提到的文字来自一本叫 *FoB+10* 的设计杂志，那是我对它们特刊调查问卷的回答。问卷在 1961 年发给很多人，那是在 1951 年英国艺术节（Festival of Britain）的十年之后。我给这个杂志写过一些很怪的文章。我对作为实践的建筑不太感兴趣，但我对室内设计很感兴趣。在 1951 年的英国艺术节中，作为学生，我获得了一个工作机会，靠做模型挣到了一些钱，获得贷款，然后盖了一个房子。即使我不关心外观（那是建筑师做的），我也一直在考虑设计室内空间。1951 年，我策划并设计了"生长和形态"展览，在当代艺术学会举办，成为英国艺术节的一部分。这是非常自然的，因为我对勒·柯布西耶，以及你提到的其他一些人很感兴趣。

作为一种媒介，展览体验尤为新奇的地方，在于体会到观众在空间中移动的形式。你还可以有其他的体验：你可以坐在放映厅椅子上观看投射到屏幕上的动态图像；你可以读书；你可以通过各种各样的方式吸收信息。但展览以这样一种方式展现了信息，即观众被要求在其中移动，而不是作为静止不动的旁观者。

我就此琢磨了很久，最终在 1957 年和维克多·帕斯莫尔[10]合作了一个展览，叫"一个展览"（An Exhibit，哈顿画廊［Hatton Gallery］，纽卡斯尔；当代艺术学会，伦敦）。我开始明白，在一个平面和立面都很难可视化、很难理解或合作的空间里，有一些事情是可以进行的。长期以来，平面和立面是建筑师理解空间的工具。建筑师必须在平面上工作，在平面上进行空间分配，然后再考虑墙的立面。对正交平面的限制及其后果，完全扰乱了人从整体上理解空间的可能性。平面和立面一旦落到纸上，写下信息，画好图，建筑就回到了平面。因此我仔细研究了一下安东尼·高迪[11]的作品，我觉得他如果不是在空间里走动，然后在其中做出决策的话，他不可能做出那些东西。

我认为最辉煌的建筑是帕特农神庙，它是人在那个空间中行走然后萌生灵感的建筑作品。帕特农神庙的特质在于它是一组密切关联的建筑群，超越了任何个别建筑或者本可能加在上面的个别雕塑作品的特质。

奥布里斯特："一个展览"中的元素是被悬挂起来的。这套展览系统是如何运行的？

汉密尔顿：我设计了一个系统，可以将标准尺寸的亚克力板悬挂在一英尺八英寸规格的三维网格中的任何位置。所以，垂

10　维克多·帕斯莫尔（Victor Pasmore，1908—1998）：英国艺术家、建筑师，20 世纪 40 年代和 50 年代英国抽象艺术的先锋。

11　安东尼·高迪（Antoni Gaudi，1852—1926）：西班牙建筑师，塑性建筑的代表人物。

直、水平或者彼此垂直地悬挂那些板子的可能性是无限的。那个展览没有主题。用弗兰克·斯特拉的话来说，它是自我指涉的。我慢慢意识到，以正常的方式构想平面和立面的关系是不可能的。必须在空间中逐渐创造，从一个元素到另一个。一旦在那个空间放了一个平面，做出第一个标记，那么它就会决定接下来第二个的位置。整个系统必须有机地发展。

这也和 1951 年至 1952 年我在斯莱德美术学院（Slade School of Fine Art，伦敦）时产生的一个想法有关。那时，我在画画，尝试着极简主义。我告诉自己："如果你画一个矩形，然后在上面做一个标记，那么那个点就是和边缘或角落相关的，而这第一个标记会影响随之而来的一切。"最初的选择是矩形，先确定了边界，然后是一个单独的标记，接下来的标记必须和起点及其在矩形中的位置相关。泰特现代美术馆收藏了我的一幅小画，叫《彩色螺旋》（Chromatic Spiral，1950），这幅画就完全是基于这样的原则。"一个展览"里的空间遵循了同样的原则。不过最初的展览，像是"生长和形态"（1951）和"人、机器和运动"（Man, Machine and Motion，1955），就截然不同，它们具有很强的说教意味，并且有一个主题。"生长和形态"是关于自然形态的，该领域的代表人物是杰出的形态学家达西·温特沃斯·汤普森[12]。在观察了自然世界后，我又转向了"人、机器和运动"，它探讨了人及其在自然世界中的位置——为了让自己能

12　达西·温特沃斯·汤普森（D'Arcy Wentworth Thompson，1860—1948）：苏格兰的动物学家，他把自然历史与数学相结合，发展出了一种研究生物进化和成长的新方法。

在空气或水中，在地面上快速移动，为了提升体能，人类是如何用工具调整身体能力的。换句话说，为了突破达尔文理论的限制，人做过什么事情。

奥布里斯特：观众自己的创作能力对你来说非常重要。是不是可以说，在"一个展览"中，观众以杜尚派的方式完成了创作？

汉密尔顿：设计完系统并参与元素位置的摆放之后，我很高兴让我的合作者维克多·帕斯莫尔继续处理劳伦斯·阿洛韦 [13] 称之为个性化的部分。我们之所以做"一个展览"，完全是因为维克多·帕斯莫尔来找我，然后说："我们一起做一个展览不是很有趣吗？"他说："我喜欢你的'人、机器和运动'展览，但我不喜欢那些照片。"他对这些平面之间有条理的关系很感兴趣，但他无法认同信息呈现于这些平面的想法。我觉得这个观点很有趣，于是就想，"要是把所有照片都拿走呢？如果只考虑如何以某种关系摆放这些平面呢？"我回去找他，然后提出了一个方案：我可以设计一个系统，用它来把这些平面摆放在我们希望的位置。之后他可以对这些面板进行个性化的处理。我意识到，采用他习惯的形式并且继续下去，我可能会觉得不太舒服，而且我不认为两个人可以通过赋予其个性化的意义来创造出艺术作品。他喜欢最后的效果，并且希望做更多，因而我们做了另一个版本，通过自力撑持的，并且容易建造得多，叫作"展览2"（Exhibit 2，1959）。我提议，我们可以尝试一起来做，而不是他一个人完成；但我们需要隐去个人的特点，以匿名的形式展出

13　劳伦斯·阿洛韦（Lawrence Alloway, 1926—1990）：英国艺术评论家、策展人。

作品，而不是像之前一样强调他自己特有的形式。这个概念就来自海报和图录中阿洛韦所说的那句"'一个展览'的意义现在取决于观众，就像在早期阶段它取决于作为玩家的艺术家一样。这是一个通过观众的参与才能完成的游戏、迷宫和仪式"。

奥布里斯特：超越艺术家的署名？

汉密尔顿：是的。我提议使用限定数量的彩色不干胶胶条。接下来的问题是撕下一片胶条然后贴上去。你可以先把胶条贴在那边的某个东西上，然后确定下一次贴放的位置。在我看来，这像是放置面板过程的延伸。其基本原则是中性的，或者说是匿名的。

奥布里斯特：乔治·库布勒[14]在他的著作《时间的形状》（*The Shape of Time*）里，将时间引入艺术史，他写道："有史以来，我们的关系在变化，时间在流逝，位置也在变化。对于时间的形状，我们需要的不仅仅是一个超越生物科学类比的标准。生物时间是统计学上可预测长度的存续时间，它是不间断的，而历史时间是间歇性的，是可变的，而且一个行为与其原始思想之间的间隔也是不确定的。"这段关于"生长和形态"的文字与时间以及将时间引入展览有多大的联系？

汉密尔顿：达西·汤普森关于形态学的观点让我惊叹，我完全被它所吸引。我从来没读过达尔文的书，尽管我确信他的书非常吸引人，同样也是伟大的著作，但汤普森的书（《生长和形态》[*On Growth and Form*]，1917）之所以引起了我的兴趣，是因为

---

14 乔治·库布勒（George Kubler，1912—1996）：美国艺术史学家。

他从数学的角度切入，探讨了形态。它让我打开视野，看到世界原来是这样的，它之所以必须这样，是为了遵循某些数学原理。动物头上的角之所以那样生长，是由硬质部分和软质部分的关系决定的，角能够记录下该动物的成长轨迹。角的末梢呈尖状，因为它首先生长出来，然后基底持续生长，一点点扩大。牡蛎壳随着身体的长大而越来越大，其中原理也是一样的。花椰菜上的螺旋形完美地显示出其生长的奇迹，你会发现它必须长成这样，因为时间和生长是相关的。

我心目中汤普森最美妙之处在于他对生命的阐述。可以这么理解。一个有机体始于一个球形细胞，这个细胞分裂成两个，再分裂成四个，然后八个、十六个、三十二个、六十四个，一直持续下去，直到细胞的数量达到合适的状态。细胞团旋转，呈现出另一种形式，像拇指摁黏土球那样产生一个凹陷。它会趋向于变成这种形状，然后变成圆柱形。细胞会根据其在生物体上的位置而形成不同的形式和功能。凹进去的地方会变成一个洞，然后赘生物会从这个"管子"的两侧伸出来，最后变成了一个有嘴巴、肛门和四肢的生物。发育成像人类一样具备心智的复杂的生命体，这个过程太神奇了。物质的一个神秘而美妙之处在于，它会以纷繁多样的方式孕育出这个超凡的生物——人类。

奥布里斯特：这就是汤普森描绘的吗？

汉密尔顿：差不多是这样，我进行了一定的简化。他的转化理论被科学界视为一大贡献。他发现某些动物的头骨存在着关联。他在一个规则的网格上画出其中一个头骨，然后通过使网格变形，通过弯曲或拉伸网格，生成其他物种的头骨形状。由此，他列出了一张表格。如果关联的序列中存在一个缺口，甚至是很大的缺口，那么这中间就很可能存在着其他的物种，而这个物种头骨的形状就类似表格里缺失的那个，这样就填补了这个缺口。通过发现物种之前对该物种形状的预测，他的理论得到了验证。这就像是元素周期表：在发现某个元素之前，其原子序数就已经确定了。居然会存在着这种关联，我觉得太有意思了。我不是在学校里学到这些东西的，这意味着当书籍引起我关注的时候，我会尽可能从中汲取养分。我不需要另一个人来揭晓魔法，印出来的文字对我来说足够了。

奥布里斯特：我们再聊聊"人、机器和运动"这个展览。关于展览，你写了一段文字，其中提及人类用来拓展身体潜能的装置。当我看到这段文字的时候，想到了关于时间的控制论。

汉密尔顿：不，我觉得那是我自己提出的概念。我常常和爱德华多·包洛奇[15]、尼格尔·亨德森[16]一起去自然历史博物馆（Natural History Museum）。他们喜欢化石，他们的创作、他们作品的形态也深受化石影响。包洛奇特意创作了看上去像是历史博物馆里浮雕的作品，他把作品放在一个橱窗里，标签上写着它是某个时代的"化石"。去维多利亚与阿尔伯特博物馆的话，我大多是独自一人，研究希腊罗马挂毯，或者花费好几天时间

15　爱德华多·包洛奇（Eduardo Paolozzi，1924—2005）：苏格兰雕塑家，波普艺术的先锋之一。

16　尼格尔·亨德森（Nigel Henderson，1917—1985）：英国纪录片艺术家、摄影师。

在印刷室研究版画。手捧一盒子伦勃朗的版画好几个小时，那种体验真棒。

奥布里斯特：你是自学成才的？

汉密尔顿：对。我不知道为什么会被博物馆吸引，但就是这样。对我来说，南肯辛顿的这三个博物馆——自然历史博物馆、维多利亚与阿尔伯特博物馆和科学博物馆（Science Museum），它们涵盖了我感兴趣的不同领域：自然、艺术、科学和工程——变得很重要。我像小孩子一样，花很多时间在科学馆研究感兴趣的东西，想知道它的操作原理。我也像小孩子一样喜欢看展示柜里的蒸汽机。你按下一个按钮，活塞就开始往复运动；然后你按一下旁边的按钮，转一下手柄，又发生了别的变化。这是去科学博物馆最大的收获之一。它非常强调移动工具，大厅里挂着汽车和飞机等东西。不过，我受到的影响也有其他来源，比如美国杂志上的广告，一支足球队排成一排，站在一辆庞蒂克或凯迪拉克汽车后面；或是躺在汽车发动机上的穿着泳衣的女孩。

奥布里斯特：人与机器的混合？

汉密尔顿：对。我开始收集这些图片，觉得也许可以做一个展览。我对这样的展览形式很感兴趣，不是说我觉得把人和运动展示给公众很有必要，而是认为做一个这样的展览会很有视觉趣味，并且能够发挥我作为结构设计师在呈现信息方面的才能。

奥布里斯特：有一个展览我们还没有聊到，但却是援引最多的，那就是在白教堂艺术馆（Whitechapel Art Gallery）展出的"这就是明天"（This is Tomorrow，1956）。你组成了一个团队，包括一名建筑师、一名画家和一名雕塑家。这个展览的概念是从何而来的？特别是你在其中起到了什么作用？

汉密尔顿：当时，独立小组（Independent Group，英国波普艺术先驱）正濒临解体。我记得独立小组诞生于1953年至1954年，但它已经变得更为开放，更像是一个面向公众展示理念的平台，而不是内向的团体。《建筑设计》（*Architectural Design*）杂志的编辑提奥·克罗斯比（Theo Crosby）积极参与了一个国际团体，叫建筑代表大会（Architectural Congress）。在巴黎，大概是1954年，将建筑师、画家和雕塑家聚在一起的这个想法就已经提出了。

奥布里斯特：这是一起跨学科事件吗？

汉密尔顿：大致可以这么说。说到当时的伦敦，提奥·克罗斯比召集了一次会议，或者说一个派对，我们去了。提奥说道："我们可以做一个展览。计划是组建一个团队，有一名建筑师、一名画家和一名雕塑家。你们自己聊，然后决定想要跟谁合作。"

奥布里斯特：团队是自发组织的？不是由策展人规定的？

汉密尔顿：就是这个想法。当时的情况有点奇怪。约翰·麦克海尔（John McHale）和我明显都希望合作，那么还需要找到一个建筑师。我跟约翰·沃勒克[17]有点交情，而且我也很喜欢他，所以我们邀请他加入。很不幸，没过多久，在我们稍微讨论了一下大概的想法之后，约翰·麦克海尔告诉我们，因为接受了奖学金，他要去耶鲁了。他去了美国，直到展览在英国开幕前

---

17 约翰·沃勒克（John Voelcker, 1927—1972）：英国建筑师、设计师。

几周才回来。我们仅仅通过信件交流，彼此间的对话越来越激烈尖刻。所以，到最后，我们绝交了。我感觉很多团体会发生这种事情。不过，我们希望在空间里做什么，还有实际的执行，这些想法一定是属于大家的。我们的观点一致，觉得应该呈现那些我们在独立小组讨论的观点，我们所理解的波普艺术、流行音乐、电影等，还有提到"波普艺术"时会出现的其他事物。约翰·麦克海尔对视觉方面的东西很感兴趣，像是格式塔心理学，还有其他的内容。他读了所有相关的书籍，比我了解得深入很多。到最后，我采用了一些来自麦克海尔的想法，并且不得不将其纳入展览之中。约翰·沃勒克设计了装置。

奥布里斯特：他称之为"趣味屋"（Fun House）。这很有趣，因为让我联想到塞德里克·普莱斯的玩乐宫。这其中有联系吗？

汉密尔顿：据我所知没有。约翰·沃勒克设计的这个装置前面低而宽，后面高而窄，像是一个楔子，但又是一个无论水平还是垂直都可以用的楔子。它放置在那里，形成了一个狭窄的走廊，一块让人产生视错觉的区域。装置周围的整个空间都使用了内敛的空间暗示。我们的理念是，在我们的视觉环境中，有一些特定的东西是新出现的，像是电影、自动点唱机、玛丽莲·梦露和电影《禁忌星球》（*Forbidden Planet*，1956），等等。所有这些流行文化的图像都相互关联，或者相互对照，所以我们可以通过直观的视错觉来了解我们观看事物的方式。一些错觉来自书本，也有一些是通过处理空间创造的。

奥布里斯特：视觉扭曲？

汉密尔顿：是的。我们营造的这种体验可以在马塞尔·杜尚的旋转浮雕（Rotoreliefs）里感受到。它们是一种视错觉。这应该是单眼空间错觉，它不基于立体视觉，马塞尔一直觉得这一点很奇妙。这两个主题，即新的流行文化和把它展现给我们的光学元素，被放置在一起，并以尽可能戏剧化且激动人心的方式呈现出来。自动点唱机不停运转，人们可以自行选择。他们不必往机器里投入一先令或六便士，结果没有人能够听到他们想听的东西，因为他们选择的歌可能在一两个小时之后才会播放，机器就一直以这种方式被使用。我们还在这个装置的最后一个房间里放了一个麦克风。麦克风放置在墙上，上面有一个气球，气球上写着"在这里讲话"。人们会对着它说话，但他们不知道装置前方有一个扬声器播放着他们所说的内容。在玛丽莲·梦露真人大小的人形板附近，有一个巨大的健力士（Guinness）瓶子：当你从前面看它的时候，这种空间差异会被放大。还有一个太空舱，取自科幻电影，它的地板上是荧光的杰克逊·波洛克作品，墙上有舷窗，表明了这是外星人透过窗户观看到的场景。所有这些细节都融合了声音、视错觉和视觉意象。

当代艺术的十九副面孔

17

SANAA 建筑事务所

我在 1996 年遇到了妹岛和世，那时我正在进行"运动中的城市"这个展览的研究工作，那是和侯瀚如共同策展的。为了这个展览，我走访亚洲各地，我和妹岛正是在日本会面的。之前，我一直在询问各种人，我们应该见哪些年轻建筑师，矶崎新提到了妹岛。我是在她的工作室和她见面的，里面放满了失重的建筑模型。违抗了地心引力，它们真是极其俏皮有趣而又引人注目。现在她最为人所知的身份是 SANAA 建筑事务所的半边天。SANAA 是她和西泽立卫于 1995 年创立的建筑事务所，她也是现今一流的建筑师之一。

我们第二次会面是在 2008 年的横滨三年展。当时在场的还有艺术家彼得·费施利和大卫·韦斯。我们合作了展览"变异"（Mutations），她在日本进行了材料设计。我们的另外一次合作是在 2009 年与茱莉亚·佩顿-琼斯一起，邀请她设计蛇形画廊夏季馆。2010 年，她应邀策展了威尼斯建筑双年展，然后邀请我去采访那里的观众。在她的策展工作中，有一点很有趣，那就是她自己不参与设计，她让艺术家设计，同时邀请我采访来看展览的人。她设计的是专门用于采访的房间，里面放着看上去像兔子一样的椅子。

旅程

汉斯·乌尔里希·奥布里斯特（以下简称奥布里斯特）：我觉得我们应该从开端开始聊起。我很想知道你们是如何开始合作的，前期做了什么，第一个念头是什么样的？

西泽立卫：我原本在妹岛女士的工作室工作，1995年的时候想成立自己的工作室。我们开始讨论，然后同意一起成立SANAA工作室。那时在澳大利亚悉尼，有一个当代艺术馆的竞稿。我们想参加，觉得提交一个联合提案的话，会是一个不错的主意。所以我们就以那种非正式的方式开始合作了。后来我们赢得了竞稿。但很不幸的是，项目取消了，所以它从未亮相。不过我们后来又赢得了一个竞稿，然后SANAA就持续活跃起来了。

奥布里斯特：还有一件事我很好奇，以前的建筑师或设计师中，哪些人对你启发最大？

妹岛和世：当然有很多很多，不过很难说具体哪一位对我启发最大。我可能会想到勒·柯布西耶、密斯·凡·德·罗，或者，更近的，伊东丰雄和雷姆·库哈斯。

奥布里斯特：这就要聊到美术馆的问题了。在你们合作的初期，基本上都是房屋项目。在过去的几年里，你们将重点转向了美术馆设计，其中一些还没有实现。我很想知道你们做美术馆设计的契机是什么呢？

妹岛和世：我仍继续给个人房屋做设计，不过同时我也设计美术馆。我觉得美术馆有一点很有趣，那就是它们具有公共性，它们能够提供一个新的公共空间。这是公众的普遍需求。比如，如果我是一个游客，身处一个完全陌生的城市，我不知道要做什么，我就会先去当地的美术馆。美术馆会触发一些东西，创造一个新的机遇。美术馆也为小学生们提供了教学场所。它可以对各色人等敞开大门。当然，美术馆肩负艺术使命，需要展出艺术作品。这一点是所有美术馆的根基。除此之外，对于那些不一定必须接触文化艺术的人来说，去美术馆也是一个发现探索的机会。即使他们不一定和其他人交谈，其中依然存在着某种交流。我感觉这是现如今人们对美术馆的期待。反正我是这么想的。我觉得存在着各种各样的美术馆，它们都肩负艺术使命，有很多共通之处，让美术馆变得很有意思。

奥布里斯特：就你们所做的美术馆项目，能略微聊一下形式和内容之间的关系吗？

西泽立卫：形式和内容之间有着很重要的联系。人们打算如何利用美术馆，这样的"规划"只有通过内容才能被理解。于是就产生了形式，以及它的使用方式，其中必然存在着联系。举个例子，如果一个美术馆有一些非常大的房间，也有一些非常小的房间，将艺术作品分别放在两种空间内，艺术作品给人的感觉也会改变。我认为，内容和形式之间存在着的这种关系是建筑中一个有趣的主题。有趣的内容带来有趣的建筑，反之亦然。两者间存在着一种互动：彼此都赋予对方新的意义。无论是房屋，还是美术馆，我们都可以从中观察到这种现象。

奥布里斯特：和世提到了美术馆的公共性。参观金泽 21 世纪美术馆（21st Century Museum of Contemporary Art）的体验中，我觉得尤为吸引我的地方，在于那里一切都是相互联系的。这不是一个大陆式的美术馆，更像是一个群岛式的美术馆。其中的展示空间由走廊连接。你曾经告诉我，你对这种连接的自由性很感兴趣，以及那些公共空间……

西泽立卫：在我们设计这个美术馆的时候，我渐渐意识到艺术作品的显著特征。换句话说，当某人希望建一座美术馆的时候，其中一个重要的目标就是在观众中间营造一种情绪。各种类型的人都会去美术馆。你当然可以称其为美术馆，不过也可以说它是一个公园，一个面向所有人开放的场所。因而这里可以创造一场奇遇，一次体验，然后人们各自回到家中。就此而言，不同的空间存在着差异和转换，这使得在其中营造一段旅程成为可能。对美术馆来说，这是一种非常民主的方式。它是美术馆，是公园，也可以是一个都市空间。这就是我们设计一座美术馆时所考虑的。

奥布里斯特：你们尚未实现的罗马项目也是一个美术馆项目，

我想请你给我们讲讲，因为我觉得在这个新项目中，你创造了非常奇妙的连接，你让很多通常并非公开的区域——尤其是储藏区域——变成了公共空间。

　　西泽立卫：这个项目相对较早，但没有被选中，所以就没有进展了。我记得那个地方有着各式各样的历史建筑，如果不将其纳入其中，就会被拆毁。那就是我们面对的情况。我们决定，应该保存下来历史建筑，比如使用玻璃盖住它们，让建筑物像艺术品一样变成展品。

　　在现存建筑的内部，也有展览空间。但是，因为它们是单层建筑，你只需从一个建筑走入另一个建筑，所以它一点也不复杂。不同的元素如同俄罗斯套娃，一个被另一个封住，像是盒子中的盒子。

　　奥布里斯特：这就要聊到艺术家的问题了。通常当代艺术家都喜欢你们的作品，并且会受到启发。你们与当代艺术有过什么对话吗？路易莎·兰布里[1]告诉我，她跟你们合作了很多次，作为艺术家，她经常和你们对话。

　　西泽立卫：路易莎·兰布里是很棒的艺术家，有着非凡的建筑师视野。她是我们最为敬仰的艺术家之一。这激励了我们，我们也希望有朝一日，如果有机会的话，可以和她一起设计一个建筑物。我们遇到困难的时候总是被艺术家拯救，换句话说，艺术创造了空间。在这方面，我们的确对艺术家非常钦佩。至

1　路易莎·兰布里（Luisa Lambri，1969—）：意大利艺术家，主要创作媒介为摄影和影像。

今为止，我们和沃尔特·尼德迈[2]、詹姆斯·特瑞尔、林明弘[3]合作过，不仅仅是展览空间，还有一些原创项目。

妹岛和世：展览空间尤其困难。我的意思是，建筑不应该太过显眼。但同时，如果只是作为一个背景，那也远远不够。需要恰当地考虑展陈和展品之间的关系。这并非一项轻而易举的工作。不过我们从金泽，从我们设计的一家由艺术家使用的画廊中，体会到了一点，那就是空间本身可以依靠其内部的艺术而呈现不同的维度。举个例子，如果有人在一个非常大的房间里放置了一个非常小的东西，你会更强烈地感受到这个物品的存在。反之，就会出现空间看起来非常拥挤的情况。当然，在建筑的层面，一切都没有改变，尺寸始终是固定的，但每一次都会诞生一个新的空间。和艺术家进行理想的合作是非常独特的经历。

西泽立卫：回顾建筑史上建筑和纯艺术之间的合作，在我看来，它们似乎从一开始就是一体的。比如日本古代建筑，像是法隆寺，即使是一根柱子，就已经是一件艺术品了。寺庙既是供奉佛像的地方，也是有着精致装饰的建筑物。换句话说，艺术和建筑是无法剥离的。欧洲建筑也是一样。在这方面，人类在不经意之间，就让建筑和纯艺术融为一体了。

奥布里斯特：这让我联想到你们相对不为人知，且没什么文字记录的一部分工作：展陈设计。你们构思过自己的展览，然后

2　沃尔特·尼德迈（Walter Niedermayr，1952—）：意大利摄影师。

3　林明弘（Michael Lin，1964—）：中国台湾艺术家。

展出了自己的作品。我想到了几年前你们为威尼斯双年展（2000）所做的非常精彩的日本馆。你最近的项目，一个是为巴塞罗那国际博览会德国馆（密斯代表作）准备的项目，在今年11月；另一个激动人心的项目是在直岛，这个和展览有关。我还想听你们聊聊去年在东京都现代美术馆（Museum of Contemporary Art in Tokyo）的项目，这是一个某种程度上隐形的建筑，这个项目是如何演变而来的？

妹岛和世：你提到了直岛，不过还有一个岛屿和它邻近，叫犬岛。这个岛屿更小，同样也是贝乐生艺术园地（Benesse Art Site）的一部分。犬岛艺廊项目的工作始于去年春天。它和卢浮宫朗斯分馆（Louvre-Lens，法国，2012）项目存在一些共通之处。那里不是矿区，是一个很小的岛屿，但岛上有一些废弃的采石场，已经形成了一些小池子。犬岛上大约只有五十个居民，平均年龄超过了七十岁。我们当时的想法是做一些事情以保护这个岛屿。如果什么都不改变的话，那么这个岛屿很快就荒无人迹了。岛上有一些传统的房屋，大概五十间，有一些是空置的。我们产生了一个想法，把这些房屋整修成画廊。我们增加了一些新的展览空间，以取代之前的半废弃或空置的地方。这个小岛你可以在二十分钟之内游览完，但它的沿海有着非常美丽的景色，还有由矿坑变成的水池。你可以看看山、海和那些水池，参观已经变成画廊的传统民居。古老的传统景观通过轻微的修复，变成了新的景观。

奥布里斯特：那巴塞罗那世博会德国馆（西班牙，2008）的项目呢？

西泽立卫：密斯是我们最为尊敬的建筑师之一。这个是我们面临最多困难的项目。其实我们是希望展出雕塑，而不是做展陈设计。这些雕塑必须做到不干扰密斯的设计——我们打算把精力主要放在这一点上。这不太像是一个展陈设计，我们完全是以艺术家的身份参与其中的。

妹岛和世：聊到展陈设计的时候，我们总是要考虑到，在美术馆里，艺术作品和展览空间之间的关系是不稳定的，它们无法独立于美术馆的其他部分而存在。比如，当参观者在展厅中漫步穿行时，两种类型的空间偶尔会重叠。

奥布里斯特：我想问问你们对于记忆的看法，艾瑞克·霍布斯鲍姆呼吁"对抗遗忘"，这对你们来说重要吗？

西泽立卫：比起谈论记忆，我们更愿意使用"历史"这个词，它能唤起的东西更多。通常，我们建造新大楼的时候，和它们挨着的是之前已经建好的建筑。新址很可能是先前已经存在的位置，或者根据地形选择的。所以设计一座新建筑是在历史的流动中创造一种意义。重要的不是理解建筑，而是理解既定的环境。房屋也是一样。拿埃森的关税同盟学院或卢浮宫朗斯分馆项目来说，我们处在具体的语境中，那就是众多人口所共享的历史。面对着那样的历史，这就变成一个更为重要的问题。说历史重要，不是简单地让旧的继续留存，也需要加入新的事物。多亏了这些既存的历史，我们得以了解到更多当下的意义，并能够好好反思，在其中加入当代的东西。我们把这个称作是项目。

奥布里斯特：另一个问题是关于时间的。通常我们谈到美术馆的时候，讨论的都是空间。伟大的作家、哲学家、诗人爱德华·格里桑提到了对抗均质化，在这个全球化力量如此强劲的时代，我们要对抗的不仅仅是空间的均质化，还有时间上的。我想再听你们聊聊，有关我们今晚所看到的这个恢宏项目中时间轴的问题。正如我们所见，这是一个时间廊，连接着从公元前4000年到公元19世纪末期的各色事物。

妹岛和世：不知道我这么回答是否恰当。你把这些物件排成一排，观众便可以意识到时间的流动。当我去某些地方时，我所感受的不仅仅是空间，也有其时间的维度。在这个空间和这个环境中，我们感受到时间的非均质性，这意味着在这个空间或环境中，时间的流动有着不同的特质。在卢浮宫朗斯分馆的基址上，我有一种置身岛屿的感觉。这说明那里有流动着的时间，那个地方特有的世事变迁。在时间廊的空间内，有着关于时间的不同维度。我很期待能够作为一个参观者进入其中。

奥布里斯特：谢谢细致的答案。现在把时间留给现场的观众，可以提两三个问题。

观众一：我想再聊聊时间这个概念，因为我感觉建筑师和景观设计师并不是根据相同的时间尺度进行工作的。我特别想到的是日本建筑史，在那里建筑的时间性是不一样的。在欧洲文化中，我们没有这样的时间概念。对建筑师而言，不管他经历了怎样的历史，这种时间概念必然更加短暂，它是否对你们形成卢浮宫朗斯分馆项目的设计构想有所影响？

西泽立卫：我觉得要说的话，有着各式各样的例子。比如伊势神宫，它是让人敬仰的神社，在日本是举足轻重的。根据日本神道教精神，这些建筑必须被毁掉，每二十年重建一次，因而存在着摧毁和重建的循环。神宫主要由内宫和外宫构成。每二十年一次，两座新建筑从地面拔地而起。它们是由天然木材建造的，不上色。木材取自附近的山上。所以你会产生一种感觉，那就是这个循环甚至把邻近的大山也纳入其中。这是一种只有在日本才能找到的理解时间的方式。古代建筑记忆被保存了下来，并且传承至今。有时候，据说留存这个摧毁和重建的循环正是为了保护这项技艺，这也使得神道教始终在力求与时俱进。在建筑时间性的语境中，这是一个特例，只有日本才有。

观众二：你们现在的建筑项目遍布世界，在美国和欧洲也都能看到。在不同国家做建筑项目的经历是否拓展了你们工作的多样性？不同地域的文化或历史之间存在联系吗？或者说，就你们来看，你们的工作方式是通用的吗？

妹岛和世：无论去哪里，我们都希望建筑物与环境建立联系。这个态度是不会改变的。这意味着在每一个地方，我们都会受到一定的影响。比如，就埃森关税同盟学院的大楼来说，这是我们第一次完全使用混凝土建造，以前我们经常使用的是钢结构。然而在那种地方，比起使用钢结构，我们觉得需要用更坚固的结构，于是就选择了混凝土。当然，我们不会永远待在一个地方，所以有自己观看事物的方式，有我们自己的方法。不过在不同的地方，我们都会思考具体的位置，然后得出与之相应的设计。我们是这些项目的设计师，所以它们之间不可避免地存在一些相似之处，不过每一个设计都呼应了其所在的地点。举个例子，我们在纽约完成的建筑（新当代艺术博物馆［New Museum of Contemporary Art］，2003—2007）位于市中心一个非常重要的街区。当建筑物到达一定体量时，其尺度应该与所在的环境保持协调。我们始终协调着与周边环境的这种联系，选择材料和建造的过程也都基于这个前提。

观众三：你们谈到了建筑必定是融入景观的，或者融入周围的树木等等，似乎到头来建筑本身的价值消失了。我想知道是否这样。

西泽立卫：当我们谈到建筑与景观融合的时候，并不是说它消失了，因为这种融合的关键在于和谐。这是有可能的，因为其中存在着两个元素，当其中一个元素消失时，也就无所谓和谐。因而我们的目标既不是让建筑消失，也不是让自然消失，而是让它们共存，其目的在于避免对抗性的共存。

公共空间

奥布里斯特：那么你们是如何开始劳力士学术中心（Rolex Learning Centre，洛桑，瑞士）的设计工作的？最初的草图是怎样的，这个想法来自哪里？

西泽立卫：实际上一开始我们设计了好几种桥形的结构，每一个都不太一样。我们尝试创造一个多方向的桥梁复合体。

妹岛和世：竞稿恰好是在我们完成金泽的美术馆和阿尔梅勒的德昆斯特林剧院和文化中心（De Kunstlinie Theatre and Cultural Centre）项目之后。我们为那个项目设计了一个单层建筑。就学术中心来说，我们想要尝试另一种类型的大楼，一种不止一层的大楼。我们被告知这个方案是要设计一个面向学生，甚至是附近居民的空间，全天二十四小时开放，这意味着如果我们将这个问题分为几个层次考虑的话，多少会更加自然一些。我们知道，对于单层建筑来说，人们只能从建筑的边缘进入。所以我们尝试让建筑抬高，也更大，变成一个连续的空间，但同时使人们能够到达建筑的中心。这花了些时间，最终呈现了这个方案。人们可以从任何地方走进这个建筑并抵达核心的区域。

奥布里斯特：大楼的中心处是什么？

西泽立卫：在大楼中央设有入口大厅。我们做了一条曲线，在大楼下方创造出一个开阔空间，因而人们可以直接前往中间地带。

奥布里斯特：屋顶孔洞的形状各式各样，大小也不一致。

妹岛和世：有时我们在一个大空间设置了两个开口。大的孔洞提供了间隔，而小一点的则创造了更为私密的空间。

奥布里斯特：所以人们在这个大楼里要走很多路！并且还有很多面向学生的公共空间，不是只有教室。

西泽立卫：地面上的所有空间都对学生开放，有一个图书馆、一个餐厅……有许多不同类型的空间和各式各样的形态。

奥布里斯特：那这种反光材料是什么？是铝吗？

西泽立卫：楼板是混凝土，屋顶是钢结构。

奥布里斯特：太不可思议了。建筑似乎变成了景观。屋顶下侧似乎也有一种镜面效果。目前你们还在做其他什么项目吗？

西泽立卫：卢浮宫朗斯分馆项目。

奥布里斯特：你们也是威尼斯建筑双年展的负责人。这是你们的第一个大型策展项目吗？你们之前策划过其他展览吗？

西泽立卫：没有，我想这是最大的了，也是第一个。

奥布里斯特：但你们做过自己的展览和"变异"的展陈设计，还有和服装设计师川久保玲合作的项目（"Comme des Garçons 的空间设计"［Spatial Design for Comme des Garçons］，东京都现代美术馆，东京，2009—2010）。

妹岛和世：对，我设计了一系列亚克力泡泡，还有一个弯曲的迷宫，用来展出衣服。设计的意图是让颜色在空间中扩散。

奥布里斯特：很漂亮，就像一幅画一样。裙子飘浮在空间里，悬浮着。这是怎么做到的？

妹岛和世：我们做了一个透明的主体结构。在有些地方，人们可以穿过有机玻璃，靠近材料。

奥布里斯特：因而它们也变得像是雕塑。

妹岛和世：我一般是在零售店里看到 Comme des Garçons 的时装，这意味着我是一个消费者。但这里的想法是挑选、展示，并且将这些作品理想化为雕塑艺术。抱歉，我们得去赶飞机了！

奥布里斯特：所以这是我们做过的最短访谈：在夏尔·戴高乐国际机场，十六分钟！

建筑和自然

奥布里斯特：这是我们自 1997 年以来的第十七次采访，我想访谈的一开始就聊聊你们做设计的开端应该还挺不错的。你们是怎么进入建筑这一行的？一切是如何开始的？你曾经提到建筑师菊竹清训，还有一个与杂志有关的故事。

妹岛和世：当我还是一个小孩子的时候，我在妈妈的一本杂志里看到了菊竹清训自宅（Sky House）。那时我大概十岁，所以不太明白它所表达的意义。不过这张照片深深吸引了我，我想，"建造一所房子应该就是这样的吧"。然后我就忘了这回事。在日本，我们得在进入大学前就决定研究方向。那时我记起了儿时对这个建筑很感兴趣，所以我决定试试建筑学。我上了一所建筑学校，很快发现了一张照片，并且意识到那就是我儿时看到的那张。那时建筑对我来说还是很抽象的东西，但那张照片让我想要继续学习下去。

奥布里斯特：你呢，立卫？

西泽立卫：我没有那样的故事。当我意识到的时候就已经是一位建筑师了！关于成为一个建筑师，我没有做过那类的决定，就是自然而然地发生了！（笑）

奥布里斯特：要是能多聊聊建筑对你的影响，应该会很有意思。菊竹是一个很好的例子。我读过荷兰设计师弗洛里安·易登伯格[4]写的一段文字，说日本年轻建筑师不需要"弑父或弑母"，更常见的是连续统一，从勒·柯布西耶的弟子、日本现代建筑

4　弗洛里安·易登伯格（Florian Idenburg，1975—）：荷兰建筑师，建筑事务所 SO-IL 的创始人。

先驱前川国男 [5]，到丹下健三 [6]，再到新陈代谢派、矶崎新，还有筱原一男 [7] 这一代，以及后来的伊东丰雄，到你。在这个连续体中你如何看待自己？哪些建筑师启发了你和你的作品？

西泽立卫：我觉得我们深受非常多伟大的日本建筑师的影响，比如，筱原和伊东丰雄，还有原广司 [8]。在我们看来，他们都很伟大。当然菊竹是其中最伟大的建筑师之一。

妹岛和世：我并不知道易登伯格的描述，而且我的确不了解欧洲的情况，但在日本，年轻建筑师有时候会批判老一辈，然后努力发展出一个新的方向。当然，我现在就是老一辈，所以有时我也会被年轻建筑师批判。与此同时，至少对我来说，我对"弑"没有太大兴趣。我更愿意学习。老一辈对我影响很大，也让我受益匪浅。

奥布里斯特：有一位建筑师和你们进行过非常密切的合作，那就是伊东丰雄。你们从他身上习得了什么？他将什么传承给了你们？

妹岛和世：我觉得最重要的是我们通常在二维世界思考建筑，但最终会实现的是一个三维的东西。所以存在着一个问题，

5　前川国男（Kunio Maekawa，1905—1986）：日本建筑师，曾为勒·柯布西耶担任草图设计师，他的社区中心理念影响了丹下健三。

6　丹下健三（Kenzo Tange，1913—2005）：日本建筑师，于 1987 年获得普利兹克建筑奖。

7　筱原一男（Kazuo Shinohara，1925—2006）：日本建筑实践家、建筑教育家，伊东丰雄曾师从于他。

8　原广司（Hiroshi Hara，1936—）：日本建筑师。

那就是如何从二维领域跳转到三维世界。我觉得从他身上，我学到了抽象和具体之间的关系，还有抽象概念和现实世界的平衡。当然，与他合作，已经是二十多年前的事情了，所以现在我不确定自己的作品是不是这个连续体的一部分，或者是否已经偏到了别的方向。

奥布里斯特：还有其他什么灵感来源吗？你们刚刚在巴塞罗那的德国馆完成了一个装置，给这个馆增加了一个层次。

妹岛和世：在这个馆里，我们尝试创造一个温柔、透明的空间。太阳直射到轻薄的亚克力表面时，我们能感受到这是一个非常脆弱、透明且温柔的空间。但太阳落山的时候，这种感觉就消失了，只剩下密斯·凡·德·罗的空间。

奥布里斯特：我们现在坐着的椅子也被你们加了进去。

西泽立卫："兔子椅。"（笑）它们确实和他不太一样。我当时觉得用手绘线条制作椅子会很不错，它们完全不是精确严谨的线条，而是更为有机的形状。他们要求我们考虑量产，一下子做出一千把。我们提出了一个想法，那就是施工人员在每一把椅子上绘制线条，让每一把都不一样。我觉得这是个很好的主意，不过他们最终放弃了，因为太复杂。我们画了一个线条，然后进行了复制量产，不过这个自由手绘的概念仍然保留了下来。

奥布里斯特：我也一直在想，当我看到这个项目时，觉得它不仅仅是透明的，它也和多重反射有关。建筑史学家比阿特丽斯·克罗米娜（Beatriz Colomina）写过一段很有意思的文字，将其与埃姆斯住宅（Eames House）联系起来，很多时候，平面被打破，会形成多重反射。这也让我想到了我们在伦敦的体验，你们设计的蛇形画廊夏季馆也和多重反射有点关系。

西泽立卫：我们对建筑与自然的关系非常感兴趣，还有建筑与周围环境共同呈现的方式。这是我们想要研究的核心课题之一。亚克力或铝让自然与建筑产生了更为复杂的联系。我们还喜欢让建筑向户外开放，让人们进进出出，让它成为没有分界区隔的自由建筑。

妹岛和世：当然，材料可以反射某些东西，让我们可以看到。不过，以蛇形画廊的夏季馆为例，展馆的前面是一条路，我能看到车沿着道路行驶，但我也可以在天花板上看到汽车和人。有时候，感受环境是非常困难的，通过这种反射，我们可以找到一种感受的方式——不仅仅是"我看到了车辆在行驶"，更多的是"我和车一起身处此地"。

奥布里斯特：非常有意思，因为这些关联也与这个公园有关。你们通常将其类比为公园，因为它是一个将各色事物聚集到一起的地方。洛桑刚刚开幕的劳力士学术中心，也与此有关，访客是走过一片景观的游荡者（flâneur）。

西泽立卫：正如你所说，创造像公园一样的建筑，这是我们一直在努力研究的重要概念。在洛桑，我们所做的就是创造一个很大的空间，其中有各式各样的分区，彼此开放，方便交流。我们也设计了一种地形，使得每个区域都有非常独特的景观，人们可以找到他们想待的地方。这个建筑物呈波浪形，下方是开放空间，人可以从各地直接进入大楼的中心。入口就在大楼的中间。人们可以待在喜欢的地方，就像在公园里一样。

妹岛和世：还有，建筑的顶棚和地板基本上是平行的。这是一个巨大的不规则空间，但你的视野始终被地板或天花板阻断，所以无法一眼看到建筑的尽头。身处其中，绝对无法想象整个建筑的形状，而只能感受到这是一个连续的整体。现在讨论这个问题的时候，我意识到也许这也和反射有点关系：它是一面镜子。和蛇形画廊的展馆有点类似，这面镜子能够让人感受到他们置身于一个很美丽的大公园，然而我们实际做的只是一个有顶棚的小公园。

奥布里斯特：洛桑这个项目与威尼斯、你们的双年展，还有让人们在建筑中相遇的理念紧密相连，这一点很有意思。这是一个会面的场所，人们因为各种原因来此见面。它与学习有关，与知识有关；它是一个图书馆，是一个多功能厅，是一个咖啡馆，是一个餐馆。道格拉斯·戈登曾说过，对他而言，艺术只是进行交谈的托辞。而对于你们的学术中心，我们几乎可以说，建筑是进行交谈的托辞。

西泽立卫：大学的人让我们思考哪种是对于学生和教员来说最合适的公共空间。我们想到了一个房间的概念，没有"这是走廊，这是教室，这是你学习的地方，这是你活动的地方"的定义。我们决定抛开那种刻板概念。我们去了大学里，看到很多学生走在路上，互相交谈。他们在街道上学习。我也看到很多学生在教室里学习，尽管他们看上去似乎并不怎么用功。所以我觉得学生是可以在任何地方学习、交流、讨论的，甚至在走路的时候也可以。沿着走廊排列一堆教室，这样的效果并不好。我们有一个想法，那就是学生们可以在任何时间地点讨论问题、提出观点，无论是学习的时候，还是活动的时候，或者喝咖啡

的时候。我们觉得通过建筑来实现这个想法还挺不错的。人们可以在这里见面。（笑）

妹岛和世：也可能这个空间只有当人出现的时候才存在。这只是一个有点不起眼的空间，如果人们在这里相遇或着手做某事，空间就会出现。

奥布里斯特：人们可以从四面八方来到这里。

妹岛和世：对。金泽21世纪美术馆同样也是有很少量的门，并且360度开放。在金泽21世纪美术馆完工之后，我们意识到人们来自四面八方，但只会抵达建筑物的边缘。所以在洛桑，我们尝试着更进一步，让来自四面八方的人能够到达建筑的中心。劳力士学术中心在洛桑联邦理工学院（EPFL）校园的前面，如果从城市里来的人到了劳力士学术中心，他们依然可以看到现有的校园，并且可以穿过这里直接去校园，在穿过的时候也可以看到学术中心的内部。

奥布里斯特：说到这个让人们在学术中心会面的想法，我们得谈谈在军械库这里的威尼斯建筑双年展。你们是如何想到这个让人们在建筑里见面的理念的？

西泽立卫：我们首先进行了研究，通过网络、书籍和朋友们去了解当今世界上哪种建筑师比较活跃。

妹岛和世：关于主题，我们有点犹豫不决。当然，也没有那么多选择，但这一年我们想关注建筑物和空间。标题听上去也挺正面的，但并没有清晰的限定，人们可以自由理解它的含义。我也考虑到，在我们这个时代有很多的新技术，让我们用各种方式与他人交流，或者发现新的事物。也许人们能够找到新的方式，比如在网络上沟通，但他们仍然会面对面地进行交流。作为一个建筑师，我觉得这一点非常重要。

西泽立卫：我们有两种不同的见面方式。一种是在现实中，就像这样，面对面。另一种是通过移动电话或电脑，在虚拟现实中与人交谈。我觉得这种多面性是很棒的。

奥布里斯特：这并不是你们第一次参与展览。你们曾做过展览设计，在……

西泽立卫：实际上，这是我们第一次承担策展的一些工作。我们做过很多展览设计，作为参与方加入到很多展览项目中，但我们从没有策展。这是我们的第一次。

奥布里斯特：第一次策展是什么感觉？

西泽立卫：非常困难。（笑）大家都觉得跟之前完全不是一回事儿。我们绝对没办法仅凭自己创造出这种多样性。如果我们以建筑师的身份做一个项目，我们所做的一切都来自我们自己，这就形成了一种不可避免的连续性。而在一个策展项目中，所有的作品都是由不同的人完成的，由此创造出了多样性，这真的让我非常欣赏。

奥布里斯特：在此之前，你们决定限制参展方的数量。参展方数量比通常要少，因而给了每一件作品更多的空间。

西泽立卫：我记得我们最终选了四十七个参展方。这大体上是根据威尼斯双年展的空间决定的。

妹岛和世：在建筑展中呈现建筑是有难度的。艺术双年展可以展示艺术品本身，但建筑始终需要通过其他媒介呈现。建筑是一个使用空间作为媒介的专业。这就是我们决定给每个参展方一个空间的原因。对我们来说，每一个空间都是环境，是现场，而且我期待每个空间都是一个新的项目。这就是我努力尝试去实现的。我希望参展方尊重空间里既有的所有东西。比如，扬·德·韦尔德（Jan De Vylder）的空间有一个出口，通往走廊，或者电梯，或者楼梯，他将现有的东西当作他项目的一部分，做出了非常精彩的作品。

奥布里斯特：你们没有强制施行一个整体的展览设计。在你们写的文字中，你们说将通过多重视角，而非单向度的方式营造展览氛围。这和历届一些给定了整体展览设计，然后一切都需要与此适应的建筑双年展正好相反。

妹岛和世：有时展览方会要求我们把特定尺寸的模型发给他们。双年展很大，但如果规定了一个统一的大小，即使每个模型及其含义都完全不一样，我们也会失去一些多样性。不过当然，我们全面参与其中：我们选择了四十七个参展方，意味着我们已经失去了某些多样性。今年我们做了这种选择，下一次的策展人会做另一种选择。

奥布里斯特：在我们现在所在的空间里，展出的是一幅由你们设计的展览肖像。

西泽立卫：当你进入这个空间的时候，你能看到所有参展者的脸，因为这是透明的。你可以一下子看到四十七个显示屏，能听到所有人都在交谈。（笑）

妹岛和世：这个空间是由所有参展者的脸构成的。（笑）

奥布里斯特：展览设计里还使用了这些小桌椅。

西泽立卫：因为这个项目预算很少（笑），我们决定使用这些"兔子椅"腿,然后放一块不锈钢板在上面,用作显示屏的支架。这是一次非常简单的建造。

妹岛和世：我们希望做一个介于家具和机器之间的东西。赞助方借给了我们显示屏。之前的一个解决方案是做一些桌子,然后把显示屏放在上面。或者我们本来可以做一个支撑结构,但我们希望做些既像家具又像机器的东西：它看上去与众不同。或者就像这个椅子一样,看上去像个动物。（笑）

奥布里斯特：还有一件事我们没有谈到,那就是双年展中你们自身的参与。

西泽立卫：妹岛在绿园城堡的主题馆做了一件装置作品,使用了一个空间展示我之前完成的丰岛美术馆（Teshima Art Museum,2010）,还有妹岛完成的犬岛艺廊项目。这是两个不同的项目,在同一个地区的不同岛屿上,来自同一个客户。

日本的这片地区有着一种非常美好的氛围,所以我们觉得,制作这些大岛屿的模型,然后在上面放我们的小项目,来营造这种景观的感觉,会是个不错的主意。

妹岛和世：我的项目主要是一次翻修,有一些新的建造,我没有办法说明或解释这个概念。我可以做一个更大的建筑模型,解释我如何进行翻修,如何增加新的空间,但我的主要目的是让那个村庄产生新的景观。如果你在这个小村庄四处走走,有时你会享受其中,甚至会觉得这就是艺术。村庄有时仿若一座美术馆,艺术有时似乎不是艺术,而更像是自然。这意味着照片上的只是其中的部分,但还不够,而且模型本身也不够。我想,只有电影才能表现出那种氛围。立卫的情况也是一样,建筑物与周围环境密切相关。所以我们请菲奥纳·谭[9]拍摄了一部影片。我们的想法是，不一定要专注于拍摄建筑，还要捕捉气氛。

奥布里斯特：你们也经常与艺术家合作。

西泽立卫：我们很愿意和艺术家进行合作，因为他们都是非常独特的人。（笑）他们对事物有着完全不一样的看法，拥有我们从未看到过的视角。路易莎·兰布里就是一位伟大的摄影师。我很喜欢她的作品。她总能以最美妙的方式观看事物。

妹岛和世：尽管那并不是真正意义上的合作。她拍摄自己想拍的照片，所以有的时候，我们甚至不知道那就是我们的建筑。（笑）当然，和菲奥纳合作的时候，我们一开始阐述了自己的理念，然后她进行创作。

西泽立卫：在我们的项目完工时，也常常邀请沃尔特·尼德迈来进行拍摄。他常常带给我们完全不同的观看视角。我们充满了欣慰。

奥布里斯特：你们也有一些项目和艺术作品有关，它们看起来像是偶发艺术。其中一个我非常感兴趣的，是你们那件有一百个烤架的"野外派对"（Field Party，2009）。

西泽立卫：野外派对？啊哈哈。（西泽立卫和妹岛和世都笑了）

奥布里斯特：我们在这个屋子里采访过安德里亚·布兰兹[10]，

9　菲奥纳·谭（Fiona Tan，1966—）：印度尼西亚视觉艺术家，主要创作媒介是摄影、影像和视频装置。

10　安德里亚·布兰兹（Andrea Branzi，1938—）：意大利建筑师、设计师。

谈到"无尽的城市"（No-Stop City，1969）——看着屋子里各式各样的显示屏，就像是不停止的城市一样。这让我想到了你们使用烤架的概念。

妹岛和世：几年前我和孩子们合作，策划了一场活动。

西泽立卫：这个项目位于东京市郊一片非常巨大的区域。

妹岛和世：大约每十米放了一个烤架，每一个都只有一种食物在上面：鸡、肉，以及各种各样的蔬菜等等。人们必须根据他们想吃的食物移动。这个地区位于一个新的住宅区，所以人们互相之间并不认识，不过在努力吃到想吃的东西的过程中，他们会偶然与其他人遇见，于是创造了交流的机会。

西泽立卫：我们也准备了一些椅子，人们可以随意移动到任何他们想坐的地方；还有一个吊车，可以让人们飞起来。他们可以升至一百米高，感受天空，欣赏地面上的景观。非常美。

妹岛和世：在地上你无法看到全貌，但在吊车上便可一览无余。

西泽立卫：是有点吓人的。没有太多人敢尝试，不过我做到了。（笑）

奥布里斯特：回到展览这个话题，你们指出过，双年展的作用在于重新思考建筑在当代社会中的潜力。

妹岛和世：我一直在思考如何找到一种方法，营造某种像公园一样的空间，在里面可以开展一些活动。在这里，空间有时候会出现，有时候会消失。我认为公园是能让各式各样的人聚集到一起的地方：即使我孤身处于公园之中，也能感受到与社会或人之间的联系。这是我直至今日依然在思考的问题。不过我们邀请了世界各地的人，我觉得，每一个设计师都能够呈现出不一样的视角。我非常好奇，在有着不同参展方的不同空间里，人们会产生什么样的感受。比如，有时那边会有个很响的声音干扰了这个采访，但那里存在着另外的世界或视角。我们利用了现有的建筑物。我们尝试将不同的事物并置在一起。也许每个部分中间需要放一些小东西，但目前的情况是什么也没有，所以有时候会互相干扰。这就是我们考虑最多的事情：如何将项目相互挨着放在一起。我们花费了很多时间在确定每一件作品的位置上。

奥布里斯特：如果我们再聊聊丰岛美术馆，以及如何将其与环境联系起来，还有收藏的作品又是如何影响美术馆设计的，我觉得应该挺有意思的。

西泽立卫：这个项目刚开始的时候，我发现一件很特别的事情，即这里周围的环境并非城市或城镇，而是纯粹的自然。我能看到山丘和斜坡：一切都是天然的。正是它与周围环境的这种关系，让我产生了用自然线条营造一个屋子的想法。所以我们画了一个看上去像是一滴水的空间，一个有着壳状的结构，没有使用任何立柱支撑，横跨约六十米的空间。我还开了几个大口子，让风、阳光和雨进去。我自己很喜欢这种开口，因为你既能感受到自己与外界隔绝，也能感受到自己向外界敞开心胸。这些完全不同且通常分离的感知在此聚合。

奥布里斯特：你们是怎么想到这个水滴形状的？

西泽立卫：客户要求我们试试只做一个空间。通常一个美术馆必须有很多不同的空间，像是储藏室、策展人办公室、入口，也许有咖啡厅，还有一些展览空间。但这一次，他们不希望我们考虑这种组成，他们建议只用一个空间。再加上周围的这些自然环境，于是我想到了水滴。这是一个看上去非常灵活多变的形状，可以很好地与自然融合。

奥布里斯特：你确立了这个项目的目标，原话是："营造环境和建筑物之间的融合，艺术和建筑之间的融合，使这些元素构成独立的整体。"

西泽立卫：我在做美术馆项目的时候，常常会感觉到这是一个由建筑师设计的非常建筑的空间，但有时也会有另一种感受，觉得它很有艺术氛围。艺术家在空间内部设置他们的作品，但其实，我感觉在人们进入空间之前，他们的作品就已经开始了。美术馆的体验，以及它的建筑，能让观众感受到很多东西。丰岛美术馆的例子非常特别，因为只有一个空间，也只展出内藤礼一位艺术家的一件作品《母型》。人们从东京远道而来，来到岛屿的自然之中，漫步到美术馆，这种体验已然是她项目的一部分。当然，这也是我项目的一部分。它们很难剥离。它是你所有体验的混合体。我也是因此才决定进行这种合作，与她沟通，敲定建筑内部和外部景观中的每一个细节。

奥布里斯特：在你们的创作中，是否存在着某种政治维度，让女性建筑师更多地介入城市？

妹岛和世：我觉得在年青一代中，男性和女性建筑师没有太多区别。大学里有很多女学生。我念大学的时候，女学生很少，大约只有百分之五，但现在几乎有百分之五十。现在还没有太多活跃的女性建筑师，但未来会有很多。

奥布里斯特：我还有最后两个问题。一个是莱内·马利亚·里尔克的问题，他给过年轻诗人一些建议。我很好奇，面对一位来参观 2010 年第十二届威尼斯建筑双年展的年轻建筑师或年轻学生，你们会给出什么样的建议呢？

西泽立卫：我们从来没想过这个！（笑）

妹岛和世：也许年轻建筑师和年轻学生会觉得这里的东西不够年轻。他们可能会想："我可以做点新鲜事。"

西泽立卫：我觉得日本学生不太了解其他文化。既然这是一个国际展，我希望他们能体验文化的多样性。

妹岛和世：还有，我觉得很多年轻学生已经通过其他媒介了解到这些东西了，但这是呈现它们的另一种方式。我希望，人们——不仅仅是年轻人——能够重新思考他们所了解和感受到的东西。

奥布里斯特：还有最后一个问题，这个问题我问过你们很多次，有什么尚未实现的项目，或者还没有发生的项目。今天，我在想，如果能聊聊梦想的话，应该挺有趣的。我也很好奇：你们对于 21 世纪的愿景是什么？

西泽立卫：我没有答案，但我希望探讨对于我们而言，对于生活在 21 世纪的人们而言，什么是好的生活方式。我们所做的一些事情依然是在运用 20 世纪的文化。在我有生之年，必定有新的事物发生，虽然还无法明确那是什么。当我观看 19 世纪的建筑时，我能感受到他们如何生活，他们有着何等美好的生活方式。建筑代表了每一个世纪人的生活，所以 21 世纪的人也必须展现他们的生活方式：通过建筑可以实现什么样的现代生活方式。这将是我在项目中不断思考的一个问题。

妹岛和世：还有，2010 年可能是一个很好的时间点。到了 2010 年，我们就已经度过了 21 世纪的前十年，并且很多事情已经发生了迅速的变化。现在是思考这个的好时机。当然，生活方式延续自过去的世纪，然而还未经认真思考，很多事情就已经改变了。我们就这么到了现在。

18

提诺·赛格尔
Tino Sehgal

在艺术家创作生涯的早期给予他们支持，这是非常重要的。自赛格尔初入艺术界，我就与他关系密切。那是 1999 年，我正在做一个综合了艺术和科技的展览。我们邀请了编舞家夏维·勒·罗伊（Xavier Le Roy），他带来了赛格尔，那时候他还只是一位学舞蹈的学生。我觉得他非常出色。几年后我接到了策展人延斯·霍夫曼[1]的电话，他说赛格尔如今进入了艺术界。我想知道他在做什么艺术创作。

赛格尔将他的舞蹈和编舞引入行为艺术中，还利用学经济学的时间举行了展览。我记录了我们最初的对话，内容是关于他的艺术实践（包括他对合作机构的规定，比如不能记录这些作品），而那是提诺·赛格尔第一次公开接受的采访。这里收录的对话中，有一次是在法兰克福一个酒店用早餐时进行的。现在我们约好了，尽管我们常常交谈，但只会每三年才记录一个新的对话。十二年间我们已经记录了四次对话，其中三次都收录在这里。

1　延斯·霍夫曼（Jens Hoffmann，1974—）：哥斯达黎加作家、策展人。

行为的意识形态

汉斯·乌尔里希·奥布里斯特（以下简称奥布里斯特）：第一个问题通常也是我的最后一个问题：能聊聊你尚未实现的项目吗？

提诺·赛格尔（以下简称赛格尔）：我有一个尚未完成的项目，我觉得它一定不会实现。这是我目前正在创作的系列作品的一部分，它在一个临时展厅的整个开放时间内持续进行，叫作"这是汉斯·乌尔里希·奥布里斯特"。

奥布里斯特：（笑）还能多讲一些吗？！

赛格尔：人们进入美术馆的一个空房间，你就在那里采访你选择的受访人，说上两个小时。你可以选择受访者，不录音，但你一整天都必须采访。而且当参观者进入空间时，你必须站起来说"这是提诺·赛格尔的作品，叫作'这是汉斯·乌尔里希·奥布里斯特’,两千或随便多少,艺术家提供"——因为我没有画廊。

不过说正经的,我的大多数作品都没有实现,也是因为它们不可能在工作室搭建出来,也不可能做成模型。我没有笔记本,所以也没法把它们写下来。

奥布里斯特:你画画吗?

赛格尔:不画。

奥布里斯特:从来不画?

赛格尔:在学校的时候,我的艺术课就挺糟糕的。因为这,我还差点要重修一年。画图是创造某种很了不起的叙事。但我不懂透视,这让人非常沮丧。

奥布里斯特:那么从艺术创作的开端谈起吧。对你而言,这一切是如何开始的?我们有一些相似,都是学经济的,所以显然,我对这个问题很感兴趣。

赛格尔:其实我的经历非常线性。少年时代,我对政治很感兴趣。这就像是我青少年时经历的一段旅程,我想很多青少年都会有这样的经历,你大概也有过。

我对政治感兴趣,然后我想,"如果你真心喜欢,那么你应该去学政治经济学",因为归根结底,那才是讨论事情的专业。现在我不知道这个决定是否正确,但有十年我是笃信不疑的。我现在仍然对政治经济学有所关注。所以,一方面我对经济学这样的理论性实践感兴趣。我觉得经济和人类文明立足于两种东西,其一是我们有所匮乏,德语里有一个很恰当的词,叫"mangel"……

奥布里斯特:匮乏（lack）或短缺（scarcity）。

赛格尔：对，虽然我不太喜欢这个英文单词。文明始终是在解决这样的事情，那就是生存物质的匮乏和"自然"的威胁。随着长大成人，我觉得不知为何这些问题已经不存在了：没有匮乏，也没有来自自然的威胁。但另一方面，目前所有的经济和社会约定都源自数百万年来人们试图应对的这两大难题。所以，换句话说，在 20 世纪中期，西方社会所发生的正是人类文明的公理方面的重大断裂：在那一刻，西方经济不仅首次出现了过度供给，而且因为生产已经不再受制于自然了，实际上它本身也会危及地球的处理能力。而人类存在之可能，正赖于此。现在，这两个古老的人类文明难题似乎已经被极为彻底地解决了，以至于其解决方案又潜在地威胁到了人类的生活质量。所以在我看来，这完全改变了经济学的前提，并且让我深受震撼。我发现它是一个非常有意思的东西，于是重新思考经济学是如何运作的。我觉得对这个问题来说，舞蹈固有的创作模式是一个有趣的范例。在视觉艺术的创作中，我们要从自然资源中提取材料，然后进行转化，进而得到产品——就是这样，一直是这样，这遵循了历史上普遍的生产模式——舞蹈则是转化动作，以获得产品或艺术作品。它生产了这个产品，同时又消解了产品。

奥布里斯特：它没有创造出物品。

赛格尔：是的。它以某种方式创造了意义和"某些东西"。

奥布里斯特：创造了关系？

赛格尔：是的，一直是这样，因为这是人与人之间的事。不管怎样，这就是关于舞蹈的缘起。但后来我意识到任何事物都是如此，说出来的话也是，不架设摄影机采访汉斯·乌尔里希·奥布里斯特也是，歌唱也是……

奥布里斯特：那你的第一次表演是什么？我知道你不太喜欢表演这个概念。

赛格尔：不喜欢，不喜欢。我做过表演，但我把它们称作剧场作品或舞蹈作品。

奥布里斯特：那么能就此聊聊吗？

赛格尔：好啊，我真正想谈论的第一件作品是舞蹈《二十世纪》（*Twentieth Century*，1999）。这不是我做的第一件作品，但它是第一件我现在愿意谈论的作品。就处理人和对象之间的关系而言，视觉艺术才是我感兴趣的。但我要如何在剧场中实现呢？我的想法是做一件以舞蹈为媒介的作品，以指出这种媒介固有的创作理念。我想做一件就形式和内容而言没有特定意义的作品，只展示媒介。起初我觉得这不太可能，觉得这是一个不可能完成的项目。我不能站着不动，因为那已经有一种非常明确的审美、形式和内容了。我也不能消失，否则它就变成了一件装置，又很明确了。所以我的想法反而是尝试类型化艺术或舞蹈中运用的形式和内容，希望以特定的位置，让它们相互抵消。艺术舞蹈始于 20 世纪初的伊莎多拉·邓肯[2]，她是第一位把自己视为艺术家的舞者。

所以我只用自己的身体创作，然后我称之为"这个在柏林举办的'二十世纪'大展"。它有着不同的称呼，在德国叫"二十

2　伊莎多拉·邓肯（Isadora Duncan，1878—1927）：美国舞蹈家，现代舞的创始人，是世界上第一位披头赤脚在舞台上表演的艺术家。她创立了一种基于古希腊艺术的自由舞蹈而首先在欧洲扬名。

　　　　　　　　　　　当代艺术的十九副面孔

世纪的……"（...das XX. Jahrhundert），在法国叫"现代艺术博物馆，二十世纪部"（Musée d'Art Moderne, Section XXème siècle, Département）。这个作品一直号称没有标题，但后来在展览中，我口头改了标题。在瑞典，它叫"永久收藏"（Permanent Collection）。

奥布里斯特：其中有安德烈·马尔罗³"想象中的美术馆"(musée imaginaire）的概念吗？

赛格尔：我不是百分之百确定自己理解了他的理念，所以如果我说错了的话，请纠正我。他是说，存在一种美术馆，它能够展示所有种类的艺术作品？

奥布里斯特：也和你头脑中美术馆的样子有关——这是一座精神上的美术馆，并不一定需要物品。

赛格尔：我会说我的美术馆是一个临时的物质性美术馆，不过它当然是一个关于特定部类的美术馆——20世纪舞蹈部。某种程度上，我觉得马尔罗所指涉的要更多。

奥布里斯特：在这个20世纪的大型美术馆里，你最喜欢的几件作品是什么？其中的亮点是什么？

赛格尔：我要说明的一点是，我从没有重建那些作品。那不是一个让我展出原创作品或其他什么东西的真正意义上的美术馆。我只是呈现想法。我做具有"某种风格"的作品。我从来没看过伊莎多拉·邓肯跳舞。这也是一个历史概念，不是从原创作品、轨迹、文本等意义上，而是关于这些想法如何进入社

3　安德烈·马尔罗（André Malraux，1901—1976）：法国小说家、评论家。

会，并且在社会中表现自己，我认为这更有意思。它们即使已经不在那里了，也依然存在。并且我认为舞蹈是见证这一幕的绝佳范本。但如果你想要我列举一些名字——我从来不在作品中提及名字——就会很有趣，因为人们能够在其中看到别的东西，会牵连出很多事情。没有什么是完全原创的。所以人们可能会说："我一点都不喜欢你模仿保罗·泰勒[4]。"我甚至都不知道谁是保罗·泰勒，但我知道他们说的是我肯宁汉的那个片段。这有点像皮娜·鲍什的片段，每个人都会认出皮娜·鲍什那部分来自皮娜·鲍什，但我只用了皮娜·鲍什在（斯特拉文斯基[5]的）《春之祭》（*Sacre du printemps*）里的一个动作。我还邀请了四位来自德国的皮娜·鲍什模仿者。其实只有第五个动作是来自皮娜·鲍什的，但每个人会想当然地将她们都视为皮娜·鲍什，即使我从来没这么说过。这就是关于行为的特定意识形态。

奥布里斯特：所以你是从美术馆开始的，美术馆之后是什么呢？

赛格尔：我做了自己的美术馆，尽管我自称是从剧场起步的（不过我并不在意"剧场"这个词的具体含义），从配置[6]的

4　保罗·泰勒（Paul Taylor，1930—）：美国编舞家。

5　伊戈尔·菲德洛维奇·斯特拉文斯基（Igor Fedorovitch Stravinsky，1882—1971）：美籍俄国作曲家、指挥家和钢琴家，西方现代派音乐的重要人物。

6　配置（dispositive）：米歇尔·福柯创造了这个词语，意指各种各样的机构、物理和管理机制、知识结构，它加强和维持了权力在社会内部的行使。Dispositif 多被译为社会机制（device）、体制（machinery）、装置（apparatus）、结构（construction）和部署（deployment）。——作者注

意义上来说，那是我为《二十世纪》这件作品所努力实现的配置。人们坐下，闭嘴，然后我来做点什么。所以我将美术馆引入这种配置，然后把舞蹈引入美术馆。这件事也是切实可行的。之前我不可能进入美术馆，但现在有了这种可能性。我认为这两种方式都是有效的，但是对于我来说，在美术馆里更有意思，因为它更多地表达出了我的观点。而且，当人们在美术馆里观看我的作品时，他们并没有考虑某些特定的东西，比如说舞蹈史，但很多人观看《二十世纪》这件作品时会这样。当人们来到美术馆的时候，比如观看这里的"欧洲宣言展"，其中很多人真的觉得很震撼，或者感到非常惊奇。

奥布里斯特：真的吗？

赛格尔：是的。但我不是对那些感到震惊的人有兴趣。我觉得有趣的是，让他们感到惊奇的不是那个人在做什么，而是有人在做某件事。你懂我的意思吗？他们对于媒介的疑问超过了具体的行为。所以我觉得就我的作品而言，相对于剧场，这里的确是一个更合适的地方。

奥布里斯特：也许可以再谈谈你在"欧洲宣言展"中的作品，让我更加具体地理解你创作方式的转变。它和《二十世纪》这件作品截然不同，也许现在更偏向雕塑？

赛格尔：你觉得《二十世纪》这件作品是的表演性大于雕塑性？

奥布里斯特：抑或它是一种后媒介情境？

赛格尔：不，我觉得是特定媒介情境！我不知道自己是否完全理解了你的问题。

奥布里斯特：我感兴趣的是美术馆给你提供了什么。你基本上进入了死亡区域，从鲜活的行为艺术到死亡地带。我觉得这是一个很有意思的转变。

赛格尔：在"这是汉斯·乌尔里希·奥布里斯特"这件作品中也是如此，美术馆里是有生命的，就是汉斯·乌尔里希·奥布里斯特。没错，当然和这个有关：我说美术馆与死亡有关，是因为它与战胜死亡有关，与延长生命有关，它是两面的。就个人而言，我喜欢对历史、存在、永恒提出不同的看法。比如，在"欧洲宣言展"的这件作品《不要让事物来到你眼前，把布鲁斯、丹和其他人的作品跳出来》（*Instead of allowing some thing to rise up to your face dancing bruce and dan and other things*，2000），一方面是生活——其中有鲜活的人，而且是个现场的行为作品——但另一方面，也是在表现美术馆的历史功能，因为它是由一个人的缓慢移动构成的，其中使用了布鲁斯·瑙曼和丹·格雷厄姆[7]多件作品中的身体姿态，但又跟他们不太像。我从来没看过布鲁斯·瑙曼表演的《墙-地板的位置》（*Wall-Floor Positions*），我觉得是否看过这个作品并不重要。

奥布里斯特：你阅读过相关的说明吗？

赛格尔：对，我看了一些照片，读了关于它的一些东西，有人跟我讲过。

奥布里斯特：来自传闻，是道听途说。

赛格尔：是的，但这是历史发挥作用的另一种方式，而且比

7　丹·格雷厄姆（Dan Graham，1942—）：美国艺术家、作家、策展人。

原始的文本和遗迹更有意义：我以不同的方式展示了这些身体姿态。大概布鲁斯·瑙曼自己都认不出来。也许他能看出进行演绎的人做出了他的某个身体姿态，但是以一种改造过的、缓慢的动作进行的。我赋予了美术馆这种动作之美，某种程度上是我，也是布鲁斯·瑙曼和丹·格雷厄姆对布鲁斯·瑙曼的演绎。所以我也做了一些新鲜的事情来展现美术馆的功能。

奥布里斯特：你能再聊聊"指令"吗，我们曾在出版的书《做》（*Do It*）中谈过。我对行为表演的指令非常感兴趣。在 20 世纪，艺术指令有着很长的一段历史，从杜尚到莫霍利·纳吉[8]、激浪派[9]和观念艺术。这种"做"和"重做"的概念，这种再阐释相同指令的概念，你能聊聊作品里相关的部分吗？

赛格尔：在你邀请我参与"做"这个项目的时候，我思考了指令的问题。对于从事视觉艺术创作的人来说，这似乎是某种很特别的东西。在一些人指导另一些人的实践中，比如在随便什么类型的剧院里，一直都有指令，不是书面的形式，而是导演在说"你应该从左边到右边"，等等。伴随着指令而来的始终是阐释，我觉得这大概是你做"做"这个展览的兴趣所在。不过倘若你在"欧洲宣言展"四处看看，会发现有些人会观察我的

8　莫霍利·纳吉（Laszlo Moholy-Nagy, 1895—1946）：美国艺术家，20 世纪最杰出的前卫艺术家之一。

9　激浪派（Fluxus）：20 世纪 60 年代初出现在欧美的松散的国际性艺术组织。这个组织中的艺术家来自世界各地，他们的艺术创作活动也是各式各样的，其中有相当多的行为艺术，在新达达主义、喧闹的音乐、视觉艺术、文学，以及市政规划、建筑和设计等领域都非常活跃。

作品好几个小时，我意识到他们是在对比那些人。每两个半小时，会发生转换，他们就会说："但这个人当时是这么做的。"是的，当然，始终会存在阐释，不可能存在完全原始的状态。即使同一个舞者做同样的动作，或者同一个歌手唱同一首歌，也会有所差别，所以总是会有指令和相关阐释，并且它们与媒介及演员不可分割。对于"做"这个项目来说，我感兴趣却没有做到的是，我本想找一个准备去墨西哥的人，那么我就不用写指令了。尽管我很想实现这一点，但找不到人。我不太乐意写指令，这个概念很好，但我作品的概念并不是书写。我想遇到一个正要去墨西哥的人，告诉他我希望我的作品像"这样"，他们会用身体将其带入美术馆，和策展人说话，告诉他们应该怎么样。

奥布里斯特：你居然没打电话！

赛格尔：没有，没有打电话！这种身体对身体的传播方式，我觉得很有趣。没准儿我们下次可以做。

奥布里斯特：能介绍一下你的作品指令吗？

赛格尔：我觉得这真的是一个很好的作品，它叫"这是汉斯·乌尔里希·奥布里斯特"。我会一直这么说的。好，说真的，这个作品叫《这很好》（*This is good*），它应该是这样的，你进入一个正常的美术馆空间，里面有雕塑或油画，那儿还有一个保安。十或十五秒后——这取决于保安，他做了个很大的动作来吸引人们的注意。这个动作没有开始，也没有结束。我每次都向阐释者们[10]解释，这就像是达·芬奇关于动作的比例图，所

10　提诺·赛格尔将那些参与他作品的志愿者称为"阐释者 / 表演者"（interpreter）。

有的动作同时进行。他们做了这个动作，然后大约四秒钟之后停下来。这个动作产生了一些动静，观众或美术馆游客就会观看。然后保安停下来，说："提诺·赛格尔，《这很好》，2001年，艺术家提供。"所以，它与"欧洲宣言展"中展出作品的区别在于，比如，后者仍然有标签存在，仍然是通过标签这个物品来产生意义。《这很好》更进一步，是将运动注入保安身上，他无论如何都已经在那里了，然后用说话代替了标签。

奥布里斯特：他们拍摄下来了吗？

赛格尔：这当然是个问题。

奥布里斯特：是否会存在正确或错误的阐释？这才是个问题。

赛格尔：我觉得可能会有各种各样的阐释，这与我想做的没有关系，但这并不意味着它们是没用的，也不能说明它们是无趣的。这些阐释始终存在。当人们观看一件由艺术家创作的作品时，这件作品与艺术家构想的完全一致，随着时间的推移，即使它一成不变，观者心里也会有不同的阐释。我是说，问题在于你把这个阐释放在接受过程中的哪个阶段。

奥布里斯特：确实，这一点非常重要。不过回到指令这个概念，我对几个方面很感兴趣，其中一个是经济。所以能跟我聊聊经济概念吗？艺术经济与剧场界的经济有很大区别，因为艺术非常稀有。詹姆斯·李·拜尔斯在晚年能够以很高的价格出售表演，但售出无形的东西是非常困难的，通常都需要有一个物品。我知道你售出了一个表演给杰罗姆·贝尔[11]，那么我们也许可以从

11　杰罗姆·贝尔（Jérôme Bel, 1964—）：法国舞蹈家、编舞家。

这个具体的例子开始，聊聊这个话题。

赛格尔：我不反对"表演"这个术语，但我们必须加以区分。我没有把表演卖给杰罗姆·贝尔，虽然我的确卖给他一件作品，但那某种程度上是一件视觉艺术作品或装置。我售卖《二十世纪》这个作品时，它是一个表演、一个舞蹈作品，而我售卖它以维持生计，现在在来看这没什么意思，但其中存在着某种经济学，尽管我会说购买它的人并不拥有这件作品。

奥布里斯特：你在行为艺术界谋生的时候，你把表演卖给了谁？

赛格尔：不是行为艺术界，我不认为那个行业有很多钱，实际上是舞蹈行业。

舞蹈行业并不是一个真正的市场，它多少由国家进行扶持。舞蹈作品可以被售卖，一个独舞作品价格一千五到三千美元。所以非常著名的艺术家和不那么有名的艺术家之间没有太大的区别。没有太多的钱，只有一点点。老实说，我对这些事没什么兴趣。

奥布里斯特：这跟视觉艺术经济截然不同。

赛格尔：是的，我明白。所以我卖给杰罗姆·贝尔的作品更偏向一件视觉艺术品，就是"欧洲宣言展"的那件作品。他可以在展示自己收藏的时候展出这件作品。不管怎样，还是和行为艺术之间有很大的区别。行为艺术家没有想过售出或复制他们的作品，我有兴趣制造产品，然而是通过重新思考作为一种行动转变的产品概念，而不是材料的转变。我卖给杰罗姆·贝尔的那件作品是一个产品。它非常具体，在世界的各个地方是可以同时复制再现的，但它又完全是非物质的。这不涉及我们之前谈到的整个人类文明的生产方式。

奥布里斯特：它是无形的。

赛格尔：你所说的"无形"是什么意思？

奥布里斯特：不是物质的。

赛格尔：嗯，它在某个身体上暂时被物质化。

奥布里斯特：所以它是虚拟的，然后被概念化？

赛格尔：我对虚拟这个概念没什么兴趣，但也有可能是因为我对它还不够了解。

奥布里斯特：我并不是指"虚拟现实"。

赛格尔：它的内涵非常奇怪。

奥布里斯特：但按照德勒兹的说法，这个词代表着"潜力"，不过这可能对你的创作来说并不是很有意思。

赛格尔：它以某种形式存在于我的头脑中，存在于我的身体里，存在于知道如何去做的人的身体里，也存在于他们的记忆里，以及看到它的那些人的记忆里。也许只有它在美术馆登场的时候，才变为现实。对我而言，售卖作品这件事的有趣之处在于，我们可以在所有事情上墨守成规，整个转化自然资源的文明模式丝毫不会受到影响。事实上，从历史看，市场上的整个生产体系都是基于这种材料的转化，我们所做的没有任何不同，只是它没有实际发生而已。

奥布里斯特：能就这个转化的过程多聊一些吗？我到现在所理解的内容是：一方面你在舞蹈的语境下进行表演，另一方面你也会创作在视觉艺术语境下发生的作品。

赛格尔：是的，我尽可能在正常的艺术语境下完成一切。但我意识到，为了达到这一点，乍看可能有点不寻常，但这可以创造一些有趣的东西。像艺术市场这样的构建，已经形成了一整个历史，并且仍然存在，由于一些特定的原因，它是有问题的。不是说我对市场有意见——完全没有——我觉得市场很棒，但由于我一开始说的原因，我对于材料的转变的确存在着疑问：人类危害着赖以生存的某种特定状态，而且对新产品没有真正的需求。我们已经拥有太多了。个人而言，我对物质商品的概念没那么感兴趣。我受够它们了。我更感兴趣的是区分自身的主体性。所以当我卖出作品的时候，一切都是传统的方式，但这个结构的本质核心被舍弃了。你本该卖一个物品，把它递交出去，让收藏家放在他家里。然而当我把这件作品卖给杰罗姆时，我没有给他什么可以拿回家或者放进仓库里的东西。

奥布里斯特：连个证书都没有。

赛格尔：当然没有，这就是我试着做得比行为艺术更干净的地方。尽管我对行为艺术真的没什么兴趣，我甚至都不将其作为创作的参考。我特别希望做得比观念艺术更干净，也就是说，如果我们想要将物体非物质化，那就真的不要有任何物质。我仍然在生产物体——不是在这个词的物质意义上，而是在这个词的生产意义上。

奥布里斯特：那么杰罗姆得到了什么？

赛格尔：嗯，他得到了很多关注！通过你的摄影机和采访！（笑）没有，他将其列入了他的收藏。

奥布里斯特：是否出于礼貌而提到了他？

赛格尔：是的。

奥布里斯特：在标签上？

赛格尔：是的。

奥布里斯特：所以是杰罗姆·贝尔将作品借给欧洲宣言展展出的？

赛格尔：是的。他们必须发邮件给他。要不是因为他总是同意让作品展出，我不会把作品卖给他。他有皮埃尔·于热、托马斯·赫赛豪恩[12]、加布里埃尔·奥罗斯科[13]的作品，而且经常将这些作品借出。无论如何，对他来说，展出作品肯定不会对他有什么损失，作品是牢不可破的。

奥布里斯特：所有的观念艺术都有这样或那样的证书，以确认版权等的归属。所以我很好奇，你们要见公证人吗？

赛格尔：对。观念艺术是将艺术对象非物质化为语言，他们觉得这意味着要写在纸上。这某种程度上来自绘画和雕塑传统，所以怎么办呢，他们写在了纸上。

奥布里斯特：他们创造了一种新的拜物。

赛格尔：我不太关心拜物这个概念。

奥布里斯特：为什么？

赛格尔：我对这个没什么意见。我希望人们迷恋我的作品，为什么不呢？

奥布里斯特：所以你不是反对拜物论。

赛格尔：没有，我不反对，我只是说，如果他们真的想要去

12　托马斯·赫赛豪恩（Thomas Hirschhorn, 1957—）：瑞士艺术家。

13　加布里埃尔·奥罗斯科（Gabriel Orozco, 1962—）：墨西哥艺术家。

物质化，那么到目前为止他们还没有做到——有颜色的纸也是一个物体。即使纸可能不被他们视为画作，但我会认为它是画作。我正在尝试真正地将作品去物质化，因而没有文本，没有实体来证明这个东西是作品还是其他什么。所以我们去做了公证。我会告诉你整个过程。

奥布里斯特：我想知道整个过程！

赛格尔：杰罗姆想要把这个作品买下来，我说"好的，但我希望交易用口头合约进行"。因而我去见了律师，他说"好吧，你应该让它（合约）保持简洁，应该有一个公证人进行见证，如果有任何纠纷，公证人会更有权威，因为这本来就是他的工作"，他说还应该有一个美术馆负责人承认其为艺术作品，等等。后来他说，为了支撑这个原本无效的东西，作为证据最合适的人选是公证人，第二选择是律师，第三选择是美术馆负责人。口头约定当然不如书面合同有效力。我花了好几个星期才找到一个人愿意做这个的公证人——巴黎的每个人都说"不，不，这是不合法的"，或者"这要花好长时间才能搞清楚"。但后来，我打电话给一个人，他说"没问题"。我有一个学法律的朋友，我们约在咖啡馆见面，准备合同。合同准备的过程中，我们一个字都没有写下来，我们确实想玩这个游戏。她用法语给我念那几句话，我会重复一遍。然后在我们见公证人之前，我和她彩排了一遍。最有意思的事情是，在公证人办公室的墙上，挂着一幅本·沃提埃[14]的画，上面写着："我们必须把一切都写下

14　本·沃提埃（Ben Vautier, 1935—）：法国艺术家。

来。"这句话太棒了！（笑）公证人坐下来，他不能开收据，因为那也会被当作某种证据或证书。

奥布里斯特：你付钱进行了公证，但没有收据。

赛格尔：没有收据。我们就这么去了公证人那儿。巴黎的艺术评论家伊瓦娜·沙皮伊（Yvane Chapuis）也在那儿，在场的有我那个学法律的朋友、收藏家杰罗姆，还有我。我们向公证人说明了这个合同，然后他说"好的，我觉得合同没问题"，然后我很正式地重复了一遍合同，说明了我的地址、著作权（droit d'auteur）、著作人格权、作品名称和金额等等。杰罗姆表示同意，给了我钱，然后双方握手。

奥布里斯特：他付的是现金？

赛格尔：付的现金。这是整件事所涉及的唯一的物件，但它并没有作为作品的价值。我们只对其作为交易手段感兴趣。然后，当然，公证人也拿到了一些钱。

奥布里斯特：还有一件事我想问你，它在过去几年间发生了巨大变化，那就是平行现实的概念，艺术家同时处于两个、三个或四个世界。

赛格尔：我不知道这是不是一种陈词滥调，我也不觉得它非常有趣。还是关注我在其他领域做的事情吧，对于这一点，我没什么兴趣。实际上不说这个能让我更舒服一点。艺术界是我最希望大展拳脚的领域，人们认为我做的纯粹就是艺术，而不是把我当作一个舞者，或者不知道我也做编舞，这对我来说非常重要。

奥布里斯特：所以基本上，你不想利用这一点？

赛格尔：不想，我更喜欢说我只做视觉艺术方面的创作。不是说我不喜欢戏剧，其实我喜欢把人们聚到一起的概念。我对那个感兴趣，而且我觉得这在我之后的作品中也会越来越重要。但现在我更感兴趣的是美术馆可以作为我作品的背景。我对剧场的兴趣在于那是一个我们可以聚在一起的地方，我想我还是会坚持这个想法，但也许之后就不那么想了。同时，在视觉艺术领域，我的系列作品也会以某种方式一直继续下去。

奥布里斯特：能聊聊那些尚未实现的项目吗？

赛格尔："这是汉斯·乌尔里希·奥布里斯特"！（笑）

奥布里斯特：那接下来要做什么？你的下一个项目是什么？

赛格尔：我要在科隆一个叫"我保证这是政治"（I Promise It's Political）的展览里展出《这很好》。然后在斯图加特的艺术协会展出作品《这是个宣传》（*This is propaganda*）。这件作品延续了《这很好》的概念。

你去过斯图加特的艺术协会吗？那个圆顶厅有着让人惊艳的声效，当你走进那个空间时，会看到一些雇来的保安，他们的报酬和其他保安一样，但他们也是歌手。所以我们有了会唱歌的保安，他们转过脸背向观众，然后以很大的声音唱歌。歌词是"这是个宣传，你知道的，你知道的；这是个宣传，你知道的，你知道的……"然后有个保安说："提诺·赛格尔，2002年，艺术家提供。"所以这个作品差不多只有标签，作品标题也是被唱出来的。

奥布里斯特：有一个话题，我们在巴黎稍微聊过一点，那就是合作的概念。

赛格尔：不知道为什么，我非常害怕合作的概念。如果你说有的地方需要合作，那意味着也有一个地方不需要合作。所以这是一个挺麻烦的概念，我不太愿意使用它。

它总是在那里——你不能不合作。我喜欢朗西埃的一句话，他说，"政治的终结和政治的回归是抵消政治的两种方式"。说政治终结或回归可以抵消无处不在的政治，因为它始终是存在的，合作也是一样。我真的不太明白"合作"这个词的意思。我觉得很久以来，人们都把这个词看得过重了，我不太愿意使用它。我知道，从实践的角度看，它是指和其他艺术家一起工作。但就我个人而言，我对此也不太感兴趣。你是怎么理解合作的？艺术始终是在合作——它始终在与艺术史合作。你不能不和艺术史合作。

奥布里斯特：你提到了你想象的舞蹈艺术馆，那么能聊聊你想象的视觉艺术馆吗？

赛格尔：我有时候会把我的作品和伊夫·克莱因相联系，作为《空》（*Le Vide*，1959）的辩证再创作。

奥布里斯特：这个你之前从来没有提过，很有意思——克莱因的《空》之再创作。

赛格尔：……对，再创作。所以想象一下我的个展，那会是一个空的美术馆，只是每个房间里会有一个人／保安在做着某件事。当然，伊夫·克莱因的空间从来都不是空的，始终有人在里面，如果它是空的，它就没有意义了，因为没有人能看到或体验它。我想在一个完全空的美术馆里做个展，美术馆同时也会被填满，空白和填满共存，因为什么物品都不会有，但每个屋子里会有很多作品正在发生。所以在某种意义上说，这将会是非常传统的展览。

奥布里斯特：还有哪些视觉艺术家影响了你？

赛格尔：在舞蹈上，像是身体可以做到什么程度，或者身体应该如何运动，我从来都没什么兴趣。我不可能，也没有兴趣去制造一个对象。然而抱持着这种态度，我无法进入视觉艺术的语境。我是说，你无法仅仅以跳舞的方式进入艺术学院。另外，我也没理由去艺术学院，你在哪里都可以学习艺术史。我有很多敬仰的艺术家。我一定受到他们所有人的影响。我也必然受到毕加索的影响，尽管我没有真正看过他的作品。

奥布里斯特：你说过你很喜欢迈克尔·阿舍？

赛格尔：是的，他的作品我了解不多，但我觉得其中某个方面跟我的作品有点像，那就是他改变事物的位置。按照本雅明·布赫洛的说法——我对他的了解几乎全是通过布赫洛的文章——在芝加哥，他把美术馆的外立面放到了室内。他基本上没生产什么东西，但他仍然生产出了某些"东西"。在这一点上，他的作品和我的很相似，尽管它们仍然和物品有关，因为他把墙或者什么拿下来的时候，这些仍然是物品。他做的是去生产，或者是改变事物的位置。

奥布里斯特：你告诉过我，你对游戏很感兴趣。

赛格尔：通过物品的生产和占有来进行主体性的生产，也许探讨这个概念要更有意思。在这一点上，比如，卡斯特·奥莱 [15]

15　卡斯特·奥莱（Carsten Höller, 1961—）：德国艺术家。

或者夏维·勒·罗伊进行游戏的方式可能也很有趣。我自己没研究过游戏，但我觉得他们很厉害，他们尝试区分我们的主体性，却不是通过对一个物品的感知。所以，世界上其实根本就没有太多的物品。但也许只是我对它们有点厌烦了而已。

奥布里斯特：对物品厌烦！这可以是一个标题吗？

赛格尔：什么的标题？

奥布里斯特：我们需要给这次采访取个标题。

赛格尔：我觉得应该叫"这是汉斯·乌尔里希·奥布里斯特"！（笑）我有一整个作品系列叫"这是……"。

奥布里斯特：叫"这是一次采访"怎么样？

赛格尔：不行，那不是作品！（笑）"这是汉斯·乌尔里希·奥布里斯特"可以是我的一件作品。它永远不会实现，除非你想要实现它。

奥布里斯特：我对游戏规则很感兴趣，这就要谈到与之有关的夏维·勒·罗伊，你能稍微谈谈这个吗？

赛格尔：尽管我自己的作品完全没有用到游戏的概念，但我很喜欢这些观点，因为它们也在探讨人和人之间主体性的区分。这是革命性的，或者说它影响了人们日常交往的方式。而且我认为这种实践甚至可以引入发展的概念。我们不希望始终停留在同一个问题上，但我们能在哪里实现这种发展呢？这就是为什么我对新媒体艺术持怀疑态度，因为其发展一直都是基于技术进步，以至于新媒体艺术似乎在暗示，使用当代技术就可以变得当代。我所感兴趣的是使用可能和人类一样古老的技术，却具有当代性。

奥布里斯特：在市场之外是否还留有空间？美国政治经济学家伊曼纽尔·沃勒斯坦在他的《有托之乡》（*Utopistics*）一书中说，要尝试找到市场体系之外的另一种选择，需要五十年的变革期。

赛格尔：首先，我没有看到什么危机。

奥布里斯特：没有危机？

赛格尔：不过，要回答这个问题，可能要以另一种方式，空气是处于市场以外的商品。我们不用为呼吸付费。如果它是稀缺的，那我们可能得为此付费了，但既然它有充足的数量可供所有人使用，那它就不需要由市场来调控。我一直不太明白，市场的具体意识形态是什么。当然，市场有一定的政治性，它有着民主甚至无政府主义的方面，但它传递了很多不同的，也许是对立的文化意识形态。我是说，沃勒斯坦的书也是通过市场经济发行的，所以市场是一种调控力量，如果某个东西无法直接获得，那么必须进行调控，其中一个方式就是市场。宏观调控是另外一种。我更倾向于市场。

奥布里斯特：但世界上的分配日益不平等。

赛格尔：这意味着什么？什么意义上的平等——幸福的平等，还是物质的平等？

奥布里斯特：我是指富人越来越富，穷人越来越穷。约瑟夫·斯蒂格利茨[16]将其描述为危机，沃勒斯坦也称其为危机……

赛格尔：但这种重申的前提是什么？它再度确认的是，在某

16　约瑟夫·斯蒂格利茨（Joseph Stiglitz，1943—）：美国经济学家。

种程度上，生活质量多少与这些东西有关，我认为这可能没错。

不管怎样，我想质疑的是这个概念。我不是说富人更富穷人更穷不是问题，或者说这和生活质量没什么关系，我感兴趣的是思考这个假设是否成立。收入多少是评估生活质量的唯一标准吗？我收入不高，但我也不是低收入。可能你的收入要比我高。我们可能都有健康保险。也许我比你快乐？我不知道。你提到了卡斯特·奥莱和夏维·勒·罗伊的那些游戏，好，我们来玩游戏吧。如果你喊"瓦莱里奥！"就很开心，这什么都不需要花费，它是在市场之外的。所以我并不觉得市场经济不好，我不认为它会消失。市场不是一种政治体制，它不是人们想出来的一种意识形态。我们所说的市场经济是从历史中发展而来的。在这个组织里暗含着很多层面，以及好几个世纪的历史，我对它很信任。我觉得这么快地质疑它是很轻率的，完全不质疑也很幼稚。但我觉得大多数的质疑，比如这本卖得不错的书里的……是以一种非常狭隘的方式在探讨，而这是很危险的，因为它不允许适当的批评。这又得谈到作品的销售。我认为在未来生活及其可能性方面，问题不在于市场。我会觉得物质的转换是更严重的问题，这和市场没有丝毫关系。另一方面，市场以外还有很多东西。人们对市场存在着某种迷思，认为它是完全自我调控的。市场只存在于政府调控中，并且只有在国家给出了某个具体规则，人们才能够进入市场。完全自由的高度资本主义概念是不正确的：市场是完全受到调控的。但在这种调控之下，存在着一些空间。

奥布里斯特：乌托邦呢？这是我最后一个问题。

赛格尔："这是汉斯·乌尔里希·奥布里斯特"的第一个，也是最后一个问题——我在思考这个问题，因为我知道你要问。我知道你对这个概念很感兴趣。所以我在问自己对"乌托邦"这个词的看法。我对它感兴趣吗？说不准。一方面，我觉得，作为一个现实的工具，作为某个非常实际的东西，乌托邦很有意思；但另一方面，我没有像你那样被"乌托邦"这个词迷住。我不觉得它性感，但或许你会向我解释为什么它可能会是性感的。我首先想到的是，乌托邦是个挺危险的东西。有人说，共产主义就像一个乌托邦，我觉得这种说法委婉地表达了曾经有过真实的社会主义，但实际上，真正的社会主义或曰名副其实的社会主义仍然存在。有一种理念被植入这个社会——为什么不呢，我们试试看吧——但由于不被认同，或者考虑起来太过复杂，最后它会与之前想象的大相径庭。所以我觉得乌托邦可能有点危险。它可能也很有益处，但我在这个问题上恐怕懂得不多。我期待你写一本关于乌托邦的书，我会读一读的。

奥布里斯特："现实的工具"这个说法很有趣。你把乌托邦概念视为某种形式的发动机？

赛格尔：一种危险的发动机。

欧洲宣言展

奥布里斯特：提诺，我们因为欧洲宣言展马拉松联系你的时候，考虑的是在 20 世纪早期的先锋派，以及随后 60 年代和 70

年代的新前卫艺术中，欧洲宣言展占据了很重要的地位。想要在今天回顾欧洲宣言展，你提议——实际上是立刻提议——可以用对话的形式，而不仅仅是一次对欧洲宣言展的介绍。能解释一下为什么吗？

赛格尔：原因之一是，我不希望就我的意图发表在我看来太过男性化的宣言。对于未来，对于今后会发生的事情，抛开一切，抱持着这种男性的自信和现代主义信念，我觉得这太过 20 世纪了。所以我觉得 21 世纪很可能更像一场对话或交谈，也许这本身就是一种宣言。我只是觉得 20 世纪对于自身太过笃定了，我希望 21 世纪能少一些这种自信。这就要倾听别人说什么，并参与到对话中，而不是急着站起来表明自己的意图。关于这一点，存在着某些古怪的倒退。

奥布里斯特：这也和怀疑有关吗，因为宣言通常意味着确信不疑？

赛格尔：没有，我不觉得这和怀疑有关，我认为更多的是与对复杂性的感知有关。我觉得在 20 世纪，人们对世界依然存在着一种牛顿式的感受力。我希望我们不再这样感受世界，而是能感受到过程之中的复杂程度，最好一起参与其中，而非假装具有某种愿景。尽管如此，这并不意味着屈从于一种后现代主义的观念。

奥布里斯特：我们生活在一个更为原子化的时代，也许，具有凝聚力的艺术运动变得更少了。欧洲宣言展通常被认为与艺术运动有关。我想你对此有话要说。

赛格尔：是的。我觉得很好玩的是，你，一个策展人，在邀请一个艺术家做出宣言，这太 21 世纪、太具有对话性了。想象一下，美术馆负责人对达达派艺术家说"来吧，写下你的宣言！"在此意义上，这和我的想法多少是一致的。还有一件事无疑也是我感兴趣的，"好吧，为什么不试着推断一下 21 世纪会是什么样的？"我和许多人一样，对此有着一些模糊的想法，我不认为这些想法都实现了，但即使它们没有完全实现，谈论它们也许是一种 21 世纪的做法。而且 21 世纪才开始没多久。我觉得，其中存在着一个差别，那就是 20 世纪存在着某种粗鄙。怎么说呢？它和我之前说的那种自信和喧嚣有关。其中并没有贵族式的优雅，而是有着一种青少年的粗俗，像是在大喊"这是我们要做的！""我们反对这个！"，还有着几分天真。我希望 21 世纪不会再这样了。

奥布里斯特：能再多聊聊这个话题吗？"贵族式"是不是意味着另一种方式的回归？它是重复，还是有所差异？

赛格尔：这个想法还很粗略，我还没想清楚，而且也没真的在哪个人身上试过，所以我是在让自己置身于 21 世纪的不安感之中。大家都知道，我们经历过法国大革命和工业革命，在此之前我们处于封建制度之下。在我看来，封建制度的特点是贵族免于劳动，而其他人基本上都从事生产。好吧，贵族担负着某些管理职能，但基本上他们有大量的空闲时间。他们把时间花在哪里了？态度、礼仪的精致化，谈话的艺术，以及生活的艺术。为什么要做这些？因为，他们有时间。但是，正如托斯丹·凡勃伦[17]的著名说法，所有时间必须耗费于展示其富裕和优越的地位，比如构建其说话的方式。由于他们花费了大量时间来改进说话方式，你可以通过这一点认出其贵族的身份。所以这种制度，这种上层社会所培育的文化修养，与自我有关，是一个自我概念。它显然是非常不民主的，也是建立在对其他阶级的剥削之上的。

后来，伴随着法国大革命和工业革命，发生了一场运动，推翻了这种不平等、不公正，我们的社会变得更为民主，特别是有了更丰富的大众文化。我觉得视觉艺术和美术馆也是如此。资产阶级作为新兴的领导阶级，他们没有那么多的闲暇时间，因为他们不是在压制其他阶级，因为他们仍然在工作，也没有太多的时间花在自我改进上。但显然他们还是关心自我改进的，他们是怎么做的呢？他们通过获得的物品来占有世界，这显然和他们的日常生活息息相关。他们创造收入，也会花掉这些收入，消费也能反映出他们的收入。在贵族阶层，主观性、美学性以及所有这类事情更多地与自身相关，而现在，在资本主义大众文化中，它们变得更多地与物品相关。美术馆被创造出来的时候也是一样，我们现在会去美术馆逛逛，看看东西，这种文化在人类历史上真是太奇怪的例外了。你看，我们首先经历了前工业社会，这个社会存在着阶级不平等，但也存在着美学的改善。随之我们拥有了一个，这么说吧，更民主，并且大众文化

---

17 托斯丹·凡勃伦（Thorstein Veblen，1857—1929）：美国经济学家、制度经济学鼻祖，《有闲阶级论》（*The Theory of the Leisure Class*，1899）是他的代表作。

更多元的社会。当然这并不是关键，但我觉得 20 世纪，也许还有 21 世纪初期的很多文化批评家会对此有所体会，他们仍然具有贵族的感受力。像阿多诺那样的人就有着贵族的感受力，这种感受力正消失于大众文化，他对此感到震惊。在我看来，对于 21 世纪，我关心的是提升它的优雅程度。并不是说贵族的……而是特指审美上的。我不是说我们应该像凡尔赛宫廷里的人那样走路，但在情境主义的意义上，凡尔赛宫廷是一个充满了情境建构的地方。它存在着这种阶层的优雅，这种阶层关照自身、改进自身、构建自身，而不是非得把关注点放在物品上面。21世纪有望将这些遗失的东西带回大众的层面。

这是提诺·赛格尔

奥布里斯特：现在是 2005 年 2 月，我们在巴黎现代艺术博物馆的办公室。你曾说过，这里也有点像是一个图书馆。你最近谈论了很多政治，我有一些问题想要问你。雅克·德洛尔[18] 说我们必须再政治化，"小步前进"的方式已经不够了。他说政治处于三重危机之中：民族国家的危机，需要再次发现共同价值观的政治危机，还有欧洲建设的危机——有点像是一个悖论，因为之前从来没有那么多的国家想要加入欧盟。他所说的"再政

18　雅克·德洛尔（Jacques Delors，1925—）：法国政治家，1985 年至 1995 年担任欧共体主席。

治化"代表着三件事:透明度更高的公共生活,民主控制的增加,以及最重要的,一个真正的政治计划的细化。

关于政治和这种再政治化的必要性,我希望听听你的想法,因为你说过很多次,对你来说,进行艺术创作实际上是政治的一部分。

赛格尔:好的。当然,你知道我对再政治化的看法。我没听说过这个人,他不是来自艺术领域?

奥布里斯特:不是。他是一位政治家,曾经是欧共体的主席。

赛格尔:哦,雅克·德洛尔,那我知道了。你知道的,对于这种在艺术方面的再政治化观点,我一直持怀疑态度,因为这意味着无论我们做什么,都不是政治性的。但这个人来自我所谓的议会政治领域或游说政治领域,他现在说必须进行再政治化,我对此不太确定。我觉得我们所处的社会是极为开放的,这意味着我们的每一个行为或选择,在某种程度上都是经由社会做出的。因而如果说我们有一个——我不知道,那段话你读得太快了——或需要一个透明的社会,我觉得我们已经拥有一个高度透明的社会了。如果我出去打车,或者出门买东西,它立刻就会产生一种政治影响,即使是他不屑一顾的一小步。但是,我们拥有高度透明的社会,基本上我们的每一个选择,每一个动作,都具有实际的影响,甚至被市场部门或民意调查所监控……

奥布里斯特:……每一个动作。

赛格尔:是的,我们的每一个动作。所以我觉得不需要从结构上进行再政治化,我想人们只需要意识到我们所处的状态,实际上一切都与之有关。也许我们可以这么说。

奥布里斯特：你说过你不是学艺术的，我们聊过你作为一位经济学人的背景。但你也说过，某种程度上，你一直想从事政治，对你来说，进行艺术创作实际上是从事政治最有效率、最为持久的方式。你能稍微聊聊这个吗？

赛格尔：对。我觉得在短期政治的意义上，我们的议会制度可能是非常行之有效的，它确实监测到了大多数人的短期需求。就像市场部门监测消费者的需求一样，它监测到了大多数人的需求。这对于解决短期问题效果显著。但长期来看，我觉得是有问题的。我们去哪里讨论与长期问题相关的长期价值观？我们的选择来源于我们的文化价值观，美术馆或者文化界在一个透明的社会中是如此具有说服力，以至于我觉得它们是你可以探讨源头，也就是探讨文化价值观的地方，它们不应该只做资料管理的工作。文化价值观的创造依然主要依靠文化，而不是市场；市场并不关心文化价值观，市场会接受任何文化价值观。它并没有在意识形态上提出一套既定的文化价值观。我们倾向于将当代社会或市场与某种文化的生产联系在一起，我们称之为企业文化。但我认为我们必须将企业文化视为一种特定的文化，而不是由市场主导生产出来的东西。既然企业文化可以是任意的，如果人们想要它是完全不同的事物，我是说，在结构上为了市场而成为别的东西，那么它完全可以实现。

奥布里斯特：另一个世界是可能的？

赛格尔：在现存的运作模式中，很多世界都是有可能的，这取决于在文化层面上我们是否希望那样。所以雅克·德洛尔说的那些——我不知道他的书里写了什么，不好多说，因为你得先一字不落地读完他的书才行。但如果他说"我们不能这么做"或者"我们必须那么做",在我看来,这完全就是行政管理。最终,这取决于人们希望如何,取决于人们的文化价值观是什么。

奥布里斯特:伽达默尔[19]曾经对我说,对话最有趣的是沉默的时刻,沉默无法被转录。

赛格尔:(笑)

奥布里斯特:换个话题,还有一件有趣的事情是,你已经两年没有记录了。

赛格尔:快三年了。

奥布里斯特:那时我们在欧洲宣言展进行了记录。你在艺术界的轨迹基本上是从欧洲宣言展的露面开始的,而现在,就像我们说的,你的很多作品同时在世界各地展出。就你的创作来说,能聊聊你当前的状态吗?

赛格尔:我觉得比起三年前我们聊天的时候,我的改变在于,那时(现在依然有效)我在想,我要把一些并不相容的东西放进展览场地。因而我基本上引入了三种媒介:唱歌,运动或舞蹈,还有话语。我把这些媒介带入了它们实际上并不属于的地方,但这是有意义的,因为它反映并且关照了文明公理之中产生的断裂。现在我改变了一点对此的看法,我觉得实际上我正在做的是具有媒体特性的展览。展览始终更多地关注人,也就是观众作为个体走进空间,作为个体获得艺术体验。没有导览,这

---

19 汉斯-格奥尔格·伽达默尔(Hans-Georg Gadamer, 1900—2002):德国哲学家,1960 年以著作《真理与方法》(*Truth and Method*)闻名于世。

确实是展览的创新，是公共展览的创新。展览的特性在于：它可以把公民作为个人独立出来，而不是把他们称为"人们"。戏剧已经这么做了几千年，电影也在这么做。展览始终更多地与个体有关，与能相互看到对方的个体有关。倘若回顾美术馆的起源，你会发现它主要是为了在文化上提升下层阶级，改变下层阶级的举止方式。展览空间的建筑能够把个体独立出来，这意味着人可以作为个体看到其他个体。所以一个所谓的"下层阶级"人士可以看到所谓"上层阶级"人士的行为举止：美术馆成了一种福柯式的政治。它更多地与人相关，而不是与事相关。而且我意识到，我的作品之所以会产生一些影响，其中一个原因可能是，展览似乎具备了完整的媒介特性。

历史学家托尼·本尼特对此有一个很好的说法，他说艺术作品基本上都是"观众的表演道具"。也就是说（除了我刚刚提到的），观众从一个空间走到另一个空间，见证着时间的流逝，最后意识到"我处在这个发展过程的高潮部分"。所以这是一种仪式，最终个人得到提升。在很大程度上，美术馆是和进步相关的。

奥布里斯特：你说的"进步"是什么意思？

赛格尔：是一种不断推广的理念，那就是我们这个时代从过去发展而来，只有领会到这一点，才能理解自己是谁。从这一点来看，美术馆的主要功能并不是展出艺术作品，它们是为了让观众体验某些东西，尤其是观众也在做一些事情，像是走路、前进。就我的作品来说，有人会说，这个展览变得局限于自身，忽略了某种程度上也许有点多余的东西，也就是所谓的"道具"。

我不会说这是我的观点，但这无疑改变了我看待自己作品的方式。

奥布里斯特：你能谈谈宣传吗？

赛格尔：我觉得杰夫·昆斯对宣传的阐释是最好的：你唯一能做的就是重复它。这是我最喜欢的一句话。当时他正接受评论家杰罗姆·桑斯采访，他说"我喜欢把自己当作一个宣传者"。然后杰罗姆·桑斯说："那你觉得真正的宣传者是怎样的？"杰夫·昆斯说："我觉得我就是真正的宣传者。"我不知道对此谁还能有更好的表达。我觉得《这太当代了》(*This is so Contemporary*)就很像是宣传，甚至比《这是个宣传》更像。

奥布里斯特：复杂性的问题也很有趣。雷姆·库哈斯说他使用了你的这种宣传方式，他希望我为复杂性进行宣传。你同意他的看法吗？

赛格尔：是的，我觉得一点不错。说当代技术等于当代文化，或者影响了当代文化；或者在定义什么是当代时，说技术是决定性因素——我认为这样的简化方式存在着某种怠惰。我觉得这太过简单了。像技术这样的东西甚至已经脱离了作为人类、主体、思想体或创造体的我们，所以我觉得我们可以发明不同的东西，不同的技术，也许是关于自身的技术或类似的东西，这类技术更为复杂，并且摆脱了实体材料的限制。现在我们并不缺少物质的东西，但要继续复杂化的进程，继续发展，也可以说是进步，我认为我们必须抛开这些事情。我觉得我们的主体性之中会有越来越多的复杂性。这么说，也许你不爱听，我非常喜欢你的生活方式，因为你非常做作，你是在精心制作或塑造你的主体性，以及你互动的方式。有一些特定的互动惯例，你会使用其中的大多数，但你也会创造其他的方式，人们必须接受或理解它，你是在创造你自己的游戏。这就是为什么我觉得你的生活方式很有意思，也是我今天来拜访你的原因。你肯定要把这段从采访里删掉。（笑）

奥布里斯特：能再聊聊个性和复杂性这个话题吗？

赛格尔：我觉得个性是我们现在希望创造出来的东西，各种个性。我不太清楚库哈斯指的是不是这个，不过我感兴趣的是，我们怎样把个性复杂化。如果我们现在有一个可以用来写电子邮件的笔记本，这算是个性的终极复杂化吗？不是的，那是个工具，不会更多，也不会更少。我并不是说这些工具是无效的，也不是说它们没有影响，只是我们如何才能在其他层面进行更多的复杂化，或者进行更多的区分。

奥布里斯特：还有一件事情很有意思，你现在不仅做展览，而且还开始接受委托项目。收藏家请你做项目，不仅在原地——你想要超越这一点，你想要创作真正属于收藏家的作品。关于你目前为止与收藏家打交道的经历，特别是那个被审查的科隆项目，能不能稍微聊聊？

赛格尔：（笑）我们不知道到底发生了什么。

奥布里斯特：它还会继续吗？

赛格尔：（笑）没有继续了！为藏家做作品对我来说很有趣，相较于为展览而创作，为藏家创作在某种意义上改变了更多的参数，因为对收藏家来说，他们通常会买下并拥有某些东西。这恰恰和我们刚才谈论的内容有关：个性的建构、复杂化或人工化。

所以他们现在突然在做一些事情。他们在做我的作品，这是他们通过自身行为创造的一种人工情境，你必须对此思考得更深入。我觉得，从拥有某物转变到成为某物，从一个转换到另一个，这种古老的哲学上的区别，简直相当于是藏家在进行创作。

我和收藏家们打交道的经历都非常愉快。对于需要他们做的事情，他们都很配合，他们也乐意这么做。我们进行了彩排，他们确实参与了创作。然后，当然也有经济上的考虑，比如，你会买一件可以借出的作品进行收藏。我的作品有特定情境，这些藏家作品的一部分或者说大部分，都是有特定情境的，那就意味着它们没法借出。对于一些收藏家来说，当他们了解这一点的时候，可能我的作品就没那么有吸引力了。

奥布里斯特：还有这件和桌子有关的作品。能聊聊这个吗？夫妇在晚餐时退席。我喜欢这个作品。

赛格尔：（笑）

奥布里斯特：这个作品的标题是什么？

赛格尔：《那些想法》（*Those thoughts*）。这是我刚刚完成的作品，我想为藏家们做一件作品，我也借此思考对收藏的不同观点。他们与收藏品之间是一种非展示性的关系，不会把展出收藏品看得极为重要。它就在那里，如果你想看，那你看吧，但他们什么也不会说。即使你问是不是他们的收藏品，他们也会非常谦虚，似乎有点不好意思承认。其他作品实际上都在做着某件事，然后让你去观看，而我想要做一件非常非常容易实现的作品——基本上你什么也不必做，但它仍然是一件作品。这件作品是给一对夫妇的，讲的是这两位收藏家接待访客。假设他们正在吃晚餐，或者坐在沙发上——就说是在吃晚餐好了——主菜上了之后，妻子站起来，大约四十五秒之后丈夫站起来，然后他们在家里的某处遇到，比方说卧室。他们在那里待了四五分钟，然后回到客人吃饭的地方，在对方的位置坐下，继续用餐。如果访客什么也没说，那就这样。如果访客问"你们去哪儿了？你们做了什么？"或诸如此类的问题，他们会说"好吧，这是一个提诺·赛格尔的作品，叫作《那些想法》"。这个作品实际上是主人走了之后客人在想什么，所以每次都是不一样的，如果他们产生了什么想法的话！

奥布里斯特：那标题呢？标题显然是和宣传相关的一个要素，它也与宣传的复杂化有关。你标题的厉害之处在于它们让人难忘，比如那个小孩每天早上都说"这太当代了"。你觉得标题的作用是什么？标题是触发器吗，是载体吗？你认为它是作品的一部分吗？你是如何取标题的？

赛格尔：这些是很好的问题。我也不太确定。我得多想想。

奥布里斯特：我们可以在转成文字版的时候增加一些内容！

赛格尔：我的很多标题都是以"这是"（This is）开头的，因为它们可以这样命名。它们在特定条件下发生，因而可以让人说出"这里""条件是"，我觉得这不同于某个人在一张纸上写下"这是"，因为显然这只是一张纸，而不是"某个东西"。所以当某人说出什么的时候，我觉得这意味着另一个层面。随之而来的多半是作品将如何发展，它就像是进入作品的一扇门（door）。

奥布里斯特：一扇大门（gate）。

赛格尔：好吧，这是一种相当传统的观看方式。

奥布里斯特：一扇 portail（法语，大门）。

赛格尔：portail，差不多。有时候我的作品是这样的：有些情况下，我做一件作品的时候，已经想好了标题是什么，然后我试着根据这个标题来进行创作。也许这说明了标题的重要性。然而有时又完全不是这样，我知道作品应该是什么样，但显然它……

我完全不知道我在说什么了！

奥布里斯特：你在说标题，以及作品会是什么，标题即作品。这是提诺·赛格尔，这是一个办公室，这是巴黎，这是 2005 年 2 月，非常具体！

赛格尔：（笑）这些都是在说我们在哪里。"这里"是有价值的，它影响重大，非常重要。它与我们在说的内容是有关联的。有时候我先定标题，然后再创作，有时候我发现这个过程是相反的，但它也与创造一个系统有关。所以，假如标题叫《这是交流》（*This is exchange*），那么这就是我对交流是什么的看法。如果叫《这很好》（This is good），那就是对于好的看法，也可以是对于商品（goods）的看法。标题像是作品的方向盘，两者几乎是一体的。

19

扎哈·哈迪德
Zaha Hadid

90 年代我变得对建筑感兴趣，那时我开始接触从事建筑项目的艺术家。但在进入蛇形画廊工作的时候，我才开始直接与建筑师合作，画廊总监茱莉亚·佩顿-琼斯每年都会邀请一位建筑师为画廊建造夏季馆。我和扎哈·哈迪德聊了她备受争议的建筑空间和结构，以及她对俄国至上主义的兴趣。扎哈·哈迪德作品受到了 20 世纪早期俄国至上主义艺术家的影响，这种联系最早体现在她 1976 年至 1977 年在英国建筑联盟学院（Architectural Association School of Architecture，AA）的毕业设计《马列维奇的构成》（*Malevich's Tecktonik*）中。扎哈·哈迪德在 1993 年受纽约古根海姆博物馆邀请，为他们的俄国先锋作品展 "伟大的乌托邦"（The Great Utopia）进行了展览设计。哈迪德的建筑整合各种学科，对世界各地的未来城市产生了深远影响，在以下的对话中我们对这些进行了探讨。

壮观的美术馆

汉斯·乌尔里希·奥布里斯特（以下简称奥布里斯特）：你在一篇文章里写到了普利兹克奖，你阐明当代生活的特征是一种"新层次的社会复杂性"。你说不再有任何秘密方法，也没有全球通用的解决方案。能再说明一下这个"社会复杂性"的概念吗？

扎哈·哈迪德（以下简称哈迪德）：好吧，我觉得今天利用城市的方式和过去大为不同：城市不再是由同一种方式构建的。它们当然也不再基于工作伦理——实际上是新教伦理，即每个人都必须在特定的时间回家。城市里居住的不再是单一类型的居民，而是有着各种族裔的人，受到各种影响，有着不同的生活习惯。不再只有某一种特定的类型，我觉得这改变了整个居住模式。作为一名建筑师，你会面对各式各样的客户——他们不再是单一的实体——我觉得这的确增加了空间的丰富性。随之而来的是，人们会希望处于一个"事件空间"之中：建筑物不是由单一空间构成，而是由不同的空间区域构成。我觉得，考察人们今天如何相遇也挺有意思的，他们可以坐在那里或站在那里。在使用这些空间时，不再有任何等级体系了。

奥布里斯特：你所做的那些令人赞叹的美术馆项目呢？特别是罗马的二十一世纪国家艺术博物馆（MAXXI Museum），还有你在台湾的古根海姆博物馆项目。社会复杂性是如何与美术馆设计联系起来的？

哈迪德：好吧，我们得讨论将美术馆视为"白盒子"的观念，以及白盒子是否给予了你最大的灵活性。现在，你已经获得了多样性——空间的多样性，因为在设计展览时，策展人对空间做出了如此多样的解读。在美术馆，问题不仅在于如何展示艺术作品，还在于策展人如何通过复杂性解读不同的线索和联系。

奥布里斯特：你设计了位于辛辛那提的美术馆——罗森塔尔当代艺术中心（Rosenthal Center for Contemporary Art），你觉得这是一个很好的例子吗？

哈迪德：辛辛那提的这个美术馆是一个美术馆的"大杂院"。那是一个非常特别的项目，因为它是一个位于辛辛那提市中心的美术馆。这个项目的概念是为了同时实现两个功能：展示艺术作品，并且复兴城市中心区域。由于郊区的发展，美国城市的中心区域已然衰败，城市内部变得非常荒芜。这就是辛辛那提将这里选址为当代艺术中心，并且建造美术馆的原因所在。因为这个场地很小，所以我们想要做成"垂直的"空间。但因为它是"垂直的"，也就意味着美术馆内部的动线非常重要。许多不同的楼梯必不可少，因为它们能够连接彼此。所以你可以在这种集群中拥有各种各样的空间：从仅用于投影的小房间，到可用于举办大型展览的很大的空间。

奥布里斯特：能谈谈台湾古根海姆背后的理念吗？这是一个非常庞大的项目吧？

哈迪德：我们打算像罗马二十一世纪国家艺术博物馆那样做这个项目……最后的效果会很有意思，因为就尺寸和规模而言确实非常庞大。大体上，它是由一个巨大的大厅连接着两个巨大的侧厅。这座建筑是水平建造的，向多个方向延伸，各个部分互相连接。它有两个轴心：一个是歌剧院/美术馆，另一个是市政厅和政府办公楼。它在水平上和垂直上都连接在一起，所以你把它拉高可以作为办公室，拉长则可以连接歌剧院的景观。它基本上就是一个可以承载大量物品和各式展品的空间。内部空间则几乎变成一种有机体，有点像一个巨大的口香糖山，你可以用不同的方式拉扯它。我喜欢将它看作玛莎·葛兰姆的舞蹈作品。

奥布里斯特：在美术馆方面，还有一些项目尚未实现。

哈迪德：我感觉有太多了！

奥布里斯特：实现的有多少，没有实现的有多少？

哈迪德：只实现了很小的一部分。但是现在变化挺大的……

很有意思的是，我总是在想，为什么没有人邀请我去做美术馆，我会是一个很好的美术馆人！因为我的论文就是写的这个。后来，我参与了很多美术馆项目。我是说，我们在这里（慕尼黑）也做了一个……但没有实现！

奥布里斯特：对，布兰德霍斯特博物馆（Brandhorst Museum），能稍微聊聊这个吗？这是一个没有实现的私人项目，是吗？

哈迪德：那是一个很小的项目。和此前一样，我们试着给美术馆附加一个空间，也就是在里面开辟一个像是室内街道的空间，可以作为内部的公共空间。我同意做两个房间——两个用桥连接的空间，并且所有的连接空间都会成为独立的展厅。这样挺好的，而且比较紧凑。我觉得赛·托姆布雷[1]不会喜欢这个项目。（笑）我是那么觉得的。不管怎样，没关系，我的朋友们能理解，所以没关系……

奥布里斯特：美术馆在你的事业中一直占据了很重要的位置，从你的毕业论文到你最初的作品，一直到现在的项目。车站（station）也是一样，在你过去和现在的许多作品中都很重要。

哈迪德：现在，我们在意大利有五个项目，几乎都是这样或者那样的"站"：一个是萨莱诺（Salerno）的货运站；还有就是我们在做的两个火车站，一个在那不勒斯，一个在佛罗伦萨。那不勒斯火车站像是一座架在铁路上的桥，你可以像水流一样下到所有的轨道。简单来说，它有一个屋顶景观，然后下面是一系列内部空间，它们并非完全线性的，而是形成了一种起伏

1 　赛·托姆布雷（Cy Twombly，1928—2001）：美国著名抽象艺术家，被视作第二次世界大战后最有影响力的艺术家之一。

的空间，给车站带来了很多光线。这个设计的概念是，你可以沿着空间上下移动，以通往所有轨道，因为你是位于轨道上方，而不是在站台的一侧或另一侧。我们在毕尔巴鄂附近的杜兰戈（Durango）设计了另一座车站；在新加坡也有一个大型的总体规划正在进行中；还有毕尔巴鄂的两个总体规划，位于一条河流的下游区域，目前那里一片荒芜。这是一个很有意思的计划。

奥布里斯特：你会用壮观来形容你的建筑吗？

哈迪德：如果你想要谨慎一点，那就不要建造山一样的建筑……你知道，人们说不应该做激动人心或炫耀性的建筑，但这种说法和保守仅一线之隔。你必须当心，因为我知道太多人，太多原本非常开放自由的建筑师，突然间变得异常保守。

奥布里斯特：最后一个问题，你觉得自己的速度很快还是很慢？

哈迪德：有一点非常诡异，如果你看维特拉（Vitra，位于德国莱茵河畔瑞尔的消防站）那个项目，它完全建立在运动的基础上，但其实我想要的是一个很沉稳的空间。我的本意可能是探讨速度，但实际的效果可能完全不同。我觉得有各式各样的经验非常重要。我是说，在任何行业或活动中，你不能只有单一的经验。当然建筑师的角色完全是多样的：在家里不一样，在公共空间也截然不同。我所说的是，我会运用这样的想法去探索一种空间情境，但最终得到的可能是别的东西。

移动建筑

奥布里斯特：很早之前你就跟我说过，设计移动建筑一直是你的梦想。

哈迪德：或者是可移动的东西，像是为台湾古根海姆博物馆而研究的运动元素，其内部陈列馆可以彻底改变，我们探索了在空间中飞行的想法，探索了搭建骨架的想法，等等。这些项目都可以看作是这个作品（奈儿移动艺术馆［Mobile Art Chanel Contemporary Art Container］，巴黎）的前身。

奥布里斯特：在巴黎香奈儿移动艺术馆的空间里，我们可以期待看到什么呢？

哈迪德：展馆内部将会有一系列的"蜘蛛网"，用来支撑屏障和区隔，以展示我们有关"塔"的研究材料。

奥布里斯特：所以蜘蛛网会有展示功能——你是怎么想到这个创意的？

哈迪德：自从做了迈阿密设计展（Miami Design Fair）的《弹性》（*Elastika*，2005）和维特拉的 Mesa 桌（Mesa，2007），我们一直在探索这种语言，它与脉络、分支和延伸有关。在这里，我们顺着这条线继续研究，并将其应用于室内空间。

奥布里斯特：所以这里会是一个内部研究实验室。是什么让你决定做一个关于"塔"的展览？

哈迪德：我认为我们应该专注于研究的一个分支，这种荒凉的概念在我们所有的几何作品中都有所体现。

奥布里斯特：极具远见卓识的伊黛尔·阿德楠[2]写了一篇很有诗意的文章描述你的展馆，说这个展馆的理念非常国际化。我认为这个观点很有意思：一个面向世界的展馆。

哈迪德：是的，因为它是用来旅行的，它与特定的语境无关，也不植根于某个特定的区域。它来自全球语境，这让它更具都市性或国际性。

奥布里斯特：它可以在任何地方突然出现。阿德楠在文章中也提到，如果观察这个展馆，感觉就像是要踏上一段新的旅程。它可以前往沙漠——那一定会很棒。

哈迪德：它也可以去乡村郊野。或者你可以给它添加一个附属物，它可以生长，可以有孩子。

奥布里斯特：那就太棒了，它会变成一个完整的城市。

哈迪德：我们也曾经讨论过把它放在泰晤士河上。

奥布里斯特：太有意思了，因为阿德楠在巴黎看到施工现场时，她说感觉像是与一条船相遇，它具有某种不可思议的力量，像一艘搁浅的船。

哈迪德：因为他们把展馆建得看上去像是船的形状，有一个附加了所有这些东西的框架——就像一艘船。他们打算分成两半进行建造，然后让其漂浮在泰晤士河的木筏上，在那里组装起来，那将会非常惊人。

奥布里斯特：这个过程会非常有趣。在之前的采访中，你告

---

2 伊黛尔·阿德楠（Etel Adnan，1925—）：黎巴嫩裔美国诗人、散文家、视觉艺术家。

诉我美术馆可以从内到外地进入城市。展馆在你看来是不是一种城市结构，它与所在城市不可分割地连在一起？

哈迪德：有趣的是，这不仅与建筑物参与或者嵌入城市化的方式有关，也与城市化如何被卷入室内空间有关，室内因此成了室外的一部分——即便它是一个实体，也不必是透明的。这种情况发生在了很多项目之中。

奥布里斯特：移动艺术馆有什么灵感来源吗，它是怎么突然出现的？

哈迪德：我们想要做一些不那么单调的东西，移动艺术馆就来自这种需求。但我也很关注有机方法的概念，通过计算，这些结构可以进行数字化装配——非常有趣。它就是这么产生的，并不是信手涂鸦的结果。

奥布里斯特：能跟我们聊聊你此刻对世界现状的看法吗？

哈迪德：每个人都变得如此悲观，好像世界末日一样，这让人觉得很遗憾。我们一直在思考生态的问题，我们被禁止建造任何东西，只能整修现存的建筑物。我最近去了北京，那是一个令人兴奋的地方——他们既重视旧的东西，也追求新的东西。了不起的是，在有生之年，你可以亲眼见到这样一个庞大城市的崛起。

奥布里斯特：也许是时候离开地球，前往别的星球进行建造了。你有没有想过月球上的建筑？

哈迪德：这需要用下一辈子的时间来思考。

奥布里斯特：是的，它可能是一个伟大的项目。

哈迪德：是的，它可能是一个伟大的项目。但我觉得挑战在于，建造的时候，你在地球上，却要想象自己身处另一个星球，整个论点也基于此。几乎像重心的转移一样，你要重新思考结构，重新思考类型学和城市事物。整个流动的建筑就像一片飘忽不定的浮云，却被置于地球上。

奥布里斯特：这么勾勒地球上的天外来客太美了。

至上主义的影响

奥布里斯特：你对俄国艺术家的兴趣可以分成好几个时期：1976 年至 1977 年间，你在英国建筑联盟学院的毕业作品《马列维奇的构成》，那是伦敦亨格福德桥（Hungerford Bridge）上的一个酒店；1992 年在纽约古根海姆博物馆举办的俄国先锋作品展"伟大的乌托邦"；还有现在于苏黎世格穆尔齐恩斯卡画廊（Galerie Gmurzynska）展出的"扎哈·哈迪德与至上主义"（Zaha Hadid and Suprematism）。你对俄国先锋派的兴趣是如何产生的？

哈迪德：我最开始感兴趣是因为我在 AA 时的老师埃利亚·增西利斯（Elia Zenghelis）。他是一位很了不起的老师。我大学第一年的时候遇到了埃利亚，他在 1972 或 1973 年进行了一次关于俄国构成主义的讲座。他真的太有魅力了，几乎吸引了所有人的兴趣。他的讲座就像是一场演出。

奥布里斯特：所以他是俄国构成主义方面的专家？

哈迪德：谈不上专家，但他探讨过这个话题。后来大四的时候，我们得到一个项目：马列维奇的构成。这个项目的概念是，如果把卡西米尔·马列维奇的雕塑强加于城市语境，它就变成了建筑。这项研究就交给了我们，我们必须确定规模，明确具体地点。我把一个马列维奇构成以一系列水平的方式，加在了伦敦亨格福德桥上。

奥布里斯特：你在 AA 还做过一个项目，也是一座横跨河流的桥，可以讲讲吗？

哈迪德：那是五年级时做的作品。我五年级的论文，是查令十字车站的十九世纪博物馆（Museum of the Nineteenth Century，1977—1978）。河的另一边是南岸中心（South Bank Centre），那一片在 20 世纪是艺术的"实验田"。所以这个桥的概念是，它始于某个世纪，然后横跨泰晤士河到达 20 世纪。它探索了这样一个概念，那就是在城市语境下，当代建筑所面对的情况和世纪初相比已经发生了改变，你得舍弃原本的土壤，以一个全新的模式再次起步。当代建筑一方面不需要受周围环境的影响，另一方面它也不能破坏环境。十九世纪博物馆基本上是两个相交的横梁，一个用作酒店，另一个是美术馆，都建在现有的车站上方。关于并置、叠加，各种类型的方案，不同的连接物，我们有很多想法。那是另一个世界，在那里你可以做在家庭或工作环境中不会去做的事情。这源自我对俄国先锋派的兴趣，源自那个水平立面图的想法。

奥布里斯特：一位活跃在 70 年代和 80 年代的建筑师，去回顾马列维奇这样一位说出"我把自己转变成了形式的零"的艺术家，这不太常见。你关注俄国构成主义的时候，它已不再流行了。

哈迪德：不是，完全不是。他们给我这个项目的时候，我对俄国艺术家包括马列维奇一无所知，但这次展览在当时重新点燃了人们的兴趣。然后我读了阿纳托利·科普³关于俄国构成主义者的著作《城市与革命》(Ville et révolution)，还有一些关于埃尔·利西茨基⁴的书。

奥布里斯特：你和埃利亚·增西利斯、雷姆·库哈斯这些老师一起成了大都会建筑事务所的合伙人，你的项目依然参考了俄国艺术家。他们在实践方面让你感兴趣的是什么？

哈迪德：俄国艺术家真正让我们激动的并不是他们在形式上和美术上的研究，而是在建筑和规划方面的创造性。20 年代后期，苏联建立了一种新的社会秩序，使得某些新的想法和方案成为可能。在 70 年代晚期，当西方社会普遍经济萧条之时，这项任务的文化背景已经成熟，因为人们认为可以注入某些思想，使其重生或复兴。

奥布里斯特：在你为苏黎世展览所写的文字中，你说 20 年代的先锋派不仅预见了 50 年代的城市规划概念，而且那些设计出来的项目也预见了 60 年代中期的巨型建筑乌托邦。

哈迪德：是的。某种程度上，这两种情况存在相似之处。

奥布里斯特：如果观察你 1983 年在 AA 的展览中展出的作品，比如你的画作《世界（89 度）》(The World [89 Degrees])，你

3　阿纳托利·科普（Anatole Kopp，1915—1990）：苏联建筑师、建筑史学家、教育家。

4　埃尔·利西茨基（El Lissitzky，1890—1941）：俄国先锋派的代表人物。

做的所有与构成主义有关的事情都聚合到了一起。很多方面——重力，扭曲，线条的转换——所有这些都来自构成主义。

哈迪德：是的。那一年发生了很多事：我做了爱尔兰首相的官邸项目（1979—1980）和伦敦的伊顿广场（Eaton Place，1981—1982），然后在一个月之内我们做了拉维列特公园（Parc de la Villette，巴黎）和香港"山顶"（the Peak，香港未实现的山顶俱乐部项目，它以景观为基础，提出了一种新的地质学，或者说新的生态学）。我当时的作品中出现了连续不断的线，它们在同一个面上以不同的形式弯曲，形成轨迹；我从不同的视角绘制草图，对变形的运用愈发成熟。

奥布里斯特：你的绘图可以说是独立的作品！

哈迪德：数千年的完美绘画传统在二十年内消失了，这让人很难过。

奥布里斯特：因为电脑？

哈迪德：是的。我们当然可以在电脑上把事情做得更好，但艺术性消失了。

奥布里斯特：你还记得产生"山顶"想法的那天吗？

哈迪德：这其实是出自之前的项目，它不是自己跳出来的，某种程度上始于马列维奇的构成。作为设计比稿，"山顶"的大概内容和《马列维奇的构成》非常相似。那时候，AA 面对的情况是，一些现代趋势有待研究，传统有待挖掘。学校是作为一种实验室来运作的，想要在建筑领域发展一些新的想法，就开始了这项工作。还有一件事情对我们来说很重要，那就是在 20 世纪的传统之下理解和发展我们的作品——以某些现代主义作品作为我们自身创作的背景材料，这是很重要的。

奥布里斯特：你觉得你的建筑与至上主义最大的联系在哪里？

哈迪德：关于轻盈、飘浮、结构以及如何轻轻落地的想法，全都来自至上主义。

奥布里斯特：把至上主义的画作和你的画作放到一起看很有意思，因为可以看到至上主义的含糊性。福斯特曾写道，在你的画作中，你利用了这种含糊性，尤其是它在形式上可以通过纵向或横向的方式解读，同时它的空间是隐性的或扁平的。其中存在着这种扭曲空间的概念。你无法分辨它是二维的还是三维的：二维的墙变成了三维，而浮雕却变成了二维。一切都是模棱两可的。

哈迪德：是的。这受到俄国艺术家们的影响，但不是绘画方面，而是摄影，比如亚历山大·罗德钦科。

奥布里斯特：我们上次采访的时候，你谈到了罗德钦科的飞翔之物，它们在抵抗重力。

哈迪德：是的。俄国人对征服宇宙这件事很感兴趣。他们的作品也很有宇宙感。在后来的人造卫星、尤里·加加林[5]还有外太空项目上也可以看到这一点。我感觉20世纪初必定是一个非常激动人心的时期，不只是俄国，德国和美国也一样。

奥布里斯特：那是一段跨学科的时期，除了俄国的艺术和建筑，还有芭蕾舞团的舞蹈。你能谈谈展览的陈列吗？

5　尤里·加加林（Yuri Gagarin, 1934—1968）：苏联宇航员，是第一个进入太空的人。

哈迪德：就像空间里的三维绘画，在空间中爆发。某种程度上，展览就像是线和景观之间的一次会议。这些新的作品都和景观、地形有关，所以坐在沙发上就像是处于景观之中。"黑上加黑的墙"是"伟大的乌托邦"展览里的一个场景，墙是黑色的，画作也是黑色的。其中唯一的彩色是马列维奇使用过的红色和橙赭色。然后还有一件罗德钦科黑色上覆盖黑色的作品，与"黑上加黑的墙"形成了联系。

奥布里斯特：理查德·汉密尔顿曾说过，我们只记得创造了展示特色的展览。"伟大的乌托邦"令人难忘的原因之一在于，你悬置了所有的画作。是什么促使你有了悬置作品的想法？

哈迪德：是飘浮的概念：在空间中飘浮，而不是粘在墙上。它来自至上主义的展览，但运用了新的解读方式。你可以一次看到所有的作品。这就是我喜欢古根海姆的原因——能同时拥有各种不同的视角。而且在很久之后，我发现弗兰克·劳埃德·赖特前期画过一些临时的图纸，内容是如何用悬挂的方式在坡道上展出作品。

奥布里斯特：所以那其实是弗兰克·劳埃德·赖特有过的想法？

哈迪德：是的。但我并不知道，我是后来发现的。

奥布里斯特：想必是心灵感应。你做了他原本打算做的事情。

哈迪德：我们使用博物馆的屏障来展示海报，这样可以逼着你走到坡道的边缘。我们希望用螺旋形结构来讲述一个故事，然后持续移动的想法就开始浮现。我们想看看如何用障碍来打断这种连续性。在至上主义和构成主义之间，在弗拉基米尔·塔特林[6]和马列维奇之间，始终存在着对立或者张力，这也是我们所展示的。在两个螺旋形结构，即塔特林的螺旋形建筑（第三国际纪念塔［Monument to the Third International］，1919）和那个圆形大厅之间有一种联结。它也与伊拉克的萨迈拉螺旋塔和传说中的巴别塔存在着关联。

奥布里斯特：你也提到过，在你展示马列维奇的《黑色方块》（*Black Square*）之时，那近乎一个神圣时刻。

哈迪德：是的。凌晨两点，苏联艺术界的所有策展人都在那里亲眼见证了盒子被打开，《黑色方块》被挂起来。那是一个意义重大的时刻，因为那是所有苏联加盟共和国第一次开放展示。现在它们都是独立的国家，但当时它们属于苏联的加盟国，属于同一个国家。但它们开放了，因而你可以借用物料。如果是现在做那个展览，你会发现获得这些作品非常困难，因为你不知道要从多少个国家那里借到它们。那是一段非常独特的时期。

奥布里斯特：这是一个机会之窗。我们一直在谈的是俄国20世纪初的乌托邦。现在的乌托邦呢？你如何看待2010年的乌托邦？

哈迪德：这是一个有趣的时代，因为三十年前，人们对建筑师和建筑学还存在着怀疑，缺乏信念。现在当然也没有改变太多，但我觉得情况要更乐观一些。当前的世界出现了不可思

6　弗拉基米尔·塔特林（VladiminTatlin，1885—1953）：俄国艺术家、雕塑家、构成主义运动的主要发起者。

议的财富和繁荣。像荷兰这些地方一直有建筑项目进行，现在亚洲也是如此。但没有人将这些课题整合到某一个国家的某一个项目里。从来没有人完成过一个总体的城市规划，让某一个城市，比如一个理想的美国城市，或者柏林，或者其他地方，具备所有这些观念。没有理想的地方。比如，他们没有抓住重建贝鲁特（Beirut）的机会。我觉得在某种语境下，这些叠加和并置的想法仍然是有优势的，因为我们在讨论的并不是拆除整个地方。为了与现有建筑物建立联系，你必须处理分层的问题。我觉得应该更多地研究合适的住房。我们如何生活？我们的工作环境是什么样的？是一个绿色空间，还是一个非空间？倘若有了新的发展，这种影响便会作用到城市上。这的确尚未完成。

奥布里斯特：比如，还没有像尼迈耶的巴西利亚那样宏大的计划。

哈迪德：我觉得 Rosga 项目本可以是一个有意思的大体量项目，某种意义上像是购物袋。这可能是一个非常极端的乌托邦。

奥布里斯特：在俄国的构成主义时期，存在着一个明确的社会契约。

哈迪德：他们有着非常意识形态化的政治观。现在没有人做这类作品了。也许像伊拉克、巴勒斯坦，以及哥伦比亚的麦德林或委内瑞拉的加拉加斯，这些经济落后、动荡不安的地区还会出现这种现象，这些地方会产生出一些东西。

奥布里斯特：那些地方现在有一些让人激动的年轻建筑师。今年夏天我去了麦德林，在那里遇到了一些年轻建筑师，他们三十岁或三十五岁，在做着非常棒的作品。他们创造着现实，带来了变革。

哈迪德：好的作品就是这样出现的。因为存在着困难，存在着贫困，缺乏安全感。

奥布里斯特：在麦德林，建筑师做了些真正不一样的事情。他们用缆车把图书馆建在贫民窟的上方，于是突然间就改变了一个街区。建筑师可以带来实实在在的影响。对于21世纪，你有什么乌托邦或尚未完成的项目吗？

哈迪德：去休假！不。有很多还没有完成，小到建筑的各种细节，大到宏伟的图景和规划。我很想了解世界的一些地方，想知道它们会如何发展。我问自己"你要怎么搞定开罗？"或者"你会如何整顿巴格达？"这些都是很大的难题。

奥布里斯特：你会给一位年轻建筑师什么建议？

哈迪德：我的所知来自自身的经验，只有经过研究和试验，才会有所发现。在试验过程中，你以为你就要发现什么了，但实际上你发现的是别的东西。我想这是真正让人兴奋的地方。你所发现的远远超乎预料。所以我觉得不能停止试验。

如何设计一个展览

奥布里斯特：我的问题关于展览设计。展览设计的历史似乎都快被遗忘了。为了对抗这种忘却，我很想知道你是如何开始展览设计的工作的，以及这种媒介对你来说意味着什么？

哈迪德：一开始是要做自己的展览，而且我们一直想要在那个空间中创造某种类似幻觉的东西。我第一次做展览的想法要追溯到 1976 年或 1977 年。展览是在伦敦的 AA 举办的，是一个学生展，什么都想尝试一下。我们做了一些非常大的箱子，看上去像是建筑碎片，最后被放在了 AA 的会员室。当时有一位著名建筑师正在那里进行演讲，他指责我们是帝国主义者，批评我们破坏了一个极为美好的英语空间。至少它还挺古怪的。

奥布里斯特：能多聊聊这些早期在 AA 的展览吗？

哈迪德：我们只在 AA 做了一个房间，像是一个大杂烩。比如，我们在地上准备了一整块场地，放下黑板，在地上画画。不是在墙上画，而是在地上画。之所以会有这个想法，是觉得地板也应该有趣一点，这样你可以在画作上行走，在线条上行走。这与我们最近在罗马美第奇别墅（Villa Medici）的一个花园里做的装置（《安装网》[Meshworks]，2000）类似，尽管那个是三维的，而 AA 房间里的作品是平面的。

如何设置艺术品或物体，如何通过一个主题将它们联系起来，试验这些想法是很有趣的。你也可以把一些感兴趣的想法，做成一定比例的模型测试。我说的并不是字面意思上的实验项目，而是显然与你当时正在做的事情有关。这也相当于做一本书，项目本身就是一种产品。安装摆放作品时也是一样，你是在用一种特殊的方式连接这些作品。

奥布里斯特：在展览设计的历史上，20 世纪初曾有一股强大的冲力。比如，在 1921 年，德国的构成主义者埃里希·布赫霍尔茨[7]甚至把他的公寓变成了一个装置。

哈迪德：那很有趣。在蒙德里安纽约的工作室里，所有东西都是蒙德里安自己做的。那并不是作为一个装置作品进行设计的，而是一个完整的环境。整个20世纪展览设计的议题，是人们利用每一刻去探索新的想法。人们对使用任何设施进行试验都满怀兴趣，并且直接参与正在发生的讨论。当然，在当时，许多介于艺术、建筑和生活方式之间的展览也很重要，它们讨论的是未来我们如何生活，如何工作。人们对于未来的生存非常关注，而这种关注在一段时间后减弱了，因为未来看起来总是相当严峻。但我觉得这也和那些世界博览会有关，那里有许多设计出来的场景，用于探索传递观念——与产业相关的观念。所以博览会上有不同形式的装置，或者应该说，在可控的空间内探索生活。后来，人们变得更麻木了，因为他们觉得自己洞悉了一切。他们旅行，见识广博，所以他们觉得再也不需要面对这些东西了。

奥布里斯特：换句话说，"实验室年代"结束了？

哈迪德：是的。我不喜欢这么说，但在许多美术馆里，策展人对于如何展示艺术品有着特定的看法。比如，1992年在古根海姆博物馆，我们只能做成那样，唯一的原因就是时间紧迫。我们草草结束，是因为没有太多时间做出改变。但是，大家普遍的想法似乎是，你只能在绝对安静的时刻才能观看艺术——你只能把一幅画放在这里，一幅画放在那里；一个物品放在这

7　埃里希·布赫霍尔茨（Erich Buchholz, 1891—1972）：德国画家、版画家、建筑师。

里，一个物品放在那里。聚集或紧凑在艺术界闻所未闻，至少对绘画来说是这样。但是，举例来说，至上主义绘画从来不愿孤立于白立方之中，它们是场地或"宇宙"的一部分。这是我理解的另一种特定环境的试验，因为其中大部分都是室内环境，通过室内环境，你可以挑战人们观看事物的方式。我觉得策展人的谨慎源于他们认为感知是固定不变的，他们觉得感知事物的方式只有一种。他们没有察觉到这种试验不一定会伤害作品。在美术馆环境之中，展览作品的方式居然如此刻板，对此我感到极为震惊。

奥布里斯特：白立方传递着美术馆作为一个"中性空间"的观念。

哈迪德：多样性能赋予你更多的策展灵活度。极简空间对于一些装置来说很适用，但肯定不是面面俱到的。泰特是个很好的例子，他们有一套关于陈列什么和如何安装摆放艺术作品的理论。大体上，这在他们的空间里非常适用，但我仍然觉得这对于很多作品来说并不完全合理，因为最终，你看到的所有东西都以同样的方式呈现。我并不觉得这在展出绘画作品方面效果特别好。

我是说，展览是你想要去现场看的东西，否则看展览目录就好了。首先，环境对你产生了影响，它也让你以特定的方式观看特定的作品。一个例子是 1992 年在古根海姆博物馆的展览，我们做了一个五米乘五米的房间，在珀斯佩有机玻璃（Plexiglas）

墙上展出了柳博芙·波波娃[8]和罗德钦科的所有作品，所以观众也可以将它们视为一个另类的空间。我们试图按它们当时展示的方式陈列所有的俄国构成主义作品，每件作品的陈列方式各不相同，因为它们来自不同的美术馆。我们尝试展示一段旅程，从绘画开始，接着是探索"材料文化"的浮雕，最后是雕塑和装置。对于五米乘五米的绘画展示区，我觉得我们应该将空间尽头的一面墙刷黑，因为罗德钦科黑上加黑的绘画如果展示在白色的背景上，感觉效果不会很好。这个想法经过了数个小时的协商才通过，但效果非常好，原因有两个：首先，它将你拉至空间尽头，但当你到达尽头时，你终于可以分辨出其中的细微差别。还有就是，我认为这就像是电影，和真实的生活并不完全一致。人们总是觉得规范是绝对的，才会将作品嵌入一种极简的空间，因为这看起来是最规范、最克制的空间。展览的有趣之处在于，它给予你一个瞬间的体验，并且允许你以许多不同的方式来呈现同一个展览，从而获得不同的体验。

奥布里斯特：将观看者引入其中也很有趣。在你的展览空间图纸中，首先让人注意到的就是赋予观看者的这种真正的自由。实验室年代也是这样的，因为在现代美术馆产生的初期，观众可以在展览空间里以非线性的方式自由穿梭。这与今天的展览方式是完全相反的。现在，在"音频导览模式"下，展览变得前所未有地线性。

8　柳博芙·波波娃（Lyubov Popova，1889—1924）：俄国先锋艺术家、画家、设计师。

哈迪德：部分原因是，在早年，展出的作品是仍有人在创作的作品。然后有一段时间，人们觉得现代艺术已经完蛋了——现代主义绘画的时代已经终结。结果，这些作品变得价值连城，导致人们对它们的感知方式受到了令人难以置信的"限制"："这是一件非常重要的作品，不应该挂在其他艺术家作品的旁边"，或者"你只能以一种方式观看这件作品"。因此，美术馆变成了非常教条的机构。这就是实验室或实验理念的终结。

奥布里斯特：但你的展览和美术馆项目显然与这种现代实验室有关。你是如何看待这种联系的？你所做的与过去已经做过的有什么不同？

哈迪德：我们进行非常奇怪的初步设想时，人们把它们当作图片或视觉再现。但其实它是要挑战人们的看法，关于如何呈现建筑，在哪种模式下呈现，以及你的视线如何沿着墙壁行进，因为不一定存在着一个视点或视角。于是我们决定舍弃单一的视点和单一的角度，取而代之的是多样的视角。这也意味着这是一个有机的组织，不是封闭的系统。事实上，对我而言最重要的就在于这些系统不再追求完整性，它们是不完整的构成，并且不是封闭的组织系统。所有这些都和组织的孔隙度有关，从绝对空间的观念，转变为不同相邻物的观念，你可以不止一次看到这些东西。我一直觉得这样非常引人入胜，因为你永远不会以同样的方式看到相同的事物。当你好几次观看同一个展览时，你每次看到的都不一样。陈列的有趣之处在于其引入了这种视角，每个人都以自己的方式去感知一个物品或一件作品。

奥布里斯特：强度——或者，就像你所描述的，紧凑性——

是其中的一个条件吗?

哈迪德:我觉得不一定要有统一的布局,比如,你可以在房间里放一件作品,也可以放一百件作品。不过,我们自然也对像素很感兴趣:通过重复,你可以组织一个空间,使其变得流畅。美术馆空间或展陈有趣的一点在于,你使用的可能是标准化物件,但无论你是通过集群、碎片还是一个场域的方式进行组织,你都可以用不同的方式把它们连接起来。这种组织也适用于更大的范围,比如一大片地区或美术馆。所以陈列的有趣之处在于,你可以将它们以各种方式用于试验某个想法;反过来,它可以对相关的邻近条件——另一边,或者另一个房间——产生一种反弹效应。

奥布里斯特:类似异体受精、交叉感染。

哈迪德:没错。尽管海沃德画廊是相对中立的,但并非完全如此。他们非常努力地使它变得中立,白色的墙壁和房间做成了胞腔空间,你从一个细胞走到另一个细胞,这太怪异了。我觉得这一切都与仓库建筑中的画廊有关,它们被改造成了中立空间。如果只有两三个房间就还好,但如果你把它变成一个有五十个房间的空间,就会变得单调乏味。如果是极致的单调,也可以,但因为只是有一点儿单调,就太让人气恼了。不过我确信它可以被改变——这还挺有挑战性的。

奥布里斯特:我和你的第一次交集是在电话里,那时我正在和雷姆·库哈斯合作,我们在讨论"运动中的城市"(伦敦,1999)的展陈设计,这个展览是在海沃德画廊展出的。我们决定再次使用你之前做过的展陈设计。这种情况很少发生,因为展陈设计通常就用一次，用过即弃，不留痕迹，然后又回到一张白纸的状态。

哈迪德：是的，这点我同意。美术馆精心制作了展陈装置，但展览后便没什么用了，就只好粉碎或扔掉。其实它们可以回收再利用。即使你不喜欢它们也没关系——有趣之处在于其他人如何将它们结合起来，以及展览因此会变得多么不一样。比如，古根海姆总是在中央空间举办这些展览，他们让艺术家在这里做一件作品。托马斯·克伦斯把全部或者说大部分作品都保留了下来，然后这些作品又在毕尔巴鄂作为大物件再次露面。不过很明显，它们是为纽约古根海姆的圆形大厅创作的，因为这些作品显然比那些人平时做的作品要粗糙简略得多。既然它们都是根据圆形大厅创作的，那么将它们组合成一片专属的区域，应该会很不错。它们有的要从天花板上吊下来，有的是大型的作品，像丹·弗莱文的那件作品就很大。这件作品在古根海姆让人震惊，它原本就应该达到这种效果，它从天花板上悬挂下来，对你产生了某种心理影响——你觉得它有可能掉到你身上。当你知道它作为一件装置作品却不会碰到地面时，才是作品最有趣的地方，并不是因为它危险，而是因为它是不确定的。理查德·塞拉的作品也是一样。它们的厉害之处不只在于大小，还在于材料。它们在纽约迪亚艺术中心（Dia Center for the Arts）展出时，彼此挨得非常近，因为这个空间太小了。因为过于密集，并且你知道它们是钢制的，所以场面非常壮观。这彻底改变了空间，空间也对作品产生了影响。这种双重效应就是装置有意思的地方。

奥布里斯特：为什么你觉得美术馆对于跨学科方法的兴趣已然减退了？

哈迪德：我感觉很多策展人都觉得，如果由建筑设计师来设计一个空间的话，会与艺术作品存在冲突。这个想法简直荒谬，因为除非最后完成得非常糟糕，不然一个东西怎么可能分散你的注意力呢？你想想安装在建筑物外面的大部分艺术作品，它们所处的空间是你无法决定的，你无法改变作品安装处的路面或景观，但整个作品之所以美，就在于它栖息于陌生的环境之中。我去看柏林被包裹的国会大厦（克里斯托［Christo］和妻子珍妮－克劳德［Jeanne-Claude］，《包裹德国国会大厦》［*Wrapped Reichstag*］，1995）时有着非常棒的体验。那是一个非凡的事件，在历史上非常关键，因为人们不仅着迷于包裹物体的想法，他们还关心是如何进行包裹的，你是怎么做到的。做一个装置也是如此，因为你关注两样东西：艺术作品，以及空间如何强制你以某种方式运动。这让我觉得很有意思。数百万人在那里唱歌跳舞，他们聚集到一起来观看这个建筑物被包裹起来，因为这个想法实在是太新奇了。就在那个时候，我明白了，原来人们并不是不喜欢陌生的事物。

策展人想要达到这一点，但又不想碰它，不想改变建筑物，这就是问题所在。但如果你不碰它，你就无法真的将其作为展馆加以利用。我还是得说到古根海姆，因为他们展示悬挂物时，总是在下方放置一种低矮的台子。我一直觉得这太荒唐了：悬挂物在上面，下面却有个台子，如果你一不小心，很容易就摔到台子上。所以，我们在设计展示 CoBrA 作品的房间时，考虑将这个台子做成山形，所以它不再是一个物体，而是某种景观——一个上面悬挂着物体的地球。反过来，这也让我觉得，地面并不需要始终是平的，也不需要毫无障碍，只要这些障碍可以与地面无缝结合就可以了。

重复和创新

奥布里斯特：能邀请扎哈·哈迪德参加伦敦的马拉松访谈，雷姆和我都非常激动。首先，我们想请你聊聊伦敦。几年前，你告诉我，对你来说，伦敦几乎可以被视为一个尚未实现的项目。现在，在 2006 年，你是如何看待这个城市的？

哈迪德：我依然觉得它对我来说是一个尚未实现的项目，并且我依然觉得它是一个让人激动的城市，因为它变幻莫测。可能比以前还要变幻莫测，每次你觉得自己已经完全了解它的时候，总会出现一些东西让你感到惊奇。这不断地改变着你的看法，让你重新思考可能会在那里做的事情。因而在这种意义上，它仍然是一个让我学习的地方。

雷姆·库哈斯（以下简称库哈斯）：我认为你已经到达了职业生涯中一个非常有趣的节点，你必须决定是重复过去还是继续创新，实际上很少有人能够达到这个节点。

哈迪德：我觉得这两点我现在都在做。因为你在自己的作品中会发现，有些东西可以当作通用设计来使用，但其中依然有创造新东西的兴奋感。所以我觉得两者并不冲突。

库哈斯：能说得再具体些吗？你所建造的具有通用性的东西，能举个例子吗？

哈迪德：就以罗马的二十一世纪国家艺术博物馆项目为例吧。我们试图将空间变成线性的，并展示如何对它们进行分离和连接。你可以通过各种方式观察这个示意图。你可以将其应用在罗马，也可以应用于宝马的生产设备，因为这类地方都和线条有关。图像可以是通用的——不仅在方案上可以通用，在正式语言中也一样。另一方面，常年无休止地工作，最后却没有赢得一个竞稿，这给了我们一个难得的机会，提供了数量巨大的材料库供我们创造。这使得我们能够利用自身经验和先前的创造，继续投入下一个项目的设计中。我并不觉得每次都必须全部推倒重来。

奥布里斯特：对我而言，罗马新的二十一世纪国家艺术博物馆是一次电影般的体验。参观的时候，我一直觉得好像置身一部电影。我在克拉科夫（Kraków）采访诗人切斯瓦夫·米沃什[9]的时候，他跟我说，他深深地觉得，20世纪和21世纪的所有人，无论是诗人还是小说家，或是建筑师，都被电影体验所影响。我很想知道，电影对你建筑的影响有多大……

哈迪德：电影也是关于运动、速度和在空间中的移动的。我发现有意思的是，电影也和画面有关。在数字建模出现之前，我们早期工作的方式，以及后来的动画，都与画面有关，与我们

9　切斯瓦夫·米沃什（Czesław Miłosz，1911—2004）：美籍波兰诗人、散文家、文学史家。

如何在空间中逐格移动有关……每组镜头都不一样，不存在重复，而是在空间内流畅运动。我记得在二十一世纪国家艺术博物馆开幕的时候，有个费城人带着她十六岁的儿子来参加，这个孩子说："太有趣了。真像是在河里。"我当时感到非常激动，因为有个非建筑专业的人比那些建筑师更好地领会了它。他们接受教育的方式让他们太死板了。反而是这个孩子……太感人了，因为在我设计的时候，第一个念头就是关于河口（delta），你在这个地方漂浮着，大河变成了展馆，支流变成了桥梁，连接到大河。他非常准确地解读了这个空间。

奥布里斯特：我希望能再谈谈我们上次采访说到的话题……当时我觉得非常惊奇，并且一直到现在也非常感兴趣。你说目前中亚的发展是最让人兴奋的。没有人观察到这一点。人们尚未注意到这个地区。你觉得未来的中亚会是怎么样的？

哈迪德：在新的项目方面，中东这个地区确实非常有意思。那里现在渐渐具备了全球观念。所以，伊斯兰艺术和建筑中的图形与数字作品之间产生了有趣的联系。它们遵循几何结构。我们一直觉得伊斯兰建筑就只是拱形或者装饰性的东西，但其实这个世界和非常先进的数字作品是存在着联系的。阿拉伯世界和亚洲有太多不可思议的东西等待发现。想想阿塞拜疆和它的石油资源，就像是在安尼施·卡普尔[10]的作品里一样。

奥布里斯特：你在中亚有其他正在进行的项目吗？

10　安尼施·卡普尔（Anish Kapoor，1954—）：印度裔英国雕塑家，他的作品被视为是印度和西方精神的结合。

哈迪德：我们讨论过另一个在阿塞拜疆首都巴库的项目，是一个音乐厅。但我对车臣心存疑虑。我好奇心很大，一个人年轻的时候就应该做这些项目。我非常乐于冒险，我喜欢从土耳其窜到阿塞拜疆，再到亚美尼亚……这些大型项目都融入了当地。这就要回到无缝的概念，从街道到室内，再到建筑物外部的无缝连接。当你将其应用于公共领域，就非常令人兴奋。我们有一个项目在摩洛哥首都拉巴特……我们尝试在马拉喀什（Marrakesh）建造一个摄影美术馆，但他们觉得那太狂野、太昂贵了。这个项目不是服务于这座城市的，而是服务于开发商，他希望建造一个奇怪的购物中心。这个项目的目的是建一个购物中心，但其实它是一个美术馆……我们在北非的埃及、利比亚、阿尔及利亚、摩洛哥都有很多工作……还有西亚的约旦……

库哈斯：我还有一个问题，也和这个有关。我第一次去阿拉伯世界工作的时间大概比你晚一年。当然，你原本就来自伊拉克，现在在阿布扎比、迪拜还有其他地方工作。在西化最厉害的时候进入阿拉伯世界是一种怎样的感觉？

哈迪德：我觉得非常有趣。我进入那个世界，是因为多年前在迪拜设计了一座桥（扎耶德桥［Sheikh Zayed Bridge］），那个项目花费了很长的时间，因为钢材实在太贵了，他们简直是在把它们编织出来——这是个手工活儿。我不想批判阿拉伯世界。阿拉伯世界一直很偏爱外国人，或者说非阿拉伯人，因为他们总觉得那些人比他们自己更有见识——我不觉得总是这样。看看20世纪60年代和70年代科威特和伊拉克做的那些很差劲的规划工作吧。沙特阿拉伯也是一样。在黎巴嫩市中心所做的也

19　扎哈·哈迪德　　　　　　　　　　　　　　　　　　681

有问题，现在依然没有改善。最近有了一些转变，你可以将其描述为极端西化与阿拉伯身份中自豪感的结合。我想我是在那个时候进入了阿拉伯世界。现在我感觉他们倾向于雇用阿拉伯人，因为他们希望和世人眼中的成功人士打交道。我在迪拜和皇室见了面，我的感觉和之前不一样了。突然之间，之前不可能发生的事情也变得有可能了。

库哈斯：你觉得你在那里做的项目具备一定的"阿拉伯性"吗？

哈迪德：你所谓的"阿拉伯性"（笑声）的效果，与整个景观项目的特定趣味是一致的，比如沙丘或者类似元素。阿尔杜斯公司[11]的像素和几何中也有着这样的趣味，这与代数、几何和数学方面的阿拉伯身份有很大关系。在材料和想法上，突然有可能连接起来了。所以，是的，存在着联系，但不只是我有着这种联系，国外这类概念中也有着这样的趣味。我不应该忘记关于庭院的整个想法——我觉得它可以再利用。

库哈斯：迪拜常常被夸张描述，可能就像十年前的新加坡一样——一个无节制的、迪士尼式的地方，诸如此类。你觉得其中有着更深层的、更具创造性的背景吗？

哈迪德：其中会有一些很有趣的极端想法，而且我觉得这些想法有可能在那里实现。越是极端的想法，越是受欢迎——倒不是因为你想怪腔怪调地作秀，而是你想要创造一些东西，可以让其他地方注意到迪拜，或者实现这个作品。我觉得这取决

---

11 阿尔杜斯公司（Aldus）：排版软件 PageMaker 的发明者。

于事务所里的每个人是否有雄心。雄心意味着打破界限，而我认为迪拜是目前有可能打破界限的地方。

奥布里斯特：关于你目前在迪拜或者在这个区域进行的项目，能举几个例子吗？也许有些项目是在这里不可能实现，但在那里可以实现的？

哈迪德：基本上，我们正在开展的项目在很多地方都是可能实现的。能不能在所有地方实现，取决于项目的规模。在中国可行，在美国一些地方或许也可以。以我们现在在迪拜建造的一个塔为例，雷姆也参与了，这个方案扩展了，但它本来就已经很庞大了。现在包含了一座桥、一个证券交易所，还有美术馆。这是一个有趣的规模。它是理想主义者的天际线，很有趣。

库哈斯：如果仔细研究你的职业生涯，在第一阶段，对每一个项目来说，你自己的标记，你自己的工作，你自己的手艺，你自己的忙碌，这些都极富想象力、创造力，并且都至关重要。如果你现在看这家公司，看它如何呈现自身，可以看到它致力于数字化制作，听说几个人就可以非常高效地完成一个大项目。从几乎精耕细作的方式转变为一种超现代且当代的组织，据我所知，只有非常少数的人成功了。这个过程像它表现出来的那样毫无痕迹吗？或者你是否失去了什么东西？——如果是，你失去了什么，又得到了什么？

哈迪德：有很长一段时间，我对数字化都很抗拒。但它有一点很吸引我，就是用它做三维立体作品的话，并不是非常复杂，因为计算机技术基本上模拟了我们工作的方式。所以这是一个很有趣的转变。现在没那么复杂，没那么透明，更隐晦，也可以说更真实了。我仍然觉得用图形演示来完成的工作，要更为复杂，也更不可预测。另一方面，在十个人的时候，因为三班倒地工作，我们干着三十个人的活。现在我们有一百五十人，等于做着四百五十人的工作。这非常有意思，不是因为大家工作极其努力，而是因为，就像我之前说的，在位于伦敦宝陵格林巷（Bowling Green Lane）的事务所无人关注的这些日子、这些年中，我们做了大量的研究，从而拥有了重新创造和处理事情的能力。尽管很难一概而论，但看到年轻人进来时毫无经验，如果你给予他们充分的信心，如果有合适的人在他们身边进行指导，他们实际上可以和已经有二三十年从业经验的人一样优秀，这也是很让人兴奋的。你知道，最重要的技巧是能够放权。你从一开始就知道不可能靠自己搞定一切，你可以自己完成一些，可以让人们以你希望的方式去完成它们，但你也必须依靠他们自己的创造力和能力。长期以来，团队合作对我来说都非常重要。我一直相信这一点，事情也因此变得可控。

库哈斯：但还是有一些事情只有你能做。你现在专注在哪方面？

哈迪德：好吧，我有一次和某个同事在车里，他说："你太快了，我没法写下你说的所有东西。"你看，我运气很好。我不觉得自己能比别人做得更好，但当我专注的时候，可以清晰地看待事物，毫不含糊。换句话说，我能把人搞乱，但我自己不会。这是我的一大优势。所以我可能会让你云里雾里，但我自己非常专注。我可以很好地计划和组织——现在也很擅长。在项目中我要做的，是去考虑那些不可预测的事情——我觉得这一点我依然做得很好。现在我也可以很有魅力。（笑声）人们过去总会觉得我做不到。

库哈斯：聊聊有魅力这个话题！（笑声）扎哈，在你生命里有两个时期——一个是现在，你的作品备受赞誉，还有就是之前被忽视甚至被冒犯的时期。但是目前的境况中，有什么地方让你觉得痛苦吗？或者在过去的生活中，有什么地方曾让你获得乐趣吗？

哈迪德：在我被忽略或被漠视的时候，我总觉得这个阶段很快就会过去。有一段时间，我感到非常低落，但这种感觉永远不会持续很久。我本质上是一个乐观主义者，我知道我最终会摆脱这种情况。尽管如此，也许是一种不幸，我也不会真的把赞誉看得过重。我觉得这很奇妙，我对别人的赞赏非常感激，但我不会太当真，甚至让它影响我的生活。我相信，当美好的时刻来临之时，你必须接受并享受，就是这样。

奥布里斯特：这引出一个更普遍的问题，因为雷姆问的是你目前的情况，这和你整个的职业生涯相关。我想就此拓展一下，问问你对于世界当前情况的看法。

哈迪德：对我来说，这是一个非常有趣的时期。不过，对于女性来说，作为专业人士发挥作用依然挺困难的，有很多领域依然无法进入。事实上，我一直在进行着对抗，我觉得这让人持续前进。并不是我只要出现在某个地方，一切就很顺利——仍然存在着斗争，尽管我已经经历了一百次。不一定总是很好，但这让你继续坚持，也让你以另一种方式思考和做事。

奥布里斯特：回到伦敦这个话题，在这次马拉松采访的背后，有一个理念是尝试不可能,并创造一个城市的肖像。我很想知道,你是否有什么关于伦敦的个人理论?

哈迪德:有一个关于伦敦的古老理论,说这是一个由许多村庄构成的城市,融合并创造了密集的地区,形成了一个大都市。二十多年前在 AA 的时候,我们做了一个项目。我们画了一些穿过城市的线,并沿着这些线行进。这个项目很有意思,因为,它表明某些事物是一致的,但是当你从一个层面跳到另一个层面的时候,有些事物会完全不同。我认为一切都变得更为均质了,但城市里依然存在着巨大的差距,这将允许在一个有趣的层面上进行重大的城市干预。但似乎没有人接受这个挑战。他们要么希望把整个南岸看作一个项目,要么关注可以干预的更大区域,而不是采取某种方式将一定程度的轻盈带入城市。我认为所有新的发展都非常粗暴,而它本可以非常轻柔。这依然是一个设防的城市。

当代艺术的十九副面孔

致谢

Marina Abramović, Herbert Abrell, Agnès b, Michael Ammann, Michael Amzalag &Mathias Augustyniak, Antony, Charles Arsène-Henry, Tom Ashforth, Marie Auvity, Cecil Balmond, Maria Balshaw, Jack Bankowsky, Carlos Basualdo, Ute Meta Bauer, Roman Berka, Klaus Biesenbach, Daniel Birnbaum, Andrew Blackley, Stefano Boeri, Erica Bolton, Francesco Bonami, Florence Bonnefous, Joost Bosland, Laurence Bossé, Pierre Boulez, Louise Bourgeois, Thomas Boutoux, Fiona Bradley, John Brockman, Brian Butler, Michael Butler, Simon Castets, Paola Cattarin, Sam Chermayeff, Eun-Yong Cho, Birte Christ, Lap Cianchi/Pitti Imagine, Sam Collins, Helen Conford, John Connelly, Kevin Conroy Scott, Brigitte Cornand, Pilar Corrias, Douglas Coupland, Rosa de la Cruz, Silvia Karman Cubiñá, Bice Curiger, Steffi Czerny, Chris Dercon, Rita Donagh, Okwui Enwezor, Susan Ferleger-Brades, Albert Ferré, Elena Filipovic, Maria

Finders, Peter Fischli, Richard Flood, Francine Fort, Elena Foster, Norman Foster, Kate Fowle, Jean Frémon, Tomoko Fukuhara, Fabrizio Gallanti, Matthew Gaskins, Frank Gehry, Joachim Geil, Gilbert & George, Liam Gillick, Dominique Gonzalez-Foerster, Felix Gonzalez-Torres, Douglas Gordon, Jeff Gorovoy, Tim Griffin, Joseph Grima, Barbara Gross Galerie, Zaha Hadid, Richard Hamilton, Hou Hanru, Dorothea von Hantelmann, Yuko Hasegawa, Sabine Herder, David Hockney, Stephane Hof, Jens Hoffmann, Maja Hoffmann, Gottfried Honnefelder, Noah Horowitz, Annabel Huxley, Pierre Huyghe, Casiana Ionita, Michael Jacques, Koo Jeong-A, Jay Johnson, Samuel Keller, Sean Kelly, Jan Knikker, Jorg Koch, Christine König Galerie, Franz König, Kasper König, Walther König, Helena Kontova, Rem Koolhaas, Bettina Korek, Samm Kunce, Gunnar Kvaran, Jaron Lanier, Rebecca Lee, Nicola Lees, Galerie Lelong, Laura Macfarlane, Kevin McGarry, Stefan McGrath, Maria Lind, Marcella Lista, Giuseppe Liverani, Henri Loyrette, Manuela Lucà Dazio, Ronn Lucas, M/M, Christine Macel, Ernest Mancoba, Karen Marta, Kevin Mason, Edouard Merino, Kathrin Messner, Gustav Metzger, Akiko Miyake, Stéphanie Moisdon, Isabela Mora, Sarah Morris, Catherine Mosbach, museum in progress, Johann Mytkowska, Nobuo Nakamura, Molly Nesbit, Oscar Niemeyer, Ryue Nishizawa, Ella Obrist, Josef Ortner, Kayoko Ota, Suzanne Pagé, Christodoulos Panayiotou, Beatrice Parent, Philippe Parreno, Christos Passas, Jo Paton, Friedrich Petzel, Julia Peyton-Jones, Carrie Pilto, Giancarlo Politi, Alex Poots, Melville Poupaud, Lynne Price, Matthew Price, Andrzej Przywara, Emily Purser, Ma Quinyun, Gianluca

Racana, Alice Rawsthorn, Asad Raza, Vivian Rehberg, Pedro Reyes, Margaret Richardson, Gerhard Richter, Michele Robecchi, Peter Rogers, Fernando Romero, Andrea Rosen, Israel Rosenfield, Normal Rosenthal, Clément Rosset, Beatrix Ruf, Anri Sala, Luc Saucier, Ole Scheeren, Angeline Scherf, Esther Schipper, Patrick Schumacher, Imogen Scott, Tino Sehgal, Kazuyo Sejima, Giuliana Setari, Max Shackleton, Monir Shahroudy Farmanfarmaian, Joni Sighvatsson, Misook Song, Nancy Spector, Nancy Spero, Studio Nancy Spero, Frankie Spickernell, Luc Steels, Tom Stromberg, Elaine Sturtevant, Sally Tallant, Lairs Teichmann, Catherine Temerson, Rachael Thomas, Rirkrit Tiravanija, Eiko Tomura, Nicholas Trembley, Lorraine Two, Shan Vahidy, Barbara Vanderlinden, Anna-Lena Vaney, Manuella Vaney, Anton Vidokle, Jochen Volz, David Weiss, James Westcott, Mark Wigley, Jonathan Wingfield, Woody Yao, Etsuko Yoshii and Dasha Zhukova.

延伸阅读

出于条理性和篇幅的考虑，本书中的采访都经过了适当的编辑。本书中的部分对话此前已出版过，明列如下：

大卫·霍克尼（1937—）

Parkett 92, Parkett Verglag, Zurich, 2013.

Paradis 5, 2009.

Numero Homme 27, 2014.

多米尼克·冈萨雷斯-弗尔斯特（1965—）

Hans Ulrich Obrist: Interviews, volume 1, Charta 2009.

Nocturama ★, published by ACTAR & Musée d'Art de la Ville de Paris, Barcelona & New York, 2008.

'Everstill / Siempretodavía', Fundación Federico García Lorca, 2010.

Domus 889, 2006.

Numero Homme.

Musée d'Art Moderne de la Ville de Paris.

Il Tempo Del Postino.

The Air is Blue, Insights on Art & Architecture: Luis Barragán Revisited, edited by Hans Ulrich Obrist & Pedro Reyes, LAR/Fernando Romero, Deborah Holtz, Mexico, 2006.

Dominique Gonzalez-Foerster / Hans Ulrich Obrist: The Conversation Series, vol. 12, Walther König, Köln, 2008.

伊莲·斯图尔特文（1924—2014）

Palais de Tokyo, Paris, October 2012.

032C magazine 16, 2008 / 2009 (based on a panel at Kunsthalle Zurich).

欧内斯特·曼可巴（1904—2002）

Hans Ulrich Obrist: Interviews, volume 1, Charta 2009.

Third Text 24.3, 2010.

Drawings & Paintings from the Studio, Stevenson & Mikael Anderson, Catalogue 75, January 2014.

© Ernest Mancoba Estate, Mikael Andersen Gallery, Copenhagen; Stevenson Cape Town / Johannesburg.

费利克斯·冈萨雷斯-托雷斯（1957—1996）

Delta X: Der Kuraor Als Katalysator, Lindinger + Schmid Verlag, 1996.

Hans Ulrich Obrist: Interviews, volume 1, Charta 2009.

© The Felix Gonzalez-Torres Foundation, courtesy of Andrea Rosen Gallery, New York.

弗兰克·盖里（1929—）

Unpublished, Paris & Venice, 2009–2011.

格哈德·里希特（1932—）

Gerhard Richter — The Daily Practice of Painting: Writings 1962–1993, edited by Hans Ulrich Obrist and David Britt, MIT Press and Thames & Hudson, 1995.

Gerhard Richter — Text: Writings, Interviews and Letters 1961–2007, edited by Hans Ulrich Obrist and Dietmar Elgar, Thames & Hudson and Walther König, London, 2009.

Domus 899, January 2007.

Vogue Italia, 2006.

吉尔伯特与乔治双人组（1943/1944—）

The Air is Blue, Insights on Art & Architecture: Luis Barragán Revisited, edited by Hans Ulrich Obrist & Pedro Reyes, LAR / Fernando Romero, Deborah Holtz, Mexico, 2006.

Hans Ulrich Obrist & Rem Koolhaas: London Dialogues — Serpentine Gallery 24-Hour Interview Marathon, Skira Editions, Milan, 2006–2012.

Domus 900, February 2007.

Hans Ulrich Obrist & Gilbert & George: The Conversation Series, vol. 9 Walther König, Köln, 2008.

路易丝·布尔乔亚（1911—2010）

Louise Bourgeois: Destruction of the Father / Reconstruction of the Father (Writings and Interviews 1923–1997), edited by Marie-Laure Bernadac and Hans Ulrich Obrist. Violette Editions & MIT Press, 1998.

AnOther magazine, October 2010.

Louise Bourgeois's art, writings and archival material © The Easton Foundation / Licensed by DACS.

Louise Bourgeois *Couple*, 2009. Gouache and colored pencil on paper, diptych 23.5 × 36ins. ; 59.7 × 91.4 cm. Collection Tate Modern. Photo: Christopher Burke, © The Easton Foundation.

Louise Bourgeois *Spiral*, 2010. Gouache on paper 45.7 × 59.7 cm. Private Collection. Photo: Christopher Burke, © The Easton Foundation.

玛丽娜·阿布拉莫维奇（1946—）

Hans Ulrich Obrist: Interviews, volume 1, Charta 2009.

'Art Basel Conversations' series, 2007.

Marina Abramović & Hans Ulrich Obrist: The Conversation Series, vol. 23, Walther König, Köln, 2010.

莫妮尔·沙鲁迪·法曼法玛恩（1922—2019）

Transcripts, Art Dubai, 2007.

Monir Shahroudy Farmanfarmaian: Cosmic Geometry, edited by Hans Ulrich Obrist and Karen Marta. The Third Line, Damiani, 2011.

Works on Paper, edited by Karen Marta. LUMA Foundation, Koenig Books, Marta and Cosentino, 2015.

当代艺术的十九副面孔

南希·斯佩罗（1926—2009）

museum in progress, Vienna 1994.

'Utopia Station', with Molly Nesbit and Rirkrit Tiravanija, Venice

    Biennale, 2004.

Nancy Spero & Hans Ulrich Obrist: The Conversation Series, vol. 11,

    Walther König, Köln, 2008.

© The Nancy Spero and Leon Golub Foundation for the Arts.

奥斯卡·尼迈耶（1907—2012）和诺曼·福斯特（1935— ）

Oscar Niemeyer & Norman Foster in Conversation with Hans Ulrich

    Obrist, Ivory Press, 2013.

菲利普·帕雷诺（1964— ）

'Prima Materia', Pinault Collection and Palazzo Grassi, 2014.

Philipe Parreno & Hans Ulrich Obrist: The Conversation Series, vol. 14,

    Walther König, Köln, 2008.

雷姆·库哈斯（1944— ）

Hans Ulrich Obrist: Interviews, volume 1, Charta, 2009.

Laboratorium, edited by Hans Ulrich Obrist and Barbara Vanderlinden,

    Dumont, Antwerpen Open and Roomade, 2001.

media_city seoul 2000, Organizing Committee, 2000.

Rem Koolhaas Conversaciones con Hans Ulrich Obrist, Gustavo Gilli, SL,

    Barcelona, 2009.

Numero magazine.

'Cities on the Move', with Hou Hanru, Hayward Gallery, 1999.

Rem Koolhaas & Hans Ulrich Obrist: The Conversation Series, vol. 4, Walther König, Köln, 2007.

理查德·汉密尔顿（1922—2011）

Hans Ulrich Obrist: Interviews, volume 2, edited by Charles Arsène-Henry, Shumon Basar and Karen Marta, Charta, 2010.

SANAA 建筑事务所

SANAA (Kazuyo Sejima & Ryue Nishizawa) & Hans Ulrich Obrist: The Conversation Series, vol. 26, Walther König, Köln, 2012.

提诺·赛格尔（1976—）

Unpublished, Frankfurt, May 2002.

'Manifesto Marathon', London, 2008.

Monopol, February 2005.

Hans Ulrich Obrist: Interviews, volume 2, edited by Charles Arsène-Henry, Shumon Basar and Karen Marta, Charta, 2010.

扎哈·哈迪德（1950—2016）

Art 35 Basel, 2004.

Hans Ulrich Obrist & Rem Koolhaas: London Dialogues — Serpentine Gallery 24-Hour Interview Marathon, Skira Editions, Milan, 2006–

2012.

Zaha Hadid: Une Architecture, Éditions Hazan, Paris, 2011.

Numero magazine 91, March 2008.

Zaha Hadid & Hans Ulrich Obrist: The Conversation Series, vol. 8,
Walther König, Köln, 2008.